PANORAMA DU DROIT
Collection dirigée par Guillaume BERNARD

DROIT CONSTITUTIONNEL : THÉORIE GÉNÉRALE – Vᵉ RÉPUBLIQUE

Bertrand PAUVERT

Du même auteur

Ouvrages publiés

• *Elections et modes de scrutin*, 2e éd., L'Harmattan, Paris, 2006.
• *Libertés publiques et droits fondamentaux*, en coll. avec X. LATOUR, Studyrama, Levallois-Perret, 2008 (2e édition).
• *La Sécurité des spectacles. Comment faire face aux risques en tant qu'organisateur de spectacles ?*, dir., L'Harmattan, Paris, 2005.
• *L'Intégration des étrangers en France – Etude de droit public*, ANRT, Lille, 2003.

Articles publiés

• « Un candidat à une élection municipale peut-il être rémunéré en tant que directeur de campagne ? », *BJCL*, 2009-2, p. 87 à 89.
• « Les modes de scrutin dans les propositions du Comité Balladur », *Revue Pol. et Parl.*, 2007, n° 1045, pp. 83 à 88.
• « Expert, expertise et décision publique », *Droit de l'environnement*, 2006, n° 142, p. 270 à 275.
• « La démocratie contre les partis ? », in *Démocratie et partis politiques*, dir. F. ROUVILLOIS, de GUIBERT, 2005, p. 263 à 298.
• « D'un renouveau du régime des partis ? », in *La Cohabitation, fin de la République ?*, dir. F. ROUVILLOIS, de GUIBERT, 2001, p. 115 à 133.
• « Quinquennat, changer la République ou changer de République ? », *Revue de la Recherche juridique – Droit prospectif*, 2000-4, p. 1503 à 1514.

A Christian Bidegaray,

Pour le remercier de sa confiance et de son soutien,
en hommage respectueux.

A Guillaume, Arnaud et Astrid

Parce qu'ils sont déjà demain,
épis d'avenir et promesses de renouveau.

SOMMAIRE

FICHE N° 3

FICHE N° 4

FICHE N° 5

FICHE N° 13

FICHE N° 14

Liste des abréviations

AIJC : Annuaire international de justice constitutionnelle
Al. : alinéa
Art. : article
C. : Constitution
CC. : Conseil constitutionnel
Ccass : Cour de cassation
CE : Conseil d'Etat
CGCT : Code général des collectivités territoriales
Chr. : Chronique
CJCE : Cour de justice des Communautés européennes
CJR : Cour de justice de la République
CMP : Commission mixte paritaire
D. : recueil Dalloz
DC. : déclaration de conformité à la Constitution
Dir. : sous la direction de
Ed. : éditeur, édition
Ex. : exemple
GDCC : *Les Grandes Décisions du Conseil constitutionnel*
Ibid. : *Ibidem*
JO : Journal officiel
LO : loi organique
LPA : *Petites Affiches*
Not. : notamment
Op. cit. : *Opus citatum*
P. : Page(s)
RDP : *Revue du droit public*
Rev. Adm. : *Revue Administrative*
RFDA : *Revue française de droit administratif*
RFDC : *Revue française de droit constitutionnel*
RGDIP : *Revue générale de droit international public*
Spéc. : spécialement
Suiv. : suivantes
T. : tome
TA : tribunal administratif
TDP : Tribune du droit public
V. : Voir

INTRODUCTION

Le droit constitutionnel constitue certainement l'une des matières les plus déconcertantes pour qui aborde la sphère du droit. De fait assez tardivement enseignée au sein des facultés (la chaire de droit constitutionnel ne fut créée à Paris qu'en 1834), cette matière se caractérise en premier lieu par la diversité des disciplines qu'elle embrasse : le droit constitutionnel, droit des relations politiques entre l'Etat et les citoyens, emprunte à la philosophie politique, à l'histoire et à la science politique, tout en gardant les caractéristiques des disciplines juridiques. La Constitution étant en outre devenue de nos jours la norme suprême régissant l'ensemble des activités sociales, notamment du fait de l'intervention croissante de la justice constitutionnelle, elle possède aujourd'hui vocation à régir l'ensemble des domaines du droit, dont les branches voient leurs principes fondamentaux déterminés ou précisés par les décisions du Conseil constitutionnel. Cette diversité des champs disciplinaires ainsi que l'ampleur de la matière effraient parfois l'étudiant, mais elles devraient plus sûrement l'inciter à approfondir sa réflexion pour mieux mettre en valeur la richesse et la complexité de la matière constitutionnelle.

Si le droit reste sans nul doute l'art décrit naguère par Ulpien, *jus est ars boni et æqui*, force est de constater qu'en matière constitutionnelle plus qu'ailleurs, ce droit apparaît aussi comme le produit des passions humaines et se matérialise à un moment donné de l'histoire ainsi qu'en un lieu précis. Le droit constitutionnel, quelle que puisse être la valeur des théories et des principes dégagés par les juristes, constitue une matière marquée par les appétits de puissance des humains ; humains dont les passions l'emportent souvent sur la valeur des institutions, tant il est vrai « *qu'il n'est de richesses que d'hommes* », comme le constatait Jean Bodin.

L'étude du droit constitutionnel doit d'abord nous conduire à envisager les éléments fondamentaux de l'existence de l'Etat ainsi que les principes juridiques relatifs à son fonctionnement. C'est ensuite, ces éléments étant connus, qu'il sera possible d'envisager les règles de fonctionnement de la Ve République, telles qu'elles résultent de l'abaissement du législatif, corollaire de la prééminence peu contestée de l'exécutif.

FICHE N° 1

THÉORIE POLITIQUE DE L'ÉTAT

1. Références

ARISTOTE, *La Politique*, Vrin, 1995.

DESWARTES M.P., *Essai sur la nature juridique de la République*, L'Harmattan, 2003.

GARDET L., *La Cité musulmane*, éd., Vrin, 1969.

GOYARD-FABRE S., *Les principes philosophiques du droit politique moderne*, PUF, 1997.

HAYEK (VON) F. A., *Droit, législation, liberté*, 3 vol., PUF, 1995.

HOBBES T., *Le Léviathan*, 1651, rééd., Dalloz, 1999.

KRIEGEL B., *Philosophie de la République*, Plon, 1998.

LÉNINE, *L'Etat et la Révolution*, (1917), éd. sociales, éd. du progrès, 1969.

LOCKE J., *Second Traité sur le gouvernement civil*, 1689, rééd., PUF, 1994.

MAURRAS C., *Mes idées politiques*, Fayard, 1937, rééd., L'Age d'Homme, 2002.

RIALS S., RAYNAUD Ph., *Dictionnaire de philosophie politique*, éd., PUF, 2003.

ROTHBARD M., *L'Ethique de la liberté*, Les Belles Lettres, 1991.

ROUSSEAU J.-J., *Du contrat social*, 1762, rééd., Gallimard, 1993.

SAINT THOMAS D'AQUIN, *Somme contre les gentils*, Flammarion, 1999 (première édition : 1265).

2. Repères : biographies

Aristote (385 av. J.-C. - 322 av. J.-C.)

Philosophe, élève de Platon et précepteur d'Alexandre le Grand, il fonda sa propre école, le Lycée ou école péripatéticienne. Pour lui, les lois humaines doivent être en harmonie avec l'ordre de la nature : il convient d'observer l'univers et d'en induire des règles (méthode expérimentale). Auteur d'un grand nombre d'ouvrages (*Ethique à Nicomaque*, *La Politique*), sa pensée exerça une influence considérable.

Friedrich August von Hayek (1889-1992)

L'économiste et philosophe autrichien Friedrich August von Hayek, prix Nobel de sciences économiques en 1974, développa dans ses travaux une analyse conduisant à remettre en cause l'intervention croissante de l'Etat dans la vie des nations.

Thomas Hobbes (1588-1679)

Ecrivant *Le Léviathan* en 1651, le philosophe anglais construit un système dans lequel, pour vivre en société et fuir le danger de l'état de nature, l'homme renonce contractuellement à ses droits au profit d'un Etat tout-puissant qui fait régner la paix.

John Locke

(V. Fiche n° 10.)

Karl Marx (1818-1883)

Pour le philosophe allemand, l'Etat n'est qu'un instrument de domination de classe ; sa disparition doit permettre d'instaurer la société communiste sans classes. Si aucune de ses œuvres n'est strictement consacrée à l'Etat, son étude transpire de ses travaux.

Jean-Jacques Rousseau

(V. Fiche n° 6.)

Saint Thomas d'Aquin

(V. Fiche n° 5.)

3. Explications : les théories sur l'existence de l'Etat

La Renaissance, loin de ne caractériser qu'une redécouverte de l'Antiquité gréco-latine dans les domaines artistiques, se traduit encore par une évolution profonde de la structure de l'Etat. Deux ouvrages paraissent alors qui sont des indices clairs de la naissance de la pensée politique moderne et permettent de dater l'existence de l'Etat moderne, au tournant du XVIe siècle ; les *Six Livres de la République* qu'écrit le jurisconsulte français Jean Bodin en 1576, postérieur d'une cinquantaine d'années à l'œuvre du Florentin Nicolas Machiavel, *Le Prince*, parue en 1513.
Toutefois, si cette forme nouvelle de l'Etat ne se dessine qu'alors, l'étude de l'histoire fait apparaître la permanence d'une structure de pouvoir supérieure aux individus à l'intérieur des communautés politiques ; le pouvoir organisé allant de pair avec l'existence de communautés humaines, cela quelles que soient les différences de forme qu'il est susceptible de prendre (chefferie, conseil des sages ou des anciens...). Envisager l'existence de l'Etat suppose nécessairement d'en effectuer une tentative de définition d'ordre philosophique et politique, laquelle est par nature également historique. Il convient pour cela de s'attacher à l'analyse des théories relatives à la naissance de l'Etat, à son origine. Cette étude de l'origine de l'Etat doit alors laisser la place à celle des théories politiques relatives à l'Etat.

La naissance de l'Etat

Même si les opinions des théoriciens sur l'origine de l'Etat divergent, les plus nombreux s'accordent à écarter la naissance de l'Etat du phénomène juridique, que l'Etat soit un phénomène naturel, produit spontané issu de l'instinct des hommes à se regrouper en une communauté, ou que sa naissance soit vue comme le fruit d'un conflit. Deux types de construction théorique peuvent ensuite être distingués quant à l'existence de l'Etat ; les uns apparaissent comme des constructivismes et voient dans l'organisation sociale un pur produit de la raison et de la volonté humaine ; les autres laissent au contraire de côté tout raisonnement abstrait pour privilégier le caractère humain et naturel de la société.

L'Etat, réalisation naturelle

Dans cette perspective, la société existe naturellement, expliquée par des mythes ou par la volonté de Dieu, la pensée chrétienne ne s'éloignant guère sur ce point de la pensée gréco-latine.

La pensée politique gréco-romaine

Le monde gréco-romain est sans conteste le berceau de notre civilisation. Toutefois, si ses penseurs s'interrogèrent sur le meilleur type de gouvernement, leur questionnement ne porta pas sur l'origine de la société. Les philosophes ne s'écartent cependant pas du cadre géographique (la cité) et social (division entre citoyens et leurs familles, métèques et esclaves), dans lequel ils s'insèrent, la société étant unie autour d'objectifs communs et incontestés : les modalités de naissance de la société sont renvoyées loin dans le passé et expliquées par des mythes collectifs.
Si dans ces mythes peuvent figurer des bribes de réalité historique, ils visent surtout à représenter l'ordre du monde ; on recherche les modalités de réalisation de la meilleure cité, non son origine. « *L'homme est par nature un animal politique* », observe Aristote : il est fait pour la vie sociale et politique, vivant naturellement en société (dont la première est la famille). Le fait premier et l'état de nature, c'est la société, l'état politique : une collectivité d'individus différents mais unis dans la cité et qui ont besoin les uns des autres, nul homme ne pouvant vivre en dehors des lois protectrices de la cité (seuls l'homme dégradé ou le demi-dieu peuvent vivre en dehors des règles communes). L'analyse est semblable à Rome pour Cicéron : la cité est un phénomène naturel, non volontariste, car l'homme n'est en principe jamais nomade ou isolé, mais recherche la société des autres.

La pensée politique chrétienne

En la matière, la chrétienté n'amène pas de rupture avec le monde antique. Par la formule « *Rendez à César ce qui appartient à César et à Dieu ce qui est à Dieu* », le Christ reconnaît la légitimité de l'autorité politique. Si la question de l'obéissance des chrétiens au pouvoir tyrannique fut posée, l'origine du pouvoir ne fit jamais de doute. En cherchant à bâtir ici-bas la Cité de Dieu, les chrétiens ne visaient qu'à ordonner la cité terrestre aux règles issues de la volonté divine, le fondement de la société reste naturel (saint Augustin, 354-430).
Saint Thomas (1225-1274) effectuera la meilleure démonstration du caractère naturel de la société en incorporant la pensée aristotélicienne à la philosophie catholique. L'homme est par nature social pour trois raisons : pour assurer sa survie biologique, par sociabilité et pour progresser en intelligence et en vertu ; « *l'homme est par nature un animal politique ou social. En effet, l'homme ne se suffit pas à lui-même s'il vit seul, parce que la nature ne le pourvoit suffisamment qu'en peu de choses, lui donnant la raison par laquelle il peut se procurer les choses nécessaires à la vie, telle que la nourriture, les vêtements et autres choses de ce genre. Et comme un seul homme ne suffit pas pour faire tout cela, un instinct naturel de vivre en société lui a été donné* » (Saint Thomas, *Somme contre les Gentils*). Ainsi, nier le caractère naturel de la société conduit à nier la réalité de la condition humaine.

Dans toute la pensée classique, il n'existe aucune contradiction entre nature et société, tout au contraire ; l'homme ne devenant humain qu'en étant social, et la société constituant, sans être la fin de l'individu, le milieu nécessaire à l'épanouissement de l'homme.

L'Etat, construction de la raison

L'idée que l'Etat naisse d'un pacte entre individus entraîne un changement total de perspective, car adopter ce point de vue implique « *prise de position par rapport à un grand nombre de problèmes fondamentaux du droit public : origine de la souveraineté, valeur des droits individuels, situations respectives de l'individu et de l'Etat dans les relations de la vie juridique* »[1]. On peut déceler les prémices de l'idée d'une origine contractuelle de l'Etat chez les monarchomaques qui, au XVIe siècle, considèrent qu'il existe un pacte de sujétion liant réciproquement les citoyens (les sujets) et le monarque. Les sujets obéissent au monarque, lequel respecte différentes règles garantissant leurs libertés ; en revanche, si le roi viole ce pacte, il peut légitimement être mis à mort (v. Théodore de Bèze, 1519-1605). C'est aux XVIIe et XVIIIe siècles que les conceptions évolueront nettement.

Thomas Hobbes (1588-1679), *Le Léviathan* (1651)

Rejetant toute sociabilité naturelle, Thomas Hobbes considère l'idée « *d'animal politique* » comme fausse par nature. Pour lui, l'état de nature est un état de liberté absolue, tout étant donné à tous, à condition qu'il puisse le prendre. Cette situation provoque l'anxiété, la crainte et la violence, car mon désir est constamment menacé par autrui qui possède également le même droit à la totalité. Il s'agit donc d'obtenir toujours plus, au détriment d'autrui, afin d'être le plus puissant, ce qui produit la guerre de chacun contre tous, où l'homme devient le pire ennemi de l'homme, *homo homini lupus*. La société de nature est faite de danger, de force et de ruse...
Au sein de cet état de guerre généralisé, l'homme trouve son salut grâce au secours du contrat social. L'Etat est alors le résultat de l'art et du calcul humain, fruit de l'instinct de conservation. L'homme n'étant pas naturellement social, il ne vient à la société que par égoïsme et crée le Léviathan. Les hommes sont portés par la loi de nature et leur raison à passer un contrat par lequel chacun des contractants se dépouille d'une partie de ses droits au profit de l'Etat[2], afin d'obtenir la paix et la sécurité. Ainsi, le contrat crée l'Etat et ce contrat est le fondement de la légitimité du pouvoir souverain. L'idée est bien moderne, car c'est désormais le consentement de chacun qui fonde la société.

---

1. BURDEAU G., *Traité de science politique*, 3e éd., t. 2, *L'Etat*, p. 50.
2. Il est à noter que chez Hobbes, à la différence de ses successeurs, l'Etat, afin de maintenir la sécurité, peut tout exiger de ceux qui lui ont remis leurs droits, sans qu'une quelconque sphère privée lui soit par nature interdite.

Jean-Jacques Rousseau (1712-1778), *Du contrat social* (1762)

Pour le citoyen de Genève, tous ceux qui ont décrit l'état de nature avant lui se sont trompés et ont transféré à l'état de nature les caractéristiques de l'état civil. Pour Rousseau, l'état de nature est un état naturel, une permanence qui se prolonge indéfiniment, et il ne renferme en lui aucun élément propre à le faire dépasser, à en sortir ; il n'est donc à aucun titre cause de l'état civil. Dans cet état, les hommes vivent dispersés parmi les bêtes et sans liaison entre eux, il s'agit d'un véritable paradis, habité par un homme dans sa condition primitive qui émerge à peine de l'animalité ; toutefois, la propriété privée et les inventions mécaniques vont provoquer des inégalités contraignant les hommes à passer un pacte social afin de garantir leur liberté.
Il convient donc de « *trouver une sorte d'association qui défende et protège de toute la force commune la personne et les biens de chaque associé, et par laquelle chacun, s'unissant à tous, n'obéisse pourtant qu'à lui-même et reste aussi libre qu'auparavant* ». Alors « *chacun de nous met en commun sa personne et toute sa puissance sous la suprême direction de la volonté générale ; et nous recevons en corps chaque membre comme partie indivisible du tout* », et l'on assiste à la naissance de la société : « *A l'instant, au lieu de la personne particulière de chaque contractant, cet acte d'association produit un corps moral et collectif, composé d'autant de membres que l'assemblée a de voix, lequel reçoit de ce même acte son unité, son moi commun, sa vie et sa volonté*[3]. »

Le pacte social constitue ainsi une nécessité philosophique trouvant son origine dans la nature même de l'être humain. Il s'agit, observe Burdeau, d'une « *loi dont l'acceptation par les membres du groupe est la condition d'établissement d'une constitution politique conforme à la nature de l'homme* »[4]. En effet, l'idée de l'origine contractuelle ne vise pas à donner une explication chronologique de la naissance de l'Etat, mais à fournir un fondement philosophique à celui-ci.

Il ressort de l'étude de ces diverses théories la certitude que « *l'instinct du pouvoir se trouve dans la nature humaine et, en ce sens, est présocial* »[5]. Toutefois, l'image du contrat reflète utilement l'idée que seule l'adhésion collective permet de maintenir durablement l'existence de l'Etat. Si un accord minimal peut être obtenu sur ces deux éléments, il n'en est pas de même en matière de conception de l'Etat.

---

3. *Du contrat social*, l. I, ch. 4.
4. BURDEAU G., *op. cit.*, p. 74.
5. HAURIOU M, *Précis de droit constitutionnel*, 2e éd., Sirey, 1929, rééd., CNRS, 1965, p. 30.

Les théories de l'Etat

Parmi les différentes conceptions de l'Etat qui peuvent exister, il est aisé de distinguer les théories qui remettent en cause l'existence de l'Etat de celles qui visent au contraire à lui donner une place et à l'expliquer, si ce n'est le justifier.

Les conceptions hostiles à l'Etat

A ce même courant se rattachent des hommes et des théories que nos habitudes intellectuelles nous conduisent habituellement à séparer, à savoir les socialistes et les libéraux.

Les socialismes

Le courant anarchiste

L'anarchisme trouve son origine dans la critique socialiste de l'Etat bourgeois au XIXe siècle ; il s'agit d'une philosophie politique socialiste anté-marxiste[6]. Dans la vision anarchiste, la liberté est le bien le plus précieux de l'être humain et l'existence de l'Etat ne vise qu'à assurer la pérennité des inégalités issues d'une répartition injuste de la propriété, Proudhon (1809-1865) allant jusqu'à écrire « *la politique est la science de la liberté : le gouvernement de l'homme par l'homme, sous quelque nom qu'il se déguise est oppression* »[7]. La théorie anarchiste ne vise pas à un dépérissement progressif de l'Etat, mais à sa disparition pure et simple, de manière immédiate.

Le marxisme

Socialistes et communistes s'accordent initialement sur leur définition de l'Etat et le sens de l'histoire, ne différant que sur le moyen d'instaurer la société communiste idéale. Ainsi, pour les disciples de Marx, l'Etat est une superstructure du mode de production capitaliste issu des rapports de classe et de l'exploitation capitaliste. C'est « *un organisme de domination de classe, un organisme d'oppression d'une classe par une autre ; c'est la création d'un ordre qui légalise et affermit cette oppression en modérant le conflit des classes* »[8]. La révolution prolétarienne doit permettre au peuple guidé par le parti communiste de prendre la direction de l'Etat (considéré comme un mal nécessaire) afin de faire dépérir celui-ci jusqu'à sa disparition lors de l'instauration de la société sans classes, situation du communisme final.

6. Ce n'est qu'en 1872 que Marx réussira à faire exclure l'anarchiste Bakounine de la 1re internationale socialiste.
7. *Idée générale de la Révolution au XIXe siècle*, 1851.
8. LÉNINE (1870-1924), *L'Etat et la Révolution*, 1917.

Les formes du libéralisme

Le libéralisme

Si l'analyse libérale suppose un fonctionnement aux antipodes du socialisme, elle s'en rapproche en ce qu'elle repose sur le même objectif d'une société ayant fait table rase de la notion d'Etat. Le fonctionnement de la société suppose, dans cette perspective, une autorégulation s'opérant par le jeu de la « *main invisible*[9] » régulant le marché. Le bon fonctionnement de la société suppose la liberté, laquelle naît du règne de « *l'Etat minimal* » décrit par Benjamin Constant (1767-1830) ; l'Etat doit alors se limiter aux fonctions régaliennes et se borner à n'être qu'un Etat-gendarme.

Le libertarisme ou l'anarcho-capitalisme

On appelle ainsi la pensée contemporaine qui s'est développée dans la seconde moitié du XXe siècle et résultant d'une sorte de conjonction des deux courants, socialiste et libéral. Ainsi appelé par ses détracteurs, l'anarcho-capitalisme naît dans le fil des travaux réalisés par Hayek. Murray Rothbard, l'un des libertariens les plus en vue, dénie toute légitimité à l'intervention publique (assimilée à un vol) : « *Dans une société vraiment libre, une société où les droits de la personne et de la propriété seraient protégés, l'Etat ne pourrait donc que cesser d'exister*[10]. » Pour ces libertariens, seule la disparition de l'Etat permettra le libre jeu du capitalisme et *in fine* l'harmonie.

Les conceptions favorables à l'Etat

D'autres théories pensent l'Etat comme un phénomène naturel d'organisation sociale, voire comme un « instrument » utile au service d'une volonté politique.

Les constructions modernes

L'étatisme démocratique

On peut rattacher ce courant à la pensée de Jean-Jacques Rousseau, pour lequel le citoyen doit se plier à la volonté générale exprimée par le corps des citoyens. Sa doctrine ne laisse pas de place à l'existence d'une minorité car toute loi désirée par le peuple est présumée juste, bonne et exacte ; chacun devant s'y plier. Poussée à l'extrême, cette vision peut pousser à la dictature démocratique au nom de la majorité et de son droit démocratique à ce que l'Etat reflète ses choix. Les systèmes

9. SMITH A. (1723-1790), *Recherches sur la nature et les causes de la richesse des nations*, 1776.
10. ROTHBARD M., *L'Ethique de la liberté*, Les Belles Lettres, 1991, p. 228.

pluralistes contemporains se sont éloignés de ce système pour voir dans l'idée démocratique le respect de la minorité et non plus les seuls droits tout-puissants de la majorité.

Le nationalisme

Si cette famille politique regroupe de multiples courants très divers, tous s'accordent à voir dans l'Etat une réalisation naturelle et un fantastique moyen d'impulsion de la vie de la nation. Au-delà de ce rôle moteur ou initiateur, les divergences peuvent être énormes quant à la forme exacte que devra prendre cet Etat (les uns sont partisans du libéralisme, d'autres sont adeptes de l'économie centralisée, quand les derniers restent corporatistes)...

Les théocraties contemporaines

Dans les conceptions théocratiques, l'humanité étant créée, toute son organisation doit être le reflet de la volonté divine (**v. Fiche n° 5**). Si ces conceptions ont largement perdu de leur poids en Occident, elles restent aujourd'hui vivaces, sous couvert de la prétention d'un certain islam à développer une vision fondamentaliste de cette religion ; courant s'étant politiquement développé depuis le milieu des années 1970[11]. Dans cette perspective, l'Etat islamique, se doit d'être fondé sur le modèle théocratique, comme le fut le gouvernement du prophète Mahomet après sa fuite à Médine en 622. L'Etat possède alors vocation à regrouper la communauté des croyants (*l'Umma*), sous l'autorité d'un chef choisi par Dieu, « *qui bénit les puissants* ». Dans cette vision s'insèrent difficilement les notions modernes d'Etat ou de nation, considérées comme purement occidentales et inconciliables avec les préceptes islamiques classiques. L'Etat islamique est alors le moyen de guider les croyants vers Dieu, en appliquant la législation coranique.

11. Il est à noter que le monde arabe, berceau de l'islam, connut une tentative de dépassement de ce modèle théocratique sous l'impulsion du nationalisme laïc du mouvement Baas en Syrie, Egypte, Liban et Irak ; ce mouvement a toutefois aujourd'hui quasiment disparu, V. Saint-Prot Ch., *Le Nationalisme arabe*, Ellipses, 1995.

4. Débat : la difficile qualification de l'Etat, entre république, monarchie et démocratie

Les penseurs grecs – et cela figure spécialement chez Aristote – ont de longue date établi que le gouvernement de la cité visait à satisfaire l'intérêt général et pouvait prendre la forme d'une démocratie (au sein de laquelle le grand nombre gouverne), d'une aristocratie (la direction est l'affaire d'une minorité) ou d'une monarchie (où un seul dirige) ; ces trois formes parfaites ou pures étant chacune susceptible de dériver vers sa forme pervertie lorsque seul est recherché l'intérêt des gouvernants, la démocratie se muant en démagogie, l'aristocratie en oligarchie et la monarchie en tyrannie. Pour éviter cette dérive, chacun s'accorde à voir dans le gouvernement modéré la meilleure forme de gouvernement ; le gouvernement modéré résultant de la combinaison des trois formes, c'est-à-dire un système dans lequel un seul gouverne (élément monarchique), appuyé sur des conseils (élément aristocratique) et avec l'assentiment de tous (élément démocratique).
Ce schéma idéal ne résiste toutefois pas à la difficulté de sa mise en œuvre et aujourd'hui, ces subdivisions subtiles sont le plus souvent remplacées par la distinction entre république et démocratie ; or force est de constater que celle-ci est insuffisante à refléter la réalité des régimes politiques.
Il est ainsi fréquent lorsque l'on parle des Etats, de ne pas utiliser le terme Etat, mais, au contraire, ceux de « république » ou de « monarchie », termes à l'imprécision absolue. Utiliser ces termes fait référence au titulaire du pouvoir politique ou exécutif ; le roi étant opposé au président, l'un étant désigné par l'hérédité, l'autre par l'élection. Toutefois, cette définition du tout par la partie n'est pas satisfaisante, d'abord parce que sont ainsi amalgamés l'ensemble des régimes politiques répondant à la définition, puis parce que ces termes ne sont idéologiquement pas neutres.
La monarchie est une forme de régime choisie par une multitude d'Etats forts différents dans leur philosophie et leur organisation au cours des siècles, et en tant que telle, l'étiquette « monarchie » n'apporte aucune indication sur la nature du régime : rien ne diffère plus de la monarchie française du début du XVIIIe siècle que celle de Philippe Auguste cinq siècles plus tôt ou celle qui verra régner Louis-Philippe en 1830. Comment ne pas noter que Louis XIV dispose de pouvoirs bien moindres que ceux du président sous la Ve République !
Le même constat peut être opéré quant à la république ; si les deux Allemagnes se proclamaient chacune « République », leur nature restait très différente. Quels points communs entre les très aristocratiques Républiques maritimes italiennes, la République populaire de Chine ou la République islamique d'Iran ? Un même terme peut donc recouvrir des réalités très hétérogènes.
La dimension idéologique de l'appellation du régime ne doit pas être négligée. Cette dimension fonctionne aussi avec notre réflexe d'assimiler la république à la démocratie ; ce qui est au minimum un peu hâtif : la République socialiste soviétique était tout sauf démocratique, comme la République allemande après 1933, la terreur républicaine de 1793 ne semblant pas non plus correspondre à cette analyse. Inver-

sement, il convient de ne pas oublier que l'idée moderne des « freins et contrepoids » à apporter au pouvoir est née au sein de la monarchie britannique...
Si la démocratie est aujourd'hui un régime dans lequel le pouvoir est exercé au nom du peuple par les élus qu'il désigne et sous son contrôle, tout en respectant les droits de la minorité, force est de constater que cette définition ne s'applique pas à l'ensemble des régimes se parant du qualificatif de démocratique... La démocratie socialiste fonctionne à des années lumière de la démocratie occidentale.
De même, le degré de développement économique et de modernisme d'un Etat ne doit pas conduire à lui décerner *ipso facto* un sauf-conduit de qualité démocratique (on pense en particulier aux monarchies « démocratiques » et pétrolières du Moyen-Orient). Enfin, le totalitarisme, plus que le résultat d'une accusation médiatique, est le fait de régimes dans lesquels les libertés ne reposent pas sur les droits de l'individu mais sur la seule bonne volonté de l'Etat ; et il semble susceptible de prendre de multiples formes, s'accommodant « *aussi bien d'une forme de pouvoir personnel (tyrannie, dictature, césarisme) que d'un gouvernement d'Assemblée (la Convention)* »[11].

Exercice : plan détaillé de dissertation

L'Etat est-il en crise ?

Introduction

Montrer qu'il existe aujourd'hui une crise de l'Etat : développement d'une idéologie libérale-libertaire ; libérale sur le plan économique et libertaire sur le plan moral. L'essor de l'individualisme pousse à dénier toute légitimité à l'action de l'Etat, à toute régulation publique.
Dès lors, si crise de l'Etat il y a, c'est d'abord parce que l'Etat est contesté et, ensuite, car il tend à être dépassé.

I. La contestation de l'Etat

A. L'inefficacité de l'Etat

Inaptitude à régler les défis globaux (pollutions, crises économiques, migrations...).
Incapacité à déterminer des solutions internes (contestation de sa légitimité à agir).

B. L'obsolescence de l'Etat

Incapacité économique de l'Etat (idéologie libertarienne).
Inaptitude politique (Etat considéré comme trop éloigné des réalités locales).

11. Isoart P., Trotabas L., *Droit public*, 24e éd., LGDJ, 1998, p. 8.

Transition : contesté et déligitimé, l'Etat tend à se voir dépassé.

II. Le dépassement de l'Etat

A. L'essor des revendications locales

Le principe de subsidiarité et l'essor de la décentralisation (1982 ; 2003).
Les formes transitoires d'Etat : Etat-autonomique, Etat-régional.

B. La perte de souveraineté

L'encadrement de l'action internationale et interne (Yougoslavie, Irak...).
La prééminence de l'ordre juridique communautaire (développer la jurisprudence du Conseil constitutionnel. Depuis la décision 75-54 jusqu'à la 2004-496 et la 2006-540).

FICHE N° 2

THÉORIE JURIDIQUE DE L'ÉTAT

1. Références

AUBY J.-B., *La Globalisation, le droit et l'Etat*, Montchrestien, 2003.

BARRET-KRIEGEL B., *Les Droits de l'homme et le droit naturel*, PUF, 1989.

BURDEAU G., *Traité de science politique*, 6 vol., 3e éd., LGDJ, 1980-1987.

CARRÉ DE MALBERG R., *Contribution à la théorie générale de l'Etat*, 2 t., Sirey, 1920-1922, réimp. 1962.

CHEVALLIER J., *L'Etat*, Dalloz, 1999.

CHEVALLIER J., *L'Etat post-moderne*, LGDJ, 2003.

DABIN J., *La Philosophie de l'ordre juridique positif*, Sirey, 1929.

DABIN J., *Doctrine générale de l'Etat : éléments de philosophie politique*, Sirey, 1939.

JELLINEK G., *L'Etat moderne et son droit*, trad. fr., éd. Panthéon-Assas, 1921.

JOUANJAN O. dir., *Théories réalistes du droit*, Presses universitaires de Strasbourg, 2000.

KRIEGEL B., *Philosophie de la République*, Plon, 1998.

MATTÉI (DE) R., *La Souveraineté nécessaire*, François-Xavier de Guibert, 2000.

MAULIN E., *La Théorie de l'Etat de Carré de Malberg*, PUF, 2003.

SÉRIAUX A., *Le Droit naturel*, PUF, coll. « Que sais-je ? », n° 2806, 2e éd., 1999.

TUSSEAU G., *Les Normes d'habilitation*, Dalloz, 2006.

VILLEY M., *Philosophie du droit*, 2 t., 1975-1979, rééd., Dalloz, 2001.

WALINE M., « Défense du positivisme juridique », *Archives de philosophie du droit*, 1939, pp. 84 et suiv.

2. Repères

Définitions

Jus naturalisme : les doctrines du droit naturel considèrent qu'il existe dans l'ordre des choses un certain nombre de règles immuables que l'Etat se doit de respecter.

Positivisme : cette doctrine n'accorde de valeur juridique qu'aux règles de droit validées par le système juridique d'un Etat (droit positif) en n'accordant aucune valeur à la notion de droit naturel.

Biographies

Antigone

Tragédie de Sophocle de 440 av. J.-C. Dans la mythologie grecque, Antigone est la fille d'Oedipe. Le cadavre de son frère Polynice, mort au cours d'un duel, étant interdit de sépulture, elle décide de l'enterrer tout de même au nom des « *lois non écrites et immuables des Dieux* », cela malgré le rappel de l'interdiction légale que lui fait le roi de Thèbes, Créon. Ayant violé la loi, elle est condamnée à être emmurée vivante et choisit de se pendre. Elle figure la prééminence du droit naturel sur le droit positif.

Jean Bodin (1530-1596)

Le jurisconsulte français, professeur de droit et magistrat, député du tiers aux états généraux (1576), écrit une œuvre magistrale, les *Six Livres de la République* (1576), qui constitue la première grande théorie générale de l'Etat moderne et met en avant le caractère central de sa souveraineté.

Hans Kelsen (1881-1973)

Le juriste autrichien a créé un système juridique original fondé sur l'assimilation entre le droit et l'Etat, ce dernier n'étant qu'un « *système de normes* ». Il résulte de cette conception que l'ensemble du système juridique tire sa validité de son respect de la norme qui y figure au sommet : la Constitution ; ce qui suppose qu'un système de contrôle des normes permette d'en assurer la cohérence.

Carl Schmitt (1888-1985)

Le juriste allemand fut l'un des principaux opposants aux principes du normativisme développés par Kelsen. Sa théorie repose notamment sur la prééminence de la décision sur la norme. La clarté de sa démonstration fut assombrie par son engagement momentané aux côtés des nationaux-socialistes (1933-1935) ; délaissées, ses théories sont redécouvertes depuis une vingtaine d'années.

3. Explications : l'Etat et sa souveraineté

L'Etat, tel qu'il nous est familier, n'est vieux que de quelques siècles. En effet, si l'idée d'une structure d'ordre politique (au sens de : la « cité ») chargée d'assumer et d'assurer la pérennité de la république (au sens de *res publica* : chose publique, bien commun) au sein d'un groupe semble consubstantielle à l'existence de celui-ci, sa forme actuelle est récente. Cette forme matériellement et administrativement organisée de l'Etat n'apparaît qu'au tournant des XVIe et XVIIe siècles et s'est développée depuis le XIXe avec l'extension de sa sphère de compétences vers l'économie (Etat-entrepreneur), puis au XXe dans le domaine social, ce qui tend à faire de la réalité étatique une structure protéiforme et partout présente... Réalité qui se manifeste spécialement à travers le poids des dépenses publiques (entendues au sens large, celles-ci atteignent 54 % du PIB).
Au-delà de l'approche politique de l'Etat, cette forme organisée se traduit par un certain nombre d'éléments juridiques qu'il s'agit d'aborder maintenant. Il s'agit d'abord d'observer les conditions d'existence matérielle de l'Etat, puis d'envisager sa caractéristique essentielle : la souveraineté.

L'existence matérielle de l'Etat

La définition strictement juridique selon laquelle « *L'Etat est la personnification juridique d'une nation : c'est le sujet et le support de l'autorité publique* », pour valide qu'elle reste, n'apporte pas suffisamment d'éléments permettant de caractériser l'existence matérielle de l'Etat. Les éléments constitutifs de l'Etat doivent être envisagés avant de prendre en compte son approche juridique.

Les éléments constitutifs de l'Etat

Pour Carré de Malberg, l'Etat n'existe qu'à partir du moment où sont réunis trois éléments : un certain nombre d'hommes, un territoire et une puissance publique s'exerçant sur les précédents[1]. Cette définition désormais classique est la plus satisfaisante mais doit être précisée.

Une population

L'existence de l'Etat suppose d'abord l'existence de personnes susceptibles de se réunir (ou d'être réunies) en un Etat, lequel est avant tout une communauté humaine. Communauté politique la plus élevée, l'Etat se superpose aux autres communautés organiques sur lesquelles s'élève la société, les familles en tout

1. CARRÉ de MALBERG R., *Contribution à la théorie générale de l'Etat*, t. 1, 1920, pp. 2-7.

premier lieu, les villages, les villes et les provinces. Il n'existe aucune quantité de population minimale qui permette de fonder un Etat ; il existe des Etats dépassant le milliard d'habitants (Chine et Inde) tandis que d'autres n'en rassemblent que quelques milliers (principauté de Monaco, Liechtenstein...). La population doit encore être définie et distinguée d'autres termes proches.

Nation et population

La nation est la base classique sur laquelle se fonde un Etat ; la difficulté réside toutefois dans la définition de ce qui constitue la nation. Les premières conceptions de la nation sont dites déterministes et le constat de l'appartenance à une nation intervient indépendamment de la volonté de la personne ; la nation peut alors résulter de la communauté d'origine (hutus et tutsis), de langue (Allemagne) ou de religion (Irlande). A ces conceptions est opposée la théorie dite volontariste que Renan décrivit lors de sa célèbre conférence en Sorbonne en 1882, *Qu'est-ce qu'une nation ?*, en assimilant la nation à « *une âme, un principe spirituel* [...], *le consentement actuel, le désir de vivre ensemble,* [...] *un plébiscite de tous les jours* »[2].

Les deux conceptions ne sont en définitive pas si opposées car la première est la condition d'existence de la seconde, qui seule assure la pérennité dans le temps ; synthèse qu'exprimera le doyen Hauriou : « *Il y a toujours à la base d'une nation une communauté de race dans un certain noyau de la population assez important pour assimiler les immigrants qui surviendront* [...] [avec le temps] *se dégage une communion spirituelle qui constitue la véritable unité nationale, car les nations sont des phénomènes spirituels* [fondés par] [...] *une pensée commune, une volonté commune, un sentiment commun*[3]. » Enfin, si l'assimilation de la population à la nation peut être effectuée en France, cela n'est guère possible pour d'autres Etats : ainsi lorsqu'une nation se trouve partagée en plusieurs Etats (Coréens, Allemands, Kurdes), ou si un Etat ne repose pas sur une nation (Belgique, Chine, Etats-Unis).

Les étrangers et la population

Les étrangers ne sauraient par nature appartenir à la population constitutive d'un Etat puisque leur extranéité les écarte de la communauté nationale (à laquelle ils peuvent être agrégés par naturalisation) ; ils font en revanche partie de la population constitutive de leur Etat d'origine. La population constituant l'Etat n'est constituée que de personnes appartenant juridiquement et politiquement à cet Etat ; et c'est le plus souvent cette nationalité qui fonde les droits liés à la citoyenneté (**v. Fiche n° 7**).

2. Sa théorie visait surtout à extraire l'Alsace (ayant un dialecte d'origine germanique) du déterminisme linguistique au nom duquel elle avait été incorporée à l'empire allemand, en mettant en avant son désir de rester française.
3. HAURIOU M., *Précis de droit constitutionnel*, 2e éd., Sirey, 1929, rééd., CNRS, 1965, pp. 80-81.

Le territoire et les institutions

Il n'existe pas d'Etat sans territoire et tout Etat a besoin pour exister d'un territoire délimité ou délimitable ; ce territoire détermine la zone géographique, l'espace dans lequel la puissance de l'Etat pourra s'exercer sur des personnes s'y trouvant. Il n'y a pas de taille minimale à l'existence d'un Etat et la planète connaît aussi bien des micro-Etats (Vatican, San-Marin, Andorre, Monaco) que de gigantesques Etats-continent (Russie, Chine, Canada). L'Etat peut être composé d'îles (Philippines), discontinu (Etats-Unis avec l'Alaska, depuis 1867), ou tenir d'un bloc (Suisse) et il faut encore lui adjoindre les portions de mer qui en baignent les côtes (mer territoriale), ainsi que l'espace aérien.

Le dernier élément caractérisant l'Etat est l'existence d'une autorité politique à laquelle tous obéissent. Cette autorité étatique dispose alors du « *monopole de la contrainte physique légitime* » (Max Weber), ce qui signifie que tous doivent opiner à ses décisions et qu'elle seule dispose de la possibilité d'exercer les pouvoirs de police et de justice, chacun devant s'en remettre à son autorité pour se faire reconnaître un droit. L'Etat dispose à ce titre de l'administration et de la force armée, forces qui interviennent sous sa seule autorité et qu'il lui est interdit de conférer à quiconque.

Si a parfois été évoqué le dépassement de cette conception classique, force est de constater qu'aucun Etat n'existe s'il lui manque l'un de ces trois éléments. Il existe aujourd'hui près de 200 Etats, et si tous n'ont pas la même importance, ils ont vocation à posséder les mêmes caractères juridiques.

L'approche juridique de l'Etat

Envisager celle-ci dépend des conceptions de l'Etat qui sont adoptées ; il en résulte ensuite un certain nombre de caractéristiques.

Les conceptions de l'Etat

Deux grands types de conceptions du droit et du rôle de l'Etat doivent ici être distingués : celles attachées au droit naturel et celles empreintes de positivisme. Cette opposition est importante en ce qu'elle détermine la marge d'action de l'Etat : « *Reconnaître à l'Etat le pouvoir de modifier le droit à son gré revient à lui reconnaître celui de transformer la société à sa convenance. S'il est dans la nature de l'Etat de prétendre à ce pouvoir qui fait de lui le maître de la société et non pas son instrument, cette prétention s'est longtemps heurtée à l'opposition des juristes et des philosophes qui affirmaient que le droit est antérieur et supérieur à l'Etat*[4]. »

4. CHANTEBOUT B., *Droit constitutionnel*, 20e éd., A. Colin, 2003, p. 10.

Jus naturalisme

L'idée du droit naturel a de tout temps été présente et exerça une grande influence sur les gouvernants et les théoriciens de l'Etat ; elle fut même déterminante jusqu'au XVIIIe siècle. Le courant du jus naturalisme regroupe de très nombreux auteurs tels Aristote, Cicéron ou Saint Thomas, mais aussi Grotius ou Locke[5]. Il suppose que certaines règles sont antérieures à l'Etat (notamment les droits individuels) et que celui-ci est contraint de les observer. La difficulté que l'on peut opposer à ces théories réside bien évidemment dans leur contenu qui peut être difficilement déterminé.

Théories positivistes

L'Etat étant la seule structure à disposer de la contrainte est donc le seul à même de sanctionner une violation de la règle juridique ; il s'ensuit que l'unique source de droit et du droit est l'Etat. Si celui-ci peut reconnaître des droits aux individus, il ne peut alors s'agir que d'une autolimitation souveraine de l'Etat, aucune règle juridique n'existant en dehors de sa reconnaissance par l'Etat. L'Autrichien Hans Kelsen sera l'un des principaux illustrateurs de ce courant.
L'opposition entre les obligations du droit positif et les impératifs du droit naturel est figurée par l'attitude d'Antigone, bravant au nom des dieux la loi de Créon.

Les caractères de l'Etat

La personnalité morale et la permanence de l'Etat

D'un strict point de vue juridique, l'Etat, pouvoir institutionnalisé, exerçant son autorité sur un espace où vit une population, est une simple personne morale. Cette qualité lui donne la capacité d'ester en justice et la notion permet en outre de distinguer l'Etat de ses dirigeants ou de ceux qui agissent en son nom. La notion de permanence de l'Etat exprime quant à elle l'idée que l'Etat est engagé par les actes des gouvernants précédents et se voit donc tenu de les assumer, internationalement parlant ; l'existence de l'Etat n'admet aucune discontinuité juridique. Par conséquent, traités, lois et obligations pécuniaires restent valides tant qu'ils ne sont pas expressément dénoncés.

Le critère du préalable

L'Etat bénéficie dans ses relations avec les particuliers du critère du préalable. Ce critère, dégagé par Hauriou, signifie que l'Etat doit être obéi par principe, avant

5. Ce courant est d'ailleurs divisé entre jus naturalisme classique et moderne, le premier considérant que ces règles résultent de l'ordre du monde et de la volonté divine, le second estimant que l'on découvre ces règles par la raison.

toute réclamation contentieuse. Si un particulier s'estime lésé par une mesure de l'Etat, il peut demander en justice l'annulation de l'acte incriminé ou la mise en jeu de la responsabilité de l'Etat ; toutefois, dans l'attente de la décision du juge, la personne est tenue d'exécuter, au préalable, l'acte requis (à moins qu'un juge n'ait prononcé un sursis à exécution de l'acte). Tout acte de l'Etat est présumé légal en l'absence de preuve contraire.

Légalité et légitimité

La légalité désigne le plus souvent la qualité d'un texte et exprime sa conformité à l'ordre juridique positif, ce qui le rend d'effet obligatoire, sous peine de sanction. D'une autre nature, la légitimité se rapporte à l'idée de ce qui est juste ou équitable et possède une dimension souvent subjective. Si, le plus souvent, dans les régimes démocratiques, la mesure légale est également légitime, des problèmes peuvent survenir lorsque des comportements contraires peuvent être défendus au titre de la seconde contre la première... Il est difficile à un système juridique de valider la légitimité contre la légalité, car cela risquerait de faire perdre tout sens à la notion d'ordre juridique positif et de légalité, dans la mesure où la question de la légitimité relève d'une appréciation éminemment subjective et personnelle.

La souveraineté

Point central du phénomène étatique, la souveraineté peut être comparée au libre arbitre de l'homme ; elle correspond alors à la liberté que possède toute communauté politique de choisir son destin et l'assumer dans l'histoire. Décrite par Jean Bodin comme un pouvoir de contraindre sans être contraint (les *Six livres de la République*, 1576), elle est une liberté de choix au bénéfice de l'Etat et de ceux qui le constituent. La souveraineté est la caractéristique centrale du phénomène politique tant il est certain qu'elle s'analyse comme une capacité de décider, spécialement dans les situations non prévues par l'ordre juridique[6] : « *Est souverain celui qui décide des situations exceptionnelles*[7] ». La souveraineté doit être envisagée tant du point de vue de ses formes que de sa contestation contemporaine.

Les formes de la souveraineté

La souveraineté ne saurait être plus clairement définie qu'elle ne le fut par Esmein : « *Ce qui constitue en droit une nation, c'est l'existence dans cette société d'hommes d'une autorité supérieure aux volontés individuelles. Cette autorité, qui naturellement*

6. Cette conception figure dans les conditions de recours à l'art. 16 de la Constitution de 1958 (v. Fiche n° 18).
7. SCHMITT C, *Théorie de la Constitution*, rééd. PUF, 1993.

ne reconnaît point de puissance supérieure ou concurrente quant aux rapports qu'elle régit s'appelle la souveraineté. Elle a deux faces : la souveraineté intérieure, ou le droit de commander à tous les citoyens composant la nation, et même à ceux qui résident sur le territoire national ; la souveraineté extérieure, ou le droit de représenter la nation et de l'engager dans ses rapports avec les autres nations[8]. »

La souveraineté interne

Elle signifie qu'au sein de ses frontières, l'Etat est totalement autonome dans ses choix, et qu'il est tout à la fois à la source de l'ordre juridique et à son aboutissement ; ce qui signifie qu'il fonde le système juridique et le met en œuvre. Cette suprématie au sein de l'ordre juridique interne se retrouve dans la Constitution de 1958, qui spécifie à propos de la souveraineté qu'« *aucune section du peuple ni aucun individu ne peut s'en attribuer l'exercice* » (art. 3). Le pouvoir de l'Etat est donc « *originaire et illimité, il ne le tient que de lui-même et peut poser des normes sans se soucier d'autres règles extérieures à lui. A ce titre, il élabore sa Constitution, il forge les lois, il édicte des règlements. La souveraineté en ce sens est le pouvoir de poser librement des règles* »[9] ; l'Etat dispose bien de la compétence de ses compétences[10] et seul détermine les règles qui lui sont applicables.

Pierre Pactet définit ainsi la puissance souveraine de l'Etat comme « *un pouvoir de droit* [différent du pur fait, ce pouvoir fonctionne au sein de l'ordre juridique qu'il fonde] *initial* [car source de l'ordre juridique] *inconditionné* [il ne procède d'aucune norme antérieure ou extérieure] *et suprême* [il n'existe rien au-dessus] »[11]. La souveraineté interne ne trouve comme limite éventuelle que les droits des citoyens, lesquels peuvent remettre en cause les gouvernants (élection, révolution) si ceux-ci mettent en œuvre une politique que les premiers contestent (l'art. 2 de la Déclaration de 1789 évoque en outre le droit de résistance à l'oppression).

La souveraineté externe

Elle est le pendant de la précédente dans l'ordre international. En vertu de ce principe, nul Etat ne peut en contraindre en droit un autre à choisir une politique ou une alliance donnée. La seule limitation de la souveraineté internationale de l'Etat réside au départ dans la souveraineté des autres Etats. Cette indépendance absolue de l'Etat sur la scène internationale connaît une limitation, qui prend la forme juridique d'une autolimitation : en vertu de l'adage *pacta sunt servanda*, l'Etat peut

8. ESMEIN A., *Eléments de droit constitutionnel français et comparé*, Sirey, 1914, rééd. éd. Panthéon-Assas, 2001, p. 1.
9. ARDANT PH., *Institutions politiques et droit constitutionnel*, 14e éd., LGDJ, 2002, p. 25.
10. Selon la formule du juriste allemand Georg JELLINEK, dans *L'Etat moderne et son droit* (1911-1913).
11. PACTET P., *Institutions politiques – Droit constitutionnel*, 22e éd., A. Colin, 2003, p. 44.

consentir à s'engager par traité et limiter ainsi son action dans le domaine couvert par le traité en cause (c'est l'Etat en tant que tel qui se trouve engagé et non les seuls gouvernants ; de nouveaux dirigeants sont encore tenus par ce pacte, qu'ils peuvent, s'ils le souhaitent, dénoncer selon les formes prévues).

La contestation de la souveraineté

L'Etat souffre d'une contestation grandissante. L'idée de l'Etat souverain, maître de son destin, est contestée ; il serait d'abord inefficace et la souveraineté serait elle-même un concept dépassé.

L'inefficacité de l'Etat

Celle-ci semble attestée dès la fin du XXe siècle, car l'Etat « *ne peut résoudre les vrais problèmes tels que les risques écologiques, les crises économiques, l'immigration mondiale, l'apparition des guerres civiles à l'échelle mondiale* »[12]. Ce point de vue semble spécialement vérifié sur le plan économique puisque les préceptes du libéralisme justifient la mise à l'écart de l'Etat (avec toutes ses possibilités d'intervention), les marchés économiques internationaux tirant d'eux-mêmes leur propre dynamique. Au-delà, de la sphère économique, la critique de l'Etat est parfois encore plus vive ; il y a incontestablement « *malaise de la forme étatique, crise de l'Etat, pathologie d'ensemble qui le mettrait en cause comme mode d'organisation politique, atteindrait son concept, et non pas seulement quelques situations conjoncturelles ? Les interrogations sur sa légitimité, ses insuffisances éclatantes plongent actuellement l'Etat dans un bain d'acide,* [aussi, aujourd'hui] *les thèmes mondialistes connaissent même un regain de faveur, en liaison avec l'intensification des échanges de toute nature. Ainsi se trouvent renforcés les courants traditionnellement hostiles à la souveraineté de l'Etat, considérée comme un mythe vide ou dangereux et dont l'érosion progressive devrait préparer le dépassement radical*[13]. »

Le dépassement de la souveraineté ?

L'évolution de la société internationale telle qu'elle a lieu depuis quelques années donne du grain à moudre à ceux qui s'attachent à décrire le dépassement de la souveraineté. Cette perspective se vérifie d'abord à l'échelle internationale dans la mesure où le développement de guerres d'agression au nom de l'impératif démocratique et de la sauvegarde des Droits de l'homme remet clairement en cause l'idée que l'Etat soit une puissance souveraine dans le cadre de ses frontières. En effet, de l'Irak à la Yougoslavie, en passant par l'Afghanistan, des régimes font l'objet d'attaques militaires sans que l'attitude qui leur était reprochée soit très différente de celle d'autres Etats, il est vrai plus puissants (Chine, Corée). S'il y a lieu de se réjouir

12. CHEVALLIER J., « L'Etat-Nation », *RDP*, 1980, p. 1291.
13. SUR S., *Sur quelques tribulations de l'Etat dans la société internationale*, RGDIP, 1993, pp. 881-882.

de l'écroulement de régimes dictatoriaux, il est tout de même lucide de s'interroger sur la marge d'indépendance nationale qui reste aux Etats souhaitant s'écarter de la ligne américaine...

Cela d'autant plus que le mouvement de dépassement de la souveraineté résulte encore, quoique sous une forme nettement moins violente, du processus de développement et de construction de l'Union européenne. Proclamée dès 1964, la suprématie du droit communautaire sur le droit national[14] s'est vue peu à peu reconnaître par nos deux ordres de juridictions[15], ce qui signifie que les dispositions législatives et réglementaires nationales contraires doivent être écartées, au profit de l'application du droit communautaire. Celui-ci bénéficie ainsi de plein droit d'une supériorité sur le droit national, or « *s'il est vrai que la souveraineté nationale est l'expression du pouvoir de la nation française de fixer librement, par des représentants ou par référendum, sans contrainte extérieure, les règles qui déterminent le comportement de ses gouvernants et la vie de ceux qui la composent, il est incontestable qu'elle se trouve affectée par les nécessités de l'Union européenne*[16]. »

14. CJCE, 15 juillet 1964, *Costa contre Enel*.
15. Ccass., 24 mai 1975, *Sté des Cafés Jacques Vabre*, et CE, 20 octobre 1989, *Nicolo*.
16. Isoart P., Trotabas L., *Droit public*, 24e éd., LGDJ, 1998, p. 10.

4. Débat : la souveraineté est-elle conciliable avec la construction européenne ?

Le problème qui se pose est de savoir jusqu'à quel point un Etat peut limiter sa souveraineté sans que cela ne constitue pour autant un abandon pur et simple de celle-ci et qu'il puisse continuer à être considéré comme un Etat souverain. Or c'est bien la question majeure qui se pose au regard de la logique inhérente à la construction européenne, d'une part, et à la multiplication des engagements internationaux, d'autre part.
Confronté à l'extension de l'Europe communautaire, le Conseil constitutionnel s'est vu dans l'obligation de prendre acte des multiples reculs des dirigeants quant à la souveraineté de l'Etat, tout en s'efforçant d'affirmer la prééminence ultime de la Constitution française... La volonté de concilier la logique communautaire et l'affirmation du principe de souveraineté a d'abord conduit le Conseil à valider l'idée d'une souveraineté « *faisceau de compétences* », tandis que l'on peut se demander si l'extension continue de la prééminence communautaire n'amène pas le Conseil à prendre acte de la soumission de l'ordre juridique français à l'ordre juridique communautaire.

Si la souveraineté se voyait traditionnellement assimilée à une puissance une, indivisible, inaliénable et imprescriptible, elle tend peu à peu à se voir assimilée à un faisceau de compétences ; compétences susceptibles d'être écartées au gré de la volonté du constituant (le plus souvent dérivé). C'est ainsi que de l'autorisation initiale de simples limitations de souveraineté[17] (les traités) succède désormais l'acceptation de véritables transferts de souveraineté (monnaie, politique d'immigration...), lesquelles vont pourtant jusqu'à mettre en cause les « *conditions essentielles d'exercice de la souveraineté nationale* »[18]. La seule limite imposée à cette évolution résultant de la préalable révision de la Constitution, quelles que soient les contradictions ultérieures subsistant dans le texte. En pure logique juridique, on pourrait aller jusqu'à imaginer qu'une révision de la Constitution pourrait permettre d'avaliser la perte de toute souveraineté...

Au-delà, c'est également sous l'angle du contrôle de constitutionnalité que la question de la prééminence communautaire sur l'ordre juridique français s'est vue posée. En effet, le Conseil constitutionnel, saisi d'une contrariété entre une disposition législative transposant une directive et la Constitution, choisit de ne pas censurer cette disposition, considérant que « *la transposition en droit interne d'une directive communautaire résulte d'une exigence constitutionnelle à laquelle il ne pourrait être*

17. CC, 76-71 DC, 29/30 décembre 1976, *Assemblée européenne*.
18. CC, 97-394 DC, 31 décembre 1997, *Traité d'Amsterdam*.

fait obstacle qu'en raison d'une disposition expresse contraire de la Constitution ; qu'en l'absence d'une telle disposition, il n'appartient qu'au juge communautaire, saisi le cas échéant à titre préjudiciel, de contrôler le respect par une directive communautaire tant des compétences définies par les traités que des droits fondamentaux garantis par l'article 6 du traité sur l'Union européenne[19]. » Approfondissant cette jurisprudence, le Conseil précisait dans une nouvelle jurisprudence de juillet 2006 que « *la transposition d'une directive ne saurait aller à l'encontre d'une règle ou d'un principe inhérent à l'identité constitutionnelle de la France, sauf à ce que le constituant y ait consenti* »[20].

Si de telles jurisprudences semblent conforter à première vue la prééminence de la Constitution française sur toute norme d'origine externe, elles n'en montrent pas moins dans le même temps les limites de l'affirmation du Conseil. En effet, pour valide que soit la position défendue, il n'en est pas moins certain que la censure éventuelle d'une disposition législative transposant une directive au motif qu'elle irait à l'encontre « *d'un principe inhérent à l'identité constitutionnelle de la France* » resterait en contradiction formelle avec la jurisprudence issue de la Cour de justice des Communautés européennes ; il sera intéressant de savoir quelle sera alors la position de ladite Cour...

Léon Duguit observait, il y a un siècle : « *c'est parce que la nation est la nation qu'elle a la souveraineté, si elle aliénait la souveraineté, elle disparaîtrait comme nation* ». Il faudrait alors admettre que la souveraineté de l'Etat comporte également le pouvoir de décider de sa disparition comme entité autonome ; ce que confirme *in fine* la décision du 27 juillet 2006, qui indique qu'il pourrait être dérogé à l'identité constitutionnelle de la France si le constituant y consentait...

19. CC, 2004-496 DC, 10 juin 2004, *Loi pour la confiance dans l'économie numérique*.
20. CC, 2006-540 DC, 27 juillet 2006, *Loi DADVSI*.

FICHE N° 3

L'ÉTAT UNITAIRE

1. Références

BALLADUR E., dir., « Rapport du Comité pour la réforme des collectivités locales », *JO* du 6 mars 2009, p. 4161.

BIDEGARAY C., dir., *L'Etat autonomique : forme nouvelle ou transitoire en Europe ?*, Economica, 1994.

BIDEGARAY C., dir., *Europe occidentale, le mirage séparatiste*, Economica, 1997.

BONNARD M., dir., *Les Collectivités territoriales en France*, La Documentation française, 2005.

BOUTIN C., ROUVILLOIS F., dir., *Décentraliser en France*, François-Xavier de Guibert, 2003.

CAILLOSSE J. dir., *Les « Mises en scène » juridiques de la décentralisation*, LGDJ, 2009.

DEBBASCH R., *Le Principe révolutionnaire d'unité et d'indivisibilité de la République*, Economica, 1988.

FABERON J.-Y., AUBY J.-B., dir., *L'Evolution du statut des DOM*, PUAM, 1999.

FENET A., SOULIER G., dir., *Les Minorités et leurs droits depuis 1789*, L'Harmattan, 1989.

GEST A., *La Mise en application de la loi n° 2004-809 du 13 août 2004*, rapport n° 3199, Assemblée nationale, 28 juin 2006.

GOHIN O., « Quel nouveau droit constitutionnel des collectivités territoriales ? », *RDP*, 2002, pp. 441 et suiv.

GUILLOUD L., « Transfert de compétences et pouvoir normatif des collectivités territoriales (Splendeur et misère de la décentralisation sous la Ve République) », *LPA*, n° 138, 10 juil. 2008, pp. 51 et suiv.

LAVROFF D.G., dir., *La République décentralisée*, L'Harmattan, 2003.

MATHIEU B., VERPEAUX M., dir., *La République en droit français*, Economica, 1996.

MICHALON T., « La République française, une fédération qui s'ignore ? », *RDP*, 1982, pp. 623 et suiv.

MOREAU J., DARCY G., dir., *La Libre Administration des collectivités locales. Réflexion sur la décentralisation*, Economica, 1984.

2. Repères

Définitions

Décentralisation : cette forme d'aménagement du pouvoir consiste à reconnaître à côté de l'Etat et sous son contrôle l'existence d'autres structures disposant d'une autonomie et d'une compétence spécialisée. Alors les règles régissant le fonctionnement d'une structure sont élaborées par des autorités émanant de celles-ci.

Déconcentration : elle vise à rapprocher l'instance de décision des administrés, ensuite soumis à cette décision, afin d'améliorer l'efficacité de celle-ci. La décision est locale, en fonction d'éléments locaux, mais n'intervient qu'en vertu de règles générales issues du pouvoir central et sous le contrôle de l'autorité centrale ; ex. : les directions départementales des différents ministères.

Chronologie

- 1791 : la Constitution déclare le royaume de France « *un et indivisible* ».
- 2 mars 1982 : lois de décentralisation.
- 2003 : révision constitutionnelle dotant la France d'une « *organisation décentralisée* ».

Schéma explicatif : le droit à l'expérimentation en matière législative

En vertu du 4e al. de l'art. 72 de la Constitution, les collectivités territoriales bénéficient d'un droit à l'expérimentation, « *Dans les conditions prévues par la loi organique, et sauf lorsque sont en cause les conditions essentielles d'exercice d'une liberté publique ou d'un droit constitutionnellement garanti, les collectivités territoriales ou leurs groupements peuvent, lorsque, selon le cas, la loi ou le règlement l'a prévu, déroger à titre expérimental et pour un objet et une durée limités, aux dispositions législatives ou réglementaires qui régissent l'exercice de leurs compétences.* »

La loi organique prévue est intervenue le 1er août 2003 (art. LO 1113.-1 à 1113-7 du CGCT).

INITIATIVE

C'est une loi qui autorise à déroger à d'autres dispositions législatives.

Elle doit :

- définir l'objet de l'expérimentation ;
- fixer la durée de l'expérimentation (qui ne peut excéder cinq ans) ;
- préciser la nature juridique des collectivités territoriales susceptibles de participer à l'expérimentation ;
- mentionner les dispositions auxquelles il peut être dérogé.

↓

DEMANDE

Toute collectivité territoriale

répondant aux conditions fixées peut demander à bénéficier de l'expérimentation par

délibération motivée de son assemblée délibérante.

ACCORD

Le Gouvernement

(après vérification que les conditions légales sont remplies)

dresse la liste des collectivités territoriales autorisées à expérimenter.

EXPERIMENTATION

Les collectivités territoriales adoptent les actes.

Il existe un recours suspensif du représentant de l'Etat devant le TA.

BILAN

Le Gouvernement transmet au Parlement un rapport aux fins d'évaluation.

Avant la fin du délai prévu par la loi, ce rapport mentionne l'effet des mesures sur :

- le coût et la qualité du service rendu aux usagers ;
- l'organisation des collectivités territoriales et des services de l'Etat ;
- leurs incidences financières et fiscales.

↓

DECISION FINALE

Au vu de l'évaluation, le Parlement décide par une loi

(avant l'expiration de la durée prévue pour l'expérimentation)

1- La prolongation ou la modification de l'expérimentation (trois ans au maximum)

2- Le maintien et la généralisation de l'expérimentation

3- L'abandon de l'expérimentation

3. Explications : nature et évolution de l'Etat unitaire

Les formes d'Etat sont très diverses. Toutefois, l'ensemble des structures d'Etat existant ou ayant existé peut être ramené à deux formes distinctes : l'Etat unitaire et l'Etat composé ; soit il existe un seul centre de pouvoir, soit ces sources de pouvoir sont diversifiées. « *Le problème de la classification des formes d'Etat se ramène à distinguer les Etats incorporant un pouvoir et une idée de droit uniques et ceux qui englobent une association de Pouvoirs et une pluralité d'idée de droit. Dans le premier cas, on se trouve en présence d'un Etat unitaire ; dans le second, on a affaire à une des multiples formes politiques que désigne le terme fédéralisme*[1]. » (Sur l'Etat composé, **v. Fiche n° 4.**) Obéissant à une idée de droit unique, la logique même de l'Etat unitaire exclut (au moins au départ) la reconnaissance de toute forme de diversité ; toutefois, et spécialement du fait de la demande d'autonomie émanant de ses structures internes, l'Etat unitaire semble aujourd'hui susceptible de variantes ou d'évolutions.

La nature de l'Etat unitaire

Cet Etat obéit à un principe d'unité et connaît des modes de fonctionnement spécifiques.

Le principe d'unité

La vieille définition de Maurice Hauriou suffit encore à expliquer la nature de l'Etat unitaire : « *On peut appeler "Etat simple" celui qui n'est pas divisible en parties internes méritant elles-mêmes le nom d'Etats et unies entre elles par un lien de société* »[2] Cette forme d'Etat, de loin la plus fréquente au sein de la communauté internationale, suggère l'idée d'unité ; dans un Etat unitaire, il y a unité du pouvoir normatif et unité de gouvernement. L'Etat unitaire possède une tendance à la centralisation.

La logique de l'Etat unitaire

Parler d'Etat unitaire suppose que toutes les décisions politiques ou administratives émanent d'un seul centre de décision. Ce système fonctionne par conséquent du centre de décision en direction des périphéries. Cette réalité se vérifie en France, en quittant le domaine juridique, lorsque l'on se penche sur l'infrastructure ferroviaire

1. Burdeau G., *Traité de science politique*, t. 2, p. 366.
2. Hauriou M., *Précis de droit constitutionnel*, 2e éd., Sirey, 1929, rééd., CNRS, 1965, p. 122.

et routière « en étoile » de notre pays, avec Paris pour centre (les itinéraires transversaux, peu nombreux, sont malaisés et longs).
Dans un Etat unitaire, il ne fonctionne qu'un seul ordre juridique (il n'existe qu'un Gouvernement, qu'un Parlement...) et une seule législation applicable sur l'ensemble du territoire. Dans ce système, lorsqu'une collectivité locale dispose de la possibilité d'adopter des mesures particulières, cela n'est possible qu'en vertu d'une disposition expresse du législateur national. C'est ainsi qu'en France, le caractère unitaire de l'Etat n'empêche pas que s'appliquent certaines différences géographiques de législations (Alsace-Moselle, Corse, territoires d'outre-mer...) afin de répondre à des questions d'ordre spécifiquement local ou de permettre un meilleur fonctionnement de l'appareil administratif d'Etat.
La France constitue l'idéal type de l'Etat unitaire, la République n'ayant, en se proclamant « une » et « indivisible » en 1792, que poursuivi de manière autoritaire et brutale le travail pluriséculaire d'uniformisation mené par la monarchie française.

La tendance à la centralisation

La tendance naturelle de l'Etat unitaire est de développer en son sein un phénomène de centralisation, ce qui signifie que le centre d'impulsion de la vie de l'Etat s'efforce de ramener à lui l'ensemble des décisions et des mesures susceptibles d'être prises, et de fait, « l'Etat centralisé est celui dans lequel aucune des collectivités composantes, qu'elles soient de caractère géographique, sociologique, professionnel, religieux ou autre, ne peut faire valoir un droit propre à l'établissement des règles qui la concernent »[3].

La centralisation est d'abord politique et correspond alors à la construction progressive, au cours du temps, d'un pouvoir politique central et incontesté. En ce qui concerne la France, on peut ainsi distinguer un mouvement d'unification du royaume jusqu'à la Révolution auquel a succédé un mouvement de centralisation plus strictement dit[4]. La centralisation peut être administrative ; ici, toute l'organisation administrative de l'Etat dépendra d'un centre de décision unique. Toutefois, un tel fonctionnement génère des pesanteurs, spécialement lorsque l'Etat dépasse une certaine taille (en surface ou en population) ou développe une intervention croissante dans la vie économique ou sociale.

Le fonctionnement de l'Etat unitaire

Pour entraver sa tendance à la centralisation et améliorer son fonctionnement, l'Etat peut procéder à un mouvement de déconcentration ou de décentralisation.

3. Burdeau G., *op. cit.*, p. 373.
4. Soleil S., *L'Ancien Régime, centralisateur ou respectueux des libertés ?*, in *Décentraliser en France*, p. 13.

La déconcentration

C'est le premier des moyens dont dispose l'Etat pour faire face à l'ampleur des tâches qui s'imposent à lui. Il s'agit de rapprocher l'instance administrative de décision des administrés qui seront ensuite soumis à cette décision, afin d'améliorer son efficacité. Ce principe est proche de la logique de la subsidiarité : les décisions susceptibles d'être prises doivent l'être à l'échelon le plus proche du citoyen ; il s'agit d'alléger le fonctionnement de l'Etat centralisé sans remettre en cause sa nature. Les autorités qui décident sont locales, mais ne le font qu'en vertu d'une habilitation du pouvoir central ; il s'agit d'un souci d'efficacité, car comme le remarquait Odilon Barrot au XIXe siècle, « *c'est toujours le même marteau qui frappe, seulement on a raccourci le manche* ». Prise localement et selon des éléments locaux, la décision n'intervient qu'en vertu de règles générales issues d'en haut et sous le contrôle de l'autorité centrale.
Les préfets sont ainsi, chacun dans leur zone de compétences, des autorités administratives déconcentrées de l'Etat (l'idée centralisatrice se retrouve en période de crise, puisqu'alors l'ensemble des pouvoirs du département relève du préfet et non du président du conseil général), de même que les différentes directions départementales issues d'un ministère et fonctionnant en son nom : DD Agriculture, DD Equipement, DD Jeunesse et des Sports, DDASS...

La décentralisation

Sa logique est différente : il s'agit de « *reconnaître, à côté de la personne morale souveraine de l'Etat, l'existence d'autres personnes morales publiques internes* [lesquelles] *disposent d'une autonomie et d'une compétence spécialisée dans le cadre des lois et sous le contrôle de l'Etat*[5]. » Il y a décentralisation lorsque les règles qui commandent le fonctionnement d'une structure sont élaborées par des autorités émanant de celle-ci. L'idée de décentralisation suppose une certaine autonomie des dirigeants de la structure décentralisée ; la décentralisation est surtout « *une forme de l'aménagement du pouvoir qui permet de l'adapter aux conditions de formation des systèmes juridiques* »[6].

La décentralisation peut être fonctionnelle et s'attache à l'exercice de certaines fonctions dont la nature justifie l'autonomie. Certains pouvoirs propres sont reconnus à des services publics autonomes disposant d'une personnalité morale : les universités ou les hôpitaux. La décentralisation territoriale consiste à fournir différents pouvoirs à des autorités locales élues. Ce système a été développé en France par les lois de 1982 ayant transféré des compétences relevant de l'Etat à des collectivités territoriales dont les dirigeants étaient élus au suffrage universel direct : communes, départements et régions.

5. MÉKHANTAR J., *Droit politique et constitutionnel*, Eska, 1997, p. 49.
6. BURDEAU G., *op. cit.*, p. 391.

Centralisation, déconcentration et décentralisation ne doivent pas être opposées car elles obéissent à des logiques certes différentes mais complémentaires. Un minimum de centralisation maintient la cohésion de l'ensemble, avec des éléments de déconcentration, de manière à assurer au mieux la gestion de l'ensemble, tandis que les éléments de décentralisation permettent aux citoyens de décider au mieux des questions les concernant directement.

L'évolution de l'Etat unitaire

Confrontés à l'essor des revendications locales, certains Etats unitaires ont pris la décision de laisser plus d'autonomie à leurs régions, faisant naître le concept d'Etat autonomique ou régional. La France n'échappe pas à ce phénomène.

L'Etat autonomique ou régional

Cette formule peut être qualifiée d'intermédiaire entre la dimension unitaire et la logique fédérative. Elle se dessine lorsque des Etats, tout en conservant leur structure théorique d'Etat unitaire, acceptent de conférer une large autonomie juridique et politique à des régions ou provinces les composant.

La reconnaissance d'une très forte autonomie

A la différence du mécanisme de la décentralisation, on est ici en présence d'une réelle autonomie normative au bénéfice des régions ; autonomie le plus souvent garantie par la Constitution. C'est l'Espagne qui a été le plus loin en ce domaine, allant jusqu'à se présenter comme un « Etat des autonomies » dans lequel les communes, nationalités et provinces peuvent s'ériger au rang de « communautés autonomes ». Suivant une logique semblable, la Constitution italienne proclame : « *La République une et indivisible reconnaît et favorise les autonomies locales harmonise les principes et les méthodes de sa législation aux nécessités de l'autonomie et de la décentralisation.* » (Art. 5.)
Lorsque le pouvoir normatif est ainsi divisé, cela provoque l'essor d'un important contentieux relatif aux sphères de compétences réciproques entre les différentes collectivités publiques et les cours constitutionnelles possèdent le rôle crucial, comme dans les Etats fédéraux, de trancher les litiges relatifs à l'exercice des compétences. Enfin, les régions ainsi consacrées se dotent de véritables « gouvernements régionaux », gérant celles-ci et exerçant une pleine compétence sur les matières qui leur sont réservées.

Le difficile maintien de l'unité étatique

Cette autonomie poussée à l'extrême doit toutefois être conciliée avec le maintien de l'unité étatique. Celle-ci apparaît spécialement sur le plan international, dans la mesure où il n'existe qu'une structure qui dispose de la personnalité juridique étatique vis-à-vis des autres Etats. Cette unité se vérifie encore à ce que les structures infra-étatiques reconnues ne disposent que d'un pouvoir encadré et que leur autonomie est strictement contrôlée par les juridictions centrales[7].

De fait, si ces constructions juridiques originales se sont développées, on peut noter que c'est essentiellement sous la contrainte que l'Etat unitaire les a mis en place, à la suite de revendications émanant de régions ou de provinces aspirant à disposer de plus de pouvoirs. L'autonomie semble parfois plus provenir d'une volonté du gouvernement central d'éviter l'éclatement de l'Etat unitaire que d'un réel désir de celui-ci de favoriser les instances infra-étatiques. L'Espagne, entre la situation basque et les velléités catalanes, témoigne de l'instabilité d'une telle construction, et il est d'ailleurs possible de se demander dans quelle mesure il s'agit encore d'un véritable Etat unitaire.

L'évolution française

Sans que la France ait perdu son caractère d'Etat unitaire, force est de constater son évolution progressive d'une structure très rigide vers une organisation souhaitant plus de souplesse.

Un refus constant

En France, l'unification du royaume s'est effectuée progressivement autour de la monarchie capétienne. En la matière, la Révolution changera la nature de ce mouvement et l'accélérera profondément. De manière significative, la suppression des ancestrales provinces et leur remplacement par les départements avec la loi du 22 décembre 1789 témoigne de ce mouvement nouveau : il s'agit d'étouffer toute velléité d'autonomie des différentes régions, puisque désormais, « *l'Etat est un, les départements ne sont que les sections d'un même tout ; une administration uniforme doit donc les embrasser tous dans un régime commun* »[8] ; mouvement d'ailleurs préfiguré par l'abolition des droits particuliers le 4 août 1789.

Sous la houlette des préfets, véritables agents de l'Etat dans les départements, la France « *une et indivisible* » n'aura longtemps de cesse que de contrecarrer tout particularisme, et si des collectivités publiques infra-étatiques seront reconnues et dotées de pouvoirs (lois sur l'administration départementale du 10 août 1871 ou sur l'administration des communes du 5 juillet 1884), elles ne disposeront d'aucune marge d'autonomie réelle. Réclamées de longue date et envisagées dès l'entre-deux-guerres, les réformes timides entamées par Vichy n'auront guère de portée, et ce n'est que dans le dernier quart du XXe siècle que seront relancés des mouvements de réforme.

7. FAVOREU L. et al., *Droit constitutionnel*, 6e éd., Dalloz, 2003, n° 653 à 667, pp. 420 à 426.
8. DEBBASCH R., « L'Indivisibilité de la République et l'existence de statuts particuliers en France », *RFDC*, 1997, p. 361.

Une évolution structurelle ?

La Constitution de 1958 garantit l'autonomie des collectivités territoriales puisque son article 72 proclame que les « *collectivités s'administrent librement par des conseils élus* ». Ce principe bénéficiera d'une mise en œuvre accentuée avec la loi du 2 mars 1982 organisant l'élection de toutes les assemblées délibérantes des collectivités territoriales (ainsi que de leurs exécutifs), lesquelles seront dotées de compétences nouvelles (en 1983). Dès lors, et en application des habilitations législatives, les collectivités territoriales disposent de moyens financiers et de pouvoirs réglementaires qu'elles exercent dans le respect des lois et sous le contrôle du juge administratif.

Après une période de multiplication des structures administratives[9], la réforme constitutionnelle du 28 mars 2003 a voulu relancer le mouvement de décentralisation. Cela a d'abord été effectué de manière symbolique avec la réécriture du premier article de la Constitution, visant à proclamer le caractère décentralisé de l'organisation de la République ; cela a ensuite été techniquement réalisé par la reconnaissance de la possibilité offerte aux collectivités territoriales de déroger momentanément « *aux dispositions législatives ou réglementaires qui régissent l'exercice de leurs compétences* » (art. 72).

Reconnu, le droit à l'expérimentation reste bien entendu strictement encadré et il commence peu à peu à se voir mis en œuvre. S'il est encore trop tôt pour discerner pleinement ses effets et savoir s'il aura contribué à relancer efficacement la décentralisation, il est possible de noter les premières réalisations. Après les premières mesures d'expérimentation (voir notamment le rapport n° 3199 d'A. Gest sur la mise en application de la loi n° 2004-809 du 13 août 2004), c'est la loi de finances pour 2007 qui autorise les premières dérogations législatives en faveur des départements le souhaitant[10].

9. Création des communautés de communes, des communautés d'agglomération, des pays... Ceci a conduit le Comité pour la réforme des collectivités locales réuni sous la direction d'Edouard Balladur à formuler de nombreuses propositions de regroupement des collectivités territoriales et de clarification de leurs compétences : rapport au Président de la république du 5 mars 2009.

10. La dérogation vise le financement de la prime de retour à l'emploi versée aux bénéficiaires du RMI : les départements participant à l'expérimentation pourront pendant une durée de trois ans en augmenter le montant, en modifier la périodicité ou la durée de versement ; la liste des départements participant à l'expérimentation a été établie au cours du second semestre 2007. Pourtant cette unique expérience s'avère décevante puisqu'elle s'est vue généralisée à l'ensemble des départements avant même qu'aucun bilan n'ait pu être effectué de cette expérimentation à peine entamée... V. M. Long, « L'expérimentation : un premier bilan décevant pour les collectivités territoriales », *AJDA*, 2008, p. 1625. »

4. Débat : le contrôle des actes des collectivités locales est-il satisfaisant ?

Jusqu'en 1982, les actes des collectivités locales faisaient l'objet d'un contrôle avant leur mise en œuvre par le représentant de l'Etat dans le cadre du régime de la tutelle ; celle-ci consacrait clairement l'existence d'un véritable droit de regard de l'Etat sur les actes des collectivités territoriales. A ce contrôle *a priori* s'est vu substituer un contrôle *a posteriori* par les lois de décentralisation qui supprimèrent le régime de la tutelle.
Les actes des collectivités locales sont désormais exécutoires de plein droit, mais une partie d'entre eux doit être transmise au représentant de l'Etat. Celui-ci effectue un contrôle de la légalité des actes qui lui sont transmis, comme le lui ordonne la Constitution[11], et, s'il estime l'acte en cause contraire à la loi, il demande à l'auteur de l'acte de corriger celui-ci. Si la collectivité refuse de tenir compte des observations émises, le préfet peut déférer l'acte en cause au contrôle du juge administratif.

Le préfet peut également saisir le tribunal d'un acte qui n'est pas soumis à l'obligation de transmission, ou encore à la demande d'un particulier[12]. Si la saisine n'est en principe pas suspensive, le préfet, lorsqu'il défère un acte, peut assortir son déféré d'une demande de sursis à exécution de celui-ci (toutefois, la suspension est de droit jusqu'à la décision du juge en matière d'urbanisme, de délégations de services publics).

Après vingt années de mise en œuvre, ce contrôle « *portant sur les actes pris par les autorités locales se révèle être aujourd'hui un des points faibles des réformes de décentralisation* »[13]. La plus grande de ces difficultés tient au nombre d'actes en cause, puisque ce sont près de sept millions d'actes qui sont transmis chaque année, ce qui rend quasi impossible leur contrôle réel en raison de la faiblesse chronique des services préfectoraux affectés à cette mission de contrôle (de fait, à peine 2 000 des actes transmis sont déférés au juge...). Le contrôle est donc très nettement insuffisant, ce qui peut conduire le juge à reconnaître la faute de l'Etat en cas d'absence de contrôle[14], car « *si le préfet n'est pas tenu de déférer l'acte au juge administratif, il doit, en revanche mettre en œuvre les moyens nécessaires au maintien de la légalité, sous peine d'affecter le fonctionnement normal du service du contrôle de la légalité* »[15].

11. Art. 72 al. 6 : « *Dans les collectivités territoriales de la République, le représentant de l'Etat a la charge du contrôle administratif et du respect des lois* » ; dans les départements, ce représentant est le préfet.
12. Toutefois, le refus du préfet de déférer un acte au TA ne suppose pas de recours, CE, 25 janvier 1991, *Brasseur*.
13. Moreau J., *Bilan jurisprudentiel du contrôle administratif de légalité*, AJDA, 1992, n° spécial, p. 55.
14. CE, 6 octobre 2000, *Commune de Saint-Florent*, *Rec*. 395.
15. Favro K., « Le Contrôle de légalité des actes des collectivités territoriales : bilan et perspectives », *Petites Affiches*, 9 janvier 2003, n° 7, p. 12.

La nouvelle étape de la décentralisation, qui se réalise progressivement depuis la révision constitutionnelle de mars 2003, devait nécessairement prendre en compte les limites du contrôle existant, faute de les voir inéluctablement se reproduire. Hélas, il semble bien que la réforme du contrôle de légalité, telle qu'elle résulte de la loi du 13 août 2004 relative aux libertés et responsabilités locales, ne soit pas parvenue à atteindre cet objectif. Cherchant à favoriser un meilleur contrôle des actes les plus sensibles, la loi diminue sensiblement le nombre d'actes soumis à l'obligation de transmission afin de favoriser un contrôle plus effectif de ceux restant soumis à ladite obligation ; cependant, comme le note le professeur Brisson, cette loi « *n'apporte aucun remède susceptible de garantir un contrôle exhaustif et systématique* »[16].

16. BRISSON J.-F., *Le Contrôle de légalité dans la loi du 13 août 2004 – A la recherche des illusions perdues*, AJDA, 2005, p. 127. Sur cette question voir aussi MARCEAU A., « Les contrôles pesant sur les collectivités territoriales », in *Les Collectivités territoriales en France*, BONNARD M., dir., La Documentation française, 2005, pp. 38 à 44.

FICHE N° 4

LE FÉDÉRALISME

1. Références

BARTHALAY B., *Le Fédéralisme*, PUF, coll. « Que sais-je ? », n° 1953, PUF, 1981.

BEAUD O., *Théorie de la fédération*, PUF, 2007.

BEAUD O., « Fédéralisme et souveraineté ; note pour une théorie constitutionnelle de la Fédération », *RDP*, 1998, pp. 83 et suiv.

BEAUD O., *Le Fédéralisme : histoire d'un concept impossible ?*, Presses universitaires de Strasbourg, 2000.

BOWIE R., FRIEDRICH C.-J., *Etudes sur le fédéralisme*, 2 vol., LGDJ, 1960-1962.

CROISAT M., « Le Fédéralisme d'aujourd'hui : tendances et controverses », *RFDC*, 1994, pp. 453 et suiv.

DELPÉRÉE F., *La Complexité fédérale*, Mélanges Pactet, Dalloz, 2003, pp. 117 et suiv.

GUILLEMAIND B., *La Subsidiarité*, Editions de Paris, 2005.

KLÉBÈS-PÉLISSIER A., « La Délimitation des pouvoirs entre l'Etat fédéral et les Etats fédérés », *RFDC*, 1998, n° 34.

LE FUR L., *Etat fédéral et confédération d'Etats*, 1896, rééd., éd. Panthéon-Assas, 1998.

RIALS S., *Destin du fédéralisme*, LGDJ, 1986.

VERGNIOLLE DE CHANTAL F., *Fédéralisme et antifédéralisme*, PUF, coll. « Que sais-je ? », n° 3751, 2005.

2. Repères

Définitions

Autonomie : ce principe signifie que chacun des Etats fédérés d'une fédération dispose d'une compétence constitutionnellement garantie dans laquelle elle peut élaborer sa propre législation.

Chambre basse : dite aussi « de la population », cette chambre vise à assurer la représentation totale des habitants de l'Etat fédéral sur des critères strictement numériques. Par extension, on appelle chambre basse toute chambre élue sur de tels critères (en France : l'Assemblée nationale).

Chambre haute : dite aussi « des Etats », cette chambre vise à assurer, dans les Etats fédéraux, la participation des Etats fédérés à la législation commune (Sénat aux Etats Unis, *Bundesrat* en Allemagne). En France, le Sénat est parfois aussi qualifié de « chambre haute » en raison de son élection au suffrage indirect.

Confédération : c'est une association contractuelle d'Etats qui naît d'un traité international sans constituer elle-même un autre Etat ; elle n'existe que par la volonté unanime de ses membres. Son but est de permettre la réalisation de certains objectifs communs à différents Etats tout en leur permettant de sauvegarder leurs souverainetés.

Fédération : structure politique née d'une Constitution, la fédération, ou Etat fédéral, est elle-même composée de plusieurs entités fédérées possédant un caractère étatique (et cela quel que soit leur nom : *länders* allemands, cantons suisses, Etats américains...).

Participation : en vertu de ce principe, les Etats fédérés disposent d'un droit à participer à l'élaboration de la législation fédérale qui se trouvera mise en œuvre sur leur territoire. Cette participation justifie en particulier la structure bicamérale du Parlement des fédérations ; une chambre représentant la population, l'autre les Etats.

Superposition : cette formule désigne le fait que la fédération connaît deux niveaux étatiques distincts : l'Etat fédéral, seul à disposer de la personnalité juridique internationale, et les Etats fédérés, qui sont le socle de l'Etat fédéral.

Chronologie

- 1315 : naissance de la Confédération helvétique.
- 1776 : les 13 colonies d'Amérique adoptent une structure confédérale.
- 1787 : naissance de la Fédération des Etats-Unis d'Amérique du Nord.
- 1848 : la Suisse devient un Etat fédéral (sans changer de nom).
- 1993 : la Belgique passe du statut d'Etat unitaire à celui d'Etat fédéral.

Schéma explicatif : la structure de l'Etat fédéral

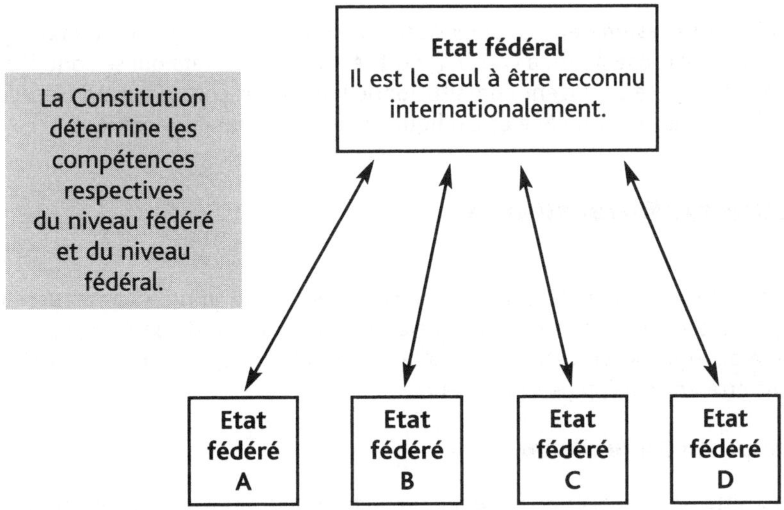

3. Explications : l'Etat fédéral

Le fédéralisme est un système d'organisation politique relativement répandu sur la surface de la planète, et s'il ne constitue pas la forme d'Etat la plus répandue, il rassemble tout au moins beaucoup d'Etats vastes ou puissants : Russie, Suisse, Etats-Unis d'Amérique, Canada, Brésil, Inde, Allemagne... Le fédéralisme induit l'idée de superposition : « *L'Etat fédéral est une société nationale d'Etats dans laquelle un super-Etat est superposé aux Etats associés* »[1] ; plus techniquement, Georges Burdeau observera qu'il s'agit d'un Etat « *dans lequel une pluralité d'idées de droit concourt à l'établissement de la puissance étatique fédérale en même temps qu'elles fondent, sur des matières constitutionnellement déterminées, la puissance étatique des collectivités particulières* »[2].

Le fédéralisme se résume en ces deux observations : il est constitué de deux types d'Etat qui se superposent l'un à l'autre (l'Etat fédéral et les Etats qui se sont fédérés afin de le créer) et se partagent constitutionnellement les compétences. L'étude de l'origine du fédéralisme précède et explique celle de son fonctionnement.

L'origine du fédéralisme

Chacun des Etats qui se fédèrent apporte sa souveraineté afin de constituer l'Etat fédéral (ce mécanisme est semblable à celui de la conclusion du pacte social par les citoyens, mais transposée cette fois-ci à la sphère étatique). Le principe du fédéralisme doit être envisagé, puis sa naissance.

Le principe du fédéralisme

Le fédéralisme vise à assurer un équilibre harmonieux entre deux mouvements antagonistes : celui centripète du désir d'être ensemble et celui centrifuge du respect des différences. Cette logique fédérative sera assurée par la Constitution.

La logique fédérative

Le fédéralisme vise à concilier puissance collective et respect des particularismes (lesquels trouveraient plus difficilement leur place dans un système unitaire). Des Etats s'associent afin d'atteindre, ensemble, des objectifs communs, tout en conservant l'essentiel de leurs spécificités. Cette construction vise donc à la puissance, mais connaît également un fondement fragile, tant cet équilibre peut être parfois difficile à maintenir.

1. Hauriou M., *Précis de droit constitutionnel*, 2ᵉ éd., Sirey, 1929, rééd. CNRS, 1965, p. 124.
2. Burdeau G., *Traité de science politique*, t. 2, p. 565.

Ce dernier point doit aujourd'hui être rappelé, tant il semble net que la logique fédérale inhérente au système actuel de construction européenne facilite l'optimisme, tout en masquant parfois les difficultés d'une telle organisation. Il faut garder à l'esprit qu'un système d'organisation étatique ne saurait, par lui-même, permettre d'assurer paix ou stabilité : l'exemple du divorce à l'amiable des Tchèques et des Slovaques, ou celui sanglant des peuples de Yougoslavie, doit nous permettre de nous souvenir que le fédéralisme n'est pas un état parfait et définitif. Le fédéralisme ne peut durer et perdurer qu'autant que les peuples et les nations unis en une fédération d'Etats désirent continuer à partager un destin commun ; que le « *désir de vivre ensemble* » décrit par Renan n'existe plus et le divorce devient inéluctable, que l'Etat considéré soit unitaire ou fédéral...

Constitution et fédéralisme

La fédération d'Etats qui fait naître l'Etat fédéral est issue d'un pacte d'alliance entre des Etats (ceux-ci se fédèrent) auparavant souverains ; ce pacte prend nécessairement forme à la suite de la rédaction d'une Constitution commune (et non d'un traité international comme les confédérations). Cette Constitution, acte fondateur de la fédération, énumère les conditions sous lesquelles est conclu ce pacte entre les différents Etats et consacre la seule présence de l'Etat fédéral sur la scène internationale. C'est également la Constitution qui détermine les règles de fonctionnement de la fédération et les garanties des droits de chacun des Etats membres. Enfin, cet acte de naissance de la nouvelle fédération d'Etats devra être ratifié par chacun des Etats membres (devenus Etats fédérés).

La naissance du fédéralisme

La naissance de l'Etat fédéral résulte d'un mouvement dynamique. Il provient soit d'une association d'Etats jusqu'alors souverains, soit d'une dissociation d'un ancien Etat unitaire dont les composantes souhaitent voir leurs compétences élargies.

Association et intégration

Les deux termes sont équivalents ; ils supposent simplement que la forme fédérale résulte d'un libre choix de différents Etats, lesquels décident de mettre en commun leurs forces, leurs ressources... Ce type de construction fédérale est intellectuellement la plus logique. Elle suppose le plus souvent le passage préalable par une situation de type confédérale ; celle-ci donnant satisfaction à tous, il est décidé de développer la coopération et de passer à une structure fédérative. Ce mouvement a été celui des Etats-Unis (de 1778 à 1887), il a été également suivi par la Suisse ou l'Allemagne.
Ce passage ne se fait pas forcément sans heurt, tant il est vrai que la naissance de la fédération, en Allemagne en 1871, fut imposée par la Prusse, soutenue par l'opinion publique allemande, au détriment des autres royaumes et principautés germaniques, à la suite de deux guerres victorieuses (contre l'Autriche-Hongrie en 1866,

puis contre la France en 1870). De même en ce qui concerne la Suisse, si souvent montrée en exemple, l'adoption de la Constitution fédérale en 1848 ne fut rendue possible qu'à la suite d'une guerre entre les cantons catholiques et protestants (guerre du *Sonderbund*), l'Etat fédéral étant imposé aux premiers qui n'en voulaient pas.

Dissociation

Le fédéralisme est dit par dissociation lorsqu'il résulte du démembrement d'un ancien Etat unitaire ou homogène. D'ailleurs, « *cet éclatement de l'Etat unitaire est en général provoqué par la pression de certaines minorités ethniques, linguistiques ou religieuses qui, s'estimant lésées par la politique poursuivie par les gouvernants, revendiquent leur autonomie, à défaut de pouvoir espérer leur indépendance complète* »[3]. L'empire des Tsars constituait un Etat unitaire, lequel laissa place, sous le gouvernement bolchevik, à un Etat fédéral[4] (Constitution de 1924). Plus récemment, le royaume de Belgique s'est transformé en 1993 en un Etat fédéral, en lieu et place d'un Etat unitaire, en raison de la pression constante des diverses communautés, spécialement la Flamande.

Le fonctionnement du fédéralisme

Deux principes majeurs du fonctionnement des Etats fédéraux ont été mis en évidence par Georges Scelle : le principe de participation et celui d'autonomie. Ces principes sont liés à la superposition de deux niveaux étatiques ; ils bénéficient aux Etats fédérés, mais sont conditionnés par la prééminence de l'Etat fédéral.

La superposition de deux Etats

Cette superposition induit une répartition des compétences entre Etat fédéral et Etats fédérés, ceux-ci disposant d'une sphère d'autonomie.

La répartition des compétences

Le plus souvent, c'est l'Etat fédéral qui dispose, seul, de la plénitude des compétences régaliennes[5] ; ces compétences sont pour l'essentiel la défense et la diplomatie (l'une continuant l'autre), la monnaie. La Constitution vient spécifier quels domaines relèvent de l'Etat fédéral et quels autres de l'Etat fédéré, et lesquels

3. CHANTEBOUT B., *Droit constitutionnel*, 20e éd., A. Colin, 2003, p. 62.
4. Ce fédéralisme restera surtout théorique du fait de l'étatisme et du centralisme soviétique.
5. Régalien : du latin *regalis*, « royal », et donc droit attaché à la seule souveraineté royale, aujourd'hui à celle de l'Etat.

restent susceptibles d'une intervention partagée (v. les art. 72 à 74 de la Loi fondamentale allemande). Il existe deux grands systèmes de répartition des compétences. Soit la Constitution énumère les seules compétences de l'Etat fédéral – toutes les autres matières étant considérées comme relevant des structures fédérées, et il y a alors compétence de principe de ces dernières (cas des Etats-Unis) –, soit, et cela est plus rare, la Constitution dresse la liste des matières qui relèvent des Etats fédérés, tous les autres domaines relevant par nature de l'Etat fédéral (Inde ou Canada).

Un tel système rend nécessaire l'existence d'une Cour constitutionnelle afin de régler les litiges qui ne manquent pas de survenir, liés à la compétence de l'Etat (fédéral ou fédéré) à effectuer un acte juridique. Il convient toujours de répudier ici tout angélisme en n'oubliant pas que de toute manière, le plus souvent, « *le droit fédéral prime le droit des Etats* », ce qui signifie qu'en cas de litige important, la législation fédérale l'emporte sur le droit des Etats fédérés. Enfin, la Constitution qui répartit les compétences peut être modifiée à la majorité des Etats fédérés, et les autres Etats fédérés se trouvent alors contraints d'adopter ces nouvelles dispositions ; ce qui est une limite essentielle à leur autonomie...

Le principe d'autonomie

Il se résume par l'idée selon laquelle chacun des Etats fédérés est libre de choisir sa propre législation dans l'ensemble des domaines qui relèvent de sa propre compétence, en vertu du texte constitutionnel. Les Etats fédérés ont donné leur souveraineté à l'Etat fédéral mais disposent en retour de cette sphère d'autonomie garantie par la Constitution ; cette autonomie varie bien évidemment en fonction de l'ampleur du domaine laissé à la charge des Etats fédérés. Ainsi la sphère de compétences de l'Etat fédéré est bien plus large aux Etats-Unis qu'en République fédérale d'Allemagne (droit pénal, police, âge de la majorité...). Cette autonomie découle directement du caractère quasi étatique des Etats fédérés qui n'ont abdiqué à l'Etat fédéral que certaines de leurs compétences et non l'ensemble de celles-ci. Ici encore, c'est la Cour constitutionnelle qui se trouve chargée de régler les différends surgissant à propos de l'exercice de ces compétences.

La prééminence de l'Etat fédéral

Si chaque Etat fédéré bénéficie d'un droit à participer au fonctionnement de l'Etat fédéral, le fonctionnement du fédéralisme traduit une évolution inexorable en faveur d'une forme de centralisation au bénéfice de l'Etat fédéral.

Le principe de participation

Il est la conséquence immédiate du mode de création des fédérations. En effet, des Etats jusqu'alors souverains décident librement et de manière égalitaire de mettre en commun leurs compétences afin de créer un Etat fédéral. Cette démarche suppose que chacun dispose ensuite d'un droit de regard sur la réalisation de la législation fédérale, puisque celle-ci s'appliquera au sein de leur propre ordre juridique. Ce droit de regard, c'est le principe de participation.

La participation au législatif

Cette participation s'opère au Parlement, lequel sera nécessairement bicaméral ; une chambre représentant la population de l'Etat fédéral dans son ensemble, et l'autre étant constituée de représentants de chacun des Etats fédérés. La chambre haute, dite des Etats, se constitue souvent de manière paritaire afin de rappeler l'égalité initiale lors de l'adoption de la Constitution (aux Etats-Unis, chacun des 50 Etats dispose de deux sénateurs), mais un système de pondération permet de donner plus de poids aux Etats fédérés les plus importants (en RFA, les *länder* possèdent trois représentants au *Bundesrat*, mais ce chiffre peut monter jusqu'à 6 selon leur population). Traditionnellement, la chambre basse est élue sur des critères strictement numériques. Le plus souvent, une loi, pour être votée, a besoin de l'accord des deux chambres, ce qui témoigne d'un double assentiment : celui de la population et celui des Etats fédérés.

La participation à l'exécutif

Plus rarement prévue, elle figurait en URSS, laquelle était officiellement dirigée par le Présidium du Soviet suprême (dont figurait au sein des 39 membres une représentation des 15 Etats fédérés). Elle existe encore aujourd'hui en Suisse, puisqu'en vertu de la Constitution, le Conseil fédéral (pouvoir exécutif) est composé de sept membres nécessairement issus de sept cantons différents (de plus, la pratique a imposé qu'ils représentent également l'ensemble des langues et des religions, ainsi que les principales forces politiques du pays).
Cette même logique de participation justifie que les Etats fédérés soient associés aux modifications du texte constitutionnel, soit pour les proposer, soit pour les refuser (la règle de la majorité peut toutefois permettre de passer outre l'opposition d'une minorité d'Etats).

La tendance centralisatrice et l'avenir du fédéralisme

Le fédéralisme, lorsqu'il fonctionne durablement, possède une tendance assez lourde à la centralisation autour de l'Etat fédéral, mouvement qui l'éloigne de ses principes originels. Cette dérive connaît une multiplicité d'explications. C'est d'abord le développement de l'idée d'Etat providence qui a favorisé la compétence de l'Etat fédéral au détriment des structures fédérées. Des raisons politiques ou financières existent encore, mais il convient surtout d'évoquer l'interventionnisme en flèche que développe parfois le juge constitutionnel.
De fait, la question de la répartition des compétences soulève nécessairement des difficultés d'application que seule pourra trancher la Cour constitutionnelle dont sont obligatoirement pourvus les Etats fédéraux ; or cette Cour possède une

tendance naturelle à trancher en faveur de l'Etat fédéral[6]. Il en est de même du fait de son rôle de juge suprême : elle unifie les différentes jurisprudences, ce qui tend à favoriser l'harmonisation des systèmes juridiques inférieurs.

En définitive, le fédéralisme peut être comparé à un vaisseau naviguant au gré des courants entre Charybde et Scylla, tout en s'efforçant d'éviter l'une et l'autre, puisque « *tout système fédéral est le résultat d'un compromis entre les partisans d'une indépendance complète des Etats fédérés et ceux qui souhaitent une intégration très poussée de leurs peuples* »[7]. Le continent européen nous rappelle la réalité de ce double écueil, de la Tchécoslovaquie à la Belgique dans un sens, avec le développement actuel de l'Union européenne dans l'autre.

6. Ainsi aux Etats-Unis, l'affaire Marbury vs Madison, en 1803, permettait à la Cour suprême de contrôler la conformité à la Constitution fédérale des lois fédérales ; ce contrôle sera ensuite étendu à l'ensemble des actes, y compris à ceux issus des Etats fédérés.
7. CHANTEBOUT B., *Droit constitutionnel*, 20e éd., A. Colin, 2003, pp. 65 et 66.

4. Débat : la confédération conduit-elle nécessairement à la fédération ?

La confédération est une construction politique directement assurée par la volonté de quelques Etats d'atteindre un objectif commun. Elle est historiquement le plus vieux type d'Etat composé et on constate son fonctionnement dès l'époque gréco-romaine, avec la ligue achéenne ou la confédération des villes latines. Elle peut être durable (la Suisse, de la fin du XIIIe siècle à 1848) ou beaucoup plus courte (les Etats-Unis ne restent une confédération qu'entre 1778 et 1787). Répondre à la question posée suppose d'envisager la nature de la confédération et son fonctionnement.

Nature de la confédération

La confédération « *est simplement une association ou ligue permanente de plusieurs Etats indépendants, qui conservent néanmoins leur souveraineté intégrale. Il est seulement établi entre eux, par le pacte social, qu'ils uniront leur force dans un but déterminé, pour faire respecter certains intérêts et certains principes ; qu'ils auront pour certains objets, soit à l'extérieur, soit même à l'intérieur, une action ou des règles identiques* »[8]. Ainsi la confédération constitue une association d'Etats, sans le moins du monde qu'elle ne soit elle-même un autre Etat ; elle ne dispose donc pas d'une personnalité juridique internationale. Elle permet à des Etats de réaliser certains objectifs communs tout en conservant leur souveraineté, puisque chacun reste libre de son engagement. La raison d'être des confédérations était le plus souvent militaire ou défensive (Grèce antique, cantons helvétiques), avant de prendre une tournure plus économique (confédération de l'Allemagne du Nord, CEE en 1957).

Fonctionnement de la confédération

Elle naît d'un traité international qui prévoit ses modalités de fonctionnement et ne peut être modifié qu'à l'unanimité des Etats participants. Un organe commun, appelé diète ou conférence (réunion diplomatique composée de délégués des Etats), adopte certaines mesures (toujours à l'unanimité) et les propose aux Etats membres qui doivent alors les valider pour qu'elles produisent un quelconque effet : il n'y a pas d'effet direct des dispositions d'origine confédérale. La confédération a une nature juridique contractuelle qui peut être dénoncée à tout moment : tout Etat possède le droit de quitter la confédération et ne peut être contraint à s'y maintenir.

Toutes les règles de fonctionnement de la confédération supposent l'accord parfait entre ses Etats membres ; cette disposition explique bien le caractère instable de cette construction inter-étatique qui se distingue consubstantiellement de la fédération. Soit l'accord est constant entre les Etats confédérés, et se pose néces-

8. ESMEIN A., *Eléments de droit constitutionnel français et comparé*, 6e éd. Sirey, 1914, rééd., éd. Panthéon-Assas, 2001, pp. 7 et 8.

sairement la question de passer à une forme d'union accrue : la fédération ; soit au contraire le désaccord est quasi perpétuel et il n'existe alors guère d'intérêt pour un Etat à rester dans la confédération.
Organisation instable, la confédération peut se dissoudre et rendre leur totale indépendance aux Etats (fin de la République arabe unie entre la Syrie, le Yémen et l'Egypte, après trois ans d'existence de 1958 à 1961) ; elle peut également, en cas de succès, se transformer en un Etat fédéral, comme cela fut le cas des plus célèbres : les Etats-Unis d'Amérique (confédération en 1778 et fédération en 1787), la Suisse ou l'Allemagne (confédération germanique de 1815 à 1866, confédération de l'Allemagne du Nord en 1866, puis l'Empire fédéral allemand à partir de 1871). La question reste encore posée pour l'Europe, qui, clairement confédérale en 1957, se pose aujourd'hui la question des modalités de son évolution à venir.

Exercice : plan détaillé de dissertation

Les évolutions respectives de l'Etat unitaire et de l'Etat fédéral

Introduction

Rappeler la nature et les principes de fonctionnement de chacun de ces Etats.
Montrer que l'évolution respective de chacune de ces deux formes d'Etat se développe à l'encontre de ses principes originels.

I. La dissolution de l'Etat unitaire

A. L'essor de la décentralisation

Le cas français : le mouvement initié en 1982 ; l'essor des revendications politiques locales (Corse, Pays basque, Bretagne, Savoie, Alsace).
L'extension réalisée en 2003 : droit à l'expérimentation et à la dérogation législative.

B. L'évolution vers des formes transitoires

Espagne (Etat autonomique) et Italie (Etat régional).
Fédéralisation de l'ancien Etat unitaire belge (1993).

Transition : Alors que l'Etat unitaire cède aux tendances centrifuges, l'Etat fédéral subit, lui, une forte tendance centripète.

II. La centralisation de l'Etat fédéral

A. Des raisons politico-économiques

La dimension trop restreinte de l'action économique fédérée.
La centralisation progressive des centres de décision politique.

B. La primauté de l'Etat fédéral sur les entités fédérées

L'influence des cours suprêmes.
Le principe de la primauté du droit d'Etat.

FICHE N° 5

L'ORIGINE DE LA SOUVERAINETÉ

1. Références

Cités, « Derrida politique : la déconstruction de la souveraineté (puissance et droit) », n° 30, 2007.

GARDET L., *La Cité musulmane*, 3e éd., Vrin, 1969.

GOYARD-FABRE S., *Les Principes philosophiques du droit politique moderne*, PUF, 1997.

MAILLARD DESGRÉES DU LOÛ D., dir., *Les Evolutions de la souveraineté*, Montchrestien, 2006.

MARTIN X., *Nature humaine et Révolution française*, DMM, 1994.

D'ONORIO J.-B., dir., *Droits de Dieu et Droits de l'homme*, Pierre Téqui, 1988.

POLIN CL., ROUSSEAU CL., *La Cité dénaturée (cité classique contre cité moderne)*, PSR éditions, 1997.

PRELOT M., LESCUYER G., *Histoire des idées politiques*, 13e éd., Dalloz, 1997.

RAULET G. ET AL., dir., *Le Peuple : figures et concepts : entre identité et souveraineté*, François-Xavier de Guibert, 2003.

RIALS S., *La Déclaration des droits de l'homme et du citoyen*, Hachette, 1988.

2. Repères

Définitions

Théocratie : cette formule désigne une société dans laquelle le pouvoir repose sur des fondements d'ordre religieux ou spirituels.

Droit naturel : l'expression exprime l'idée qu'il existe dans l'organisation même des choses et de la nature un ordre reflétant une vision du droit. Certains droits existeraient donc *ab initio*, dans la nature même, comme les droits individuels de conscience. La difficulté réside ici dans l'opposition potentielle entre le droit positif et le droit naturel.

Souveraineté de la nation : dans le sens qu'elle a ici, l'expression désigne le fait que la souveraineté réside dans le corps des citoyens, c'est-à-dire qu'elle ne trouve plus sa source ontologique, son essence, dans une quelconque transcendance.

Biographies

Jacques Bénigne Bossuet (1627-1704)

L'évêque choisi par Louis XIV pour être le précepteur du dauphin s'attachera, par ses écrits, à défendre tout à la fois le gouvernement monarchique intégral ou absolu et celui de la catholicité (*Politique tirée de l'Ecriture Sainte*, 1697-1709).

Hugo de Groot dit *Grotius (1583-1645)*

Le jurisconsulte et diplomate hollandais qui écrivit le *De jure belli ac pacis* en 1625 est le premier à poser le principe d'un fondement contractuel à la société.

Theodor Herzl (1860-1904)

Pour l'auteur de *L'Etat juif* (1896), les juifs doivent se regrouper en un Etat afin d'échapper aux persécutions. Ce n'est qu'en 1948 que le sionisme se matérialise en un Etat avec la naissance d'Israël.

Saint Thomas d'Aquin (1224-1274)

Docteur principal de l'Eglise catholique, l'œuvre de saint Thomas embrasse également la question de l'origine et des formes du pouvoir. En se prononçant clairement en faveur de l'institution monarchique, il rappelle que si le pouvoir vient bien de Dieu en son essence, son exercice est conditionné par l'assentiment du peuple : « *Omni potestas a Deo sed per populum* ».

3. Explications : les théories relatives à l'origine de la souveraineté

L'existence de l'Etat se manifeste à l'occasion de l'exercice de son pouvoir, lequel est souverain par nature. Cette « souveraineté-puissance » traduit le pouvoir de l'Etat, lequel est un élément de pur fait. Toutefois, si chacun s'accorde à reconnaître ce pouvoir de l'Etat, il paraît possible de s'interroger sur sa légitimité : d'où provient ce pouvoir ? Qu'est-ce qui justifie l'existence du pouvoir au sein d'un groupe particulier. D'où le pouvoir de l'Etat tire-t-il sa légitimité ? Si cette question renvoie une nouvelle fois à l'idée de souveraineté, il ne s'agit plus de la « souveraineté-puissance » (v. **Fiche n° 2**), mais cette fois de la « souveraineté légitimité ».
L'idée de « souveraineté légitimité » suppose que le pouvoir de l'Etat tire son origine d'un certain ordre des choses. Ainsi la toute-puissance de la structure étatique ne se comprend que parce qu'elle est conforme aux constructions juridiques en vigueur dans une société à un moment donné. Cette situation suppose de savoir ce qui permet de justifier la souveraineté du pouvoir de l'Etat. Il s'agit donc de se pencher sur l'origine de la souveraineté, c'est-à-dire connaître ce qui justifie l'existence d'un tel pouvoir dans l'Etat.
En effet, s'il existe dans tout groupement humain des structures de commandement, de direction, bref des gouvernants, il existe aussi, par la force des choses, des gouvernés. Aussi éternelle qu'évidente, cette réalité soulève l'interrogation fort bien résumée par Duguit : « *Le pouvoir de commander sous la sanction de la contrainte, qu'exercent les gouvernants, est-il légitime ? Lui doit-on obéissance ? S'il est légitime et si on lui doit obéissance, pourquoi en est-il ainsi ?*[1] » Cette interrogation ne connaît que deux formes de réponse possibles : soit cette souveraineté est issue des hommes eux-mêmes, soit, au contraire, elle trouve son origine à l'extérieur de ceux-ci. Extérieure aux hommes, la souveraineté est alors d'origine spirituelle, issue de Dieu lui-même ; intérieure aux hommes, la souveraineté se laïcise et se sécularise. Nous examinerons donc successivement le principe de la souveraineté de droit divin, puis le mouvement de sécularisation et de laïcisation des théories sur l'origine de la souveraineté.

La souveraineté de droit divin

Historiquement, ces théories sont au nombre des plus anciennes, ce qui se comprend pleinement si l'on veut bien se souvenir que ce n'est que récemment (au XVIIe siècle) que des philosophes commencèrent à poser les bases d'une société dénuée de fondements d'ordre spirituel.

---

1. DUGUIT L., *Manuel de droit constitutionnel*, 2e éd., Fontemoing, 1911, p. 15.

Les conceptions mythiques ou religieuses

Les sociétés ont souvent pensé le pouvoir politique sous une forme mythique avant que ne soient développées des conceptions de droit divin au sens strict.

La référence mythique

Si l'Antiquité classique constitue le berceau de notre pensée politique, force est de constater que ses penseurs ne se posent guère de questions sur l'origine de la souveraineté. S'ils s'efforcent de rechercher de manière spéculative le meilleur gouvernement, la naissance de la société est renvoyée loin en arrière dans le passé et expliquée au moyen de mythes à valeur collective. Ces mythes permettent encore de justifier le pouvoir ; les chefs le sont alors souvent en raison de leur filiation divine, tels que l'attestent les mythes.
On sait ainsi que Romulus et Rémus ont pour père le dieu Mars qui s'est uni à la fille du roi légitime ; or les jumeaux sont abandonnés à leur naissance, dans une corbeille mise au cours du Tibre, sur l'ordre de leur grand-oncle ayant usurpé le pouvoir royal. Les nouveau-nés sont alors miraculeusement recueillis par une louve (animal symbolisant Mars), puis ils grandissent et tuent l'usurpateur. Romulus est alors désigné comme roi et la ville, en son honneur, se nommera Rome (753 av. J.-C.). Cet exemple montre bien la dimension mythique de la fondation de la cité et l'origine divine de sa puissance souveraine.
Romulus est de filiation divine, comme Pharaon est l'intermédiaire entre Dieu et les hommes ; l'empereur du Japon était dit fils du soleil, comme les empereurs romains exigeront qu'un culte religieux soit rendu en leur hommage... L'origine divine permet de justifier l'autorité du pouvoir sans s'interroger plus avant quant à sa légitimité.

Les conceptions hébraïque et islamique

Dans la conception religieuse juive, il y a forcément obéissance de l'homme à Dieu et la félicité du croyant résulte de cette situation ; vision qui se vérifie dans la Bible, spécialement à la lecture du livre de Job, lequel ne cesse de louer son Seigneur quoi qu'il lui arrive. Le peuple juif se souvient de son obéissance envers Dieu, qui les a protégés des Egyptiens ; « *peuple de Dieu* », le peuple juif attend inlassablement le retour du Messie et l'avènement de la nouvelle Jérusalem. Cette vision survit sans difficulté au cœur d'une population dispersée au cours des siècles au sein des nations et n'évolue qu'à la fin du XIXe siècle avec la naissance du sionisme qui va permettre, à partir de 1948, de donner une réalité matérielle à cette perspective jusqu'alors uniquement spirituelle[2].

2. Comme le note J. Mékhantar, « *selon cette doctrine, non seulement la souveraineté vient de Dieu mais de plus elle est réservée à la nation juive dans l'Etat d'Israël* », in *Droit politique et constitutionnel*, Eska, 1997, p. 78.

Encore aujourd'hui, la doctrine islamique de la souveraineté ne s'éloigne que difficilement du modèle théocratique. « *La civilisation musulmane traditionnelle ignore à la fois l'Etat et l'Eglise, mais est pourtant régie par un système théocratique. La seule réalité politique reconnue, c'est la communauté des croyants, l'Umma qui a vocation à s'étendre au monde entier*[3]. » Dans cette perspective, celui qui possède le pouvoir ne le possède qu'en vertu de la volonté de Dieu, et chacun doit obéissance au calife choisi par Dieu : « *O vous qui croyez, obéissez à Allah ! obéissez à l'Apôtre et à ceux d'entre vous qui détiennent l'autorité* »[4] ; en retour, les titulaires du pouvoir possèdent l'obligation morale de consulter les croyants avant de prendre une décision de nature politique[5].

Les constructions catholiques

Les théories catholiques font également de Dieu la source de tout pouvoir. Cependant leur étude est particulièrement intéressante, puisqu'on peut y trouver les racines de l'évolution de la pensée européenne en matière d'origine de la souveraineté.

L'origine divine du pouvoir

La vision catholique fait de Dieu le seul titulaire de tout pouvoir, idée présente aussi bien dans la bouche du Christ qui rétorque à Pilate « *tu n'aurais aucun pouvoir contre moi, s'il ne t'avait été donné d'en haut* »[6], que sous la plume de Saint Paul rappelant « *non est enim potestas nisi a Deo* »[7]. Cette distinction des pouvoirs spirituel et temporel justifie que, dans la sphère relevant du temporel, les chrétiens obéissent au pouvoir ; la seule chose que les chrétiens refusèrent alors au pouvoir temporel romain fut de rendre des prières à l'empereur. Cette approche justifie que les fidèles (et au-delà l'ensemble des hommes) soient « *soumis à toute institution humaine à cause du Seigneur, soit au roi comme à celui qui possède l'autorité suprême, soit aux gouverneurs comme à ceux qu'il a délégués* »[8]. Cette perspective fut toutefois modifiée par l'analyse de Saint Thomas, au XIIIe siècle, selon laquelle si le pouvoir est bien d'essence divine, son organisation matérielle repose, elle, sur l'assentiment (explicite ou implicite) des gouvernés.

Les doctrines catholiques du droit divin

Deux doctrines peuvent être distinguées.

3. CHANTEBOUT B., *Droit constitutionnel*, 20e éd., A. Colin, 2003, p. 358.
4. Coran, sourate 4, 59.
5. Coran, sourate 3, 159.
6. Saint Jean, 19-11. Le Christ ayant par ailleurs déclaré : « *Rendez à César ce qui est à César et à Dieu ce qui est à Dieu* », Luc, 20,20.
7. « *Il n'existe pas de pouvoir qui ne vienne de Dieu.* »
8. D'après la première épître de saint Pierre, 2, 13-14.

Droit divin providentiel

Cette doctrine issue de la pensée de Saint Thomas fut popularisée au XIXe siècle par les théoriciens de la Contre-Révolution, et notamment Joseph de Maistre. Dans cette perspective, si le pouvoir vient bien de Dieu seul du point de vue de son essence, sa détermination pratique dépend des hommes : « Les hommes qui le possèdent en sont investis par des moyens humains, qui s'accomplissent sous la direction invisible de la Providence divine toujours présente[9]. » C'est donc la Providence qui guide silencieusement le choix des gouvernés lorsque celui-ci se porte sur de nouveaux gouvernants ; l'idée étant que Dieu a implicitement voulu que ce qui est soit.

Droit divin surnaturel

Cette doctrine fut surtout forgée en France, au cours des XVIIe et XVIIIe siècles, afin de justifier la tendance à l'absolutisme de la monarchie française. L'idée qui sous-tend cette pensée est que Dieu a investi personnellement une famille donnée de la mission de régner sur un pays. On trouve la trace de cette conception dans les *Mémoires* de Louis XIV ou dans la formule de Louis XV selon laquelle « *nous ne tenons notre couronne que de Dieu : le droit de faire des lois... nous appartient à nous seul sans dépendance et sans partage* ».
Cette théorie trouve sa source dans la volonté des rois et des légistes de ne se reconnaître aucun pouvoir supérieur sur l'ensemble du royaume, qu'il soit celui de l'Empire, « Le Roi de France est empereur en son royaume », ou du Saint-Siège « *Le Roi de France ne tient son royaume que de Dieu et de son épée* » ; toutefois, cette prétention de ne tenir le pouvoir que de Dieu seul, sans intermédiaire et sans l'aval du peuple – fût-il théorique ou implicite –, ne devait pas manquer de soulever une forte contestation qui devait aboutir à la sécularisation des doctrines sur l'origine de la souveraineté.

La sécularisation des doctrines

C'est au cours du XVIIIe siècle que se produit l'évolution majeure de toute l'histoire moderne. On se bornera à évoquer l'avènement progressif du droit naturel moderne, puis sa matérialisation au cours de la Révolution française.

L'avènement du droit naturel moderne

La pensée occidentale a connu une modernisation progressive du droit naturel dont l'aboutissement résidera dans les Lumières et l'approche rationaliste des encyclopédistes.

9. DUGUIT L., *Manuel de droit constitutionnel*, p. 17.

L'apparition progressive du droit naturel moderne

L'expression « droit naturel » désigne une « *règle considérée comme conforme à la nature (de l'homme ou des choses) et à ce titre reconnue comme de droit idéal* » et pour les classiques, la règle de droit positif se doit de retranscrire ce droit naturel idéal. Des conceptions chrétiennes issues du droit naturel classique naîtra une seconde école du droit naturel, laquelle se détachera peu à peu de toute référence à la révélation chrétienne. La conception du droit naturel est laïcisée au cours du XVIIe siècle, coupée de toute référence à caractère métaphysique ou théologique pour devenir une conception humaine, terrestre, résultat du travail de la seule intelligence. Les tenants du droit naturel moderne défendent la thèse selon laquelle l'organisation du pouvoir politique ne se situe pas dans le divin, le pouvoir n'étant que le fruit de la volonté humaine.
L'organisation et la légitimité du pouvoir doivent désormais être envisagées sous l'angle d'un rapport volontaire et rationnel, au moyen de l'image du contrat. C'est le Hollandais Grotius qui le premier évoque la naissance contractuelle de la société ; perspective qui sera ensuite développée par des auteurs tels Samuel Pufendorf (1632-1694) ou Jean-Jacques Burlamaqui (1694-1748) et qui trouvera un écho particulier dans la philosophie des Lumières.

La philosophie des Lumières

Dans la perspective du droit naturel moderne, l'homme constitue, pour simplifier, le centre de l'univers. Ce point de départ induit une véritable révolution philosophique et métaphysique. De fait, en lieu et place d'un Dieu créateur ou de mythes justificateurs, subsiste seul l'Homme, avec un « H » majuscule. Le mouvement philosophique des Lumières érige l'homme en mesure de toute réalité ; un être dont la raison constitue l'*alpha* et l'*omega* de toute chose. Car, comme l'observe Kant, la raison est inséparable de la conscience que possède l'homme de son autonomie et il s'agit de « *chercher la suprême pierre de touche de la vérité en soi-même* »[10].

Dans la conception du monde qui se développe sous l'influence de la philosophie des Lumières, chaque homme cherche à réaliser son bonheur sur terre, poussé par la raison dans sa démarche. Cette construction intellectuelle, menée à son terme, élimine toute transcendance au sein de la société et la règle commune ne peut plus résulter que du choix raisonné des membres de la société. Par conséquent l'origine de la souveraineté ne saurait plus provenir d'une quelconque règle extérieure à l'homme : elle doit provenir directement de celui-ci. Le contrat ou pacte social est le moyen d'exprimer cette nouvelle réalité qui sera matérialisée par une Constitution écrite. Ce point de vue trouvera son aboutissement au cours de la Révolution française.

10. KANT E., *Qu'est-ce que les Lumières ?*, rééd. Flammarion, 1991, p. 43.

La Révolution française

D'un point de vue philosophique, la Révolution constitue, sans contestation possible, la continuation du mouvement des Lumières.

Le rejet des conceptions traditionnelles

L'essentiel des élites du XVIIIe siècle, toutes pénétrées de la *via moderna* que constitue la philosophie les Lumières va rejeter les conceptions traditionnelles. La France sera la plus marquée par ce phénomène, dans la mesure où la noblesse n'aura de cesse de développer ses prétentions à l'encontre de l'institution monarchique, dans le fil du mouvement de réaction nobiliaire.
L'étude des premiers textes de l'époque est importante, car l'on peut voir se dessiner un mouvement très différent entre les textes proclamant l'indépendance américaine et ceux proclamant les Droits de l'homme en France ; si tous baignent dans un esprit proche, leur lecture révèle une différence fondamentale. Les termes mêmes de la Déclaration d'indépendance américaine du 4 juillet 1776 font encore référence à une certaine transcendance, puisque l'on y trouve la formule « *nous tenons pour évidentes par elles-mêmes les vérités suivantes : tous les hommes sont créés égaux ; ils sont dotés par le Créateur de certains droits inaliénables : parmi ces droits se trouvent la vie, la liberté et la recherche du bonheur. Les Gouvernements sont établis par les hommes pour garantir ces droits* ». Au contraire, les révolutionnaires français vont inscrire dans leurs textes et dans leurs actes une volonté très nette de rompre avec leur passé ; il est ici révélateur de noter que la destruction de l'ordre juridique d'Ancien Régime intervient dès le 4 août, avec l'abolition des privilèges, tandis que les droits ne seront finalement proclamés qu'ensuite, le 26 août. Deux dates qui expriment le même rejet des conceptions antérieures, au profit de nouveaux dogmes.

Le dogme de la souveraineté de la nation

Ce dogme est explicitement proclamé dès les premières lignes de la Déclaration du 26 août 1789 ; Déclaration qui, de ce point de vue, exprime bien la totale radicalité philosophique du message révolutionnaire. Le troisième article de la Déclaration annonce ainsi de manière forte : « *Le principe de toute souveraineté réside essentiellement dans la Nation. Nul corps, nul individu ne peut exercer d'autorité qui n'en émane expressément.* » Ces quelques mots corroborent tous les développements précédents et sont caractéristiques de la perspective nouvelle : l'origine de la souveraineté ainsi que sa justification ne résident plus en Dieu.
Le nouveau régime refuse toute transcendance et fixe l'origine de la souveraineté au sein de la nation, c'est-à-dire de la communauté des citoyens. Seule la nation peut donc désormais exercer une quelconque souveraineté. Le symbolisme de cette Déclaration est d'autant plus fort que la France est encore gouvernée par Louis XVI, sans que la forme du régime ait encore été modifiée (de fait, la Constitution ne sera adoptée que deux ans plus tard, le 3 septembre 1791) ; la France est toujours une royauté, mais la Révolution s'est produite.

4. Débat : la nation est-elle souveraine ?

(Sur cette question, on se reportera également à la Fiche n° 29, partie « Débat ».)

Cette interrogation vise à savoir s'il est ou non possible de fixer des limites au droit de la nation souveraine. Répondre affirmativement revient à affirmer qu'il n'existe aucune limite au pouvoir souverain de la nation de déterminer sa loi. Au contraire, répondre négativement à cette question conduit à affirmer que certaines choses sont interdites à l'action de l'Etat.

S'interroger sur la souveraineté de la nation suppose donc d'envisager les limites éventuelles que l'on peut apporter au droit positif ; la nation peut-elle réellement tout faire ?

Une réponse positive s'envisage difficilement tant l'on s'aperçoit des conséquences néfastes d'une telle affirmation. En effet, il paraît difficilement concevable d'affirmer qu'une majorité de rencontre dispose, du seul fait de son nombre, de la possibilité de remettre en cause l'ensemble des valeurs qui fondent notre système. Si la nation voulait remettre en cause le caractère républicain de l'Etat français ou les Droits de l'homme, une telle évolution serait-elle admissible ? De ce point de vue, l'exigence d'une majorité qualifiée pour effectuer telle ou telle modification législative ou constitutionnelle ne fait que rendre de tels changements plus difficiles, sans pour autant les interdire. Dire la nation souveraine conduit à affirmer que cette nation ne connaît comme limites que celles qu'elle accepte de bien vouloir se donner, sans jamais pouvoir faire l'objet d'aucune limitation extérieure ; pour le meilleur et pour le pire...

La réponse négative, pour spontanée qu'elle puisse être, n'en soulève pas moins de fortes difficultés conceptuelles. Dire qu'il existe des principes et des valeurs auxquels la nation ne peut porter atteinte conduit à affirmer que la nation n'est pas souveraine car il existe des règles au-dessus d'elle. Ceci signifie donc que le principe de souveraineté affirmé n'est pas absolu et que cette souveraineté n'est que relative ; or sur quel fondement décréter que la nation ne soit pas souveraine si l'on pose comme principe qu'elle l'est ? Au nom de quoi est-il possible de limiter l'action souveraine de l'Etat, dès lors que celui-ci pose comme principe que la nation est souveraine ? Quelles limites porter au droit positif dès lors que celui-ci est l'expression de la volonté générale ?

La référence au droit naturel pourrait être le moyen de limiter la souveraineté de la nation, mais cette référence semble difficile à justifier dans un système philosophique récusant toute transcendance au profit de la volonté de ses membres.

FICHE N° 6

L'EXERCICE DE LA SOUVERAINETÉ

1. Références

ACHAINTRE Ch., *L'Instance législative dans la pensée constitutionnelle révolutionnaire (1789-1799)*, Dalloz, 2008.

BACOT G., *Carré de Malberg et l'origine de la distinction entre la souveraineté du peuple et la souveraineté nationale*, CNRS, 1985.

CAPITANT R., *Démocratie et participation politique*, Bordas, 1972.

DAVID M., *Le Peuple, les droits de l'homme et la république démocratique*, L'Harmattan, 2003.

DESWARTE M.-P., « La révision de 2007 contre la souveraineté de l'Etat », *RFDC*, 2008, pp. 145 à 157.

GAXIE D., *La Démocratie représentative*, 4e éd., Montchrestien, 2003.

HAMON F., PASSSELECQ O., dir., *Le Référendum en Europe, bilan et perspectives*, L'Harmattan, 2001.

HAMON F., *Le Référendum – Etude comparative*, LGDJ, 1995.

HAQUET A., *Le Concept de souveraineté en droit constitutionnel français*, PUF, 2004.

MANIN B., *Principes du gouvernement représentatif*, Flammarion, 1996.

TURPIN D., « Démocratie représentative et démocratie participative », *Mélanges Gicquel*, Montchrestien, 2008, pp. 565 à 580.

Le référendum d'initiative populaire, Etude de législation comparée n° 110, Sénat, septembre 2002 (www.senat.fr/lc/lc110/lc110.pdf).

« Le référendum », *Pouvoirs*, n° 77, 1996.

« La représentation », *Droits*, n° 6, 1987.

« La représentation », *Pouvoirs*, n° 7, 1978.

« La souveraineté », *Pouvoirs*, n° 67, 1993.

2. Repères

Définitions

Démocratie directe : dans un tel système, la gestion des affaires publiques est assurée directement par le peuple souverain, sans intermédiaire.

Démocratie semi-directe : cette formule désigne le fait d'instiller dans un système qui reste représentatif certains des principes ou mécanismes de la démocratie directe.

Electorat-droit : dans la logique de la souveraineté populaire, l'électorat est un droit attaché à la qualité de citoyen, lié au fait que chacun dispose en propre d'une partie de la souveraineté.

Electorat-fonction : dans la théorie de la souveraineté nationale, l'électorat ne vise qu'à désigner des représentants. Le vote n'est donc pas un droit, mais une fonction attribuée à quelques-uns. Cette théorie se concilie donc aisément avec un suffrage de type restreint, notamment de type censitaire.

Landsgemeinde : ancestrale forme de démocratie directe, ces assemblées réunissent les citoyens d'un canton ou d'une commune de Suisse afin de les faire voter, à mains armées et levées, sur les projets intéressant la collectivité. Ils ne subsistent qu'à Glarus et dans le canton d'Appenzell Rhodes-Intérieures.

Mandat impératif : cette formule désigne une situation dans laquelle l'élu doit se conformer aux instructions de ses électeurs ; le mandat impératif est interdit par l'article 27 de la Constitution de 1958 : « *Tout mandat impératif est nul.* »

Représentation : dans un système de souveraineté nationale, ce concept désigne le fait que les élus le sont au nom de la nation, pour en exprimer la volonté, et non pour n'être que de simples commis de leurs électeurs (*syn. Démocratie représentative*).

Souveraineté nationale : formulée par Sieyès, cette théorie fait de la nation l'unique titulaire de la souveraineté. La nation étant une personne morale indivisible, des représentants doivent être désignés afin d'en exprimer la volonté, et de plus la souveraineté ne peut être divisée entre les citoyens.

Souveraineté populaire : issue de la pensée de Rousseau, cette théorie considère que la souveraineté réside dans le peuple, constitué par l'ensemble des citoyens formant le corps social ; dès lors, chacun des citoyens dispose en propre d'une fraction de la souveraineté qu'il ne peut déléguer.

Suffrage censitaire : on désigne sous ce nom un système électoral dans lequel le droit de voter est restreint, conditionné par le paiement d'un certain seuil de contributions fiscales.

Chronologie

• 26 août 1789 : la Déclaration ne tranche pas entre les deux formes de souveraineté (art. 3 et 6).
• 24 septembre 1791 : la Constitution ne reconnaît que la souveraineté nationale.
• 24 juin 1793 : la Constitution (jamais appliquée) se réclame de la souveraineté populaire.
• 19 avril 1946 : le projet de Constitution rejeté fait référence à la souveraineté populaire.
• 27 octobre 1946 : la IVe République adopte une formulation mixte du type de souveraineté choisie (art. 3).
• 4 octobre 1958 : l'article 3 de la Constitution conserve cette forme mixte.

Biographies

Jean-Jacques Rousseau (1712-1778)

Le philosophe qui écrira *Du Contrat social* (1762) meurt trop tôt pour avoir connu la Révolution ; il n'en sera pas moins l'un de ses pères spirituels. Il énonce dans cet ouvrage que l'exercice du pouvoir appartient à la nation ; ce qui signifie qu'elle ne réside pas ailleurs que dans le corps des citoyens (refus de la souveraineté de droit divin). Ses écrits donneront naissance, après 1789, aux théories de la souveraineté populaire.

Emmanuel Joseph Sieyès (1748-1836)

L'ancien abbé provençal sera l'un des principaux théoriciens de la Révolution ; son opuscule de 1789, *Qu'est-ce que le Tiers-Etat*, sonne le glas de l'Ancien régime. Très vite, à l'encontre des principes développés par Rousseau, il mettra en avant la nécessité de la représentation de la nation, donnant naissance au principe de la souveraineté nationale.

3. Explications : l'opposition souveraineté nationale et souveraineté populaire

La Révolution vient donner une origine rationnelle et volontaire à la notion de souveraineté. Toutefois, cette prise de position philosophique n'entraîne en soi aucune conséquence directe. Cette philosophie nouvelle doit être relayée par des conséquences pratiques au sein de l'organisation de l'Etat ; il s'agit de fournir une réponse pratique à cette question fondamentale : qui détient, au sein de l'Etat, le pouvoir de commander ? Dès sa mise en œuvre, la Révolution française voit s'affronter deux théories distinctes quant à l'origine de la souveraineté dans l'Etat. Si ces théories diffèrent par leurs présupposés philosophiques, il convient d'en comprendre les mécanismes tant ceux-ci induisent des conséquences très distinctes.

Les théories démocratiques de la souveraineté

Ces théories visent à écarter tout fondement surnaturel à l'exercice du pouvoir politique et sont de véritables machines de guerre contre le principe du droit divin. Mais si ces théories présentent un front commun contre le système d'Ancien Régime, elles divergent sitôt celui-ci abattu. Deux types de souveraineté doivent être distingués, la France s'étant prononcée en faveur de la souveraineté nationale.

Deux formes de souveraineté

La Révolution française transfère la souveraineté de la tête du roi à la nation, sous l'influence des théories de Rousseau. Mais les révolutionnaires vont très vite s'opposer quant aux effets de cette conclusion du pacte social ; si les uns restent fidèles à la pensée de Rousseau et défendent la souveraineté populaire, les autres choisissent avec Sieyès la souveraineté nationale.

La souveraineté populaire

Rousseau considère que la source de la souveraineté existe en chaque individu, chacun étant porté à exercer sa propre souveraineté ; il écrit ainsi : « *Supposons une société composée de 10 000 personnes, chacune d'elles a pour sa part la dix millième partie de l'autorité souveraine*[1]. » La souveraineté appartient donc au peuple, lequel, loin d'être une entité abstraite, correspond à la réunion de l'ensemble des citoyens du corps social. Ainsi chacun possède en propre une partie de la souveraineté et ne peut s'en défaire. Le peuple doit donc se gouverner lui-même sans que ne soit

1. *Du contrat social*, l. 3, ch. 1ᵉʳ.

nécessaire une quelconque représentation : « *La souveraineté ne peut être représentée par la même raison qu'elle ne peut être aliénée... Toute loi que le peuple n'a pas ratifiée est nulle ; ce n'est pas une loi*[2]. » Cette construction se rapproche des conceptions grecques de la démocratie puisque chacun des citoyens doit participer à l'élaboration de la loi commune. Mais d'autres révolutionnaires choisirent une nouvelle théorie.

La souveraineté nationale

Cette théorie fut développée par Sieyès dans sa brochure *Qu'est-ce que le Tiers-Etat* (1789). Selon lui, le désir rousseauiste de faire participer la population entière est impossible à mettre en œuvre puisque certains des éléments composant la population ne peuvent avoir de volonté autonome (comme les aliénés, les enfants ou les domestiques...) ; de plus, obtenir l'assentiment de chacun des membres du peuple apparaît trop difficile à obtenir en raison de l'importance de la population. Ceci conduit Sieyès à privilégier la souveraineté nationale : c'est toujours le peuple qui est souverain, mais pris en corps et non individuellement ; dès lors, il « *considère le peuple, qui se confond alors avec la population, comme une entité abstraite qu'il appelle la nation. La nation est souveraine ; mais elle constitue une personne morale distincte des individus qui la composent ; et elle a une volonté propre*[3]. » Ici, la souveraineté est une et indivisible et appartient à la nation ; celle-ci est une personne morale qui ne peut s'exprimer qu'au moyen de personnes expressément désignées pour le faire, pour la représenter. Cette conception sera plébiscitée par les révolutionnaires.

Le choix de la souveraineté nationale

Les révolutionnaires se prononceront très nettement en faveur de la souveraineté nationale, contre la souveraineté populaire ; ce choix sera prédominant dans l'histoire constitutionnelle, jusqu'à ce qu'une formulation mixte apparaisse à l'époque contemporaine.

Un choix prédominant

Le choix des constituants sera d'abord d'ordre politique. En effet, dire que chacun des citoyens possède des droits politiques conduit à poser la question de leur expression pratique, c'est-à-dire la question de la capacité électorale et du droit de suffrage. Les constituants se trouvaient alors partagés entre deux impératifs contradictoires : comment reconnaître à tous la qualité de citoyen et en écarter certains du suffrage ? Sieyès permet de sortir de l'impasse ; sa théorie reconnaît les droits du peuple par l'intermédiaire de la nation-personne morale, ainsi « *la nation étant une abstraction,*

2. *Du contrat social*, l. 3, ch. 15.
3. CHANTEBOUT B, *Droit constitutionnel*, 20e éd., A. Colin, 2003, p. 83.

sa volonté doit être exprimée par des individus qui parleront en son nom »[4]. Dès lors, la volonté des citoyens doit être canalisée par une médiation, laquelle est opérée par les représentants de la nation : les députés aux Etats généraux. Pour les bourgeois qui provoquent la Révolution, la souveraineté nationale permet de concilier la reconnaissance théorique des droits du peuple, au moyen de la nation, tout en lui retirant dans le même temps toute possibilité pratique d'imposer ses vues en termes de lois.

En 1789, le choix entre les deux formes de souveraineté n'est pas encore effectué, ce qui se vérifie bien à la lecture de la Déclaration du 26 août. Si celle-ci affirme en son article trois « *le principe de la souveraineté réside essentiellement dans la nation* », cette formule vise essentiellement à désigner l'origine philosophique de cette souveraineté. Dire que la souveraineté réside essentiellement dans la nation signifie bien qu'il est de l'essence de la souveraineté de résider dans le corps social, c'est-à-dire dans la nation (cette formule ne vise alors qu'à affirmer la rupture avec la souveraineté de droit divin). Cette vision est d'ailleurs confirmée par l'article six ; si celui-ci note que « *la loi est l'expression de la volonté générale* », c'est pour mieux préciser ensuite que « *tous les citoyens ont droit de concourir personnellement, ou par leurs représentants, à sa formation* ». Un tel choix ne sera plus de mise par la suite et la Constitution indiquera dès 1791 : « *La souveraineté est une, indivisible, inaliénable et imprescriptible. Elle appartient à la nation*[5]. » Tous les régimes républicains mettront en œuvre ce principe, car si la souveraineté populaire fut consacrée en 1793[6], cette Constitution ne sera jamais mise en œuvre.

Une formulation tempérée

Ce n'est qu'en 1946 que se reposera la question du type de souveraineté à reconnaître en France. Le projet de Constitution du 19 avril 1946 disposait en son article 2 que « *le principe de toute souveraineté réside essentiellement dans le peuple* », mais il fut rejeté par référendum ; la formulation finalement adoptée avec la Constitution du 27 octobre 1946 adopte une formule mixte et tempérée en vertu de laquelle « *la souveraineté nationale appartient au peuple français* »[7].

Cette formulation sera peu ou prou reprise en 1958, l'article 3 disposant que « *la souveraineté nationale appartient au peuple qui l'exerce par ses représentants et par la voie du référendum* ». Cette formule concilie les deux principes longtemps antinomiques et les inscrit sur le même plan, aussi bien en matière législative (art. 11 et 34) que constitutionnelle (art. 11 et 89) ; formule qui apparaît comme « *une*

4. ARDANT P., *Institutions politiques et droit constitutionnel*, 14e éd., LGDJ, 2002, p. 167.
5. Art. 1er du titre III de la Constitution du 3 septembre 1791.
6. Son art. 7 dispose : « *Le peuple souverain est l'universalité des citoyens français* » ; v. aussi l'art. 25 de la Déclaration des Droits de 1793.
7. Art. 3 ; de plus, cet article prévoit la participation populaire par référendum en matière de révision constitutionnelle.

synthèse entre les deux conceptions démocratiques de la souveraineté originairement connues, à l'époque révolutionnaire, comme radicalement différentes »[8].

Si cette synthèse n'est apparue possible qu'après cent cinquante ans de pratique constitutionnelle, c'est bien parce que les conséquences juridiques de ces deux types de souveraineté les opposaient de manière rédhibitoire.

Les conséquences juridiques de ces théories

Selon la souveraineté choisie, on sera en présence d'un système de démocratie directe ou représentative ; car si la souveraineté nationale implique la représentation et l'électorat-fonction, la souveraineté populaire engendre au contraire une démocratie directe dans laquelle l'électorat est un droit.

La souveraineté nationale : représentation et électorat-fonction

La seule conséquence tangible du régime de souveraineté nationale est la nécessité d'une représentation. La nation, personne morale indivisible, ne saurait par elle-même exprimer une quelconque volonté ; ceci rend nécessaire des instances de représentation pour en exprimer la volonté. Le Parlement possède alors comme mission explicite d'exprimer cette volonté de la nation, ce qu'il fait en créant la loi, en la votant et, seul, il dispose de ce pouvoir, de cette possibilité.

Le principe de la représentation

Cette construction implique un système représentatif ; car *« à tout individu vivant en société on reconnaissait un droit individuel s'imposant au législateur, le droit de citoyen ; mais ce droit n'était pas le droit de voter, c'était le droit d'être reconnu comme partie composante de la nation et donc le droit d'être représenté »*[9]. Seuls quelques-uns des citoyens participent par le suffrage à la désignation des représentants, mais du point de vue de l'abstraction juridique, tous les citoyens sont représentés[10] ; le vote de quelques-uns figure la participation de tous.

Electorat-fonction

L'électorat n'a ici qu'un but : il vise à permettre la désignation des représentants ; le vote n'est donc pas un droit, mais une fonction. Cette conception permet la mise en œuvre d'un système électoral censitaire.

8. Gounelle M., *Introduction au droit public*, 2e éd., Montchrestien, 1989, p. 85.
9. LOCHAK D., *La Citoyenneté : un concept juridique flou*, in *Citoyenneté et nationalité*, COLAS *et AL.* dir., PUF, Paris, 1991, p. 185.
10. Tous sont citoyens, mais tous les citoyens n'ont pas le droit de vote. Ainsi les art. 1er et suiv. de la section II, du ch. 1er du titre 3 de la Constitution de 1791 distinguent les citoyens actifs des citoyens passifs.

Mandat représentatif

Le système représentatif prohibe enfin tout mandat impératif, car le mandat donné à l'élu est représentatif. C'est l'Assemblée élue qui représente la nation tout entière et chacun des élus ne représente, à titre individuel, rien d'autre que lui-même ; c'est en corps que les élus représentent la nation (cette vision justifiera qu'après 1870 les députés élus en Alsace-Moselle conservent leur mandat). La représentation interdit que l'élu reçoive de ses électeurs la moindre consigne relative à ses votes ; car comme l'observera Burke, répondant à l'un de ses électeurs en 1774, « *le Parlement n'est pas un Congrès d'ambassadeurs représentant des intérêts divers et hostiles, c'est l'assemblée délibérante d'une nation n'ayant qu'un seul et même intérêt en vue, celui du pays* ».

Les limites de la représentation

Le fonctionnement de la démocratie représentative a suscité une large gamme d'oppositions. D'abord au regard du caractère antidémocratique de ce système : critique justifiée lorsque ce système se combinait avec un suffrage censitaire limitant fortement le nombre de citoyens susceptibles de vote ; cette critique s'estompa avec l'instauration du suffrage universel en 1848. Une seconde critique est inhérente à la logique de la représentation, laquelle induit une certaine distance entre les vœux des électeurs et la politique menée par les élus ; car un tel système favorise l'émergence d'une véritable souveraineté parlementaire, situation dans laquelle les élus « *sans mandat impératif et sans contrôle pesant sur eux entre les élections ont tendance à se considérer comme le souverain se comportent en propriétaires de la souveraineté* »[11]. Une dernière critique porte sur le fait qu'un tel système conduirait à une confiscation du pouvoir par une oligarchie représentant la classe dominante, bourgeois au XIXe siècle, technocrates ou énarques aujourd'hui...

La souveraineté populaire : démocratie directe et électorat-droit

Les conséquences de la souveraineté populaire sont exactement inverses, son exercice impliquant une large implication du peuple qui ne saurait confier ses intérêts à d'autres que lui-même. Elle implique la démocratie directe dans laquelle l'électorat est un droit et où les élus ont un mandat impératif.

Démocratie directe

Cette théorie suppose que le peuple souverain participe directement à la gestion des affaires publique, sans intermédiaire ; Rousseau répudiant toute forme de représentation, « *la souveraineté ne peut être représentée, par la même raison qu'elle ne peut être aliénée ; elle consiste essentiellement dans la volonté générale, et la volonté*

11. ARDANT Ph., *op. cit.*, p. 177. Ceci se vérifiait spécialement sous les IIIe et IVe Républiques.

générale ne se représente point : elle est la même ou elle est autre ; il n'y a point de milieu »[12]. La volonté générale doit être exprimée directement par les citoyens, comme lorsque l'assemblée des citoyens se réunissait chaque jour à Athènes ou comme ce système fonctionne encore en Suisse avec le vote des citoyens lors des *landsgemeinde*.

Electorat-droit

Ici, le vote est un droit directement lié à la qualité de citoyen et l'on ne saurait priver quiconque du droit de participer aux élections. En effet, l'électorat-droit est directement fondé sur le principe rousseauiste en vertu duquel chacun des citoyens dispose individuellement d'une fraction de la souveraineté. Cette souveraineté du peuple ne peut s'exprimer qu'à partir du moment ou chacune des composantes de ce peuple s'est exprimée sur une loi.

Mandat impératif

Enfin, si pour des raisons techniques liées à la taille de la population ou au bon fonctionnement des institutions politiques il a été institué des élections, les personnes élues ne disposent que d'un mandat impératif. L'idée du mandat impératif est que la personne élue se doit de respecter les volontés et les instructions de ses électeurs, car « les députés du peuple ne sont donc ni ne peuvent être ses représentants, ils ne sont que ses commissaires ; ils ne peuvent rien conclure définitivement »[13]. L'élu doit ici se borner à énoncer les vœux que ses électeurs auront formulés (ceci peut justifier un droit de révocation de l'élu au profit des électeurs, **Fiche n° 7**).

Le rejet de la démocratie directe

L'une des critiques les plus fréquentes à l'encontre d'un système de démocratie directe repose sur le fait qu'un tel système ne serait pas viable en dehors d'Etats très petits. Si la cité athénienne figure l'idéal de la démocratie directe, celle-ci ne comporta au plus 30 000 citoyens ; cette question d'échelle rendrait la démocratie directe impossible à mettre en œuvre concrètement (la France, au moment de la Révolution, compte 26 millions d'habitants). Le rejet, au cours de la Révolution, du principe de la démocratie directe est plus encore lié au fait que ce système implique la participation électorale de tous les citoyens, ce que ne souhaitaient pas les élus de la Convention.
Surtout, la démocratie directe permet une remise en cause de la prééminence des représentants, ce que ces derniers n'acceptent que difficilement. Et aujourd'hui, le recours à des mécanismes de démocratie directe est souvent dénoncé comme susceptible de dérives populistes (quand bien même les pays y ayant recours tels la

12. *Du contrat social*, l. 3, ch. 15.
13. *Ibid*.

Suisse ou les Etat-Unis n'y paraissent pas sujets). De fait, le rejet initial de la démocratie directe s'est toujours maintenu, et si la démocratie représentative, pour tenir compte des critiques qui lui étaient adressées, s'est ouverte à certaines des techniques de démocratie directe, spécialement depuis 1958, il n'en est toutefois fait qu'un usage fort restreint. L'inscription constitutionnelle de certains mécanismes de démocratie directe (art. 3, 11, 72-1 et 89) ne suffit pas à faire regarder notre système comme méritant le qualificatif de démocratie semi-directe.

4. Débat : la démocratie semi-directe

La logique de la démocratie semi-directe consiste à instiller des éléments de démocratie directe au sein d'un système qui demeure pour l'essentiel représentatif ; opération devant permettre de tempérer la représentation, par l'expression directe du peuple. Ceci permet de faire participer les gouvernés à l'exercice du pouvoir politique en évitant que ne se développe le sentiment d'une classe politique coupée des soucis des citoyens, puisque ceux-ci peuvent décider de la loi, directement, au moyen du référendum.

Référendum obligatoire

La consultation des citoyens peut être rendue obligatoire dans des domaines déterminés à l'avance ; en Norvège, aucune loi ne peut modifier l'âge de la majorité électorale sans qu'elle ait été adoptée par les citoyens. Ce système existe dans de nombreux cantons suisses ; il apporte la garantie d'une consultation des citoyens et constitue un frein au désir éventuel des gouvernants de mettre en œuvre une politique non explicitement soutenue par les gouvernés.

Veto référendaire

Ceci permet aux citoyens de s'opposer à la mise en œuvre d'une loi régulièrement adoptée par les instances de représentation. En Suisse, un délai de 90 jours est prévu entre l'adoption d'une loi et sa mise en vigueur, qui permet aux opposants d'initier une procédure de veto populaire à la loi. Ce veto populaire figurait dans la Constitution de 1793[14].

Référendum abrogatif

Ce référendum est destiné à supprimer une loi en vigueur. Ces référendums sont soumis à des conditions restrictives (il faut recueillir un nombre élevé de signatures dans un délai restreint pour les déclencher) et peu répandus, car ils remettent en cause la sécurité juridique des citoyens, liée aux droits acquis sous l'empire de la loi précédemment en vigueur (Italie).

---

14. En vertu des art. 58 et 59, un projet de loi voté ne pouvait être adopté comme loi que si dans les quarante jours, le 1/10e des cantons de la moitié des départements, ne s'y était pas opposé ; soit 5,1 % des cantons (10 % de 51 %).

Initiative populaire

Ces techniques, pour être efficientes, sont conditionnées par la possibilité laissée aux citoyens de solliciter eux-mêmes de tels référendums. L'initiative populaire permet aux citoyens de participer directement à l'élaboration de la loi en suscitant eux-mêmes la consultation sur une question donnée. Cette initiative peut être mise en œuvre avec la technique du veto ou de l'abrogation référendaire ; elle peut aussi permettre de créer la loi par des propositions de lois d'initiative populaire. De très nombreux pays prévoient ce mécanisme : Italie, Suisse, Etats-Unis (au niveau des Etats fédérés).

La situation française

S'il existe en France un large soutien populaire à de telles techniques, celles-ci ne sont que faiblement présentes et guère soutenues par le personnel politique ; on peut le regretter, car cela paraît de nature à dynamiser la démocratie, par une meilleure prise en compte des vœux des citoyens.
On note en particulier que l'initiative populaire n'existe pas réellement. Si l'article 72-1 de la Constitution mentionne bien un droit de pétition au bénéfice des électeurs des collectivités territoriales, cette pétition ne saurait en aucun cas conduire à l'organisation d'un référendum local, puisque le seul effet de la pétition réside dans le fait d'obtenir l'inscription à l'ordre du jour de l'assemblée délibérante de ladite collectivité d'une question relevant de sa compétence... Le droit de pétition ne confère donc aucun droit à l'organisation d'une consultation référendaire (v. l'art. 1112-16 CGCT). Si les référendums locaux peuvent désormais être décisionnels, ils restent à la seule initiative des dirigeants des collectivités, ce qui n'en fait pas de réels outils de démocratie semi-directe. Enfin, les consultations nationales (qu'elles soient organisées sur le fondement des articles 11 ou 89 de la Constitution) restent toujours à la discrétion des gouvernants ; cela quoi que puisse en laisser penser la réforme de l'article 11 intervenue en 2008. En effet, cette réforme n'institue pas d'initiative populaire, elle se borne à offrir aux principaux partis la faculté d'organiser un tel référendum : la saisine est réservée « *à l'initiative d'un cinquième des membres du Parlement, soutenue par un dixième des électeurs inscrits sur les listes électorales* ». Compte tenu que le corps électoral français compte plus de 45 millions d'électeurs, cela ferait près de 5 millions d'électeurs à soutenir la proposition de 185 parlementaires... A titre de comparaison, l'initiative populaire en Suisse est offerte à une pétition signée par 50 000 électeurs sur un total d'un peu plus de 1,5 million d'inscrits, soit environ 3,33 %... Ce qui montre bien les limites de la réforme française...

Référendums organisés sous la Ve République

28 sept. 1958	Projet de Constitution de la Ve République	Adoption – 85 %
8 janv. 1961	Autodétermination de l'Algérie	Adoption – 75 %
8 avril 1962	Accords d'Evian sur l'indépendance de l'Algérie	Adoption – 90 %
28 oct. 1962	Election du président au suffrage universel direct	Adoption – 62 %
27 avr. 1969	Réforme du Sénat et régionalisation	Rejet – 52 %
23 avril 1972	Elargissement de la CEE (Danemark, Irlande et G.-B.)	Adoption – 68 %
6 nov. 1988	Statut de la Nouvelle Calédonie	Adoption – 80 %
20 sept. 1992	Ratification du traité de Maastricht sur l'Union européenne	Adoption – 51 %
24 sept. 2000	Quinquennat	Adoption – 73 %
29 mai 2005	Ratification du traité établissant une Constitution pour l'Europe	Rejet – 55 %

Exercice : plan détaillé de dissertation

La souveraineté populaire en droit français

Introduction

L'article 3 de la DDHC mentionne la victoire des théories de la souveraineté de la nation face à la théorie de la souveraineté de droit divin ; désormais, par essence, la souveraineté réside dans la nation.
Deux théories se voient alors formulées quant aux modalités d'exercice de la souveraineté ; deux théories diamétralement opposées.
Le choix des constituants marquera toujours un rejet du principe de souveraineté populaire, avant que ses mécanismes de fonctionnement se voient progressivement utilisés.

I. Une théorie systématiquement écartée

A. Le choix de la représentation

Un choix non encore déterminé en 1789 (art. 6 DDHC).
Les raisons et les motifs mis en avant.

B. Le refus constant de la souveraineté populaire

Le choix constant de la représentation (1791, 1795, 1848...).
L'échec ou le refus de la souveraineté populaire (1793, 1946).

Transition : la remise en cause de la représentation (entre-deux-guerres), idée de réforme de l'Etat.

II. Des mécanismes progressivement utilisés

A. La reconnaissance d'une démocratie semi-représentative

L'utilisation d'une formule mixte (art. 3 des Constitutions de 1946 et 1958).
La présence de mécanismes de démocratie directe (référendum constitutionnel en 1946, référendum constitutionnel et législatif en 1958 : art. 11, 54, 72 et 89).

B. La prééminence de la représentation

Le refus de tout mandat impératif (art. 27 de la Constitution).
La faible utilisation de la démocratie directe (peu de référendum malgré la révision de l'art. 11 en 1995, absence d'initiative populaire en dépit de la révision de l'art. 72 en 2003 DDHC).
Suppression du référendum obligatoire inscrit en 2007 dans la Constitution (nouvel art. 88-5).
Les faux-semblants de la modification de l'art. 11 ; il s'agit d'une initiative partagée et non d'une initiative populaire, qui reste entre les seules mains des deux principaux partis politiques.

FICHE N° 7

MODES DE SCRUTIN ET ÉLECTIONS

1. Références

COTTERET J.-M., ÉMERI CL., *Les Systèmes électoraux*, PUF, coll. « Que Sais-Je ? », n° 1382, 7e éd., 1999.

GHEVONTIAN R., « Elections : la réforme est-elle possible ? », *RFDC*, 2008, n° spécial, pp. 149 à 155.

LAURENT A., dir., *Les Systèmes électoraux-Permanences et innovations*, L'Harmattan, 2004.

MARTIN P., *Les Systèmes électoraux et les modes de scrutin*, 3e éd., Montchrestien, 2006.

MARTINS D., « Les modes de scrutin des élections locales dans les vingt-sept Etats membres de l'Union européenne », *RFDC*, pp. 263 à 282.

OWEN P., dir., *Le Processus électoral : permanences et évolutions*, Studyrama, 2006.

PAUVERT B., *Elections et modes de scrutin*, 2e éd., L'Harmattan, 2006.

PAUVERT B., « Les modes de scrutin dans les propositions du Comité Balladur », *Revue Pol. et Parl.*, 2007, n° 1045, pp. 83 à 88.

PERRINEAU P., REYNIE D., *Dictionnaire du vote*, PUF, 2001.

ROUVILLOIS F., dir., *L'Abstention en France*, de Guibert, 2002.

ROUVILLOIS F., dir., *Partis politiques et démocratie*, de Guibert, 2005.

ROUVILLOIS F., dir., *L'Avenir du référendum*, de Guibert, 2006.

VINCENT J.-M., DE VILLIERS M., *Code électoral commenté et annoté*, Litec, 2007.

ZARKA J.-C., *Les Systèmes électoraux*, Ellipses, 1996.

« La représentation proportionnelle », *Pouvoirs*, n° 32, 1985.

L'inscription sur les listes électorales, Etude de législation comparée n° 161, Sénat, mars 2006 (www.senat.fr/lc/lc161/lc161.pdf).

2. Repères

Définitions

Election : technique permettant d'exprimer le choix d'une personne par un vote.

Elections sociales : élections catégorielles visant à désigner ceux chargés d'exprimer les volontés et de gérer les intérêts d'un groupe particulier (parents d'élèves, étudiants, salariés d'entreprises, membres d'ordres professionnels...).

Incapacité électorale : peine complémentaire décidée par le juge et privant un citoyen condamné pénalement de ses droits civiques.

Panachage : ce terme désigne la possibilité de choisir librement les personnes pour qui l'on vote lors d'un scrutin de liste. L'électeur biffe certains candidats et en ajoute d'autres. Cette formule complique les calculs électoraux mais donne à l'électeur un véritable pouvoir. Le panachage est autorisé pour les élections municipales des communes de moins de 3 500 habitants.

Quotient électoral : chiffre qui résulte de la division des suffrages exprimés par le nombre de sièges à pourvoir. Il permet de déterminer combien de sièges obtient une liste.

Référendum : consultation électorale visant à obtenir l'avis de l'ensemble des personnes sur une question déterminée. Il peut être décisionnel ou consultatif.

Représentation proportionnelle : mode de scrutin dans lequel les élus sont désignés au prorata des suffrages obtenus par leur liste ; il permet une représentation équitable du choix des électeurs.

Suffrages exprimés : nombre de votants déduit des suffrages blancs et nuls.

Système majoritaire : mode de scrutin qui vise à dégager une majorité susceptible de gouverner. Le candidat élu est celui ayant obtenu le plus de suffrages.

Chronologie

- 1791 : la première Constitution (3 septembre) introduit un suffrage censitaire.
- 1793 : le suffrage universel est reconnu par la Constitution du 24 juin (jamais appliquée).
- 1848 : la Constitution reconnaît le suffrage universel (masculin).

• 1944 : les femmes obtiennent le droit de vote (puis les militaires en 1945).
• 1974 : l'âge de la majorité électorale est abaissé à 18 ans (il était de 21 ans depuis 1884).
• 1999 : l'obligation de parité est imposée parmi les listes de candidats.

Schéma explicatif : la proportionnelle et la répartition des sièges

Avec la représentation proportionnelle, la principale difficulté réside dans la répartition des sièges entre les différentes listes en présence. Deux étapes se succèdent. La détermination du quotient électoral permet d'attribuer les sièges : chaque liste emporte autant de sièges qu'elle comporte de fois le quotient. Ce calcul n'étant jamais exact, il reste des suffrages non utilisés et des sièges non attribués. Ces « restes » doivent être répartis : soit l'on effectue une proportionnelle intégrale (les suffrages non utilisés sont additionnés au niveau national pour chaque parti et l'on calcule alors un nouveau quotient avec les sièges restant à pourvoir, afin de répartir ces derniers sièges), soit l'on effectue une proportionnelle approchée, trois techniques distinctes sont alors utilisées.

Méthode du plus fort reste

Après l'attribution des sièges selon le quotient, on compare le nombre de voix non utilisées par chacune des listes : les sièges non affectés sont donnés aux listes ayant le plus grand nombre de suffrages restant. Cette méthode favorise souvent les petits partis.
Soit une circonscription comprenant 155 000 électeurs inscrits, dans laquelle 5 sièges sont à pourvoir. Lors du scrutin, 106 000 électeurs se déplacent et l'on dénombre lors du dépouillement 6 000 bulletins blancs ou nuls. Les 100 000 suffrages exprimés se répartissent ainsi :
• liste A : 39 000 voix ;
• liste B : 29 000 voix ;
• liste C : 18 000 voix ;
• liste D : 14 000 voix.

Le quotient électoral est de (100 000 : 5) = 20 000 voix.
La méthode du quotient permet d'attribuer les premiers sièges :
• liste A : 1 siège (39 000 : 20 000 = 1) reste 19 000 ;
• liste B : 1 siège (29 000 : 20 000 = 1) reste 9 000 ;
• liste C : pas de siège (18 000 : 20 000 = 0) reste 18 000 ;
• liste D : pas de siège (14 000 : 20 000 = 0) reste 14 000.
Deux sièges sont attribués (listes A et B) ; les trois restants sont attribués aux listes ayant les plus forts restes ; liste A (19 000 voix), liste C (18 000 voix) et liste D (14 000 voix).

Le résultat final sera donc :
- liste A : 2 sièges ;
- liste B : 1 siège ;
- liste C : 1 siège ;
- liste D : 1 siège.

Méthode de la plus forte moyenne

Cette technique un peu plus complexe favorise les grands partis. Après avoir réparti les premiers sièges selon le quotient, un siège supplémentaire est attribué fictivement à chaque liste ; on divise alors les suffrages obtenus par chacune des listes par le nombre de sièges (réels et fictifs), la liste ayant la plus forte moyenne obtient le siège. On procède de la même façon pour l'ensemble des sièges restant à pourvoir. Reprenons l'exemple précédent. La première phase de répartition n'est pas modifiée :

- liste A : 1 siège ;
- liste B : 1 siège ;
- listes C et D : pas de siège.

Il reste trois sièges à attribuer. On calcule alors la moyenne de chaque liste en divisant le nombre de voix par le quotient auquel on a ajouté le siège fictif, afin d'attribuer le 3e siège.

- Liste A : la moyenne est de $\frac{39\,000}{2\ (1 + 1 \text{ fictif})} = 19\,500$
- Liste B : $\frac{29\,000}{2\ (1 + 1 \text{ fictif})} = 14\,500$
- Liste C : $\frac{18\,000}{1\ (0 + 1 \text{ fictif})} = 18\,000$
- Liste D : $\frac{14\,000}{1\ (0 + 1 \text{ fictif})} = 14\,000$

La plus forte moyenne est celle de la liste A (19 500) qui obtient le 3e siège.
L'opération est renouvelée pour le 4e siège :

- Liste A : la moyenne est de $\frac{39\,000}{3\ (2 + 1 \text{ fictif})} = 13\,000$
- Liste B : $\frac{29\,000}{2\ (1 + 1 \text{ fictif})} = 14\,500$
- Liste C : $\frac{18\,000}{1\ (0 + 1 \text{ fictif})} = 18\,000$
- Liste D : $\frac{14\,000}{1\ (0 + 1 \text{ fictif})} = 14\,000$

La plus forte moyenne est celle de la liste C (19 000) qui obtient le siège.
L'opération est renouvelée pour le dernier siège.

- Liste A : la moyenne est de $\frac{39\,000}{3\ (2 + 1\ \text{fictif})} = 13\,000$
- Liste B : $\frac{29\,000}{2\ (1 + 1\ \text{fictif})} = 14\,500$
- Liste C : $\frac{18\,000}{2\ (1 + 1\ \text{fictif})} = 9\,000$
- Liste D : $\frac{14\,000}{1\ (0 + 1\ \text{fictif})} = 14\,000$

La plus forte moyenne est celle de la liste B (14 500) qui obtient ce dernier siège.

Le résultat final sera cette fois :
- liste A : 2 sièges ;
- liste B : 2 sièges ;
- liste C : 1 siège.

Méthode de d'Hondt

Cette méthode consiste à diviser successivement le nombre de voix de chaque liste par 1, 2, 3, 4... ; les quotients sont classés par ordre décroissant autant qu'il existe de sièges à pourvoir, le dernier des quotients est appelé chiffre répartiteur. On divise alors le nombre de suffrages de chaque liste par le chiffre répartiteur ; chaque liste a autant de sièges qu'elle comporte de fois ce chiffre.
Reprenons l'exemple précédent. Les suffrages sont successivement divisés par 1, 2, 3 etc. :

	Liste A	Liste B	Liste C	Liste D
1	39 000	29 000	18 000	14 000
2	19 500	14 500	9 000	7 000
3	13 000	13 000	6 000	4 666
4	9 700	7 250	4 500	3 500

Les cinq quotients les plus élevés sont : 39 000, 29 000, 19 500, 18 000, 14 500.
Le chiffre répartiteur sera 14 500.

Le résultat final sera :
- liste A : 39 000 : 14 500 = 2,68 = 2 sièges ;
- liste B : 29 000 : 14 500 = 2 = 2 sièges ;
- liste C : 18 000 : 14 500 = 1,24 = 1 siège ;
- liste D : 14 000 : 14 500 = 0,96 = 0 siège.

3. Explications : le fonctionnement du système électoral

L'élection est un mécanisme ancien, consubstantiel à la nature humaine et à la communauté politique. De très nombreuses fonctions, tant en Grèce qu'à Rome, se trouvaient pourvues par élection (les philosophes grecs considéraient toutefois que la désignation des titulaires des charges publiques devait plus obéir au tirage au sort qu'à l'élection ; Platon et Aristote s'accordent à ce sujet). L'élection est aujourd'hui plébiscitée pour désigner les gouvernants ; ceci ne doit pas conduire à voir en sa présence la garantie de l'existence d'une société démocratique. On sait que les autocrates, sous toutes les latitudes, ne répugnent pas à se faire plébisciter par des votes populaires qu'ils s'efforcent de présenter au monde comme démocratiques. Les élections ont donc ceci de paradoxal que si leur absence révèle sans doute le caractère non démocratique d'une société, leur présence ne garantit pas pour autant celui-ci.
Ces éléments rappelés, il convient d'envisager les dispositions préalables au scrutin, puis son déroulement et les contentieux qu'il peut susciter.

Les dispositions préalables au scrutin

Elles en fixent le déroulement et concernent les modalités d'expression du corps électoral ainsi que l'organisation des élections.

Les modalités d'expression du corps électoral

Le corps électoral doit être déterminé, son expression prévue.

La détermination du corps électoral

Elle résulte de la Constitution : « *Sont électeurs dans les conditions déterminées par la loi, tous les nationaux français majeurs, des deux sexes, jouissant de leurs droits civils et politiques.* » (Art. 3.)
Il faut être inscrit sur la liste électorale d'une commune (il faut y disposer de son domicile ou y payer des impôts). Il faut être Français et majeur (les citoyens communautaires peuvent participer aux élections municipales) ; ce même âge ouvre le droit d'être candidat (sauf pour les présidentielles et les législatives, 23 ans, ou sénatoriales, 30 ans). Le droit d'être candidat est soumis à l'existence d'inéligibilités liées à la profession exercée : il s'agit d'éviter que la candidature ne constitue une pression sur les électeurs (ex : les magistrats). Il est en outre interdit de cumuler plus de deux mandats locaux (**v. Fiche n° 24**). Les délinquants et criminels peuvent être écartés du vote. L'incapacité électorale touche aussi toute personne incapable d'exprimer un choix : les majeurs sous tutelle ne sont pas inscrits sur la liste électorale, tandis que les personnes en curatelle restent électrices (tous sont inéligibles).

L'expression du corps électoral

Le suffrage est universel s'il n'est pas soumis à d'autres conditions que l'inscription sur la liste électorale. Le suffrage restreint subordonne le vote à la satisfaction d'autres conditions : instruction (suffrage capacitaire) ou richesse (suffrage censitaire). Direct, le scrutin permet de désigner l'élu ; indirect, il désigne des représentants qui procèdent alors à l'élection (président des Etats-Unis). On peut élire une liste ou un candidat (scrutin uninominal). L'élection peut être réalisée à l'issue d'un tour ou de deux (alors la présence au second est conditionnée par l'obtention d'un certain nombre de voix au premier). En France, chaque électeur ne dispose que d'une voix ; le vote plural donne plusieurs voix à un électeur (de 1893 à 1921, le vote familial attribuait plusieurs voix au chef de famille belge). Le vote est secret afin d'éviter toute pression. Le vote est facultatif en France (sauf élections sénatoriales) d'autres pays l'ayant rendu obligatoire (Belgique). Si le vote est personnel, on peut avoir recours au vote par procuration, afin de désigner un tiers pour voter en son lieu et place.

L'organisation des modalités de l'élection

L'expression sincère du suffrage dépend du découpage électoral et de la campagne menée.

Le découpage électoral

Le pays est divisé en circonscriptions au sein desquelles sont organisées les élections. Or il peut arriver qu'un découpage, juste lors de sa réalisation, en vienne à comporter au fil du temps des distorsions manifestes (cas de l'exode rural) qui doivent être réparées : le découpage est examiné avec attention par le juge. Le Conseil constitutionnel a rappelé que le découpage doit reposer sur des bases essentiellement démographiques[1], tandis que la population des circonscriptions doit être équilibrée[2]. Avec la révision constitutionnelle du 23 juillet 2008, le 3e alinéa de l'article 25 prévoit désormais qu'une commission indépendante se prononce par un avis public sur les projets de texte et propositions de loi délimitant les circonscriptions pour l'élection des députés ou modifiant la répartition des sièges de députés ou de sénateurs. Le Conseil d'Etat effectue un contrôle semblable à celui du Conseil constitutionnel en ce qui concerne la délimitation des cantons[3].

1. CC, 85-196-DC, 8 août 1985, *Evolution de la Nouvelle-Calédonie.*
2. CC, 86-208-DC, 1-2 juillet 1986, *Découpage électoral I* ; l'écart entre circonscriptions d'un département ne doit pas dépasser 20 %.
3. CE, 6 janvier 1999, *Lavaurs.*

La campagne électorale

Une réglementation financière des campagnes électorales[4] fut instituée pour moraliser la vie publique entachée par des scandales. Les dons en faveur des candidats sont prohibés aux personnes morales et limités à 4 600 euros pour les personnes physiques (env. 30 000 francs). Un plafond de dépenses est établi pour chaque élection et les candidats doivent tenir un compte retraçant l'ensemble des opérations effectuées. La loi prévoit le remboursement des frais engagés par les candidats s'ils obtiennent au moins 5 % des suffrages exprimés. Hors élections, un financement public des partis est organisé, les sommes étant réparties pour moitié en fonction des suffrages obtenus lors des législatives (pour les partis ayant obtenu au moins 1 % des exprimés dans 50 circonscriptions ; chaque suffrage rapporte environ 2 euros) et pour moitié selon le nombre d'élus au Parlement.

La publicité autre qu'officielle est interdite pendant les trois mois précédant le scrutin, afin de permettre une expression équitable des différents candidats. Les médias doivent être neutres et objectifs. Les sondages sont nombreux (même précis, ils ne permettent pas d'être certain des résultats à venir...) et pour éviter toute manipulation, une commission des sondages veille à leur régularité.

Les modalités et les effets du scrutin

Il s'agit de s'intéresser aux différents modes de scrutin ainsi qu'à leurs effets.

Les différents modes de scrutin

Les modes de scrutin sont les techniques transformant les suffrages obtenus en mandats électoraux. Or, ce qui pourrait n'être qu'une simple opération mathématique, est un choix politique de la plus haute importance. Le mode de scrutin produit un effet sur la répartition des sièges, mais modifie aussi le fonctionnement du système politique. Son choix n'est jamais neutre.

Le scrutin majoritaire

Un scrutin majoritaire vise à dégager une majorité susceptible de gouverner. Le candidat élu est celui ayant obtenu le plus de suffrages. Ce scrutin peut être à un ou deux tours. Le scrutin à un tour, privilégié dans les pays anglo-saxons, est le plus simple : est élu le candidat arrivé en tête. Si ce scrutin n'induit pas ipso facto la bipolarisation, il conduit les électeurs à privilégier les candidats ayant le plus de chances de l'emporter. Lors d'un scrutin à deux tours, un candidat peut être déclaré au premier tour s'il obtient la majorité absolue des exprimés (ceux-ci doivent repré-

4. Seules sont exclues les élections cantonales et municipales concernant moins de 9 000 habitants.

senter 1/4 des inscrits, en France) ; si tel n'est pas le cas, il y a ballottage et un second tour est organisé. Lors du second tour, le candidat arrivé en tête est alors élu. Ce scrutin offre une plus grande liberté pour l'électeur : il peut exprimer son choix lors du premier tour, quitte à modifier son vote au second ; selon la formule « au premier tour on choisit, au second, on élimine ». Si le scrutin majoritaire facilite l'émergence d'une majorité claire, ce résultat n'est obtenu qu'au prix d'une déformation des résultats électoraux : les partis perdants sont sous-représentés et les « petits partis » risquent d'être exclus de la représentation, ce qui n'est guère souhaitable en démocratie.

La représentation proportionnelle

C'est à la fin du XIXe siècle que se développa la revendication en faveur de la proportionnelle, les élus devant refléter le plus fidèlement possible le vote des électeurs. Il s'agit de favoriser la représentation des minorités ; les sièges sont alors répartis entre les listes, selon leurs résultats. La proportionnelle peut posséder un effet pervers : rendre l'Assemblée ingouvernable en cas d'absence de majorité. Pour éviter la dispersion résultant d'une proportionnelle intégrale, les pays utilisant ce système l'assortissent de seuils en deçà desquels les partis n'ont pas d'élus (ce seuil est fixé autour de 4 ou 5 % des exprimés). Enfin, ce mode de scrutin rend l'électeur dépendant des partis, car le scrutin étant de liste, c'est le parti qui fixe l'ordre des candidats ; l'électeur n'ayant alors d'autre choix que d'entériner ces choix ou de rejeter la liste en bloc. Enfin, la répartition des sièges peut apparaître complexe.

Les modes de scrutin mixtes

Il s'agit d'assurer la représentation des minorités tout en permettant à une majorité nette de se dégager. Certains Etats utilisent les deux techniques en même temps et connaissent une élection par circonscription, au scrutin majoritaire et la répartition d'un certain nombre de sièges à la proportionnelle (Italie). Une autre technique vise à corriger le scrutin majoritaire : on conserve celui-ci, en lui adjoignant un correctif proportionnel. Ce système existe en France pour les municipales et les régionales. A l'issue du scrutin, seule une partie des sièges est répartie à la proportionnelle, l'autre partie constituant une prime à la liste arrivée en tête (aux municipales, la prime majoritaire correspond à la moitié plus un des sièges à pourvoir ; si une liste obtient 50,1 % des voix, elle obtient la moitié plus un des sièges à pourvoir auxquels s'ajoutent 50,1 % des sièges restant à attribuer). Ce système permet de donner à la liste l'ayant emporté la certitude de bénéficier d'une large majorité, tout en permettant la représentation de la minorité.

Les effets du scrutin

Le vote permet de désigner l'élu, voire de le révoquer ; il peut aussi exprimer un choix quant à une question posée, lors d'un référendum.

La désignation des élus

Dès qu'une collectivité est trop importante pour s'autodiriger, il faut que certains effectuent cette mission. Désigner les titulaires d'un mandat public est l'effet le plus courant de l'élection, laquelle vise à départager les candidats. Le rôle de l'élu diverge grandement selon que le mandat attribué soit représentatif ou impératif. L'idée de mandat impératif a toujours été rejetée en France, à l'exception de l'éphémère Constitution de 1793, la Constitution de 1958 prohibant encore son existence (art. 27). Au contraire, la logique de la représentation induit que l'élu soit indépendant de ses électeurs, n'ayant pour seul rôle que de représenter l'ensemble des citoyens. Cette logique connaît un correctif qui réside dans la réélection du représentant : celui-ci, sans être juridiquement tenu de rendre des comptes à ceux qui l'ont élu, est pourtant politiquement leur obligé, spécialement s'il désire être réélu.

La révocation des élus

Il peut arriver que le scrutin soit un moyen donné aux électeurs de révoquer l'élu qu'ils estimeraient avoir failli dans son mandat. Cette technique existe aux Etats-Unis (elle y est appelée), mais pour pallier les effets pervers d'une utilisation démagogique, elle y est strictement encadrée. Dans 1/4 des Etats américains, les électeurs peuvent destituer leurs élus s'ils réunissent assez de demandes, dans un délai restreint ; ceci rend la révocation difficile à réaliser (en octobre 2003, le gouverneur de Californie fut destitué). Un système proche existe en Suisse, certains cantons prévoyant la mise en cause collective de leurs gouvernants (dissolution décidée par référendum).

Le référendum

Le référendum est une consultation du peuple le rendant maître de la décision. Technique de démocratie semi-directe visant la consultation de toute personne concernée, la question principale est de savoir si les citoyens peuvent être ou non à l'origine d'un référendum (v. *supra*, la démocratie semi-directe, p. 111). Prévu aux articles 11, 72-1 et 89 de la Constitution, le référendum est à l'initiative de l'exécutif ou des dirigeants[5] ; local (art. 72-1), il n'est décisionnel que s'il recueille la majorité des suffrages exprimés (avec au moins 50 % de participation).

Les contentieux liés à l'élection

Chacune des phases du déroulement d'une élection peut soulever un contentieux.

5. La réforme du 23 juillet 2008 ne prévoit aucune initiative populaire, il s'agit au mieux d'une initiative partagée (et encore elle est sévèrement contrôlée, puisque l'article 11 subordonne la tenue de ce référendum à l'accord d'un cinquième des parlementaires soutenus par 10 % du corps électoral...).

Les contentieux préélectoraux

Certaines difficultés doivent être jugées avant que le scrutin n'ait lieu.

L'établissement des listes électorales

L'inscription des électeurs sur la liste électorale doit être examinée en priorité car elle constitue la condition sine qua non du suffrage. Or, si la liste électorale est permanente, elle fait l'objet d'une révision annuelle (qui permet d'ôter les électeurs interdits, décédés ou partis, et d'y ajouter les nouveaux) ; celle-ci est effectuée par une commission administrative, chaque fin d'année civile. L'inscription ou la radiation des électeurs relève du juge d'instance, tandis que ce qui a trait aux modalités de fonctionnement de ces commissions dépend du juge administratif.

L'organisation du scrutin

Deux notions proches doivent être distinguées : celles d'organisation du scrutin et celles d'opérations du scrutin. Tout ce qui a trait à l'organisation matérielle de l'élection est constitué par des actes administratifs détachables de l'élection, qui relèvent du juge administratif ; au contraire, ce qui touche aux opérations de vote proprement dites ne relèvera que du juge de l'élection, après celle-ci. Le refus d'enregistrer une candidature relève du juge administratif, de même qu'un litige relatif à la campagne électorale télévisée[6].

Les contentieux post-électoraux

La mise en cause de l'élection et de son déroulement n'a lieu qu'après la proclamation des résultats. S'ajoute à ce contentieux celui du respect des dispositions financières.

La mise en cause du résultat de l'élection

Deux juges électoraux coexistent en France : les élections ayant permis à la nation de s'exprimer relevant de la compétence du Conseil constitutionnel (élections présidentielles, législatives, sénatoriales et référendum), les autres du juge administratif. Tout électeur peut exercer un recours à propos de sa circonscription ; les délais sont assez courts (dix jours après les résultats, cinq pour les élections municipales et cantonales). Le juge peut, selon les cas, annuler l'élection contestée ou réformer le résultat ; s'il est souvent usé de cette possibilité pour les « petites » élections, le juge évite d'y avoir recours pour les élections les plus importantes (il n'y a jamais eu de réformation pour l'élection d'un membre du Parlement).

6. CE, 12 mars 1993, *Union nationale écologiste*.

Le déroulement de la campagne électorale peut être mis en cause s'il paraît avoir pesé sur les résultats (manœuvres dans l'organisation, pressions à l'encontre des électeurs, violences, partialité des médias...). Toutefois, ces éléments n'entraînent que rarement l'annulation de l'élection, les abus n'étant sanctionnés que si les résultats ont été serrés. Les opérations électorales sont examinées attentivement par le juge : vérification de l'identité des électeurs, dépouillement des bulletins... ; le non-respect de ces dispositions entraînant le plus souvent l'annulation du scrutin.

Le contrôle du respect des dispositions financières

Le financement, de la vie politique et des campagnes électorales a fait l'objet depuis le début des années 1990 d'une réglementation stricte. Les dépenses électorales, plafonnées, sont retracées dans un compte de campagne qui fait l'objet d'un contrôle par la Commission nationale de contrôle des comptes de campagne. Ces comptes doivent retracer l'ensemble des recettes et des dépenses opérées pour l'élection en cause, sous le contrôle d'un mandataire financier et certifiés par un expert-comptable. Le compte est transmis dans les deux mois qui suivent l'élection à la Commission nationale de contrôle.

La Commission, constituée de neuf magistrats (provenant par tiers du Conseil d'Etat, de la Cour de cassation et de la Cour des comptes), possède un pouvoir très important, pouvant approuver, mais aussi rejeter ou réformer, les comptes présentés. Si le compte de campagne est rejeté par la Commission, le juge de l'élection peut prononcer l'inéligibilité du candidat dont le compte a été rejeté.

La sensibilité de la science électorale doit être notée : car si les équilibres entre les principales forces ne varient guère, toute modification du système électoral peut entraîner d'importantes conséquences quant à la représentation des partis.

4. Débat : le référendum, outil démocratique ou alibi démagogique ?

C'est le Pr. O. Duhamel qui a pu écrire ce propos illlustrant toute la complexité de l'utilisation juridique et politique du référendum : « *Dans une démocratie bien réglée, le référendum reste d'usage exceptionnel. Le plébiscite n'a pas bonne presse chez les républicains, mais n'en possède pas moins des vertus démocratiques, dès lors qu'il permet aux gouvernés de renvoyer leur gouvernant.* » (*Le Monde*, oct. 1987.) D'un point de vue juridique, le référendum constitue forcément une remise en cause des techniques du régime représentatif, puisqu'il s'agit d'un mécanisme de démocratie directe qui vise à ce que les citoyens se prononcent directement sur une question donnée.

La garantie démocratique du référendum

Rousseau observait : « *Toute loi que le peuple en personne n'a pas ratifiée est nulle ; ce n'est pas une loi*[7]. » Le recours au référendum constituerait alors une garantie démocratique. Par le référendum, le peuple peut exprimer son choix sans que des élus ne lui imposent aucune décision ; il s'agit ainsi d'un frein à la pleine souveraineté du Parlement, car « *le véritable souverain c'est alors le peuple, armé du moyen juridique de statuer en dernier ressort, c'est-à-dire de déclarer si la décision émise par les Chambres comme expression de la volonté générale est conforme ou non à la volonté de la communauté populaire elle-même* »[8].

La crainte du plébiscite et de la démagogie

Ayant fait l'objet d'une utilisation plébiscitaire (spécialement en France avec les Bonaparte), le référendum devrait être répudié ; cette observation constitue toutefois moins une remise en cause de l'institution que des modalités de son utilisation, et d'ailleurs de grands républicains se sont prononcés en faveur du référendum. C'est Gambetta qui écrivit : « *Le pouvoir constituant appartient à la Nation. Le plébiscite est une sanction désormais nécessaire pour donner au pouvoir la sanction que les anciennes monarchies trouvaient dans le droit divin. Si la ratification du peuple n'y a pas passé, la légitimité n'en sortira pas.* » L'utilisation plébiscitaire transforme la nature du référendum, il s'agit alors d'en faire un appel au peuple, visant à faire témoigner les citoyens de leur confiance envers le chef de l'Etat ou du gouvernement et non plus une question portant sur un projet particulier.

---

7. *Du Contrat social*, l. III, ch. 15.
8. Carré de Malberg R., « Considérations théoriques sur la combinaison du référendum avec le parlementarisme », *RDP*, 1931, p. 229.

On reproche aussi au référendum de pouvoir être utilisé de manière démagogique, surtout s'il est d'initiative populaire ; il pourrait alors porter sur des sujets sensibles tels la peine de mort, les lois sur les étrangers, l'avortement, et les électeurs pourraient choisir de restreindre des libertés individuelles... Dès la fin du XIXe siècle, Esmein notait : « *C'est un élément de trouble et de désorganisation législative c'est aussi un obstacle souvent invincible à une bonne législation. Les lois les meilleures, les plus utiles au progrès national peuvent se heurter à des préjugés populaires et irréfléchis*[9]. »

On peut objecter plusieurs remarques. D'abord, le principe de la souveraineté nationale rend le peuple libre de choisir son avenir, quel qu'il soit ; de plus, l'organisation de tels référendums ne présume pas à l'avance du résultat qu'il pourrait donner (en Suisse, les propositions démagogiques sont toujours rejetées). Enfin, cette peur d'une dérive démagogique est aussi ancienne que l'idée d'un suffrage universel et il est possible de la critiquer pour son mépris du citoyen ordinaire perçu comme peu responsable ; et Jürgen Habermas, le sociologue et philosophe allemand, d'observer : « *D'un point de vue normatif, cette défense de la rationalité contre la souveraineté populaire est contradictoire : si l'opinion des électeurs est irrationnelle, alors leur choix de représentants ne l'est pas moins.* »

9. Esmein A., « Deux formes de gouvernement », *RDP*, 1894, p. 49.

FICHE N° 8

LA CONSTITUTION

1. Références

AVON-SOLETTI M.-T., *La Corse et Pascal Paoli* – Essai sur la Constitution de la Corse, éd. de La Marge, 1999.

AVRIL P., *Les Conventions de la Constitution*, PUF, 1997.

BASSE B., *La Constitution de l'ancienne France*, DMM, 1986.

BASTID P., *L'Idée de Constitution*, Economica, 1985.

BEAUD O., *La Puissance de l'Etat*, PUF, 1992.

BIOY X., dir., *Constitution et responsabilité*, Montchrestien, 2009.

RIALS S., « Réflexions sur la notion de coutume constitutionnelle », *Rev. Adm.*, 1979, pp. 265 et suiv.

SCHMITT C., *Théorie de la Constitution*, PUF, 1993.

TROPER M., JAUME L., dir., *1789 et l'invention de la Constitution*, LGDJ, 1994.

VERGNE A., *La Notion de constitution d'après les cours et assemblées à la fin de l'Ancien Régime (1750-1789)*, de Boccard, 2006.

VERPEAUX M. *et* AL., dir., *Constitution et construction européenne*, Dalloz, 2006.
« La coutume », *Droits*, n° 3, 1986.

2. Repères

Définitions

Constitution coutumière : la formule désigne un pays dans lequel le texte constitutionnel possède une source d'origine essentiellement coutumière, même si certains de ses éléments peuvent être rédigés (Grande-Bretagne).

Constitution écrite : il s'agit d'une situation qui voit l'ensemble des éléments constitutionnels rassemblés en un seul texte de forme écrite (Constitution du 4 octobre 1958).

Constitution formelle : cette définition assimile le caractère constitutionnel d'un texte au fait qu'il ait été adopté en vertu d'une procédure spécifique lui conférant ce caractère formel.

Constitution matérielle : cette formulation donne un caractère constitutionnel à l'ensemble des éléments se rapportant aux modalités d'organisation du pouvoir ainsi qu'aux rapports gouvernants-gouvernés, indépendamment des modalités de leur adoption.

Constitution rigide : on appelle ainsi toute Constitution dont la révision obéit à l'observation d'une procédure spécifique (ex. : Constitution du 4 octobre 1958).

Constitution souple : il s'agit d'un texte dont la modification n'est assortie d'aucune condition procédurale particulière (ex. : Charte de 1830).

Pouvoir constituant dérivé (ou institué) : l'expression désigne l'autorité désignée pour procéder à la révision de la Constitution, selon des procédures et des conditions prévues à l'avance.

Pouvoir constituant originaire : il s'agit du pouvoir dont dispose la nation souveraine de se doter d'un régime politique et d'un Etat au moyen d'une Constitution ; il fut évoqué par Sieyès.

Chronologie

- Novembre 1755 : adoption de la Constitution Corse, première Constitution écrite.
- Juin 1776 : Constitution de Virginie.
- 3 septembre 1791 : première Constitution écrite de la France.
- 1793 : première adoption référendaire d'une Constitution en France.

• 4 juin 1814 : charte octroyée par Louis XVIII.
• 14 août 1830 : charte négociée entre Louis Philippe et l'Assemblée.

Schéma explicatif : le mode d'établissement des différentes Constitutions de la France

Charte octroyée par l'exécutif	1814
Rédaction par l'exécutif et ratification populaire	An VIII (1799) An X An XII 1852 1958
Charte négociée entre l'exécutif et le législatif	1830
Assemblée constituante	1791 1848 1875
Assemblée constituante et ratification populaire	1793 1795 1946

3. Explications : les formes de la Constitution

Tout Etat fonctionne selon un ensemble de règles prédéterminées ; règles qui régissent les rapports entre les gouvernants et les gouvernés. Ces règles juridiques peuvent être assimilées à la Constitution de l'Etat, ce qui revient à dire que dès qu'existe un Etat, existe une Constitution, car alors « *le statut de l'Etat, c'est sa Constitution* »[1]. Dans un tel cas de figure, « *la naissance de l'Etat coïncide avec l'établissement de sa première Constitution, écrite ou non, c'est-à-dire avec l'apparition du statut qui pour la première fois a donné à la collectivité des organes assurant l'unité de sa volonté et faisant d'elle une personne étatique* »[2]. Ici, le terme « Constitution » possède un sens juridique assez large, quasiment synonyme d'organisation des pouvoirs ; la Constitution régit le statut des gouvernants et leurs rapports avec les gouvernés.

A cette première approche succède une seconde, plus récente, au terme de laquelle le terme « Constitution » évoque l'idée d'un pouvoir institutionnalisé et donc limité au sens de la Déclaration de 1789 selon laquelle « *Toute société dans laquelle la garantie des droits n'est pas assurée, ni la séparation des pouvoirs déterminée, n'a point de Constitution* » (art. 16). Dans la perspective de la philosophie politique des Lumières, la Constitution ne peut être que le reflet et la conséquence du pacte social, et « *se donner une Constitution, c'est admettre que le pouvoir n'est pas illimité, ses détenteurs – peuple et gouvernants – acceptent de lui fixer des bornes* »[3].

Ce nouveau sens du terme « Constitution », porté par l'élan révolutionnaire, se matérialise peu à peu et le terme possède aujourd'hui un sens non plus seulement juridique, mais surtout politique et philosophique ; la Constitution figure alors, au-delà du statut de l'Etat, sa limitation et sa soumission au droit. Son existence doit d'abord être envisagée avant d'étudier ses modalités de fonctionnement.

L'existence de la Constitution

Le terme de constitution connaît une multitude de distinctions qu'il convient d'étudier avant d'envisager les modalités d'établissement de la Constitution.

Les définitions de la Constitution

Définir la Constitution suppose d'en préciser le sens et la portée, d'abord en distinguant les notions de Constitution formelle ou matérielle, puis celles de Constitution écrite et coutumière.

1. Chantebout B., *Droit constitutionnel*, 20e éd., A. Colin, 2003, p. 22.
2. Carré de Malberg R., *Contribution à l'étude de la théorie générale de l'Etat*, t. 1, Sirey, 1920, p. 65.
3. Ardant P., *Institutions politiques et droit constitutionnel*, 14e éd., LGDJ, 2002, p. 54.

La distinction Constitution matérielle/Constitution formelle

L'étude de la Constitution d'un Etat déterminé peut s'effectuer au moyen d'un premier filtre, celui lié au point de vue à partir duquel on aborde la notion de Constitution.

Constitution matérielle

La Constitution est alors envisagée au seul regard de ce qui constitue sa matière première, c'est-à-dire l'ensemble des règles relatives à l'exercice du pouvoir politique dans une société donnée. C'est le contenu de la Constitution qui importe ici ; or, comme il existe toujours des règles relatives à ces questions dans toute société (qu'elles soient écrites ou coutumières), on peut en déduire qu'il existe toujours une Constitution matérielle[4].

Constitution formelle

En vertu de cette définition, ne relèvent de la Constitution que les normes ayant été adoptées selon une procédure formelle particulière qui les distingue alors des autres règles juridiques. Ce qui prime ici est la qualité juridique du texte en cause déterminée par la procédure selon laquelle il a été adopté : ici ce n'est pas la matière qui confère un caractère constitutionnel, c'est la procédure formellement suivie. Cette notion sous-entend l'existence d'un contrôle de constitutionnalité, qui, seul, permet d'affirmer la supériorité de la Constitution sur tout autre texte.
Ces deux types de définition ne sauraient être opposés de manière trop stricte, car peuvent figurer dans la Constitution des dispositions ne méritant pas de s'y trouver selon une stricte définition matérielle (v. spéc. la Constitution helvétique) ; tandis que des éléments répondant à la définition matérielle peuvent ne pas figurer dans la Constitution au sens formel (ex. : les modes de scrutin en France).

Constitution écrite, Constitution coutumière

Ces définitions permettent de préciser la notion de Constitution formelle, en rappelant qu'une Constitution peut posséder au moins deux formes distinctes.

Constitution coutumière

S'il a de tout temps pu paraître nécessaire d'écrire les normes les plus hautes d'une société (v. l'idée des *Tables de la loi* confiées par Dieu à Moïse), l'organisation politique des sociétés fut le plus souvent organisée par des règles d'origine coutumière

4. Certains penseurs libéraux comme Benjamin Constant ajoutent à l'idée de Constitution matérielle tout ce qui relève des libertés des citoyens. « *Une Constitution est la garantie de la liberté d'un peuple : par conséquent, tout ce qui tient à la liberté est constitutionnel* » ; in *Des réactions politiques*.

et initialement non écrites. Ce principe est encore aujourd'hui celui de la Grande-Bretagne, de l'Arabie Saoudite, et fut celui de la France jusqu'en 1791.

Constitution écrite

Cette forme née à la fin du XVIIIe siècle suppose que l'ensemble des lois dites fondamentales soient rassemblées en un texte écrit et unique. Cette prétention louable en matière de preuve et offrant des garanties de certitude peut cependant être critiquée au regard de sa prétention rationaliste à tout vouloir régler à l'avance[5]. Cette forme permet surtout une élaboration de la Constitution en phase avec les doctrines démocratiques de la souveraineté.

Il n'existe toutefois pas de frontière imperméable entre ces deux notions, puisqu'il existe toujours une part d'écrit dans les Constitutions coutumières (en Grande-Bretagne, des éléments écrits figurent dans la Constitution coutumière : *Magna Carta* de 1215, acte d'*Habeas Corpus* de 1679... à côté d'autres principes jamais inscrits : droit de dissolution, obligation pour le roi de désigner comme Premier ministre le chef du parti majoritaire...) ; de même, les textes écrits sont toujours éclairés par des éléments relevant de la coutume (obligation de démission du Premier ministre à la demande du président de la République depuis 1958).

L'élaboration de la Constitution

La Constitution, comme l'a écrit le doyen Hauriou, « *est le statut de l'Etat corporatif et de ses membres, établi au nom de la nation souveraine par un pouvoir constituant et par une opération législative de fondation selon une procédure spéciale* »[6]. Reflet de l'organisation de l'Etat à un moment donné, la Constitution politique est le fruit de la « Constitution sociale » qui lui est nécessairement sous-jacente (Hauriou).

Le pouvoir constituant originaire

Cette notion provient de la sécularisation des théories relatives à la souveraineté dans l'Etat ; Sieyès le premier distingua pouvoirs constitués et pouvoir constituant, notant qu'il appartient à la nation de créer la Constitution en vertu de sa souveraineté sans limites. La nation possède ce pouvoir constituant originaire, lequel « *domine la Constitution qui est son œuvre. Les pouvoirs établis sont soumis à des lois, à des règles, à des formes qu'ils ne sont pas maîtres de changer. Le pouvoir constituant au contraire possède la spontanéité créatrice. Il peut tout ; il n'est pas soumis d'avance à une Constitution donnée* »[7] ; les détenteurs initiaux du pouvoir le transfèrent à l'Etat par la Constitution.

---

5. Longue de 377 articles, la Constitution de 1795 dura quatre ans, tandis que les 34 articles des lois constitutionnelles de 1875 permirent au régime de durer près de soixante-dix ans...
6. HAURIOU M. *Précis de droit constitutionnel*, 2e éd., Sirey, 1929, rééd., CNRS, 1965, p. 242.
7. BASTID P, *L'Idée de Constitution*, p. 140.

Le pouvoir constituant originaire est mis en œuvre lorsqu'une nouvelle Constitution est établie au sein de l'Etat. Cette situation se produit lors de la création d'un nouvel Etat (accession à l'indépendance), lorsqu'il y a réunion de différents Etats en un seul (naissance de la Fédération américaine en 1787) ou s'il y a disparition absolue de l'organisation étatique (à la suite d'une guerre ou d'une révolution) laissant place à un nouvel Etat.

L'établissement des Constitutions

On peut distinguer cet établissement selon la place laissée à l'intervention populaire ; soit l'accord des citoyens est implicite et la Constitution apparaît comme le fruit de la volonté des dirigeants, soit cet accord est explicite, les gouvernés y ayant adhéré volontairement.

La volonté des dirigeants (l'accord implicite des citoyens)

Alors la Constitution est surtout le fruit de la volonté des dirigeants, qui se considèrent comme les titulaires du pouvoir constituant originaire, et l'on parle de charte octroyée ; Louis XVIII ayant ces propos explicites : « *Nous avons volontairement et par le libre exercice de notre autorité royale, accordé et accordons. Fait concession et octroi à nos sujets, tant pour nous que pour nos successeurs, et à toujours, de la Charte constitutionnelle qui suit*[8]. » Dans cette même logique, Nasser imposa sa Constitution à l'Egypte, en juin 1956, lors d'un simple discours (tout en prétendant exprimer la volonté implicite du peuple).

La participation explicite des citoyens

Trois procédures permettent d'assurer cette participation en conférant un caractère « démocratique » à l'élaboration de la Constitution. Le peuple peut être amené à se prononcer sur un texte élaboré sans lui : ce cas est privilégié par les systèmes qui souhaitent se parer d'une légitimité populaire : cas des Constitutions impériales (an VIII, 1852). L'élaboration de la Constitution peut encore être le fait d'une Assemblée constituante : si celle-ci n'est que constituante, elle se sépare une fois la Constitution adoptée (Convention qui donna naissance aux Etats-Unis), si elle est à la fois constituante et législative, elle adopte indifféremment des lois et la Constitution (France : 1789-1791 ; 1871-1875). Une variante de cette solution est de faire approuver le projet élaboré par l'Assemblée constituante par le peuple à l'occasion d'un référendum (adoption de la Constitution de la IVe République). La dernière solution est celle suivie en 1958 : c'est l'exécutif qui prépare le texte et qui le livre ensuite à la ratification populaire[9].

8. Préambule de la charte du 4 juin 1814. La charte peut être dite « négociée » si elle est le fruit d'une négociation entre différents organes : charte constitutionnelle de 1830 (accord entre une Assemblée et le gouvernant).
9. Certains rapprochent la procédure suivie en 1958 des plébiscites impériaux, ce qui ne saurait être réaliste tant les circonstances apparaissent différentes : moyens de communication, poids et rôle des partis politiques...

Le fonctionnement de la Constitution

La Constitution ne saurait rester figée et son adaptation doit être envisagée ne serait-ce qu'en raison du fait qu'un peuple « *a toujours le droit de revoir, de réformer et de changer sa Constitution. Une génération ne peut assujettir à ses lois les générations futures* »[10].

L'évolution de la Constitution

Le recours à la coutume constitutionnelle peut permettre l'évolution de la Constitution avant que d'avoir recours, en cas de besoin, au pouvoir constituant dérivé.

La coutume constitutionnelle

En droit constitutionnel, l'usage s'établit fréquemment d'avoir recours à des dispositions relevant de la coutume constitutionnelle. L'expression désigne des usages validés par la pratique institutionnelle d'un régime et considérés comme ayant force obligatoire. S'il peut être admis sans difficulté qu'une coutume vienne compléter la Constitution ou suppléer à son silence (ex. : statut du président du Conseil sous la IIIe République), admettre au contraire la validité d'une coutume *contra legem* contredisant la lettre de la norme suprême soulève plus d'embarras (ex. : l'interdiction faite au président sous la IIIe République d'utiliser son pouvoir constitutionnel de dissolution de la Chambre des députés). En effet, en présence d'une Constitution formelle, il est difficile d'affirmer la validité normative supérieure à la Constitution d'une disposition qui n'a pas été validée selon la méthode prévue pour lui donner une valeur constitutionnelle.
René Capitant fut l'un des seuls à clairement soutenir la validité constitutionnelle d'une coutume, fût-elle *contra legem*, arguant du fait que la nation étant souveraine, lorsqu'elle cesse d'obéir à une règle, elle l'abroge alors implicitement. Le Pr. Avril évoquera lui l'existence de Conventions de la Constitution validées par le comportement de l'ensemble des acteurs du système constitutionnel (ex. : la responsabilité du Premier ministre devant le président de la République sous la Ve République) – l'expression est heureuse – tout en conservant en mémoire que « *leur existence est entièrement tributaire de la permanence du bon vouloir de leurs agents d'exercice sans que ceux-ci soient soumis à ce sujet à la moindre obligation juridique* »[11].

Le recours au pouvoir constituant dérivé

Le pouvoir constituant originaire, lorsqu'il établit la Constitution, prévoit le plus souvent les modalités de son évolution, notamment en instituant une autorité char-

10. Art. 28 de la Déclaration des droits de l'homme et du citoyen du 24 juin 1793.
11. PACTET P., *Institutions politiques – Droit constitutionnel*, 22e éd., A. Colin, p. 392.

gée de procéder à cette révision de la Constitution. Celle-ci prévoit alors la mise en œuvre du pouvoir constituant dérivé (ou institué), dans des conditions prévues à l'avance. La révision s'opère différemment selon que la Constitution est dite « souple » ou « rigide ».

Constitution souple

On parle de Constitution souple lorsqu'il n'existe aucune procédure particulière qui permette de procéder à une révision, et alors n'importe quelle loi peut modifier le texte constitutionnel (charte de 1814 ou 1830). Dans ce cas de figure, il n'existe pas de réelle supériorité de la Constitution sur la loi, puisque toute loi peut venir modifier le texte fondateur censé lui être supérieur ; par ailleurs, l'existence d'une Constitution souple rend impossible la mise en œuvre d'un contrôle de constitutionnalité des lois.

Constitution rigide

La Constitution mérite ce qualificatif lorsqu'une seule procédure particulière permet de la réviser. Cette procédure permet d'affirmer la supériorité de la Constitution sur la loi et de rendre la révision plus difficile ; ce système permet encore de solenniser la révision, tout en conférant une certaine stabilité aux institutions.

Révision et fin de la Constitution

La révision obéit à un certain déroulement et peut connaître différentes limites (pour la France, v. **Fiche n° 29**) ; son adaptation étant insuffisante, il peut aussi y être mis fin.

Déroulement

L'initiative de la révision constitutionnelle peut appartenir à différents organes, soit de manière alternative, soit de manière cumulative : Parlement, Gouvernement, citoyens, Etats fédérés d'un Etat fédéral... Il s'agit ensuite de mettre en œuvre la procédure de révision et ce sont généralement les assemblées parlementaires qui disposent de ce pouvoir. La dernière phase est celle de la révision proprement dite ; cette phase peut appartenir au Parlement (en France, l'Assemblée nationale et le Sénat se réunissent en Congrès), elle peut aussi être le fait d'une Assemblée *ad hoc*, on peut encore demander au peuple d'adopter la révision préparée, de la ratifier par référendum.

Limites à la révision

Certaines Constitutions demandent que leur révision soit effectuée par le vote d'une majorité dite qualifiée, plus importante que la majorité simple ; il s'agissait d'une majorité des 3/4 sous l'empire de la Constitution de 1848 (il s'agit actuelle-

ment d'une majorité des 3/5). Il est possible de prévoir des délais avant de procéder à la révision (la Constitution de 1946 prévoyait un délai de 3 mois entre un premier vote et un second ; celle de 1791 interdisait toute révision quatre ans après son adoption, puis exigeait le même vœu durant trois législatures successives). Des limites matérielles peuvent encore être apportées : il est interdit depuis 1884 de porter atteinte à la forme républicaine de la Constitution française (art. 89 de la Constitution de la Ve République), comme de réviser la forme monarchique de l'Etat au Maroc...
Il convient toutefois de se méfier de dispositions qui visent à limiter trop strictement le pouvoir de révision, car plus il est difficile de réviser la Constitution, plus grande peut alors être la tentation de mettre fin à celle-ci (coup d'Etat de 1851).

Fin de la Constitution

Quelles sont les modalités d'abrogation de la Constitution ?
On pourrait supposer qu'il s'agirait d'utiliser la procédure de révision, mais pour effectuer alors une révision totale. Cependant, il est très rare qu'une Constitution se termine selon les formes juridiques prévues. En France, cela ne fut le cas que pour les Constitutions de 1875 et 1946 (encore convient-il d'observer que si la procédure put être respectée, cela ne fut possible qu'au prix d'un artifice juridique en 1958 et qu'en raison de la pression des événements en 1940 et 1945). Le plus souvent, les Constitutions ne résistent pas aux crises majeures (suspension de la Constitution de 1793), de même que la défaite militaire les emporte (1815, 1870 et 1940) ; des coups d'Etat peuvent y mettre fin, au profit d'un homme (Bonaparte, vis-à-vis de la Constitution de 1799) ou d'une Assemblée (l'Assemblée législative en 1792). Elles peuvent enfin être emportées par des révolutions (1830 et 1848)...

4. Débat : la France d'Ancien Régime avait-elle une Constitution ?

La France d'avant 1791 ne connaissait bien évidemment aucune Constitution prenant la forme moderne d'un texte écrit rassemblant l'ensemble des dispositions relatives à l'organisation du fonctionnement de l'Etat ainsi qu'à la limitation du pouvoir. La monarchie disposait toutefois bel et bien des « lois fondamentales du Royaume de France », lois non écrites formant la Constitution coutumière de l'ancienne France et peu à peu reconnues du XIIe au XVIe siècle.

Furent ainsi reconnues comme lois fondamentales du royaume de France, la règle d'hérédité royale déterminant la succession (par ordre de primogéniture puis de masculinité), le principe de légitimité signifiant que c'est la loi qui donne au roi son pouvoir (d'où la formule « *le roi ne meurt pas en France* »). Furent encore reconnues comme lois fondamentales du royaume la règle d'indisponibilité de la Couronne (le monarque n'en est que le titulaire viager et ne peut ni abdiquer ni choisir son successeur), celle d'inaliénabilité du domaine de la Couronne (principe rédigé en 1566, par l'édit de Moulins) et celle d'orthodoxie du roi (d'où la conversion du futur Henri IV).

Le respect de ces lois fondamentales s'imposait au roi qui ne pouvait se dispenser seul de leur observation, et c'est ainsi qu'était déclaré nul et non avenu tout acte unilatéral par lequel un roi vivant aurait modifié les règles de succession (ex. : le traité de Troyes de 1420, par lequel Charles VI déshérita le dauphin pour donner la Couronne à Henri V d'Angleterre fut ensuite dénoncé par Charles VII). Ainsi, ces lois fondamentales qui n'étaient que des coutumes « *avaient force de loi, étant appliquées par le juge et dont le respect s'imposait au roi régnant malgré son pouvoir législatif* »[12]. Ce pouvoir n'était donc pas « absolu », mais limité par de solides lois, comme l'observa Montesquieu, pour lequel « *le gouvernement monarchique est celui où un seul gouverne,* ***mais par des lois fixes et établies****, au lieu que dans le gouvernement despotique, un seul, sans loi et sans règle, entraîne tout par sa volonté et par ses caprices* »[13]. La noblesse n'aura d'ailleurs de cesse de s'efforcer d'obtenir à son profit un contrôle de la conformité des actes du monarque à ces lois fondamentales, notamment dans le cadre du mouvement de réaction nobiliaire, au début du XVIIIe siècle ; réaction nobiliaire qui ne contribuera pas peu au déclenchement des troubles révolutionnaires, Mme de Staël de rappeler fort à propos que « *ce sont les corps aristocratiques de France qui ont attaqué les premiers le pouvoir royal* »[14].

Si l'Ancien Régime ne disposait pas d'une Constitution d'un strict point de vue formel, il disposait de règles matérielles gouvernant le fonctionnement de l'Etat et limitant celui-ci par des dispositions coutumières qui formaient donc sa Constitution, au moins au sens matériel du terme. Existante, cette Constitution n'en était

12. MAURIOU M. *op. cit.*, p. 243.
13. MONTESQUIEU, *De l'esprit des lois*, l. 2, ch. 1.
14. Mme DE STAËL, *Considérations sur la Révolution française*, Livre 2, ch. 1.

pas pour autant écrite, et il pouvait être parfois difficile d'en cerner les contours. Elle se trouvait en effet « *dispersée un peu partout : dans les ordonnances, les édits et les déclarations des rois, dans les arrêts rendus par les différents conseils royaux, dans les décisions et remontrances des parlements, dans les doléances présentées aux états généraux, également dans une foule d'écrits comme la correspondance privée des rois, les mémoires des ministres ou des personnages importants, dans les ouvrages des légistes et des théoriciens qui élaborent ou commentent la doctrine officielle, enfin dans la coutume, les habitudes ancestrales ou les usages plus récents* »[15]...

La Constitution corse (1755)

Méconnue, cette Constitution est pourtant bien la première qui fut écrite, plus de vingt ans avant celle de Virginie, en s'inspirant largement des principes philosophiques du XVIIIe siècle. Fondée sur la séparation des pouvoirs et le suffrage universel, la Constitution fut instituée à l'initiative du général Pascal Paoli (et rédigée par des juristes insulaires, tandis qu'un projet dû à Rousseau sera écarté, car considéré comme trop éloigné des réalités locales[16]). Elle fut en vigueur de 1755 à 1769 (bataille de Ponte Novu, défaite des Corses face aux troupes françaises) et inspirera en partie les constituants américains (plusieurs villes américaines portent le nom de Paoli).

Cette Constitution ne se présente pas en la forme comme un texte précis décrivant de manière exhaustive les lois fondamentales de l'Etat et les principes sur lesquels elles reposent, mais plutôt comme une série de textes visant à établir des institutions modernes et démocratiques (décisions adoptées tout au long de l'année 1755 et dont l'essentiel est finalement formalisé en novembre).
La Constitution affirme que « *la souveraineté repose sur le peuple de qui tout procède* », l'âge de la majorité est fixé à 25 ans et le suffrage est universel : les Corses âgés de plus de 25 ans élisent au niveau des communes un délégué pour 1 000 habitants. Les 300 délégués forment l'assemblée générale (également appelée « Consulte nationale » ou « diète »), qui vote les lois (majorité des deux tiers), fixe les impôts et déclare la guerre. Le pouvoir exécutif est conféré au Conseil d'Etat (ou *Consilio Supremo*), composé de 9 membres désignés par l'Assemblée ; il reste soumis au contrôle d'un comité de cinq syndics (ou censeurs) élus par l'Assemblée. Le général de la nation, Paoli, est élu à vie, mais reste destituable (ainsi que les membres du Conseil d'Etat) par la *Consulte nationale*.

---

15. BASSE B., *La Constitution de l'ancienne France*, DMM, 1986, p. 15.
16. Dans le Contrat social, Rousseau observera cependant : « *Il est encore en Europe un pays capable de législation ; c'est l'île de Corse (...). J'ai quelque pressentiment qu'un jour, cette petite île étonnera l'Europe.* »

A consulter :

http://www.accademiacorsa.org/constitution.html
http://fr.wikipedia.org/wiki/Constitution_corse

FICHE N° 9

LE CONTRÔLE DE CONSTITUTIONNALITÉ

1. Références

BLACHER Ch., *Contrôle de constitutionnalité et volonté générale*, PUF, 2001.

CHAGNOLLAUD D., *Aux origines du contrôle de constitutionnalité, XVIIIe-XXe siècle*, éd. Panthéon-Assas, 2003.

DOKHAN D., *Les Limites du contrôle de la constitutionnalité des actes législatifs*, LGDJ, 2001.

EISENMANN C., *La Justice constitutionnelle et la Haute Cour constitutionnelle d'Autriche*, 1928, rééd. Economica-PUAM, 1986.

FAVOREU L., *Les Cours constitutionnelles*, PUF, coll. « Que sais-je ? », n° 2293, 3e éd., 1996.

GOJOSSO E., « L'encadrement juridique du pouvoir selon Montesquieu : contribution à l'étude des origines du contrôle de constitutionnalité », *RFDC*, 2007, pp. 499 à 512.

HAMON F., WIENER C., *La Loi sous surveillance*, Odile Jacob, 1999.

KELSEN H., *Théorie pure du droit*, Dalloz, 1962.

KELSEN H., « La garantie juridictionnelle de la Constitution (la justice constitutionnelle) », *RDP*, 1928, pp. 197 à 257.

LUCHAIRE F., *Le Juge constitutionnel en France et aux Etats-Unis*, Economica, 2002

MÉLIN-SOUCRAMANIEN F., dir., *L'Interprétation constitutionnelle*, Dalloz, 2005.

ROBLOT-TROZIER A., *Contrôle de constitutionnalité et normes visées par la Constitution française*, Dalloz, 2007.

VERPEAUX M., *Les Principes fondamentaux reconnus par les lois de la République ont-ils encore un avenir ?*, Dalloz, 2004, chron., pp. 1537 et suiv.

ZOLLER E., dir., *Grands arrêts de la Cour suprême des Etats-Unis*, PUF, 2000.

2. Repères

Définitions

Contrôle par voie d'action : cette forme de contrôle vise à obtenir l'annulation pure et simple de la loi devant une Cour constitutionnelle.

Contrôle par voie d'exception : il s'agit pour une partie, à l'occasion d'un procès, d'obtenir le contrôle de la constitutionnalité de la loi que l'on souhaite lui opposer. Si la loi est déclarée contraire à la Constitution, elle ne sera pas annulée, mais simplement écartée de l'espèce en cause (absence d'effet *erga omnes*).

Exception d'inconstitutionnalité : cette exception forme une question préjudicielle à l'occasion d'un procès ; v. « Contrôle par voie d'exception ».

Contrôle *a priori* : on désigne ainsi le contrôle de constitutionnalité opéré avant la promulgation de la loi, avant qu'elle n'ait produit des effets.

Contrôle *a posteriori* : c'est un contrôle qui intervient après la promulgation de la loi.

Chronologie

• 1803 : affaire Marbury vs Madison, naissance du contrôle de constitutionnalité aux Etats-Unis.
• 1946 : Constitution de la IVe République, mise en place d'un comité constitutionnel.
• 1958 : création du Conseil constitutionnel.
• 2008 : inscription dans la Constitution française de l'exception d'inconstitutionnalité.

Schéma explicatif : le contrôle de constitutionnalité par voie d'exception

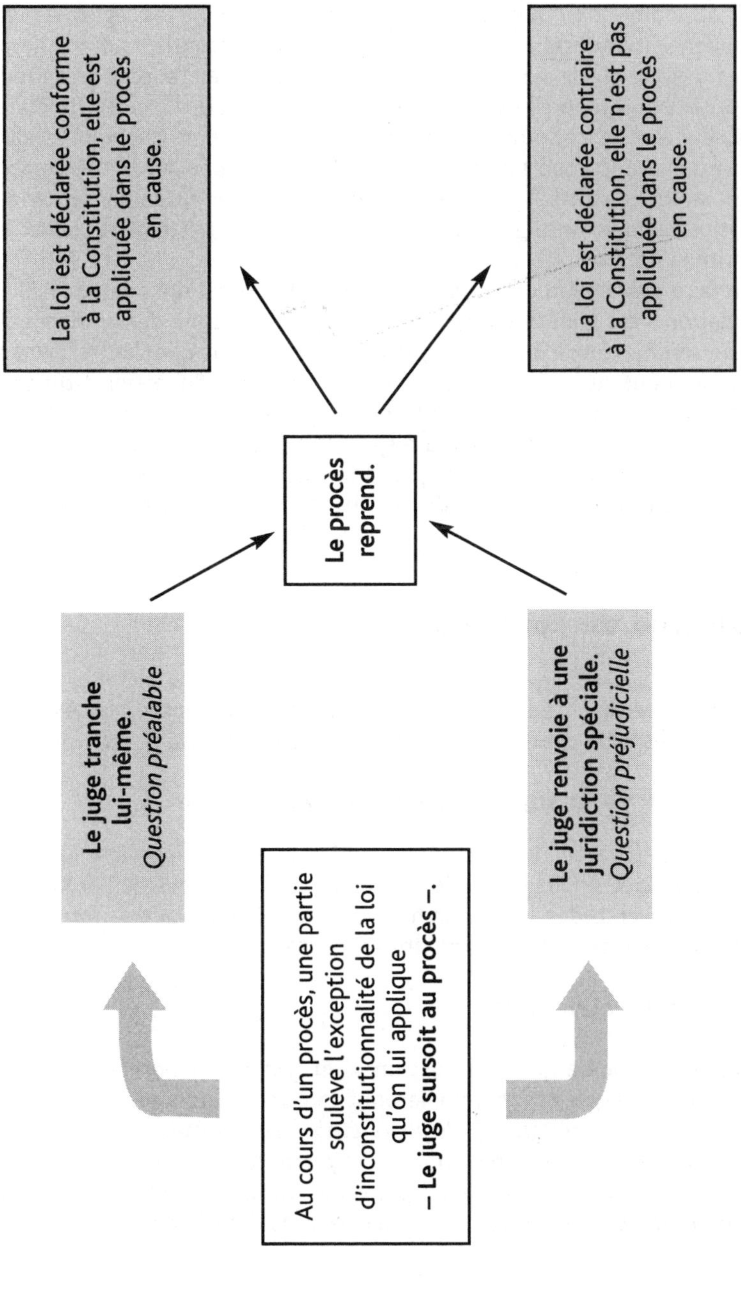

3. Explications : la prééminence de la Constitution

A partir du moment où une Constitution écrite détermine les règles essentielles du fonctionnement de l'Etat, fixe le statut de celui-ci et garantit les droits des citoyens, il semble logique que le système juridique en organise la protection. La prééminence de la Constitution suppose son respect, tant il est vrai que l'inverse conduirait à ôter toute valeur à ce texte souvent qualifié de norme suprême ou de loi fondamentale. A cette première logique s'oppose toutefois celle fondée sur la prééminence de la loi. Il est en effet constant que la loi régulièrement adoptée par le Parlement est l'expression de la volonté générale ; cela d'autant plus nettement que le Parlement représente la nation.
Doit-on faire prévaloir la Constitution que la nation s'est donnée ou la loi que cette même nation s'est choisie par ses représentants ? Aucune des branches de l'alternative ne semble devoir se justifier manifestement plus que l'autre. Dans le même temps, comment ne pas constater que l'idée même d'une Constitution suppose implicitement l'idée d'une supériorité de ce type de texte et que cette supériorité suppose que les textes inférieurs la respectent ? Le contrôle de constitutionnalité, c'est-à-dire la vérification du fait que la loi respecte la Constitution, constitue le moyen d'assurer la prééminence de la Constitution. Il s'agit donc d'en envisager le principe, puis les modalités.

Le principe du contrôle

L'idée d'une prééminence de la Constitution justifie que l'ensemble des autres textes juridiques la respecte ; cette supériorité constatée doit ensuite être maintenue.

L'affirmation de la supériorité de la Constitution

Dans la quasi-totalité des systèmes juridiques contemporains, la Constitution possède une place privilégiée ; elle se trouve au fondement de l'ordre juridique et couronne celui-ci. L'idée de hiérarchie des normes, telle que la formulera Kelsen, rend nécessaire le contrôle de constitutionnalité.

La hiérarchie des normes

Hans Kelsen considère que l'Etat est un « un *système de normes* » qui forme une structure hiérarchique et pyramidale dont la Constitution est le sommet ; l'ordre juridique étant « *un édifice à plusieurs étages superposés, une pyramide ou une hiérarchie formée d'un certain nombre d'étages ou couches de normes successives* ». Dans ce système, on constate que les diverses normes juridiques « *sont reliées les unes aux autres par un rapport de succession et d'enchaînement qui provient du principe qu'une règle ne peut acquérir valeur juridique qu'autant qu'elle est émise en vertu d'une règle de droit préexistante qui ait donné ouverture et légitimité à sa création* »[1].

Dans ce système pyramidal, tout remonte à la Constitution, laquelle légitime toute la construction juridique qui lui est subordonnée. En ce qui concerne la France, au sommet figure donc la Constitution (et le bloc de constitutionnalité), à laquelle succèdent les traités et accords internationaux (en vertu de l'adage *pacta sunt servanda*, art. 55 C), puis les lois, les principes généraux du droit, les règlements et enfin les arrêtés (ministériels, préfectoraux, municipaux) ; chaque niveau tirant sa légitimité de sa conformité au niveau supérieur.
Ce système ne donne pas totalement satisfaction et « *laisse de côté une question essentielle : quelle est la norme supérieure* » à laquelle obéit la Constitution[2] ? Pour Kelsen, la Constitution tire son origine d'une « *grundnorm* » (ou norme fondamentale), formée de « *l'ensemble des croyances, des besoins, des traditions historiques ou des événements actuels, qui au moment où elle s'opère, déterminaient l'état d'esprit et les concepts politiques du milieu national dans lequel elle s'est produite* » et qui sert de fondement au droit tout entier. Or, observe Carré de Malberg, cette *grundnorm* « *ne repose que sur du fait et n'est érigée en règle de droit que par l'effet d'un concept de logique* »[3].

Logique, le système kelsénien n'en manque donc pas moins d'une base incontestable.

Le contrôle de constitutionnalité

En revanche, l'idée de hiérarchie des normes rend absolument nécessaire un contrôle du respect de cette hiérarchie sous peine de n'avoir aucune effectivité. En effet, puisque l'on considère qu'au sein de la pyramide normative tout acte tire sa validité de sa conformité à la norme qui lui est immédiatement supérieure, il s'agit qu'une institution soit à même de vérifier cette validité, soit automatiquement, soit lorsque cela lui est demandé. Le juge effectue habituellement cette mission de contrôle à la demande des individus ou des institutions de l'Etat, contrôle qui doit impérativement concerner également les lois ; ce sera donc le rôle d'une juridiction constitutionnelle que de juger ce qui est conforme à l'ordre créé par la Constitution, afin de faire respecter la cohérence du système juridique. Le contrôle de constitutionnalité est le seul moyen de vérifier qu'une loi est bien conforme à la Constitution.

1. Carré de Malberg R., *Confrontation de la théorie de la formation du droit par degrés avec les idées et les institutions consacrées par le droit positif français relativement à sa formation*, Sirey, 1933.
2. Ardant Ph., *Institutions politiques et droit constitutionnel*, 14e éd., LGDJ, 2002, p. 100.
3. Carré de Malberg R., *ibid.*

L'auteur du contrôle

Contrôler la conformité de la loi à la Constitution est une œuvre délicate qui soulève inévitablement des controverses politiques. Effectuer un contrôle de constitutionnalité suppose qu'un organe désigné à cet effet dispose du pouvoir de constater qu'un texte donné (une loi le plus souvent) est contraire à la Constitution et doit être de ce fait dépourvu d'effectivité juridique. Ce contrôle peut être le fait d'un organe politique ou juridictionnel.

Contrôle politique

Ce contrôle est celui qui sera exercé par un organe de nature politique : c'est ainsi qu'au cours du Premier Empire le contrôle de constitutionnalité était confié au Sénat, lequel était alors un organe clairement politique (ses membres étaient nommés par l'empereur). Le contrôle opéré par ce type d'organe politique reste le plus souvent illusoire, l'organe en question n'étant pas véritablement indépendant des auteurs de l'acte normatif incriminé (le Sénat de Napoléon Ier ne déclara jamais aucune loi impériale contraire à la Constitution). L'organe politique navigue ainsi entre deux écueils : être neutre ou passif (et ne servir à rien) ou glisser vers un contrôle plus subjectif et juger selon des convictions partisanes (et non en droit), voire en substituant sa volonté à celle du Parlement.
On parle encore de contrôle politique lorsque les autorités chargées d'effectuer ce contrôle de constitutionnalité sont nommées de manière politique voire partisanes ; c'est le cas en Allemagne, où les membres du Tribunal constitutionnel sont élus par le Parlement (à la majorité des 2/3), aux Etats-Unis, où le président les désigne (sous réserve de l'accord du Sénat) et en France, où les membres du Conseil sont désignés par les trois plus hautes autorités de l'Etat.

Contrôle juridictionnel

Au contraire, on parle de contrôle juridictionnel lorsque c'est un véritable juge qui est chargé d'effectuer ce contrôle ; celui-ci est alors réputé plus neutre car effectué par un organe dont réputé plus indépendant du pouvoir exécutif que ne le serait un organe de type politique. Dans le cas d'un tel contrôle juridictionnel, le contrôle peut être le fait de tout tribunal ordinaire ou celui d'un juge spécialement créé à cet effet ; s'il s'agit d'un tribunal ordinaire, les jurisprudences susceptibles d'être divergentes seront unifiées par une Cour suprême. Confier le contrôle de constitutionnalité à des juges doit permettre de s'éloigner de tout subjectivisme pour permettre un véritable contrôle fondé sur l'existence de moyens de droit réels et sérieux...
La distinction entre les organes politiques et juridictionnels montre très vite ses limites, car les cours constitutionnelles sont par nature des organes politiques, en raison des orientations politiques et idéologiques de leurs membres d'une part et au regard de l'importance de leur mission d'autre part : il ne sera jamais neutre de déclarer la loi adoptée par le Parlement contraire à la Constitution. Certains concluant à la vanité de cette distinction : « *L'expérience prouve que jusqu'à main-*

tenant on n'a guère trouvé le moyen de laisser son recrutement à l'écart de la politique. Le rôle de ce Tribunal est trop éminent pour que l'indépendance et la compétence aient seules présidé au choix de ses membres... Comment ne pas être sensible à la vanité de la distinction organe politique organe juridictionnel. A ce niveau tout est politique[4]. »

En effet, au-delà de la nature de l'organe, ce qui prime est son indépendance, ce qui explique les nombreuses garanties statutaires dont bénéficient le plus souvent leurs membres (c'est pour cette raison que les membres de la Cour suprême sont désignés à vie).

Les modalités du contrôle

Seront ici envisagées les caractéristiques techniques du contrôle, puis la manière dont ce contrôle fut introduit en France.

Les types de contrôle

Avant d'aborder le détail de ces contrôles, doit d'abord être envisagée la question de la saisine. Le pouvoir de saisir la Cour constitutionnelle peut être offert à tous les citoyens, ce qui semble démocratique mais risque de provoquer la paralysie de l'organe (grand nombre de recours). La saisine peut être limitée à des organes politiques ou à l'opposition, ce qui peut apparenter la saisine (ou son absence) à une opération politicienne. Il est enfin possible de confier la saisine aux juridictions, sous la forme de questions préjudicielles (le juge suspend le procès et demande l'interprétation de la juridiction constitutionnelle vis-à-vis de la question posée).

Contrôle *a priori* et *a posteriori*

A quel moment interviendra le contrôle de la constitutionnalité d'une loi ?
Le contrôle est dit *a priori* s'il a lieu avant la promulgation de la loi (avant qu'elle n'ait produit des effets dans le droit positif) ou *a posteriori* s'il intervient après l'entrée en vigueur de la loi. Lorsqu'il intervient *a priori*, le contrôle est abstrait (la loi n'a pas encore produit d'effet) et s'apparente à une simple étape (facultative ou obligatoire) de la procédure législative. Si la loi est déclarée contraire à la Constitution, elle ne peut être promulguée en l'état et doit être amendée dans le sens des indications de la Cour constitutionnelle.
S'il s'agit d'un examen *a posteriori*, la loi a déjà produit des effets dans le système normatif et son annulation pour inconstitutionnalité peut entraîner des difficultés.

4. ARDANT PH., *op. cit.*, p. 110.

En effet, l'annulation rétrospective d'une loi et le retour à la situation juridique antérieure bouleverse l'ordre juridique en remettant en cause la sécurité juridique et les droits acquis sous l'empire de cette loi avant qu'elle ne soit déclarée inconstitutionnelle[5]. Le contrôle *a posteriori* est plus facile à mettre en œuvre dans le cadre d'un contrôle par voie d'exception.

Contrôle par voie d'action et par voie d'exception

Lors d'un contrôle dit par voie d'action, il est demandé l'annulation pure et simple de la loi contestée il s'agit d'une sorte de procès fait à la loi et si celle-ci est annulée, elle disparaît de l'ordre juridique. Se pose alors la question des droits acquis. Si le contrôle intervient *a priori*, il n'y a pas de difficulté car la loi n'a pas produit d'effet, tandis que s'il a lieu *a posteriori* peut se poser le problème. Ici, réserver la saisine du juge constitutionnel à certaines institutions permet de limiter les recours qui résulteraient d'une sorte de guérilla procédurière ayant pour objet de bloquer l'application de nouvelles lois (la France connaît un contrôle par voie d'action).
La question de la sauvegarde des droits acquis justifie la spécificité du contrôle par voie d'exception. A l'occasion d'un tel contrôle, on ne demande pas l'annulation de la loi, mais au contraire sa mise à l'écart de l'espèce considérée. Le contrôle par voie d'exception intervient lors d'un procès, si l'une des parties invoque l'exception d'inconstitutionnalité de la loi qu'on lui applique. La question de la constitutionnalité d'une loi est alors soulevée par voie d'exception et doit être tranchée, car de cette question dépend l'issue du procès[6]. Enfin, il existe une solution spécifique à ce type de contrôle : la décision alors rendue par le juge à propos du litige qu'il doit trancher ne possède pas une valeur *erga omnes* (à l'égard de tous) ; ceci signifie que si la loi est déclarée contraire à la Constitution, elle n'est pas pour autant annulée, mais continue à s'appliquer et se trouve simplement écartée de l'espèce en cause[7]. Au cours des procès ultérieurs, lorsque sera posée la question de la validité de la loi, les requérants devront à leur tour demander pour eux-mêmes la mise à l'écart de la loi déjà déclarée contraire à la Constitution lors d'une espèce précédente. Les systèmes juridiques peuvent parfois prévoir les deux types de contrôle et on parle alors de systèmes mixtes.

5. Afin d'éviter ces effets négatifs de l'annulation rétrospective de la norme, la reconnaissance de l'exception d'inconstitutionnalité intervenue le 23 juillet 2008 a donné au Conseil constitutionnel la possibilité de moduler et de préciser les modalités d'effets de sa décision : « *Une disposition déclarée inconstitutionnelle sur le fondement de l'article 61-1 est abrogée à compter de la publication de la décision du Conseil constitutionnel ou d'une date ultérieure fixée par cette décision. Le Conseil constitutionnel détermine les conditions et limites dans lesquelles les effets que la disposition a produits sont susceptibles d'être remis en cause* » (art. 62, 2ᵉ alinéa).
6. Le contrôle peut alors être le fait du juge ordinaire lui-même (question préalable), ou d'une juridiction spécialement chargée de cette mission à laquelle renvoie le juge ordinaire (question préjudicielle).
7. On parle d'un effet relatif de la chose jugée.

La mise en place du contrôle de constitutionnalité en France

« *L'absence d'une procédure permettant d'assurer un contrôle efficace de la constitutionnalité des lois est une autre caractéristique de l'histoire constitutionnelle et politique française*[8]. » Après une longue période de refus, la France devait accepter un tel contrôle.

Le long refus

Il existe lors de la Révolution une grande méfiance à l'encontre des parlements et autres cours de justice qui bloquèrent toutes les tentatives royales d'évolution institutionnelle au cours du XVIIIe siècle. De plus, la loi étant réputée être l'expression de la volonté générale, les élus au Parlement répugnent à admettre que les actes pris par la représentation nationale soient l'objet d'un quelconque contrôle. Le contrôle est aussi refusé, eu égard au principe de séparation des pouvoirs et la loi des 16 et 24 août 1790 interdira tout contrôle, disposant que « *Les tribunaux ne pourront, ni empêcher ou suspendre l'exécution des décrets du corps législatif sanctionnés par le roi, à peine de forfaiture* ».
Les déviations observées et le non-respect des dispositions constitutionnelles conduiront à envisager un contrôle de constitutionnalité et Sieyès « *le premier va ressentir la nécessité de garantir la Constitution par une institution extérieure aux organes législatif ou exécutif* »[9], en 1795. Si les différentes Constitutions impériales prévoyaient un tel contrôle, leur étude témoigne toutefois de leur docilité zélée. Au cours de la IIIe République, les parlementaires renouent avec les principes hérités de la période révolutionnaire et au nom de la « loi-reine » et de la nation souveraine refusent toute idée de contrôle de constitutionnalité, malgré l'opinion contraire d'une partie importante de la doctrine (Hauriou et Duguit). Enfin, si la Constitution de 1946 prévoit l'existence d'un Comité constitutionnel, celui-ci ne met pas en place un véritable contrôle de constitutionnalité, puisqu'il se borne, en cas de saisine, à examiner si une éventuelle promulgation de la loi supposait une révision constitutionnelle au préalable (v. **Fiche n° 16**)

L'acceptation : la Constitution de 1958

Les choses changent avec l'adoption de la Constitution de 1958 qui crée un Conseil constitutionnel (v. **Fiche n° 30**). Si le Conseil est alors surtout conçu comme « *une arme contre la déviation du régime parlementaire* »[10], il dépassera ce rôle pour apparaître aujourd'hui comme un gardien des libertés, grâce à la concomitance de deux événements.

8. LAVROFF D.-G., *Le Système politique français*, 4e éd., Dalloz, 1986, p. 237.
9. DOKHAN D., *Le Jury constitutionnaire...*, TDP, 1998, p. 217.
10. DEBRÉ M., discours du 27 août 1958 devant le Conseil d'Etat.

Le premier fut le fait du Conseil lui-même, lorsqu'il s'arrogea le droit de vérifier la conformité de la loi non seulement à la Constitution elle-même, mais au regard de l'ensemble des éléments formant le bloc de constitutionnalité[11]. Le second de ces événements fut l'extension du droit de saisine en 1974 : la révision constitutionnelle offrant à 60 députés ou sénateurs la faculté de saisir le Conseil de l'examen de la conformité à la Constitution d'un texte de loi adopté par le Parlement fut largement utilisée par l'opposition. La saisine tend certes ainsi à apparaître comme un dernier artifice de procédure à la disposition de l'opposition, mais elle a en outre permis que l'essentiel des grandes lois soit déféré au contrôle du Conseil, permettant à celui-ci d'obtenir la place et la réputation qui sont aujourd'hui les siennes. Ce rôle de gardien des libertés devrait encore sortir renforcé de l'inscription dans la Constitution d'une exception d'inconstitutionnalité opérée avec la révision du 23 juillet 2008.

11. CC, 71-44 DC, 16 juillet 1971, *Liberté d'association* (**v. Fiche n° 30**).

4. Débat : l'affaire Marbury versus Madison

C'est aux Etats-Unis d'Amérique que naît la forme moderne du contrôle de constitutionnalité à l'occasion de la jurisprudence de la Cour suprême prononcée en 1803 dans l'affaire Marbury versus Madison.
Il est d'ailleurs important de noter que ce contrôle correspond à une œuvre prétorienne du juge, dans la mesure où la Constitution fédérale de 1787 ne prévoyait pas strictement un tel contrôle de constitutionnalité des lois (d'ailleurs, lors des discussions relatives à cette Constitution, la proposition de doter le pouvoir judiciaire d'un droit de veto pour inconstitutionnalité avait été rejetée), même si celui-ci pouvait paraître inéluctable du fait de l'organisation fédérale de l'Etat. De plus, au moment de la campagne de ratification de la Constitution, en 1787, Alexander Hamilton, dans *Le Fédéraliste*, argumentait en faveur d'un tel contrôle, considérant que le Parlement pouvait « *mal faire* » et que le respect de la Constitution devait être préféré à celui de la loi...
Le contrôle de constitutionnalité fut consacré dans une affaire alors au cœur des tensions politiques que connaissaient alors les Etats-Unis, entre les tenants du fédéralisme et de la confédération (lutte qui ne se terminera d'ailleurs que par la guerre civile). Le candidat républicain Thomas Jefferson venait d'être élu président des Etats-Unis, et le président battu, John Adams, de tendance fédéraliste, profita de la période de passation du pouvoir et « *cherchant à préserver l'influence du Parti fédéraliste, entreprit de nommer plusieurs dizaines de juges fédéraux parmi les fidèles de son mouvement* »[12]. La procédure n'avait toutefois pas encore abouti pour certains, dont le juge Marbury, et le nouveau président ordonna au secrétaire d'Etat Madison de ne pas donner suite à cette nomination ; Marbury intenta alors un recours devant la Cour suprême, alors présidée par le juge Marshall (lui-même de tendance fédéraliste) afin de contraindre le ministre de la Justice à le nommer.

Le juge Marshall et la Cour suprême réussirent à satisfaire chacun par un raisonnement habile au terme duquel ils justifièrent leur contrôle de la constitutionnalité des lois. Les juges notent d'abord que la loi de 1789 dont se prévalait Marbury enjoignait effectivement qu'il soit procédé à sa nomination. Ils observent alors que cette loi donnant à la Cour suprême le droit d'imposer la nomination des juges fédéraux enfreignait la Constitution ; dès lors la Cour était incompétente à l'appliquer et Marbury infondé à demander l'exécution d'une loi inconstitutionnelle. Par ce jugement d'incompétence, la Cour évitait un affrontement direct avec la nouvelle présidence et s'arrogeait surtout un pouvoir très important pour l'avenir, celui de contrôler la constitutionnalité des lois.

12. FAVOREU L. et al., *Droit constitutionnel*, 6e éd., Dalloz, 2003, n° 262, p. 203.

FICHE N° 10

LA SÉPARATION DES POUVOIRS

1. Références

ALTHUSSER L., *Montesquieu, la politique et l'histoire*, PUF, 1964.

BOLLET-BONSIGNON A., *La Notion de séparation des pouvoirs dans les travaux préparatoires de la Constitution de 1958*, LGDJ, 1993.

CHEVALLIER J., *L'Etat de Droite*, 4e éd., Montchrestien, 2003.

EISENMANN C., *L'Esprit des lois et la séparation des pouvoirs*, Mélanges Carré de Malberg, 1933, rééd. éd. Panthéon-Assas, 2002, pp. 565 et suiv.

GAUDEMET P.-M., *Le Principe de la séparation des pouvoirs : mythe et réalité*, D., 1961, chr., pp. 121 et suiv.

GOYARD-FABRE S., *La Philosophie du droit de Montesquieu*, Klincksieck, 1973.

HOURQUEBIE F., *Sur l'émergence du contre-pouvoir juridictionnel sous la Ve République*, Bruylant, 2004.

LA BIGNE DE VILLENEUVE M., *La Fin du principe de séparation des pouvoirs*, Sirey, 1934.

LOCKE J., *Second Traité sur le gouvernement civil*, 1689, rééd. PUF, 1994.

MANIN B., « La séparation des pouvoirs dans le débat constitutionnel américain de 1787 », *RFSP*, 1994.

MÉLIN-SOUCRAMANIEN F., PARIENTE A., dir., *La Séparation des pouvoirs*, Dalloz, 2007.

SEURIN J.-L., *Les Origines historiques de la séparation des pouvoirs*, Mélanges J.-M. Auby, Dalloz, 1992, pp. 651 et suiv.

TROPER M., *La Séparation des pouvoirs et l'histoire constitutionnelle française*, LGDJ, 1973, rééd., 1980.

TROPER M., « La Ve République et la séparation des pouvoirs », *Droits*, 2006, n° 43, pp. 33 à 44.

2. Repères

Définitions

Régime directorial : on appelle ainsi un régime dans lequel les pouvoirs, séparés, consacrent de fait la prééminence de l'exécutif, comme sous le Directoire (1795-1799).

Régime conventionnel : ce type de régime désigne une situation dans laquelle la séparation des pouvoirs est remise en cause au profit d'une Assemblée, comme sous la Convention (1792).

Séparation des pouvoirs : cette doctrine, qui doit être comprise comme celle d'un équilibre entre ceux-ci, est issue de la pensée de Montesquieu et vise à mettre en place un régime protégeant les libertés individuelles des abus du pouvoir, en évitant que les pouvoirs ne soient concentrés dans les mains d'un seul organe.

Chronologie

• 1748 : publication de *L'Esprit des lois*.
• 1789 : la Déclaration des droits de l'homme consacre la séparation des pouvoirs (art. 16).
• 1980 : le Conseil constitutionnel consacre la valeur constitutionnelle du principe de séparation des pouvoirs.

Biographies

John Locke (1632-1704)

Médecin et philosophe, Locke voit, tel Hobbes, l'état social comme la réalisation d'un pacte entre les individus, mais s'en éloigne par sa définition de l'état de nature et l'étendue des droits confiés à l'Etat. Selon lui, l'état de nature est un état d'égalité, de paix et d'assistance mutuelle, la société n'étant instituée que pour défendre les droits de chacun. Dès lors, le pouvoir n'est pas absolu, mais subordonné au respect des droits individuels, tous étant fondés à mettre en cause les gouvernants qui ne respecteraient pas ceux-ci. Son œuvre, publiée au lendemain de la Révolution de 1689 justifie *a posteriori* celle-ci.

Montesquieu (1689-1755)

L'aristocrate bordelais, magistrat et philosophe, écrit en 1748 *De l'esprit des lois*, ouvrage magistral de théorie et de philosophie politique dans lequel il met en avant, s'inspirant de Locke et du modèle britannique, la nécessité du gouvernement modéré, qui résulte de l'existence de contre-pouvoirs (spécialement celui de la noblesse) et de la collaboration entre les organes de l'Etat.

3. Explications : la portée du principe de séparation des pouvoirs

Evoquer la notion de séparation des pouvoirs conduit irrésistiblement à évoquer l'œuvre et la personnalité de Charles de Secondat, Baron de La Brède et de Montesquieu, dont on fait le père de la notion à la suite de sa publication en 1748 de son ouvrage *De l'esprit des lois*. Il est en effet l'un des théoriciens à l'origine des doctrines constitutionnelles libérales qui reposent sur la séparation des pouvoirs législatif, exécutif et judiciaire, et sa théorie fonde aujourd'hui le premier critère de classification des modes de fonctionnement de l'Etat (distinction entre les séparations souples et strictes des pouvoirs). Sa réflexion fut en effet très largement reprise, sans doute au-delà des intentions mêmes de son auteur. Pour comprendre l'importance de la notion de séparation des pouvoirs, il conviendra d'envisager comment elle fut déterminée, puis quel est son contenu.

La détermination du principe de séparation des pouvoirs

Partager le pouvoir de telle sorte que des titulaires distincts le mettent en œuvre doit permettre un meilleur fonctionnement de l'Etat tout en permettant de garantir les libertés individuelles. Il faut aborder l'origine de cette pensée puis sa prise en compte.

L'origine du principe

Aborder la notion de séparation des pouvoirs suppose d'étudier et de distinguer les principales fonctions juridiques que l'Etat remplit : celles de délibération, de commandement et de justice ; créer la loi, la faire appliquer et en sanctionner les violations. On parle ainsi couramment aujourd'hui de ces trois pouvoirs : l'exécutif, le législatif[1] et le judiciaire. Cette étude des trois fonctions est une analyse du rôle de l'Etat, de ses tâches ; Montesquieu apparaissant ici comme le successeur de nombreux autres auteurs.

La séparation des pouvoirs avant Montesquieu

L'idée d'une distinction et d'une classification des différentes fonctions que l'Etat est susceptible de remplir n'est pas récente et on la retrouve notamment chez Aristote, qui évoque dès le IVᵉ siècle avant Jésus-Christ l'existence des fonctions de

1. M. Hauriou préférait qualifier celui-ci de pouvoir délibératif, tant il est certain que le vote de la loi n'est que l'une de ses fonctions ; le Parlement délibérant sur le contenu de la loi mais aussi sur l'action du Gouvernement.

délibérer, commander, juger ; toutefois, ces différentes fonctions appartiennent toutes en bloc à l'assemblée des citoyens. Les penseurs classiques s'interrogent toutefois plus sur les modalités de réalisation du meilleur gouvernement que sur une distinction organique et matérielle des fonctions de l'Etat ; ils recherchent le gouvernement harmonieux, d'un délicat assemblage d'un élément de type monarchique (un seul gouverne), d'un de type aristocratique (l'existence de conseils) et d'un troisième de type démocratique (l'assentiment des gouvernés).
La réflexion évolue notamment avec John Locke (1632-1704), qui dans son *Second Traité sur le gouvernement civil* (1690) envisage pour la première fois une séparation fonctionnelle des différents pouvoirs, car « *parce que les lois qui sont une fois et en peu de temps faites, ont une vertu constante et durable, qui oblige à les observer et à s'y soumettre continuellement, il est nécessaire qu'il y ait toujours quelque puissance sur pied qui fasse exécuter ces lois, et qui conserve toute leur force : et c'est ainsi que le pouvoir législatif et le pouvoir exécutif se trouvent toujours séparés*[2]. »

Etudiant le système anglais (au travers de l'œuvre de Locke), Montesquieu considère donc que l'Angleterre possède le système harmonieux recherché par les Anciens, puisque les lois résultent de l'accord de trois institutions : le peuple (représenté aux communes), l'aristocratie (Chambre des lords) et le roi ; aucune des institutions ne pouvant imposer sa volonté aux deux autres. Son étude du système britannique[3] le conduit à formuler sa théorie de l'équilibre des pouvoirs.

Montesquieu et l'équilibre des pouvoirs

Si Montesquieu n'est ni le premier ni le seul théoricien de l'organisation étatique, son œuvre présente le mérite de systématiser un certain nombre de pensées jusqu'alors éparses et de les avoir actualisées au goût du XVIIIe siècle.
Montesquieu cherche à établir un gouvernement modéré, c'est-à-dire un système qui pour lui doit permettre d'éviter que le pouvoir ne devienne despotique, afin que soient garantis les droits et les libertés des citoyens. Or, il note, et c'est le point de départ de son raisonnement, que « *c'est une expérience éternelle que tout homme qui a du pouvoir est porté à en abuser. Il va jusqu'à ce qu'il trouve des limites* » ; il en conclut donc : « *Pour qu'on ne puisse abuser du pouvoir, il faut que, par la disposition des choses, le pouvoir arrête le pouvoir.* »[4] Il s'agit donc de mettre en place un système qui permette d'éviter toute concentration de pouvoirs aux mains d'une seule personne, système qu'il décrit de manière imagée comme prenant la forme de freins, de poids et de contrepoids[5] ; il s'agit donc de « *combiner les puissances, les*

2. Pour Locke, si le pouvoir législatif est suprême, le peuple peut se révolter s'il est porté atteinte à ses intérêts ; Locke écrit après la tentative infructueuse de Jacques II de minimiser les prérogatives du Parlement.
3. Althusser a toutefois démontré que Montesquieu admirait en Angleterre non la séparation des pouvoirs, mais la place centrale réservée à la Chambre des lords (à la différence du rôle laissé à la noblesse en France).
4. *De l'esprit des lois*, l. 11, ch. 13.
5. Traduction directe de l'expression anglaise « *checks and balances* ».

régler, les tempérer, les faire agir, donner pour ainsi dire un lest à l'une pour la mettre en état de résister à une autre », afin que les pouvoirs se limitent de manière quasi mécanique.

La prise en compte du principe

Ce principe d'équilibre et de séparation des pouvoirs a connu une large postérité, soit pour être repris et appliqué, soit au contraire pour être récusé.

La mise en œuvre de la séparation des pouvoirs

Les théories développées par Montesquieu, fondées sur la nécessité de protéger les libertés individuelles et collectives des citoyens à l'encontre des appétits du pouvoir, ont été reprises au sein des démocraties pluralistes occidentales. Les démocraties libérales fonctionnent ainsi en se réclamant des différents principes dégagés par le gentilhomme bordelais.
Toutefois, cette séparation des pouvoirs qui fonctionne dans les régimes libéraux est susceptible de prendre deux formes distinctes. Certains Etats ont repris et aménagé les principes de Montesquieu dans le cadre d'une séparation dite souple des pouvoirs (v. **Fiche n° 11**), soit d'une séparation stricte (v. **Fiche n° 12**). Ces deux formes d'application de la théorie de la séparation des pouvoirs ont donné naissance à deux types différents de systèmes politiques, les régimes parlementaires d'une part et les régimes présidentiels d'autre part.
Au-delà de leurs différences, ces deux types de régime possèdent en commun le fait de se référer de la même manière à l'idée d'équilibre et de collaboration des pouvoirs qu'ils cherchent tous deux à assurer, mais par des méthodes différentes. Si le régime parlementaire vise à obtenir cette collaboration par l'existence de moyens de pressions réciproques entre les différents pouvoirs, la théorie du régime présidentiel prétend l'obtenir par cette absence.

Le refus de la séparation des pouvoirs

En droit ou dans les faits, de nombreux régimes ont organisé un régime de confusion des pouvoirs, en lieu et place d'un système de séparation. Il y a confusion des pouvoirs dès lors que les fonctions essentielles déterminées de longue date (pouvoir de discuter et de voter la loi, de la faire appliquer et d'en sanctionner l'irrespect) appartiennent à la même personne ou au même organe (ou sont sous son contrôle direct). Un certain nombre de régimes et de théories politiques ont expressément refusé la logique d'une séparation des pouvoirs ; c'est le cas des régimes communistes et nationaux-socialistes, pour lesquels tous les pouvoirs doivent être concentrés entre les mains de l'Etat et du parti, afin que celui-ci puisse efficacement mettre en œuvre la révolution proclamée... Dans ces systèmes, l'omniprésence du contrôle social et de la police politique réduit à néant tout respect des droits individuels des citoyens.

D'autres régimes, quoique se réclamant officiellement de l'idée d'une séparation, se sont mués en régimes de confusion des pouvoirs. Le gouvernement d'Assemblée ou gouvernement conventionnel est une situation de confusion des pouvoirs au profit d'une assemblée, comme ce fut le cas sous la Convention, de 1792 à 1795, lorsque le Comité de salut public, émanant de l'Assemblée, mit en place une dictature dite de salut public en faisant régner la Terreur. L'expression désigne encore la situation qui naît d'un mauvais fonctionnement du système institutionnel, comme cela fut le cas sous les IIIe et IVe Républiques, l'essentiel du pouvoir revenant en fait aux Assemblées, le pouvoir exécutif se trouvant subordonné à ces dernières (v. **Fiche n° 15**). Lorsque l'exécutif attire à lui tous les pouvoirs, on parle de gouvernement directorial (par référence au régime du Directoire), les assemblées se trouvant réduites au rôle de simples chambres d'enregistrement.

Le contenu du principe de séparation des pouvoirs

La séparation des pouvoirs, au-delà de la stricte question de la séparation des différents organes, prend son véritable sens lorsque celle-ci est entendue comme qualifiant une organisation politique respectant les libertés individuelles. Il s'agit de voir comment les révolutionnaires appliqueront cette notion, puis d'envisager son sens contemporain.

L'application révolutionnaire

Les révolutionnaires consacrent la référence à la séparation des pouvoirs mais s'écartent de la pensée de Montesquieu quant aux modalités de sa mise en œuvre.

L'article 16 de la Déclaration des droits de l'homme et du citoyen

En vertu de l'article 16, « *Toute société dans laquelle la garantie des droits n'est pas assurée, ni la séparation des pouvoirs déterminée, n'a point de Constitution* ». Cette disposition est très symbolique de la société nouvelle que les révolutionnaires veulent construite et met en avant le fait que les sociétés ne sont réalisées que pour assurer la protection des droits des individus, conformément à la philosophie du contrat social. Ce pacte n'est passé que pour assurer la conservation des droits naturels et si ces droits ne sont pas garantis – ce qui résulte de l'existence d'une réelle séparation des pouvoirs – la société ne disposa d'aucune Constitution, quand bien même un texte porte ce nom. S'il n'y a pas cette garantie des droits, il y a absence de toute Constitution, ce qui est la marque du caractère tyrannique du régime ne respectant plus le pacte social ; situation qui justifierait la mise en œuvre du droit de résistance à l'oppression que proclame l'article 2.

Le choix des révolutionnaires

Hormis cette référence à la séparation des pouvoirs, les révolutionnaires ne tiendront que faiblement compte des travaux de Montesquieu[6]. N'oublions pas que la pensée de Montesquieu, pétrie par la logique du courant de réaction nobiliaire que connaît le XVIIIe siècle, visait à faire retrouver à la noblesse un rôle fondamental de conseil et de modérateur du roi. En particulier, les révolutionnaires s'éloigneront du modèle anglais vanté par Montesquieu (notamment au regard du rôle prééminent de la Chambre des lords) et choisiront un modèle de séparation stricte à l'image du système qui existe aux Etats-Unis d'Amérique.

De plus, si les révolutionnaires retiennent cette idée de séparation des pouvoirs, ils ne l'envisagent pas tant comme un moyen de permettre la garantie des libertés individuelles, mais plutôt comme permettant de maintenir l'Etat dans un rôle subalterne. En effet, la bourgeoisie, qui a réussi à maintenir le peuple à l'écart de la gestion des affaires par le système de la représentation et du suffrage censitaire, ne souhaite pas qu'un Etat puissant (ou potentiellement puissant) vienne brider ses aspirations qu'elle estime légitimes ; dès lors, « *le principe de la séparation des pouvoirs offrait une solution idéale en ce qu'il conduisait en fait à la paralysie de l'Etat en temps normal et ne le rendait efficace qu'en temps de crise lorsqu'il fallait absolument agir et que tous les organes étaient d'accord sur cette nécessité* »[7]. La séparation des pouvoirs s'est aujourd'hui éloignée de ces perspectives.

L'approche contemporaine

La notion de séparation des pouvoirs est aujourd'hui repensée dans le cadre d'une collaboration des pouvoirs institutionnels qui suppose l'Etat de droit et la garantie des droits individuels.

La collaboration des pouvoirs

Séparer réellement les pouvoirs « *implique une division du pouvoir, qui non seulement paralyserait la puissance de l'Etat, mais encore ruinerait son unité* »[8] et la notion doit alors être repensée. Il arrive en effet à l'exécutif d'adopter des réglementations générales et impersonnelles censées relever du législatif, lequel adopte parfois des mesures individuelles[9]. Eisenmann rappelle ainsi que pour Montesquieu, il ne s'agit pas de séparer les différentes autorités de l'Etat, mais d'organiser leur indépendance,

6. Encore celui-ci n'utilise-t-il jamais l'expression stricte « *séparation des pouvoirs* ».
7. CHANTEBOUT B., *Droit constitutionnel*, 20e éd., 2003, p. 94.
8. CARRÉ DE MALBERG R., *Contribution à l'étude de la théorie générale de l'Etat*, t. 2, p. 110.
9. Cela sans parler de la situation faite au judiciaire, ramené au simple rang d'« *autorité judiciaire* » et non de pouvoir (titre VIII et art. 64 de la Constitution de 1958 ; de fait, seul le suffrage universel est la source du pouvoir et les juges ne sont pas élus) ; tandis que les immixtions de l'exécutif et du législatif dans son fonctionnement sont nombreuses : mutations, abandon de poursuite, vote de lois d'amnistie, validations législatives.

« *investir du pouvoir suprême dans l'Etat conjointement deux organes, le Parlement et le gouvernement, en rendant leur accord nécessaire et libre, telle est l'idée qu'il a voulu réaliser* »[10]. La collaboration des pouvoirs ainsi conçue est la garantie du bon fonctionnement de l'Etat et le gage de réalisation d'un gouvernement modéré.

L'évolution contemporaine de l'Etat modifie les poids réciproques de chacun des pouvoirs. L'étude des systèmes juridiques actuels montre que les Parlement ont vu décliner leur participation à l'élaboration de la loi au profit des organes exécutifs (**v. Fiches n° 22 et n° 27**). La concentration des pouvoirs au profit de l'exécutif serait une caractéristique de l'Etat moderne, mais n'a lieu qu'avec l'accord du législatif, dans une situation de collaboration des pouvoirs « *la véritable division n'est pas entre le pouvoir de faire la loi et celui de l'exécuter mais entre d'une part, le pouvoir qui appartient aux organes exécutifs de diriger la politique nationale en proposant aux assemblées les lois qu'ils estiment nécessaires et en utilisant à cet effet l'appareil administratif dont ils disposent et, d'autre part, la liberté laissée aux organes délibérants de contrôler l'action parlementaire* »[11].

Cette perspective doit toutefois être nuancée en ce qui concerne la France par la logique partisane et majoritaire qui rend ce contrôle assez illusoire (**v. Fiche n° 28**) ; l'idée de séparation des pouvoirs garde son véritable sens associée aux notions d'Etat de droit et de garantie de ceux-ci.

Etat de droit et garantie des droits

Respect des droits et pluralisme sont les éléments fondamentaux des systèmes juridiques occidentaux. Les Droits de l'homme visés par la Déclaration sont considérés comme naturels, inaliénables et sacrés, et le pacte social a pour objectif leur garantie. Les titulaires du pouvoir politique doivent veiller à leur respect, lequel résulte – notamment – de l'inscription des dispositions relatives aux Droits de l'homme dans la Constitution et de la mise en œuvre d'un contrôle efficace de constitutionnalité. La garantie des droits est donc de fait difficilement séparable de la notion d'état de droit.
Cette notion d'état de droit correspond à l'idée selon laquelle le pouvoir politique au sein de la société, l'Etat, se doit nécessairement d'être soumis à l'ordre juridique, au droit. La puissance de l'Etat doit donc trouver à s'exprimer au sein d'un dispositif légal préétabli et qui assure le respect des droits des individus. Cette logique permet d'obtenir la sanction du pouvoir par une juridiction. L'état de droit suppose donc un ordre juridique sanctionné, lequel se trouve mis en œuvre en France par l'existence de deux ordres de juridictions ; les droits et libertés ayant en outre un protecteur attitré : le juge constitutionnel qui a consacré la valeur constitutionnelle du principe de séparation des pouvoirs[12].

---

10. EISENMANN Ch., *L'Esprit des Lois et la séparation des pouvoirs*, p. 576.
11. PACTET P., *Institutions politiques – Droit constitutionnel*, 22e éd., A. Colin, p. 114.
12. CC, 80-119 DC, 22 juillet 1980, *Validation d'actes administratifs*.

4. Débat : la validation législative remet-elle en cause la séparation des pouvoirs ?

Une validation législative constitue le fait pour le Parlement d'adopter une loi visant à valider un acte administratif annulé par une juridiction (ou susceptible de l'être) ; il s'agit donc d'une remise en cause explicite du principe de séparation des pouvoirs, puisque le législatif, par son action, rend la poursuite de l'action juridictionnelle impossible[13].

Le souci de l'intérêt général peut conduire le législatif (le plus souvent à la diligence de l'administration et de l'exécutif) à vouloir intervenir dans le champ du judiciaire. Cela peut être le cas lorsqu'une jurisprudence adoptée et suivie par les juges, sur le fondement de dispositions parfois peu claires, doit être précisée par le recours à la loi[14]. Cela peut l'être encore lorsqu'une jurisprudence heurte les valeurs essentielles de la nation et qu'il paraît nécessaire à la représentation nationale d'y mettre fin[15]. Enfin, l'annulation d'un texte administratif peut avoir de lourdes conséquences, notamment quant à la validité de l'ensemble des actes pris sur son fondement avant qu'il ne soit annulé par le juge (ex. : *quid* de la validité des nominations effectuées sur la base d'un acte annulé ? et de celle des actes des personnes ainsi nommées ?). Tous ces éléments plaident en faveur de la légitimité des validations législatives.

Se pose alors la question des limites susceptibles d'être apportées à cette pratique. Le recours à la validation législative est aujourd'hui autorisé par le Conseil constitutionnel, sous réserve qu'il respecte certaines conditions. La validation *a posteriori*, qui viserait à remettre en vigueur un acte annulé par le juge, est interdite, mais la validation préventive peut être acceptée : « *L'acte doit être en vigueur au moment de la validation ; la loi ne doit pas méconnaître le principe de l'autorité de la chose jugée ni le principe de la non-rétroactivité des dispositions à caractère répressif ; elle doit en outre répondre à des motifs d'intérêt général et demeurer raisonnablement proportionnée à l'objectif poursuivi.* »[16] C'est ainsi que le Conseil a censuré une validation législative, au regard de sa portée insuffisamment définie, la jugeant contraire au principe de séparation des pouvoirs[17].

13. Sur cette question, V. Mathieu B., *Les Validations législatives*, Economica, 1987.
14. En France, le recours aux mères porteuses fut d'abord refusé par le juge en 1991, avant de l'être par la loi en 1994.
15. Après la jurisprudence Perruche de la Cour de cassation du 27 novembre 2000, le Parlement adopta la loi du 4 mars 2002 interdisant le fait de se prévaloir d'un préjudice du seul fait de sa naissance.
16. Favoreu L. et al., *Droit constitutionnel*, 6e éd., Dalloz, 2003, n° 863, p. 548.
17. CC, 99-422 DC, 21 décembre 1999, *Loi de financement de la Sécurité sociale*.

Exercice : plan détaillé de dissertation

Le principe de séparation des pouvoirs est-il pertinent ?

Introduction

Suite aux écrits de Montesquieu, le principe de séparation des pouvoirs est devenu la valeur cardinale des régimes démocratiques et constitue le mode privilégié de distinction des régimes politiques (séparation dite « stricte » ou dite « souple »). Pour autant, le mot en tant que tel ne s'est pas vu utilisé par Montesquieu, qui lui préféra toujours celui de « collaboration des pouvoirs ». L'examen du fonctionnement contemporain de l'Etat corrobore cette affirmation.
Relire la notion de séparation des pouvoirs à l'aune de l'histoire constitutionnelle conduit à constater la réalité de l'impossible séparation des pouvoirs pour mieux vérifier leur nécessaire collaboration.

I. L'impossible séparation des pouvoirs

A. Une situation intellectuellement contestable

La diversité des fonctions (délibérer, commander, juger).
La nécessaire unité du pouvoir politique (mettre en œuvre une politique déterminée).

B. Une situation propice aux dérives

La séparation des pouvoirs conduit à la confrontation des pouvoirs (1791, 1848).
La confrontation amène à la confusion des pouvoirs (période révolutionnaire, IIIe et IVe République).

Transition : ces dérives marquées ne semblent finalement guère étonnantes et relire Montesquieu conduit à privilégier – tel Eisenmann – l'idée d'une nécessaire collaboration des institutions.

II. La nécessaire collaboration des institutions

A. La mise en œuvre de la politique choisie par la nation

Avec la confiance du parlement, le gouvernement met en œuvre la politique choisie.
La séparation est alors plus horizontale que verticale (surveillance par l'opposition).

B. Les limites induites par le fait majoritaire

La perte d'autonomie du parlement et la direction par le gouvernement des affaires publiques.
La relativité du contrôle parlementaire.

FICHE N° 11

LE RÉGIME PARLEMENTAIRE : LA GRANDE-BRETAGNE

1. Références

BARANGER D., *Parlementarisme des origines*, PUF, 1999.

BELL J., « La Réforme de la Chambre des lords », *RFDC*, 2000, pp. 170 et suiv.

BELL J., « La Révolution constitutionnelle au Royaume-Uni », *RDP*, 2000, pp. 413 et suiv.

CAPITANT R., *Les Régimes parlementaires, Mélanges Carré de Malberg*, Sirey, 1933.

CHARLOT M., *Le pouvoir politique en Grande-Bretagne*, 2e éd., PUF, 1998.

COLLIARD J.-C., *Les Régimes parlementaires*, Presses FNSP, 1978.

LAUVAUX P., *Le Parlementarisme*, PUF, coll. « Que sais-je ? », n° 2343, 2e éd., 1997.

MOUGEL F.-C., *Royaume-Uni, les années Blair*, Les études de La Documentation française, n° 5221, La Doc. française, 2005.

TURPIN D., *Le Régime parlementaire*, Dalloz, 1997.

« La Grande-Bretagne », *Pouvoirs*, n° 37, 1986.

« Le Royaume-Uni de Tony Blair », *Pouvoirs*, n° 93, 2000.

2. Repères

Définitions

Cabinet : le terme désigne un ensemble de ministres solidairement responsables de la politique menée, le terme étant tiré de l'histoire britannique au cours de laquelle les délibérations du roi et de ses ministres se déroulaient au sein d'un cabinet (litt. « petite pièce »).

Contreseing : c'est la signature par laquelle un ministre authentifie la signature du chef de l'Etat sur un acte ; le contreseing transfère la responsabilité du signataire vers celui qui contresigne.

Droit de dissolution : il s'agit de la possibilité laissée à l'exécutif de contraindre le Parlement à la démission en mettant fin unilatéralement au mandat de la chambre avant son expiration normale. Ce droit de dissolution peut être libre (Grande-Bretagne ou art. 12 de la Constitution de 1958) ou soumis à un avis conforme (le président de la IIIe République devait avoir l'accord du Sénat pour dissoudre la Chambre des députés).

Impeachment : il s'agit d'une accusation pénale contre un ministre ; l'acte d'accusation est dressé par les Communes, le jugement a lieu devant les Lords. Il a été mis en œuvre pour la dernière fois en 1805 au Royaume-Uni. Il y a permis la naissance du principe de responsabilité politique.

Initiative législative : il s'agit de la possibilité laissée à un organe ou à une personne de proposer la discussion de textes de lois. Dans un régime parlementaire, le Gouvernement et les parlementaires disposent conjointement de l'initiative.

Investiture : c'est le vote parlementaire par lequel celui-ci témoigne de sa confiance envers le Gouvernement et qui autorise le cabinet à entrer en fonction.

Motion de censure : vote par lequel le Parlement exprime sa défiance à l'encontre du cabinet et contraint celui-ci à la démission (art. 49-2 de la Constitution de 1958).

Régime parlementaire : mode de fonctionnement de l'Etat caractérisé par la collaboration souple des pouvoirs ; le gouvernement y est assuré par un cabinet responsable devant le Parlement. Le chef de l'Etat y est politiquement irresponsable et l'exécutif peut prononcer la dissolution de la chambre.

Responsabilité dualiste : cette forme de responsabilité désigne la situation dans laquelle le chef du Gouvernement est responsable devant deux organes : le chef de l'Etat et le Parlement (Monarchie de juillet, 1830-1848 ou Ve République, hors période de cohabitation).

Responsabilité moniste : dans un tel système, le chef du Gouvernement n'est responsable que devant le seul Parlement. Les régimes parlementaires sont tous passés d'un système dualiste de responsabilité à un système moniste (en France à la suite de la crise du 16 mai 1877, v. **Fiche n° 14**).

Responsabilité politique : cette expression désigne le fait que le chef du Gouvernement doive rendre compte de sa politique devant le Parlement, qui dispose de la possibilité de le contraindre à la démission par le vote d'une motion de censure.

Tories : l'expression désigne aujourd'hui le parti conservateur britannique, fondé en 1830. Ses principaux dirigeants furent Winston Churchill, Anthony Eden ou Margaret Thatcher.

Travaillistes : nom britannique des socialistes ; le parti fut fondé en 1906. Ses principaux dirigeants furent Clément Attlee, Harold Wilson ou Tony Blair.

Whigs : les libéraux furent pendant longtemps le second parti du système politique britannique, avant d'être détrônés et dépassés, au début du XXe siècle par le parti travailliste. Aujourd'hui, les libéraux-démocrates (lib-dem) sont la troisième force politique britannique (ils se trouvent nettement désavantagés en raison du mode de scrutin).

Chronologie

- 1215 : la *Magna Carta* est concédée par Jean sans Terre à ses barons.
- 1628 : la *Petition of Rights* réaffirme les droits du Parlement.
- 13 février 1689 : le *Bill of Rights* limite les prérogatives du monarque.
- 1707 : dernière utilisation du veto royal à l'encontre d'un acte du Parlement.
- 1742 : première démission d'un Premier ministre sous la pression du Parlement (Walpole).
- 1782 : première démission collective du cabinet ; Lord North (échec de sa politique en Amérique).
- 1782 : le Premier ministre Pitt rend les électeurs juges de son désaccord avec les Communes en demandant la dissolution de la Chambre des communes.
- 1793 : dernière démission d'un cabinet à la seule demande du roi.
- 1832 : réforme et démocratisation de la loi électorale britannique.
- 1911 : perte du droit de veto de la Chambre des lords (elle conserve un veto suspensif de deux ans).
- 1999 : réforme de la Chambre des lords, réduction à 92 des pairs héréditaires admis à siéger.

Biographies

Gordon Brown

Né en 1951, Ecossais d'origine et appartenant au parti travailliste, il est économiste de formation. Il fut ministre de l'Economie et des Finances de 1997 à 2007 (chancelier de l'Echiquier) et principal soutien de Tony Blair ; celui-ci lui laisse la place au courant de l'année 2007.

Walpole (1676-1745)

Homme d'Etat britannique, il fut l'un des principaux dirigeants des *whigs*. Il eut un rôle très important dans l'acquisition de ses caractéristiques par le régime parlementaire ; il fut en effet principal ministre, pendant plus de vingt ans, sous les règnes de Georges Ier puis Georges II, de 1721 à 1742.

3. Explications : théorie et pratique de la séparation souple en Grande-Bretagne

L'idée qui gouverne le fonctionnement du régime parlementaire est que la séparation des pouvoirs doit être assurée par la collaboration entre les différents organes institutionnels, laquelle ne peut réellement fonctionner qu'à la condition qu'existent des moyens d'action et de pression réciproques entre ceux-ci. Il convient toutefois de noter que cette définition du régime parlementaire est une construction *a posteriori*, car il n'y a jamais eu de réflexion prospective sur le régime parlementaire. Celui-ci est né au gré des événements et des hommes, dont l'action a façonné peu à peu un système d'organisation politique après coup qualifié de régime de séparation souple des pouvoirs. On ne peut enfin aborder le régime parlementaire sans s'intéresser d'abord à la Grande-Bretagne, parfois qualifiée de « mère des Parlements », dans la mesure où ce type de système a trouvé Outre-Manche les conditions favorables à son essor. Après l'étude des principes de la séparation souple des pouvoirs, il conviendra donc d'envisager le parlementarisme britannique.

Les principes de la séparation souple

Le régime parlementaire *« n'est pas le régime de domination de la vie politique par le Parlement. C'est un régime caractérisé par une séparation souple des pouvoirs et qui organise leur collaboration fonctionnelle* »[1] ; il induit une certaine organisation de l'exécutif et un fonctionnement harmonieux avec le législatif par l'existence de moyens d'action réciproques.

La structure de l'exécutif

Si le parlementarisme suppose dans son fonctionnement un certain équilibre entre les pouvoirs, celui-ci n'est rendu possible que par la dissociation de l'exécutif entre deux organes, laquelle induit la prééminence du chef du Gouvernement.

Un exécutif bicéphale

Dans le régime parlementaire, l'exécutif est composé de deux organes distincts : le chef de l'Etat et celui du Gouvernement. Ce bicéphalisme sépare le pôle exécutif, les deux organes étant attribués à deux personnes distinctes et qui exercent des fonctions indépendantes et complémentaires. La séparation des personnes s'accompagne d'une séparation des fonctions.

1. LINOTTE D., *Les Constitutions françaises*, MA Editions, 1985, p. 208.

Le chef de l'Etat

Il incarne la permanence et la continuité extérieure de l'Etat, tandis que sa fonction tendra à n'avoir qu'une dimension purement honorifique. Le chef de l'Etat exerce donc une fonction dénuée de toute dimension politique partisane (situation du président de la IVe République ou le rôle réservé au monarque en Grande-Bretagne). Il est en conséquence dit politiquement irresponsable, ce qui signifie que les (ou la) chambre(s) ne peuvent le mettre en cause personnellement pour la politique menée. En effet, dans un régime parlementaire, la quasi-totalité des actes du chef de l'Etat est soumise à l'obligation du contreseing ministériel : cette formalité signifie que pour être valides, les actes du chef de l'Etat doivent être accompagnés de la signature du chef du Gouvernement. Le contreseing fait de celui-ci le véritable auteur de l'acte et transfère la responsabilité de la tête du chef de l'Etat à celle du chef du Gouvernement.

Le chef de Gouvernement

Il assure dans ce système la direction de l'action de l'ensemble des membres du cabinet et incarne la politique menée collectivement. Il doit bénéficier de la confiance du Parlement pour mener à bien cette politique, et il est donc le plus souvent le chef de cette majorité parlementaire (un cabinet minoritaire serait incapable de mener à bien une quelconque politique, susceptible de chuter à chaque instant devant le Parlement). Les membres du cabinet sont solidairement responsables de la politique menée.

La prééminence du chef du Gouvernement

Leader incontesté du cabinet, chef de la majorité parlementaire, le chef du Gouvernement est le véritable maître de l'exécutif. De plus, l'exigence du contreseing pour les actes du chef de l'Etat rend celui-ci tributaire de la bonne volonté du chef du Gouvernement, lequel est le seul responsable de l'action de l'exécutif. D'ailleurs le fonctionnement du régime parlementaire a connu une évolution de cette responsabilité du chef du Gouvernement lorsque l'on est passé d'un système de responsabilité dualiste à un système dit de responsabilité moniste.

En effet, à l'origine, le chef du Gouvernement, choisi par le monarque (en Angleterre), était responsable devant celui-ci ; puis l'évolution du système a conduit à ce qu'il soit également responsable devant le Parlement de la politique menée par son cabinet. Ce système dit dualiste a progressivement laissé la place à un système de responsabilité moniste dans lequel le chef de l'Etat perd la possibilité d'obtenir la démission du chef du Gouvernement, celui-ci n'étant plus responsable que devant le seul Parlement.

L'existence de moyens d'action réciproques

Régime de séparation souple, le régime parlementaire prévoit que l'exécutif et le législatif disposent concurremment de l'initiative législative et que le Gouvernement puisse se faire entendre à chaque étape de la discussion parlementaire. En outre, afin de contraindre les organes à la collaboration, la séparation souple des pouvoirs dote chacun des organes d'un moyen de pression sur l'autre ; il s'agit de la responsabilité ministérielle et du droit de dissolution.

La responsabilité ministérielle

Le régime parlementaire repose sur la confiance du Parlement ; le Gouvernement et son chef doivent en bénéficier pour mener à bien leur politique. Dès son entrée en fonction, le Gouvernement sollicite l'appui du Parlement afin de vérifier qu'il dispose de sa confiance (et donc de celle des électeurs) par un vote d'investiture ; par la suite, la confiance se vérifie par le soutien qu'apporte le Parlement à l'action du cabinet (vote des textes de lois présentés). Toutefois, si les Chambres ne soutiennent plus la politique menée, elles retirent leur confiance au Gouvernement qui ne dispose plus d'une majorité pour le soutenir et doit se retirer. L'Assemblée, lorsqu'elle adopte une motion de censure, signifie au cabinet sa défiance et contraint celui-ci à la démission.

La dissolution de l'Assemblée

Cette dissolution peut être ordonnée par l'exécutif, ce qui lui permet de contrebalancer la force du législatif. Sans cette faculté, l'exécutif serait sous la pression constante du législatif, ce qui serait la marque d'un régime de confusion des pouvoirs. Le droit de dissolution appartient le plus souvent au chef de l'Etat, mais ce dernier en use à la demande du Premier ministre, lequel, en vertu du contreseing, en prend la responsabilité politique. La dissolution rend alors les électeurs arbitres de l'opposition entre l'exécutif et le législatif. Il est toutefois rare qu'il en soit fait usage, car la menace de recourir à la dissolution suffit le plus souvent à renouer les fils du dialogue entre les organes exécutif et législatif ; le droit de dissolution possède alors une vertu essentiellement préventive.

Le parlementarisme britannique

C'est en Grande-Bretagne qu'est né le régime parlementaire. Il s'agit d'envisager les conditions de sa naissance, puis le fonctionnement actuel du système.

La naissance du régime parlementaire

Celle-ci s'est faite très progressivement ; il faut en noter les prémices puis sa stabilisation, par l'acquisition de ses caractéristiques contemporaines.

Les prémices

L'Angleterre a connu très tôt un mouvement de limitation de la Couronne au profit de la noblesse. Dès 1215, Jean sans Terre est contraint de concéder une « Grande Charte » à ses barons ; la *Magna Carta* interdit en particulier au roi de lever de nouveaux impôts sans le consentement de son conseil. Les barons tendent alors à apparaître comme les détenteurs du pouvoir financier, recommandant au roi l'adoption de certains actes (le Parlement acquiert ainsi le droit d'initiative). Pour contrebalancer le pouvoir de la noblesse, le roi prend l'habitude de réunir des représentants des villes et des comtés (ils donneront naissance à la Chambre des communes) ; les deux chambres, lorsqu'elles se réunissent, prennent le nom de Parlement. Au XVe siècle, il est admis que pour être valide, la loi doit avoir l'accord du roi et des deux chambres.
Cette évolution ne s'est pas produite sans heurts et les crises furent nombreuses entre le monarque et les chambres. Le XVIIe siècle, après la révolution et l'exécution de Charles Ier (1649), la dictature de Cromwell et le rétablissement de la monarchie (1660), puis la seconde révolution de 1688, voit la consécration des droits du Parlement par le *Bill of Rights* du 13 février 1689. Cet acte limite les prérogatives du monarque (son droit d'initiative est limité et il perd le pouvoir de suspendre l'exécution d'une loi). Le Parlement britannique devient le détenteur exclusif du pouvoir législatif.

La mise en place des caractéristiques contemporaines

Les circonstances eurent un rôle non négligeable dans l'évolution du parlementarisme britannique. En effet, le souci d'écarter les descendants de l'ancien roi Jacques II de la succession au trône aboutit à confier la Couronne à l'électeur de Hanovre. Lorsque George Ier est sacré en 1714, il est âgé de 54 ans et ne parle pas anglais ; quant à son fils George II, s'il comprenait la langue, il ne la parlait pas non plus. Ainsi, de 1714 à 1760, les monarques prirent l'habitude de ne plus assister aux réunions du cabinet durant lesquelles les ministres délibéraient seuls et assumaient, seuls également, la majeure partie de la responsabilité politique. Les rois prirent l'habitude de désigner des ministres issus du parti majoritaire, en se bornant à n'avoir de contact privilégié qu'avec l'un des ministres, qui assurait ainsi l'intermédiaire entre le cabinet et le monarque, présentant à ce dernier un résumé des discussions et des mesures adoptées.
Cette situation favorisait le poids du Parlement et de ce ministre, bientôt appelé *Prime Minister*. Le désintérêt royal conduisit encore à la disparition par désuétude de son droit de veto à l'encontre des actes adoptés par le Parlement (le veto fut mis pour la dernière fois en 1707). La responsabilité du Premier ministre devant le Parlement fut acquise en 1742 par une déviation de la procédure pénale de l'*impeachment*, lorsque Walpole, menacé de la mise en œuvre de celle-ci, préféra démissionner préventivement. La dernière évolution se produit après 1793, lorsque le régime parlementaire prend un caractère moniste. Depuis cette époque, le monarque ne dispose plus du pouvoir réel et le régime n'a guère évolué dans ses

principes ; les changements intervenus depuis concernèrent surtout la loi électorale, puis des réductions successives du pouvoir de la Chambre des lords (1911, 1949 et 1999).

La situation actuelle

Décrire la situation actuelle conduit à rappeler les principaux éléments de la structure du système britannique et ses principales règles de fonctionnement.

Structure du système

La Grande-Bretagne fonctionne en vertu de dispositions coutumières qui pourraient théoriquement se trouver modifiées de par la seule volonté du Parlement. La monarchie y forme l'ossature des institutions, mais si ses prérogatives sont théoriquement très nombreuses, le monarque ne les exerce qu'à la demande du Premier ministre, sans sortir de la règle de neutralité politique qui lie de manière non écrite les souverains. Le Parlement est composé de la Chambre des lords (laquelle tend à perdre progressivement l'essentiel de ses pouvoirs, v. ***infra*, « Débat »**) et de celle des communes. La Chambre des communes a connu une évolution semblable à celle de tous les Parlements et perdu une large partie de son rôle législatif (près de 90 % des textes adoptés sont d'origine gouvernementale). Toutefois les travaux y sont organisés d'une telle façon que l'opposition est réellement en mesure d'effectuer son contrôle et de faire connaître sa position sur les textes en cause. Les travaux sont dirigés par le speaker, qui exerce sa mission avec une neutralité exemplaire. L'opposition constitue enfin un *Shadow Cabinet* (« cabinet fantôme ») sous la direction de son leader, qui travaille à préparer la politique que mènerait l'opposition si elle remportait les élections.
C'est enfin la structure politique du système qui a largement contribué à sa stabilité ; car le Royaume-Uni connaît un système de strict bipartisme, qui est largement l'effet du système électoral. Les membres des Communes (ils sont 659, élus pour cinq ans) sont désignés par un scrutin majoritaire uninominal à un tour qui a conduit le système à se structurer autour de deux grands partis, les conservateurs et les travaillistes, toute autre formation ayant d'extrêmes difficultés à obtenir des élus.

Fonctionnement du système

Ce système électoral a largement contribué à modeler le fonctionnement du système, car au moment de l'élection, l'électeur connaît parfaitement le nom et le programme du futur Premier ministre ; en votant conservateur chacun sait que le leader de ce parti sera appelé au *10 Downing Street* et dirigera le cabinet, et de même en votant travailliste. Le système britannique est un véritable régime primo-ministériel dans lequel le chef du Gouvernement choisit librement son équipe (qui est de taille plus restreinte qu'en France : moins de 25 membres) et peut être assuré du soutien sans faille de sa majorité parlementaire. De plus, maîtrisant la décision de recourir à la dissolution, le Premier ministre en fait un usage politique, procédant

à la dissolution de manière anticipée, en fonction des circonstances politiques afin de réussir au mieux sa réélection.
Le système britannique est entré ces dernières années dans une phase d'évolution institutionnelle. Après les modifications structurelles de la Chambre des lords (1999), le Gouvernement s'est lancé, après une acceptation référendaire, dans un mouvement de dévolution des pouvoirs vers l'Ecosse et le Pays de Galles (avec instauration d'assemblées régionales élues pour partie à la proportionnelle).

4. Débat : l'effacement progressif des Lords

Jusqu'au début du XIXe siècle, la Chambre des lords avait très largement influencé voire dominé la vie politique de l'île. Son déclin politique commencera avec la réforme électorale de 1832, qui enlèvera aux Lords le poids qu'ils pouvaient avoir sur la désignation des membres des Communes. De plus, si la Chambre des lords était alors en position de stricte égalité avec la Chambre des communes, elle évitait de heurter de front celle-ci, notamment en matière financière[2].

L'étape suivante du déclin intervint à partir de 1909 et fut réalisée par le *Parliament Act* de 1911. Les libéraux (*parti whig*), alors aux affaires, souhaitaient imposer une réforme fiscale touchant les grosses fortunes, et indirectement les Lords, lesquels s'y opposèrent. Le Gouvernement utilisa la dissolution comme d'un référendum pour apporter la preuve du soutien populaire et les Lords, confrontés au risque de création d'une fournée de pairs d'une ampleur sans précédent, acceptèrent en 1911 le vote d'une loi consacrant leur défaite. En vertu de cette loi, la Chambre des lords perdait tout pouvoir financier, et, pour les autres lois, ne disposait plus que d'un veto suspensif d'une durée de deux ans au maximum (si les Communes persistaient à vouloir adopter la loi en cause).
Le gouvernement travailliste réduisit ce veto suspensif (malgré l'opposition des Lords) à une année en 1949. En 1958 fut votée une loi autorisant le monarque (et donc le Premier ministre qui lui en fait la demande) à faire des pairs viagers (les Lords l'étaient jusqu'alors uniquement héréditairement), qui permit d'y désigner des femmes et de modifier sensiblement la composition politique de la seconde chambre en y faisant entrer un peu plus de diversité.
La dernière évolution est intervenue en novembre 1999 avec le *House of Lords Act*, mais elle n'est pas encore achevée à ce jour. En vertu de cette loi, les Lords héréditaires gardent leurs titres qui restent transmissibles mais ne permettent plus de siéger et de voter à la Chambre ; aux côtés des pairs viagers, seuls 92 pairs héréditaires restent admis à siéger (ils ont été élus par leurs collègues), de manière transitoire avant que l'avenir de la Chambre ne soit pleinement déterminé. Le Gouvernement de Tony Blair souhaitait orienter la Chambre vers une sorte de Sénat élu en partie au suffrage universel et par les assemblées régionales ; ce projet ne semble pas en passe d'aboutir et les Lords pourraient conserver durablement leur composition et leur rôle actuels.

2. En effet, en cas d'opposition des Lords, le Premier ministre pouvait demander au roi la création de nouveaux Lords (faire une fournée de pairs), et la Chambre, pour éviter cette perspective, se montrait réservée dans ses critiques du Gouvernement lorsqu'elle était en désaccord avec lui.

FICHE N° 12

LE RÉGIME PRÉSIDENTIEL : LES ÉTATS-UNIS D'AMÉRIQUE

1. Références

BOUDON J., « La désignation du président des Etats-Unis », *RDP*, 2005, pp. 1303 et suiv.

FELDMAN J.-P., « Alexis de Tocqueville et le fédéralisme américain », *RDP*, 2006, pp. 879 et suiv.

FISCHER L., MOURTADA-SABBAH N. « La Cour suprême des Etats-Unis : interprète souverain de la Constitution ? », *RDP*, 2002, pp. 1205 et suiv.

GAULMIN P., « Le Droit de veto présidentiel aux Etats-Unis », *RFDC*, 1998, pp. 251 et suiv.

GILSON B., *La Découverte du régime présidentiel*, LGDJ, 1968.

MANIN B., « La séparation des pouvoirs dans le débat constitutionnel américain de 1787 », *RFSP*, 1994.

MILTON A., JAY J., MADISON J., *Le Fédéraliste*, 1957, rééd., Economica, 1988.

RIALS S., « Régime congressionnel ou régime présidentiel ? Les leçons de l'histoire américaine », *Pouvoirs*, n° 29, 1984, pp. 35 et suiv.

TOINET M.-F., *Le Système politique des Etats-Unis*, PUF, 1990.

TUNC A. et S., *Le Système constitutionnel des Etats-Unis d'Amérique*, 2 vol., Domat, 1954.

ZOLLER E., « Splendeurs et misères du constitutionnalisme : les enseignements de l'expérience américaine », *RDP*, 1994, p. 158.

ZOLLER E., *De Nixon à Clinton. Malentendus juridiques transatlantiques*, PUF, 1999.

« La Cour suprême des Etats-Unis », *Pouvoirs*, n° 59, 1991.

« Les Etats-Unis », *Pouvoirs*, n° 29, 1984.

2. Repères

Définition

Pères fondateurs (*Founding Fathers*) : l'expression désigne les hommes d'Etat à l'origine de la fondation des Etats-Unis (Washington, Franklin, Hamilton et Madison).

Chronologie

- 1776 : déclaration d'indépendance des Etats-Unis.
- 1787 : adoption de la Constitution fédérale.

Biographie : Barack Obama

Né en 1961, il est élu en 2008 en tant que 44e président des Etats-Unis d'Amérique. Juriste de formation et brillant orateur, il joue sur les symboles et profite de la crise ainsi que de la mauvaise campagne républicaine. Se présentant comme un candidat du changement, il est aussi celui ayant bénéficié de la campagne électorale la plus coûteuse de tous les temps. Il ne possède qu'une expérience assez faible de la vie politique n'ayant obtenu qu'un seul mandat de sénateur (2004 à 2007 ; il fut auparavant élu local de 1997 à 2004).

Schéma explicatif : l'élection du président des Etats-Unis

Elle obéit à un mécanisme original et se déroule en définitive durant toute une année :
- la première phase est celle des primaires, procédure de désignation des candidats par les partis, au sein de chaque Etat ;
- la deuxième étape est celle des conventions nationales, qui, pour chaque parti, désignent le candidat à la présidence et celui à la vice-présidence ;
- la troisième étape est celle du vote des électeurs ;
- enfin a lieu la prise de fonction du nouveau président.

Les primaires
de janvier à mai

Le mode d'organisation des primaires dépend de chaque Etat et celles-ci sont assez variées. Leur principe réside dans un vote par les électeurs de l'Etat en faveur de délégués favorables à tel ou tel candidat à la présidence.

Les conventions nationales
au cours de l'été

Elles sont organisées par les deux grands partis et rassemblent les délégués élus dans les Etats et désignés par le parti. Plusieurs milliers de personnes procèdent à la désignation officielle des candidats.
Le ticket président/vice-président est choisi afin d'être complémentaire (origine géographique, opinions...).

La désignation des grands électeurs
1er mardi suivant le 1er lundi de novembre

Chaque Etat désigne autant de grands électeurs qu'il dispose d'élus au Congrès.
Leur nombre est de 538 ; il s'agit d'un scrutin de liste, majoritaire, à un tour, dans chaque Etat.
Les grands électeurs ont un mandat impératif et le président élu est donc immédiatement connu.

La prise de fonction
20 janvier

Elle n'intervient qu'après le décompte officiel des voix, au début du mois de janvier.

3. Explications : le fonctionnement de la séparation stricte aux Etats-Unis

Le régime présidentiel est le second grand modèle de mise en œuvre du principe de séparation des pouvoirs. Toutefois, si le régime parlementaire considère que l'existence de moyens de pressions réciproques entre les pouvoirs permet d'assurer leur collaboration, le régime présidentiel adopte une logique résolument inverse. Ici, il est considéré que le bon fonctionnement du régime de séparation des pouvoirs ne peut que résulter d'une totale indépendance entre ceux-ci et que la collaboration ne doit donc pas être le résultat de pressions entre les pouvoirs mais tout au contraire de l'absence de celles-ci.
Les différents organes représentant la nation doivent donc être distingués de manière stricte et rigide afin de garantir leur indépendance et ainsi leur libre collaboration. Les différents pouvoirs ne doivent donc pas dépendre les uns des autres, mais doivent bénéficier d'une indépendance organique et politique qui doit les mettre sur un pied d'égalité et les conduire à collaborer librement entre eux pour le bénéfice de tous ; l'exécutif doit donc alors disposer « *d'une légitimité autonome. Il ne procède en rien du Parlement. Ce dernier, élu de son côté, est également un représentant de la souveraineté ; il n'est point soumis à l'exécutif* »[1]. Ce modèle de séparation rigide des pouvoirs et des organes doit être détaillé dans ses principes avant que d'être envisagé dans son fonctionnement nord-américain.

Principes du régime de séparation stricte des pouvoirs

Dès 1787, la Constitution fédérale américaine organise un système de séparation stricte des pouvoirs qui prendra bientôt le nom de régime présidentiel. L'objectif de ce système est d'organiser la division du pouvoir afin de l'affaiblir et d'éviter tout arbitraire de sa part ; il repose sur le principe de l'indépendance structurelle des pouvoirs. La théorie de ce régime doit être présentée avant de l'observer dans la réalité et les spécificités de sa réalisation américaine.

Théorie du régime présidentiel

Ce régime repose sur l'idée que l'existence de moyens de pression entre les pouvoirs nuirait à leur indépendance. L'équilibre entre les fonctions doit maintenir leur autonomie et résulter de leur stricte séparation. Pour éviter l'abus qu'un Parlement, seul titulaire de la volonté populaire, pourrait faire de son pouvoir, il faut installer face à lui un exécutif doté de la même légitimité tout en maintenant un pouvoir judiciaire puissant ; il convient en outre de maintenir cet équilibre, en empêchant ces pouvoirs d'agir les uns sur les autres.

1. LINOTTE D., *Les Constitutions françaises*, MA Editions, 1985, p. 209.

Le partage de la légitimité

Doter l'exécutif d'une légitimité autonome permet d'établir un contre-pouvoir à la toute puissance du législatif. Le Parlement tirant son pouvoir de son élection directe par les citoyens, il s'agit de conférer à l'exécutif une légitimité de la même nature : le chef de l'exécutif procède donc lui aussi de l'élection populaire. Le président est ainsi choisi par les citoyens au suffrage universel, désignation qui le rend puissant et le dote d'une légitimité populaire semblable à celle du Parlement[2].

Dans ce système, l'exécutif est monocéphale, le président étant à la fois chef de l'Etat et du Gouvernement, n'ayant nul besoin à ses côtés d'un chef de gouvernement disposant de la confiance parlementaire. Choisi par les citoyens, il dirige réellement l'exécutif, et le régime présidentiel ne connaît pas non plus de cabinet au sens où l'on entend ces termes dans les régimes parlementaires. Il n'existe ici aucune dyarchie au sommet de l'exécutif, le président est pleinement investi, seul, de l'ensemble du pouvoir exécutif, comme le Parlement dispose, seul, de la compétence législative.

L'absence de moyens d'action et de pression réciproques

Le principe du régime présidentiel ne connaît en théorie aucun moyen constitutionnel de résoudre les conflits entre les pouvoirs, il n'y existe pas de biais pour contraindre un pouvoir à adopter une solution contre sa volonté. Il n'existe donc ici aucun droit de dissolution de l'exécutif sur l'une ou l'autre des Chambres ; en sens inverse, le législatif ne saurait contraindre l'exécutif et ne dispose d'aucune voie pour le contraindre à la démission : il n'existe pas dans ce système de responsabilité politique du président devant le Parlement (motion de censure ou vote de défiance). Totalement indépendants, les pouvoirs doivent nécessairement collaborer jusqu'à trouver une solution acceptable par chacune des parties, malgré leurs divergences, s'ils souhaitent mettre en œuvre une politique quelconque. Chacun des pouvoirs est cantonné à l'exécution de son seul rôle, car ce régime « *suppose une spécialisation claire des compétences de chaque organe de pouvoir. Le législateur a l'initiative des lois et les vote, l'exécutif s'occupe de leur exécution et le pouvoir juridictionnel juge* »[3]. Une séparation si rigide, dans laquelle les pouvoirs ne peuvent directement agir les uns sur les autres, pourrait facilement évoluer vers des situations bloquées ne se révoltant que dans la crise (c'est d'ailleurs ce qui se passera en France, v. **Fiche n° 14**) ; c'est ce que les Américains sauront éviter.

2. Voire supérieure, puisqu'il réunit sur son nom les suffrages de tous les citoyens, le parlementaire n'étant élu que par une fraction du corps électoral (même s'il représente celui-ci dans son ensemble).
3. Favoreu L. et al., *Droit constitutionnel*, 6e éd., Dalloz, 2003, n° 521, pp. 342-343.

L'organisation américaine de la séparation stricte des pouvoirs

Le système institutionnel américain repose bien sûr sur un système de séparation rigide des pouvoirs, dans le sens où aucun des pouvoirs ne peut contraindre l'autre. Toutefois les Pères fondateurs ont eu l'intelligence d'atténuer cette rigidité par des mécanismes facilitant la collaboration.

L'intelligence politique des constituants

Si les trois fonctions paraissent bien partagées entre des organes distincts bénéficiant d'un statut qui protège ipso facto leur indépendance, il n'en existe pas moins d'importantes atténuations à la rigidité de leur séparation. « *Les Pères de la Constitution américaine se sont attachés à "républicaniser" la monarchie limitée britannique : le monarque anglais est devenu le président ; le Sénat élu est la transposition de la chambre des lords héréditaires* »[4]. Plutôt que de faire du passé table rase, les constituants adaptèrent le modèle britannique à leur situation. Ainsi, comme le roi d'Angleterre pouvait opposer son veto aux actes du Parlement, les constituants américains choisirent de conserver ce mécanisme, car se méfiant des excès toujours possibles du législatif, ils préférèrent doter l'exécutif d'un moyen de bloquer des lois qui porteraient atteinte aux libertés de l'individu.

La reconnaissance d'un droit de veto au bénéfice du président permet de mettre une borne aux entreprises du Congrès ; il en existe deux types. Le premier veto permet au président de s'opposer à la promulgation d'un texte adopté par le Congrès en le renvoyant devant les chambres avec l'explication des raisons de son refus. Si le Congrès maintient son désir d'adopter le texte en cause, il peut mettre en échec le veto en revotant le texte à la majorité des 2/3 (dans chaque chambre[5]). Le second veto, dit aussi « veto de poche » (*pocket veto*), ne peut être utilisé qu'en fin de session parlementaire : le président peut s'opposer à tout texte qui lui est soumis dans les dix jours précédant la fin de la session ; la procédure devra alors être reprise à son début lors de la session suivante si le Congrès veut toujours adopter le texte.

L'importance du Congrès

Il faut d'abord noter que le Congrès des Etats-Unis dispose de pouvoirs beaucoup plus étendus que ceux de nombreux parlements ; ce qui lui confère d'énormes moyens d'investigation, de contrôle et en définitive un poids très lourd au sein des institutions. C'est d'abord le vote du budget qui est du ressort exclusif du Congrès, lequel dispose donc du moyen de contrer l'action du président en ne finançant pas les projets que celui-ci souhaiterait mettre en œuvre et favorise donc la négociation

4. Leclercq Cl, *Droit constitutionnel et institutions politiques*, 10e éd., Litec, 1999, p. 199.
5. La réalité du système politique américain rend un tel vote pratiquement impossible. Roosevelt utilisa 631 fois ce veto en douze ans (1933-1945) et le Congrès ne put dépasser cette opposition qu'à neuf reprises.

entre le président et le Parlement. Le Sénat, ensuite, se voit confier un pouvoir de contrôle très important : celui de la nomination de très nombreux fonctionnaires fédéraux (haute administration, juges, ambassadeurs...), ce qui lui permet de s'opposer à la nomination de toute personne qu'il ne souhaite pas, ce qui constitue encore un moyen de négociation important (si le président contrôle la nomination des membres de la Cour suprême, il ne peut le faire qu'avec l'accord du législatif). Enfin, toute ratification d'un traité signé par le président des Etats-Unis doit être approuvée par les 2/3 des membres du Sénat, ce qui lui donne un véritable droit de regard sur la politique extérieure menée[6].

Au-delà de ces éléments facilitant la collaboration, mais sans donner à l'un des pouvoirs le moyen de contraindre l'autre, la réussite du système américain doit beaucoup à son fonctionnement.

Le fonctionnement du système américain

La réussite et le bon fonctionnement du système institutionnel des Etats-Unis doivent autant à l'organisation de ses institutions qu'à sa structure politique.

La structure politique de l'Amérique

L'Amérique s'est de longue date dotée d'un système bipartisan quasi parfait dont le fonctionnement n'est pas heurté par la fréquence des cohabitations.

L'organisation du jeu politique

Le système partisan américain s'est organisé autour de deux grands partis, les démocrates et les républicains. Ceux-ci sont nés au milieu du XIXe siècle et dominent largement la politique américaine, spécialement au niveau fédéral (la candidature d'un troisième homme peut toutefois avoir des conséquences importantes ; ainsi en 1992, la présence à l'élection présidentielle de R. Perot qui obtint 19 % des voix coûta sa réélection au républicain G. Bush).
De fait, les sensibilités politiques de ces partis sont certes différentes, mais restent relativement proches ; les démocrates sont globalement assez favorables à un certain interventionnisme de l'Etat fédéral, tandis que les républicains sont aujourd'hui plus favorables aux droits des Etats fédérés et au libéralisme. Cette césure entre les partis n'est toutefois pas si nette dans la mesure où existent de grands clivages régionaux qui traversent chacun des grands partis, et un démocrate du sud des Etats-Unis est souvent plus proche des républicains que des démocrates de la côte Est...

6. Le cas le plus célèbre fut celui du traité de Versailles entérinant la fin de la guerre de 1914-1918 et instaurant la Société des Nations, qui ne fut jamais ratifié par les Etats-Unis.

Comme le relève Dominique Chagnollaud, « *moins que le support d'idéologies tranchées, les deux partis américains sont d'abord de pragmatiques machines électorales* »[7], et il existe autant de partis et de tendances que d'Etats... L'essentiel de la vie politique américaine se déroule d'ailleurs au niveau local[8], tandis que l'organisation des partis est très décentralisée et que la diversité des tendances internes des partis facilite le déroulement des cohabitations au niveau fédéral.

L'expérience de la cohabitation

Celle-ci est essentiellement la conséquence de l'organisation des institutions politiques fédérales. En effet, le président est élu pour quatre ans, en même temps que les membres de la chambre des représentants (qui ne le sont eux que pour deux ans), tandis que les membres du Sénat sont élus pour six années, mais renouvelés par tiers tous les deux ans ; il en résulte donc assez souvent des distorsions politiques, entre les chambres parfois, mais le plus souvent entre celles-ci et le président.
Cette réalité politique conduit donc à favoriser les négociations interinstitutionnelles, lesquelles s'avèrent d'autant plus nécessaires que la Constitution américaine ne connaît pas de moyens juridiques pour l'un des pouvoirs de contraindre l'autre. La faiblesse structurelle des partis américains et l'absence de discipline partisane semblable à celle qui est connue en France ou en Angleterre favorisent alors encore ces négociations et la collaboration entre des organes opposés politiquement mais contraints de travailler de concert.

Les institutions fédérales de l'Amérique

Les Etats-Unis sont un Etat fédéral et une très large partie du pouvoir s'exerce donc au niveau des Etats fédérés, même si l'histoire américaine a connu une évolution en faveur d'un rôle toujours plus élargi de l'Etat fédéral (comme les autres Etats fédéraux). Cette réalité doit toujours être gardée en mémoire lorsque l'on envisage le système américain.

La présidence

Le président est élu pour quatre années avec un vice-président qui le remplace en cas de décès ou de démission jusqu'à la date de l'échéance normale du mandat présidentiel ; il n'est rééligible qu'une seule fois (depuis 1951). Si le président cumule les fonctions de chef d'Etat et du Gouvernement, il n'existe pas de cabinet au sens que possède ce terme dans les régimes parlementaires : le président choisit

---

7. CHAGNOLLAUD D., *Droit constitutionnel contemporain*, t. 1, 3e éd., A. Colin, 2003, n° 532, p. 329.
8. Les citoyens élisent en effet leurs magistrats, les notaires et officiers d'état civil, les conseils municipaux et locaux, leur gouverneur d'Etat ; et leurs officiers de police, les shérifs... sans oublier les nombreux référendums.

librement son équipe (les « secrétaires d'Etat » sont les équivalents de nos ministres) et il est le seul à décider de la politique menée, pour laquelle il est le seul à rendre des comptes au peuple.
Le président est le chef de l'administration fédérale et détient le pouvoir réglementaire en ce qu'il assure l'exécution des lois. S'il ne dispose pas, du fait de la séparation rigide des pouvoirs, du droit d'initiative législative, il fait connaître chaque début d'année dans son discours sur l'état de l'Union les mesures dont il juge l'adoption nécessaire ; de plus des élus de sa sensibilité politique pourront reprendre les projets présidentiels à leur compte. Enfin, son droit de veto lui permet d'influencer le travail du Congrès, ne serait-ce que par la menace de son utilisation.

Le Congrès

Les constituants souhaitèrent diviser le pouvoir législatif afin d'éviter toute concentration du pouvoir aux mains d'une seule chambre ; le caractère fédéral de l'Etat qu'ils bâtirent les aida à justifier le bicaméralisme.
La Chambre des représentants est la chambre basse du Congrès américain. Elle est composée de 435 membres (depuis 1929) élus pour deux années et les représentants sont assez souvent réélus (plus de 90 % d'entre eux). Le Sénat forme quant à lui la chambre haute, constituée par les délégués des Etats fédérés ; ceux-ci sont placés sur un strict pied d'égalité, puisque chaque Etat désigne deux sénateurs à Washington (il y a 100 sénateurs, élus pour six ans).
Seuls les membres du Congrès disposent de l'initiative législative et les textes sont d'abord examinés au sein des commissions sur lesquelles leurs présidents (le plus souvent désignés à l'ancienneté) exercent une influence considérable. Les deux chambres sont placées sur un strict pied d'égalité au cours de la procédure d'élaboration de la loi et en cas de désaccord une commission de conciliation cherche à adopter un texte commun, le compromis qu'elle peut alors trouver est soumis à chacune des chambres qui à ce stade ne peuvent que l'accepter ou le rejeter, sans modification. Le Congrès dispose encore de l'initiative de révision de la Constitution fédérale (vote des deux chambres à la majorité des 2/3), l'amendement proposé doit alors être ratifié par les 3/4 des Etats fédérés.

La Cour suprême

Comme dans tout système fédéral, celle-ci possède une importance considérable. Elle couronne l'organisation juridictionnelle américaine, remplissant tout à la fois les fonctions qui sont celles en France, du Conseil d'Etat, de la Cour de cassation et du Conseil constitutionnel. Elle est composée de neuf membres (depuis 1869) qui sont désignés à vie par le président (qui doit toutefois obtenir l'accord du Sénat).

4. Débat : *l'impeachment*

La procédure de l'*impeachment* permet une mise en œuvre de la responsabilité du président, mais ce serait une grave erreur d'y voir un mécanisme de mise en cause de la responsabilité politique du président des Etats-Unis. Il s'agit en effet d'une procédure de type pénale.
Cette procédure appartient au Congrès qui peut et lui permet de mettre en cause la responsabilité pénale du président et éventuellement de le destituer en cas de « *trahison, concussion ou autre crime ou délit grave* »[9]. Il appartient tout d'abord à la Chambre des représentants de mettre le président en accusation, à l'occasion d'un vote à la majorité simple ; puis il appartiendra au Sénat, alors réuni en instance de jugement sous la direction du président de la Cour suprême, de se prononcer sur la condamnation. Pour être acquise, celle-ci doit alors être votée à la majorité des 2/3 des membres du Sénat (soit 67 sénateurs).

La procédure d'*impeachment* menée à l'encontre d'un président n'a jamais abouti. C'est en 1868 qu'elle est allée le plus loin, lorsque le président Andrew Johnson échappa d'une seule voix à sa destitution par le Sénat. Dans l'affaire du Watergate, en 1974, la procédure n'a pas abouti, car le président Nixon, au vu des circonstances, préféra démissionner après sa mise en accusation. Enfin, en 1998, les représentants mirent le président Clinton en accusation (du fait de son mensonge devant un juge), mais le vote du Sénat en faveur de sa destitution n'obtint pas la majorité qualifiée (1999).
La fin du XIXe siècle connut une tentative pour faire basculer l'*impeachment* d'une forme de responsabilité pénale vers une véritable responsabilité politique, à l'image de ce qui s'était produit au XVIIIe siècle en Grande-Bretagne (v. **Fiche n° 11**). En effet, le président Johnson n'était accusé que de manquements à des règles d'ordre politique.

9. Cette procédure n'est pas réservée qu'au président, mais concerne tous les fonctionnaires d'Etat ainsi que les juges.

FICHE N° 13

EUROPE : ENTRE PARLEMENTARISME ET PRÉSIDENTIALISME

1. Références

Allemagne

AUTEXIER Ch., *Introduction au droit public allemand*, PUF, 1997.

FROMONT M., dir, *Les Cinquante Ans de la République fédérale d'Allemagne*, pub. de la Sorbonne, 2000.

FROMONT M., dir, *Les Institutions de la République fédérale d'Allemagne*, La Documentation française, 1999.

FROMONT M., « Le constitutionnalisme allemand », *Pouvoirs*, n° 66, 1993, pp. 5 et suiv.

FROMONT M., « Chronique de jurisprudence constitutionnelle de la République fédérale d'Allemagne », *RDP*, chaque année.

LAUVAUX Ph., ZILLER J., « Trente-cinq ans de parlementarisme rationalisé en RFA, un bilan », *RDP*, 1985, pp. 1023 et suiv.

LE DIVELLEC A., *Le Gouvernement parlementaire en Allemagne*, LGDJ, 2004.

RAINER A., « L'Election et les compétences du président fédéral allemand », *RDP*, 1995, pp. 303 et suiv.

VINTZEL C., « La dissolution du 15e Bundestag et l'article 68 de la Loi fondamentale : une stabilisation de la défiance », *RDP*, 2006, pp. 1008 et suiv.

« La RFA », *Pouvoirs*, n° 22, 1982.

« L'Allemagne », *Pouvoirs*, n° 66, 1993.

Russie

GAZIER A., « Justice constitutionnelle et fédéralisme en Russie », *RDP*, 1999, pp. 1359 et suiv.

GÉLARD P., « Actualité constitutionnelle en Russie, CEI... chronique annuelle », *RFDC*.

LESAGE M., dir., *Les Institutions de la Russie*, La Doc. fr., 1998.

MASSIAS J.-P., dir, « Chronique constitutionnelle des Etats d'Europe de l'Est », *RDP*, chaque année.

MENDRAS M., dir., *Comment fonctionne la Russie ?,* éd. Autrement, 2003.

« L'Union soviétique », *Pouvoirs*, n° 6, 1978.

« L'URSS de Gorbatchev », *Pouvoirs*, n° 45, 1988.

V. aussi *la Revue de justice constitutionnelle est-européenne.*

2. Repères

Définition

Motion de censure constructive : instaurée par l'article 67 de la Loi fondamentale allemande, cette technique n'autorise la mise en cause du chef du Gouvernement que si le Parlement s'accorde pour remplacer celui-ci par un nouveau chancelier (par un vote à la majorité absolue). Cette technique permet d'éviter une alliance des contraires face au Gouvernement, puisque la censure ne peut être accompagnée que d'un accord sur un nouveau cabinet.

Chronologie

Allemagne

• 23 mai 1949 : adoption de la Loi fondamentale allemande.
• 1972 : première dissolution du *Bundestag*.
• 1er octobre 1982 : adoption de la motion de censure constructive.
• 3 octobre 1990 : date de la réunification effective des deux Allemagne.
• 22 novembre 2005 : élection d'Angela Merkel à la chancellerie, à la tête d'une « grande coalition ».
• septembre 2009 : élections législatives.

Russie

• 24 mai 1991 : révision de la Constitution de la Fédération de Russie : régime présidentiel.
• 12 juin 1991 : B. Eltsine est élu président de Russie au suffrage universel direct.
• 19-19 août 1991 : échec du coup d'Etat visant le maintien de l'URSS communiste.
• 31 décembre 1991 : l'URSS cesse d'exister.
• 21 septembre-4 octobre 1993 : le président Eltsine sort vainqueur de l'épreuve de force entamée avec le Parlement.
• 12 décembre 1993 : nouvelle Constitution de la Russie.
• 2000 : élection de Vladimir Poutine à la présidence (réélection en 2004).
• 7 mai 2008 : Dmitri Medvedev devient chef de l'Etat.
• 8 mai 2008 : Vladimir Poutine devient Premier ministre.

Biographies

Angela Merkel

Née en 1954 et ayant vécu en Allemagne de l'Est, elle est d'abord chercheuse en physique quantique avant de s'orienter vers la politique au sein des chrétiens-démocrates (CDU) à l'occasion de la réunification, en 1990. Elue député en 1990 (elle sera vice-présidente du *Bundestag*), elle accède également aux fonctions de ministre. Dirigeant la CDU, elle emporte une victoire (serrée) lors des législatives de 2005 ; elle accède alors aux fonctions de chancelier fédéral, dans le cadre d'une « grande coalition » mêlant socialistes et chrétiens-démocrates.

Dmitri Medvedev

Né en 1965 et juriste de formation il enseigne le droit à l'Université de Saint-Petersbourg avant de rejoindre le secteur privé à la fin des années 1990. Il dirige l'administration du Kremlin en 2003 avant de devenir premier vice-Premier ministre de Vladimir Poutine en 2003. Il est élu président de la Fédération de Russie le 2 mars 2008.

Vladimir Poutine

Nommé Premier ministre par Boris Eltsine en août 1999, l'ancien responsable des services secrets est élu à la présidence le 26 mars 2000 ; il y est aisément réélu, dès le premier tour, en 2004. Comme président, il s'est efforcé de redonner à la Russie la stature internationale que lui fait mériter son importance, tout en assurant à la fois la cohésion intérieure (lutte contre les séparatismes) et l'essor économique du pays. En mai 2008, il quitte la présidence pour exercer les fonctions de premier ministre.

Schéma explicatif : le mode de scrutin allemand

Les électeurs disposent de deux votes. Imaginons ainsi un *land*, dans lequel 20 sièges sont à pourvoir (10 par le premier vote et 10 par le second) ; les 10 premiers sièges sont attribués selon le choix exprimé par l'électeur avec son premier vote au scrutin majoritaire dans des circonscriptions.

Supposons que les sièges aient été ainsi obtenus :
- SPD : 5 ;
- CDU-CSU : 4 ;
- FDP : 1.

Les résultats du second vote sont alors pris en compte. Imaginons que les suffrages se répartissent ainsi :
- SPD : 43 000 ;
- CDU-CSU : 38 000 ;
- FDP : 6 000 ;
- *Die Grünen* : 13 000 ;
- autres : 23 000 (ceux-ci, ayant chacun obtenu moins de 5 % des suffrages exprimés n'obtiendront pas de siège).

Les sièges totaux (20) sont alors répartis à la proportionnelle entre les différentes listes, en fonction des suffrages obtenus avec le second vote ; puis sont défalqués de ce résultat les sièges déjà obtenus dans le cadre du scrutin direct. Les résultats définitifs seront donc :

SPD : 44 000	9 élus	(- 5 sièges direct)	= 4 élus de liste
CDU-CSU : 38 000	7 élus	(- 4 sièges direct)	= 3 élus de liste
FDP : 7 000	1 élu	(- 1 siège direct)	= 0 élu de liste
Die Grünen : 13 000	3 élus	(aucun siège direct)	= 3 élus de liste

3. Explications : les régimes allemand et russe

Ces deux régimes sont ici détaillés en ce qu'ils reposent sur des logiques distinctes, mais qui, dans un cas comme dans l'autre, ont su apporter la stabilité à leur système politique. L'Allemagne tout d'abord, qui organisa à partir de 1949 un système institutionnel marqué par une efficace rationalisation du parlementarisme et qui fit sans difficulté juridique face à la réunification à partir de 1989 et de l'effondrement du système de l'Allemagne orientale. En ce qui concerne la Russie, le choix, après la disparition du système soviétique, ne fut pas celui du régime parlementaire, mais tout au contraire celui d'un certain présidentialisme. Si la Russie n'est peut-être pas encore tout à fait parvenue au standard des démocraties ouest-européennes, force est de constater que les institutions qu'elle s'est données au sortir du communisme lui ont offert la stabilité intérieure, ce qui était loin d'être garanti à la fin des années 1980.
Ces deux régimes distincts que sont le parlementarisme allemand et le présidentialisme russe sont donc deux des principaux types institutionnels que connaît l'Europe.

Le parlementarisme de l'Allemagne

La République fédérale d'Allemagne est née de l'effondrement du Reich allemand en 1945, sous le contrôle des autorités d'occupation. Le système élaboré par les représentants des *länder* allemands non occupés par les Soviétiques tient compte des leçons de l'échec de la Constitution de Weimar et organise son ordre constitutionnel sur le principe du respect des droits fondamentaux et la prééminence des droits fondamentaux. La Loi fondamentale allemande sera adoptée le 23 mai 1949. L'Allemagne opte alors résolument en faveur d'un régime parlementaire moniste et rationalisé dans le cadre d'un Etat fédéral. Longtemps voisine de l'autre Etat allemand (République démocratique d'Allemagne), la réunification en 1989-1990 sera l'aboutissement du processus entamé en 1949. Il faut présenter les grands traits de l'organisation institutionnelle allemande avant d'étudier les principaux éléments de fonctionnement de ses institutions.

L'organisation des institutions

L'Allemagne s'est dotée d'une structure fédérale dont les principaux éléments doivent être rappelés avant de décrire les institutions fédérales.

La structure d'une fédération

Les Etats fédérés d'Allemagne sont appelés les *länder* et sont aujourd'hui au nombre de 16 (ils étaient 11 en 1949), après que les 5 de l'ex-RDA ont adhéré à la RFA en 1990. La répartition des compétences assurée par la Loi fondamentale (**v. Fiche**

n° 4) réserve les matières les plus importantes à la Fédération, les *Länder* ayant pour l'essentiel une compétence d'exécution de la législation fédérale ; un domaine de législation concurrente est établi par la Constitution (art. 74), dans laquelle les Etats peuvent intervenir si aucune loi fédérale n'existe encore.
Deux éléments permettent aux Etats de faire entendre leurs vues et d'organiser leurs législations. C'est la répartition des ressources fiscales qui doit d'abord être évoquée. En effet, la Loi fondamentale fixe elle-même la répartition des impositions (art. 106 et 107) et les impôts sur le revenu, les sociétés ou les successions bénéficient aux Etats fédérés, ce qui leur donne les moyens concrets de leurs politiques. Surtout, la chambre des Etats, le *Bundesrat*, bénéficie de compétences importantes qui permettent aux Etats de contrôler la législation fédérale. Les lois touchant aux intérêts des Etats doivent obligatoirement être adoptées par les deux chambres, tandis que pour les autres, le *Bundesrat* dispose d'un droit d'opposition difficile à surmonter[1].

Les institutions fédérales

L'exécutif

Le président fédéral est élu pour cinq ans par le *Bundestag* (« chambre du peuple ») et par un nombre égal de délégués des *länder*. Il ne dispose d'aucun pouvoir politique direct et n'a qu'une fonction de représentation officielle. Il présente au *Bundestag* le nom du futur chancelier[2] et se voit reconnaître le pouvoir de dissolution du *Bundestag* si aucun chancelier n'a pu être désigné (cela ne s'est jamais produit à ce jour). Le chef du Gouvernement est le chancelier, lequel dispose de la réalité du pouvoir politique et dirige son cabinet (dont il nomme et révoque librement les ministres).

Le législatif

Le Parlement est constitué de deux chambres, le *Bundestag* et le *Bundesrat*. Le premier, dont les 656 membres sont élus pour quatre ans, a comme rôle essentiel d'investir le nouveau chancelier ; il peut encore le contraindre à la démission. Les membres de la chambre des Etats sont au nombre de 69 (les Etats, selon leur taille, en désignent de 3 à 6) et sont nommés par les gouvernements de chaque *land* pour représenter celui-ci au sein de l'organe législatif de la fédération ; ils votent donc en bloc, en fonction des directives données par leur *land*.

---

1. Une commission de conciliation entre les deux chambres peut être réunie. Ses propositions peuvent être rejetées par le *Bundesrat* ; si la chambre du peuple veut passer outre, elle doit adopter ce texte avec une majorité qualifiée.
2. Pouvoir purement théorique car à ce jour les coalitions vainqueurs des élections se sont toujours entendues à l'avance sur le nom du futur chancelier.

La Cour constitutionnelle

Le Tribunal constitutionnel fédéral est situé à Karlsruhe. Il est composé de 16 membres (répartis en deux chambres) qui sont élus pour douze ans, par moitié, par chacune des deux chambres du Parlement ; il exerce le contrôle de la constitutionnalité des lois fédérales et fédérées, de la répartition des compétences et le respect des droits fondamentaux. La saisine du Tribunal est ouverte à la demande du gouvernement fédéral, des et au 1/3 des membres du *Bundestag* (art. 93). A ce contrôle abstrait s'ajoute le contrôle concret qui peut intervenir à l'occasion d'un litige juridictionnel, sur demande d'un tribunal (art. 100), ainsi qu'un droit de saisine ouvert aux citoyens.

Le fonctionnement des institutions

Le système allemand repose sur la très nette prééminence du chancelier dans un système conçu pour la stabilité ; le système politique a en outre facilité celle-ci.

Une *Kanzlerdemocratie* (démocratie du Chancelier)

La désignation du chancelier vise à vérifier qu'il dispose bien de la confiance de la majorité parlementaire, ce qui doit ensuite lui permettre de s'appuyer sur cette majorité dans la mise en œuvre de son programme de gouvernement. C'est le président de la Fédération qui propose au *Bundestag* un candidat à la chancellerie, candidat qui doit bénéficier d'un vote d'investiture à la majorité absolue. Le Bundestag, si ce candidat n'est pas élu, peut dans les quinze jours élire un autre chancelier, toujours à la majorité absolue (art. 63)[3]. Une fois désigné et fort du soutien du *Bundestag*, il forme librement son équipe gouvernementale ; c'est le chancelier, et lui seul, qui est investi de la confiance du Parlement.

Surtout, une fois en place, le chancelier bénéficie de nombreuses techniques du parlementarisme rationalisé qui lui permette de gouverner sans courir perpétuellement le risque d'un vote parlementaire de défiance. L'article 67 de la Loi fondamentale permet la mise en cause du chancelier au moyen d'un vote de défiance appelé « censure constructive » ; en vertu de cette procédure, le *Bundestag* ne peut démettre le chancelier de ses fonctions que s'il élit à sa place, à la majorité absolue, un nouveau chancelier. Un tel vote n'est donc possible que si une alliance se rompt en cours de législature, pour faire place à une nouvelle au sein du même *Bundestag*. Forcément rare, un tel renversement d'alliance ne s'est produit qu'à une seule reprise, lorsqu'en 1982 les libéraux ont rompu leur alliance avec les sociaux-démocrates pour gouverner avec les chrétiens-démocrates.

3. C'est seulement si aucun de ces mécanismes n'a abouti que le président fédéral peut procéder à la dissolution.

La dissolution du *Bundestag* peut avoir lieu si celui-ci refuse la confiance demandée par le chancelier (art. 68), ce qui ne s'est produit qu'à deux reprises (en 1972 et 1982). La Constitution prévoit encore, lorsque le *Bundestag* n'a pas voté la confiance, sans pour autant désigner de nouveau chancelier, que le chef du Gouvernement puisse avoir recours, avec l'accord du *Bundesrat*, à l'état de nécessité législative (art. 81) : le chancelier peut alors, pour une durée de six mois au maximum, faire entrer en vigueur, avec l'accord du *Bundesrat*, les projets repoussés par le *Bundestag*. Enfin, en cas de crise extérieure, le Gouvernement peut se voir confier des pouvoirs exceptionnels, avec l'accord et sous le contrôle des deux chambres (art. 115).

Le système politique

Au-delà de ces mécanismes du parlementarisme rationalisé, la réussite et la stabilité du système institutionnel allemand doivent beaucoup à la réalité de sa structure politique.
Si la vie politique allemande se déroule essentiellement, comme il est normal dans un Etat fédéral, au niveau des *länder*, elle n'en est pas moins structurée au niveau national autour de quatre partis, ce qui favorise la stabilité[4]. Il existe ainsi deux grands partis qui recueillent, seuls, plus de 70 % des suffrages, l'un à droite, le second à gauche (chrétiens-démocrates : CDU-CSU ; et sociaux-démocrates : SPD), lesquels, malgré leur importance, ne peuvent gouverner seuls et doivent accepter de s'allier avec l'un des deux autres partis (libéraux : FDP ; et écologistes : *Die Grünen*). De plus, si les élections nationales n'ont lieu que tous les quatre ans, les élections au parlement des *länder* sont décalées et ont donc lieu tout au long de la mandature du *Bundestag*, ce qui amène souvent des changements de majorité au *Bundesrat* et favorise la recherche du consensus et d'une majorité qui puisse être la plus large possible.

Le mode de scrutin favorise encore cette stabilité en rendant difficile l'émergence de nouveaux partis. L'Allemagne connaît un mode de scrutin mixte, dit du « double vote ». Les électeurs votent d'une part en faveur d'un candidat nommé, dans le cadre d'une circonscription électorale locale et au scrutin majoritaire (il en existe 328), et expriment ensuite un second choix, à la proportionnelle, en faveur de listes présentées par les partis dans chaque *land*, second choix qui permet d'élire 328 autres députés. Les 328 élus sont répartis à la proportionnelle entre les partis ayant obtenu au mois 5 % des suffrages exprimés dans le *land*, mais cette répartition tient compte du nombre de sièges déjà attribués au scrutin majoritaire (**v. supra « Schéma explicatif »**).

4. Les dernières élections législatives ont vu l'émergence d'un cinquième acteur : à gauche, le nouveau parti *Die Linke* est représenté depuis 2005 au Parlement fédéral, après une percée électorale dans les *Länder* de l'Ouest.

Le présidentialisme de la Russie

La naissance du système russe doit évidemment beaucoup à la nature du régime auquel il a succédé. La fin du système communiste ne s'est pas opérée sans heurt et Boris Eltsine a su tirer profit des circonstances et du soutien populaire pour briser la résistance du parti communiste à l'évolution démocratique de la Fédération de Russie, en 1991 et en 1993. Dans les deux cas, le Parlement est apparu comme le lieu de résistance des tenants de l'ancien système, l'oligarchie soviétique répugnant à toute évolution. Ceci explique sans doute en grande partie le choix qui fut fait en faveur d'un régime présidentialiste appuyé sur le suffrage populaire.
Les heurts que connut la jeune démocratie à Moscou se sont en outre accompagnés de l'implosion de la structure de l'URSS, qui, si elle permit l'accès légitime à l'indépendance des anciennes républiques fédératives, fut parfois considérée par certaines minorités comme la porte ouverte aux revendications les plus extrêmes ; le tout dans un cadre économique dépassé qui devait être réadapté aux principes de l'économie moderne. Ces éléments expliquent encore le choix d'un régime favorisant une certaine concentration des pouvoirs en faveur du chef de l'Etat. Il convient, ici encore, de présenter les nouvelles institutions de la Russie, puis leur fonctionnement.

L'organisation des institutions

La Russie tsariste était un Etat unitaire, qui céda la place à un système fédéral sous l'empire des constitutions soviétiques ; la Fédération de Russie choisit de conserver une structure fédérative dont il faut présenter les principales institutions.

Une structure fédérative

La Constitution fédérale consacre tout à la fois les principes du nouvel ordre russe ainsi que les droits individuels et les libertés. La Constitution détaille les compétences fédérales et les domaines dans lesquels sont compétentes les entités fédérées. Celles-ci sont très nombreuses, puisque l'article 65 de la Constitution en mentionne 89, toutes égales entre elles et qui portent des noms divers (49 régions, 22 républiques, 10 districts autonomes, 6 territoires, la région autonome juive, et enfin 2 villes fédérales, Moscou et Saint-Pétersbourg). Cette diversité est le reflet de l'immensité russe et il a paru nécessaire, dans une période marquée par le désir de faire imploser cette structure fédérative, de rappeler la prééminence de la Fédération ; il est ainsi précisé que seule la Fédération est souveraine, et si un processus d'adhésion à celle-ci est prévu, la sécession n'est pas envisagée. Enfin, la Constitution confirme la prééminence du russe comme langue nationale, ce qui doit encore favoriser la cohésion de l'Etat.

Les institutions de la Fédération

L'exécutif

Il comprend un président et un Gouvernement. Le chef d'Etat est le président de la Fédération, élu au suffrage universel direct. Il est doté de larges pouvoirs inspirés du régime français de la Ve République et du système américain. Irresponsable politiquement[4], il dirige l'administration, dispose du pouvoir réglementaire, a l'initiative des lois, peut utiliser un veto législatif suspensif, dispose d'un droit de dissolution de la *Douma*, décide du recours au référendum et de l'application de l'état d'urgence en cas de nécessité politique.

Le *Gouvernement de la Fédération* : il s'agit de l'organe exécutif, dont le président (notre Premier ministre) est nommé par le chef de l'Etat, avec l'accord de la *Douma* (si trois personnalités successives sont refusées, le chef d'Etat peut dissoudre pour qu'il soit procédé à de nouvelles élections). Le Gouvernement est responsable devant la *Douma* ; si une question de confiance est refusée, le chef d'Etat peut accepter la démission du Gouvernement ou procéder à la dissolution de la *Douma*.

Le législatif

Le Parlement est bicaméral, composé de la *Douma* et du Conseil de la Fédération. La *Douma* est composée de 450 députés élus pour quatre ans au suffrage universel direct. Elle peut adopter une motion de censure contre le Gouvernement ; toutefois, le président peut alors accepter sa démission ou le maintenir en place ; si une nouvelle censure intervient alors dans les trois mois, la démission du Gouvernement est définitive (mais le président peut dissoudre). La *Douma* dispose de l'initiative législative[5] et du pouvoir législatif ; elle partage toutefois celui-ci avec la seconde chambre pour les matières intéressant la Fédération (la *Douma* peut alors surmonter le rejet d'un texte en le revotant à la majorité des 2/3). Le Conseil de la Fédération représente les « sujets » de la Fédération. Il est composé de deux représentants pour chaque entité fédérée (un désigné par le législatif de celles-ci, l'autre par son exécutif). Le veto législatif du président de la Fédération peut être surmonté par un vote des deux chambres à la majorité des 2/3.

4. Il peut être destitué en cas de haute trahison ; la procédure est toutefois complexe. La *Douma* vote l'accusation, à la majorité des 2/3 de ses membres, la Cour constitutionnelle doit alors confirmer la nature de l'infraction et vérifier le respect de la procédure ; puis la seconde chambre peut prononcer la destitution à la majorité des 2/3 également.
5. Elle partage toutefois largement celle-ci avec l'exécutif et les organes législatifs des Etats fédérés, mais aussi avec la Cour constitutionnelle.

La Cour constitutionnelle

La Russie dispose d'une Cour constitutionnelle composée de 19 membres désignés par le Conseil de la Fédération, sur proposition du président de la Fédération, pour une durée de douze ans. Les citoyens ne disposent pas d'un droit de saisine individuel, mais le droit de saisine reste assez large, ouvert au président de la Fédération, au gouvernement, à chacune des deux chambres (ou à 1/5 de leurs membres), la Cour suprême de Russie, la Cour d'arbitrage de la Fédération, ainsi que les entités législatives et exécutives de chacun des « sujets » de la Fédération de Russie. Il est reconnu à la Cour constitutionnelle un droit d'initiative législative (dont elle a encore peu usé).

Le fonctionnement des institutions

Le système russe assure de fait la prééminence du président, laquelle est accentuée par la réalité du jeu politique russe.

La prééminence présidentielle

Les pouvoirs du président, on l'a vu, sont extrêmement importants, à l'image de ceux du président français. De plus, celui-ci n'hésite pas à s'appuyer sur le suffrage populaire pour obtenir les modifications qu'il souhaite ou pour contourner l'opposition du Parlement. En outre, si le Parlement peut théoriquement s'opposer à la volonté du président de la Fédération, force est de constater que les conditions qui y sont mises (majorité des 2/3 de ses membres) rendent cette possibilité très difficile à réaliser, notamment du fait des caractéristiques politiques de la *Douma*.
La prééminence est encore accrue par le mode d'élection du président de la Fédération. Celui-ci est en effet non seulement élu par le peuple, mais ne peut se présenter à l'élection que soutenu par lui : il faut en effet recueillir un million de signatures d'électeurs dans les six mois qui précèdent l'élection pour pouvoir s'y présenter. De plus, dans un système où se manifestent certaines tendances centrifuges, le président de la Fédération, qui est le garant de la Constitution (art. 80) et assume personnellement la politique extérieure du pays, ainsi que le commandement des forces armées, ne peut manquer d'apparaître comme un gage de stabilité pour tous.

La réalité du système politique

Les députés russes de la *Douma* (450) sont élus pour moitié à la représentation proportionnelle et pour la seconde moitié au scrutin majoritaire uninominal à un tour. Pour obtenir des élus, les listes nationales doivent obtenir 5 % des suffrages (ce qui, compte tenu du nombre total d'électeurs et de l'abstention, représente tout de même près de 4 millions de suffrages). Il est à noter que tous les candidats aux 225 autres sièges de députés doivent – comme le président – recueillir des signatures populaires pour pouvoir être candidat (1 % des électeurs de la circonscription).

Ces 225 députés sont souvent des élus locaux, pour lesquels la dimension politique de leur appartenance partisane apparaît souvent très faible et facilite la prééminence de l'exécutif.
Trois grandes forces peuvent aujourd'hui être distinguées en Russie : le parti communiste (d'orientation en partie sociale-démocrate), qui doit toutefois assumer l'héritage soviétique, les partis du centre, assez divisés et manquant d'un fort soutien populaire, le parti soutenant l'action de Vladimir Poutine. Cette description – sommaire – ne doit pas faire oublier que la réalité du pouvoir dans cette gigantesque Fédération est aussi – surtout – locale.
Tous ces éléments ont incontestablement facilité la stabilité du système politique russe, laquelle est sans doute sa principale réussite. Tous ces éléments ont incontestablement facilité la stabilité du système politique russe, laquelle est sans doute sa principale réussite. A ceux qui évoquaient la dissolution de la Russie est aujourd'hui renvoyée l'image d'un pays qui reprend sa position sur la scène internationale, malgré des difficultés intérieures encore importantes. Le présidentialisme russe a pu faire face à deux tentatives de coup de force intérieurs (le coup d'Etat de 1991 et la crise entre la présidence et le Parlement en 1993), tout en maintenant l'unité du pays ; il est à ce titre révélateur que le parti soutenant l'action de Vladimir Poutine s'intitule « Unité ». L'année 2008 a donné lieu à un jeu de chaises musicales, puisque Poutine a abandonné les fonctions de chef d'Etat pour recevoir celles de chef du Gouvernement, tandis que Dmitri Medvedev ancien premier vice-Premier ministre de Poutine accédait lui aux fonctions de chef d'Etat. Il reste encore au pays à améliorer sa situation économique, ce qui ne pourra que renforcer encore son unité et sa stabilité...

FICHE N° 14

LA FRANCE ET LE CHOIX D'UN RÉGIME POLITIQUE (1791-1877)

1. Références

Ass. fr. des constitutionnalistes, *La Continuité constitutionnelle en France de 1789 à 1989*, Economica, 1990.

Boyer P.-X., *La Réception des modèles étrangers dans le droit constitutionnel français : Grande-Bretagne et Etats-Unis au prisme de la réflexion française (1789-1958)*, Thèse Rouen, 2002.

Conac G., Machelon J.-P., dir., *La Constitution de l'an III*, PUF, 1999.

Duguit, Monnier, Monnard, *Les Constitutions et les principales lois politiques de la France*, 7e éd., par G. Berlia, LGDJ, 1952.

Hummel J., « Guizot, théoricien de la légitimité », *RDP*, 2006, pp. 903 et suiv.

Laquièze A., *Les Origines du régime parlementaire en France (1814-1848)*, PUF, 2002.

Laquièze A., « Le modèle du régime présidentiel sous la Ve République », *Droits*, 2006, n° 43, pp. 45 à 60.

Luchaire F., *Naissance d'une Constitution : 1848*, Fayard, 1998.

Naudin-Patriat F., dir., 1791, *La Première Constitution française*, Economica, 1993.

Naudin-Patriat F., dir., *La Constitution du 24 juin 1793*, éd. universitaires de Dijon, 1997.

Rouvillois F., « La VIe République et le mythe du régime présidentiel », *RDP*, 2002, pp. 139 et suiv.

Tay H., *Le Régime présidentiel et la France*, LGDJ, 1978.

« 1789-1989, Histoire constitutionnelle », *Pouvoirs*, n° 50, 1989.

2. Repères

Définition

Césarisme démocratique : cette formule désigne un gouvernement de concentration des pouvoirs au bénéfice de l'exécutif, lequel s'appuie sur le soutien populaire donné par référendum (constitutions impériales).

Légitimisme : il s'agit du courant monarchiste considérant que le roi de France ne peut être que l'aîné des Capétiens ; en 1830, les légitimistes n'admettent pas que Louis-Philippe usurpe le trône et soutiennent les successeurs de Charles X. Le dernier prétendant direct, Henri V, comte de Chambord, meurt en 1883, après avoir refusé toute conciliation avec les principes républicains (laquelle lui aurait sans doute permis de monter sur le trône de France, vers 1873-1875).

Orléanisme : la formule désigne un courant politique né en France après la révolution de 1830 et résultant d'une division parmi les royalistes. Sur le plan politique, l'orléanisme se distingue du légitimisme par une volonté de conciliation avec les tenants du régime républicain.

Républicains opportunistes : l'expression désigne une fraction des républicains qui appliqua une politique de compromis préconisée par Gambetta et Ferry, considérant que la République ne pourrait se consolider que par étapes successives. Ces républicains domineront la vie politique française de 1879 à 1895. Ils s'opposent aux républicains radicaux (Clemenceau) réclamant des changements profonds et immédiats du régime politique et social.

Chronologie

- 24 septembre 1791 : instauration d'une monarchie constitutionnelle.
- 24 juin 1793 : la Convention adopte la Constitution montagnarde.
- 22 août 1795 : Directoire (5 fructidor an III).
- 15 décembre 1799 : Consulat (22 frimaire an VIII).
- 4 août 1802 : Consulat à vie (16 thermidor an X).
- 18 mai 1804 : Ier Empire (28 floréal an XII).
- 4 juin 1814 : charte constitutionnelle.
- 14 août 1830 : charte constitutionnelle.
- 4 novembre 1848 : IIe République.
- 14 janvier 1852 : second Empire.
- 4 septembre 1870 : proclamation de la République.

• 1875 : lois constitutionnelles de la IIIe République (lois des 24 et 25 février, et 16 juillet).
• 16 mai 1877 : renvoi du ministère Simon, début de la crise du 16 mai.
• 25 juin 1877 : dissolution de la Chambre des députés.
• 14 octobre 1877 : victoire des républicains.
• 30 janvier 1879 : démission de Mac Mahon, élection de Jules Grévy comme président.

Biographies

Jules Grévy (1807-1891)

Avocat, sa carrière politique débute avec la révolution de 1848 lorsqu'il devient député. Opposant à Napoléon III, il ne revient au parlement qu'en 1868, s'oppose à la guerre et condamne la Commune. Elu président de l'Assemblée nationale, il dirige le camp républicain après la mort de Thiers ; il est élu à la présidence en 1879, après le départ de Mac Mahon ; il annonce aussitôt une pratique *a minima* de ses compétences présidentielles, dite « Constitution Grévy ».

François Guizot (1787-1874)

Professeur à la Sorbonne, il est d'abord proche des libéraux (sous la Restauration) et devient député puis ministre en 1830 (il le resta pendant pratiquement toute la monarchie de Juillet). Réélu député en 1848, son rôle politique s'achève avec le second Empire. Il sera le principal chef de file du parlementarisme orléaniste en vertu duquel, « *le trône n'est pas un fauteuil vide* ».

Adolphe Thiers (1789-1877)

Avocat et homme politique, il sera président de 1871 à 1873. Après avoir soutenu Louis-Philippe en 1830, il devient républicain, défendant l'idée que, « *le roi règne, mais ne gouverne pas* ». Il sera l'un des grands opposants à Napoléon III après le coup d'Etat de 1851. Il est nommé chef du gouvernement par l'assemblée en 1870, après la défaite, et négocie la paix avec le roi de Prusse ; il réprimera l'insurrection parisienne de la Commune. Devenu président, une majorité royaliste le contraint à la démission en 1873.

Schéma explicatif : les Constitutions françaises et les formes de régime politique

Confusion des pouvoirs	1793 An VIII (1799) An X An XII 1852
dualisme **Régime parlementaire** *monisme*	1814 1830 1875 (apr. 1877) 1946 1958 (théorique)
Régime « présidentiel »	1791 1795 1848

3. Explications : la difficile stabilisation du régime politique français

La France ne parviendra que difficilement à choisir la forme de régime lui convenant et à stabiliser celui-ci. De 1789 à 1877, le pays connaît au bas mot douze Constitutions différentes, trois républiques, trois monarchies constitutionnelles, deux empires, des régimes de séparation des pouvoirs et d'autres fondés sur leur concentration (en droit ou en fait). Cette même période fut féconde en guerres extérieures ou civiles (1793, 1871), invasions étrangères (1792, 1814, 1815, 1870), révolutions (1792, 1830, 1848) et coup d'Etats en tout genre (1794, 1797, 1798, 1799, 1851). La recherche et le choix d'un régime politique se sont donc effectués de manière heurtée, au cœur des tensions, sans que les évolutions ne puissent avoir lieu de manière progressive afin que les nouveaux régimes s'acclimatent progressivement. A titre de comparaison, on notera que le régime parlementaire britannique a mis tout un siècle pour prendre ses caractéristiques modernes (**v. Fiche n° 11**). La volonté des révolutionnaires de faire table rase du passé, présente dans le préambule de la Constitution de 1791 et manifeste après le coup d'Etat d'août 1792, aura pesé lourd dans les difficultés futures.
La France connaît donc une première période qui, de 1791 à 1815, témoigne de l'échec de toutes les constructions révolutionnaires, puis une seconde qui, commencée par la Restauration et s'achevant avec la République, voit la stabilisation du régime politique.

L'échec des constructions révolutionnaires

Lorsque les constituants cherchèrent un régime constitutionnel permettant et organisant la séparation des pouvoirs, ils s'interrogèrent sur la nature du régime à mettre en place. Enchantés par les théories de Montesquieu, ils restaient réservés à l'égard de l'anglomanie manifeste de *L'Esprit des Lois*. C'est ainsi que les mécanismes des nouveaux Etats-Unis d'Amérique emportèrent l'adhésion de tous. Les constituants s'efforceront donc d'organiser un système reposant sur les mêmes principes, mais y échouèrent systématiquement, laissant la place à des dictatures pratiquant la confusion des pouvoirs.

L'impossible séparation stricte

Les deux seules Constitutions révolutionnaires appliquées instauraient une séparation rigide inspirée des institutions américaines mais effectuant une mauvaise transcription de ce régime. Le rôle du judiciaire est négligé, mais surtout, les révolutionnaires ne voient dans l'exécutif qu'un simple commis du législatif qui incarne seul la volonté générale[1]. Ceci favorisera une lecture beaucoup trop rigide de la séparation stricte qui entraînera des situations bloquées qui ne se dénoueront que dans la crise.

La Constitution du 3 septembre 1791

La première Constitution écrite que connut la France confie l'exécutif au roi[2], qui est politiquement irresponsable ; il peut nommer et révoquer librement ses ministres, lesquels contresignent ses actes. Enfin, à l'imitation des Etats-Unis, le roi dispose d'un veto suspensif à l'égard des textes votés par l'Assemblée (le veto peut être contourné si trois législatures successives confirment le texte en cause ; soit au bout de six ans[3]). Le législatif est monocaméral, composé de 745 membres (ce nombre élevé rendra d'ailleurs souvent les débats difficiles et inaudibles) certains de représenter – seuls – la volonté générale et la nation (même s'il est également fait du roi le représentant de la nation). Les rapports entre les deux pouvoirs furent très tendus et l'exécutif, dépourvu de moyen de pression sur le législatif, constamment dénoncé par celui-ci (en particulier les ministres, le roi étant inviolable). Aucune disposition de la Constitution ne permet de régler les situations de blocage[4] ; aussi, lorsqu'après avoir déclaré la guerre à l'Autriche, le régime subit défaite après défaite, les journées révolutionnaires de l'été 1792 font chuter la monarchie.

La Constitution du 22 août 1795

Après la Terreur, la Convention adopta le 5 fructidor an III une nouvelle Constitution. Ce long texte instaura le Directoire. Les constituants, gardant en mémoire les excès des années précédentes et la confusion des pouvoirs auxquels ils donnèrent lieu, mettent en place un régime qui sépare et limite fortement chacun des pouvoirs. L'exécutif appartient à un directoire de cinq personnes élues pour cinq années par les assemblées (un nouveau membre est désigné chaque année), les directeurs exécutent avec l'aide de leurs ministres les lois votées par le législatif, sans disposer de la possibilité d'intervenir dans leur élaboration ; les directeurs ne sont ni révocables ni rééligibles. Le législatif est pour la première fois bicaméral, partagé entre le Conseil des 500 et celui des Anciens ; le premier Conseil propose la loi et les Anciens la votent ou la rejettent (sans pouvoir l'amender), aucune des chambres ne pouvant contraindre l'exécutif. La vie institutionnelle fut bien vite bloquée, sans pouvoir évoluer, et Sieyès trouva en Bonaparte le général qu'il croyait pouvoir contrôler... Le coup d'Etat mit fin à la Constitution, le 18 brumaire an VIII (19 novembre 1799).

1. On retrouve ici l'influence de la pensée de Rousseau et chacun garde en mémoire le mot de Saint-Just selon lequel « *un peuple libre n'a qu'un ennemi, c'est son gouvernement* ».
2. Elle l'appelle en outre « *Roi des Français* » et non de France, ce qui marque l'origine de son pouvoir.
3. Le vote sur le veto permit d'ailleurs pour la première fois de distinguer la droite de la gauche, celle-ci se montrant hostile au veto, tandis que la droite de l'Assemblée y était favorable.
4. Si la révision de la Constitution est prévue, la rigidité de la procédure rend la première révision impossible avant que ne se soient écoulées dix années.

Dictatures et confusion des pouvoirs

Les deux expériences françaises de séparation rigide se soldèrent par des échecs du fait de la mise en place de systèmes trop stricts rendant impossible toute réforme du régime en cas de crise ou de forte opposition. Chacune de ces Constitutions laissa la place à la confusion des pouvoirs.

La dictature de la Convention

Cette Constitution du 24 juin 1793, dite aussi montagnarde, jacobine ou de l'an I, fut la seule Constitution proclamant son attachement à la souveraineté populaire et ne fut jamais appliquée du fait des crises intérieures et extérieures, laissant la place à une confusion des pouvoirs au bénéfice du Comité de salut public qui instaurera la Terreur. La Constitution elle-même organisait d'ailleurs une concentration des pouvoirs au profit de l'Assemblée, dont l'exécutif n'était qu'un commis ; c'est l'Assemblée qui désigne les membres du conseil exécutif, lequel ne dispose d'aucun moyen d'action sur l'Assemblée. L'Assemblée (élue pour une seule année) doit toutefois partager le pouvoir législatif avec le peuple puisque les communes peuvent s'opposer à l'adoption de la loi.

La dictature bonapartiste

Bonaparte, quelles que puissent être les modalités exactes d'organisation des différents pouvoirs et les noms donnés aux institutions, que cela soit sous le Consulat ou l'Empire, ne conçoit le fonctionnement du régime qu'à son bénéfice exclusif. Son gouvernement a donné lieu à ce qui fut appelé le césarisme démocratique, régime dans lequel « *l'autorité de la loi cède le pas à la volonté du chef plébiscité par le peuple* »[5]. Napoléon instaure un pouvoir personnel, coutumièrement plébiscité par le peuple et caractérisé par la concentration des pouvoirs entre ses mains, le népotisme et la guerre à outrance... Guerres dont les défaites ultimes mettront fin au Premier Empire, permettant une progressive stabilisation de la vie institutionnelle française.

La stabilisation du régime

Celle-ci intervint entre 1815 et 1875, puisque après l'implantation monarchique du régime parlementaire, celui-ci sera confirmé par la République.

L'implantation monarchique du régime parlementaire

C'est la restauration de la monarchie qui permettra que se développe en France un régime parlementaire ; il s'agit d'observer sa naissance, puis sa consolidation.

5. PACTET P., *Institutions politiques – Droit constitutionnel*, 23e éd., A. Colin, 2003, p. 277.

La naissance du régime parlementaire

C'est la monarchie britannique qui y permit la naissance du régime parlementaire ; il en sera de même pour la France. C'est en effet la Restauration qui, derrière un vocabulaire empreint d'Ancien Régime, créera le régime parlementaire. Celui-ci sera réalisé dans les faits par la charte octroyée par Louis XVIII le 4 juin 1814 ; dans les faits, car rien dans le texte de la charte n'évoque un tel régime. C'est la pratique du régime par Louis XVIII qui permettra cette naissance, car « *la sagesse du Roi lui fait apercevoir que la Charte lui commande en fait, sinon en droit, de céder parfois, de ne jamais abuser de ses prérogatives* »[6]. Si le roi possède un droit de veto, il s'abstiendra d'en user, et si ses ministres ne sont pas responsables politiquement devant les Chambres (l'art. 13 de la charte se borne à indiquer, sans aucune précision, que « *les ministres sont responsables* »), la pratique sera celle d'une recherche harmonieuse d'équilibre institutionnel ; dès lors tout ministre mis en minorité présentera sa démission au roi, même si rien ne l'y oblige en droit, Louis XVIII préférant se séparer d'un cabinet ne possédant plus la confiance de l'Assemblée plutôt que de tenter une épreuve de force contre celle-ci[7].

Sans posséder l'initiative législative, les chambres développent leur contrôle du Gouvernement par le jeu des questions posées aux ministres et celui des enquêtes parlementaires. La Restauration fonctionne tel un régime dualiste et contente les Français. Ce sera la remise en cause des règles gouvernant la vie politique par le nouveau roi Charles X qui entraînera la révolution de 1830.

La consolidation

Sur le plan formel, la charte du 14 août 1830 ne diffère guère de la précédente, mais née de la réaction provoquée par la volonté de l'exécutif de brider le législatif, elle est marquée du sceau du parlementarisme victorieux. Le roi possède toujours droits de veto et de dissolution, et si la responsabilité du gouvernement ne figure pas dans la charte, elle découle implicitement de l'origine du régime, qui est une victoire des chambres sur Charles X. Les chambres qui ont acquis le droit d'initiative peuvent contraindre un ministère à démissionner, et s'instaure en outre la pratique de la question de confiance ; le régime mis en place reste toutefois dualiste et la dissolution sera de nombreuses fois utilisée pour régler les conflits entre exécutif et législatif.
Deux visions s'affrontent quant au rôle que doit jouer le roi. Pour Adolphe Thiers (1797-1877), le monarque ne doit qu'incarner la continuité de l'Etat, être son chef, sans intervenir directement dans les questions politiques : « *Le Roi règne, mais ne gouverne pas.* » Pour la faction adverse, avec François Guizot (1787-1874), domine

6. CAPITANT R., *Les Régimes parlementaires, Mélanges Carré de Malberg*, Sirey, 1933, p. 37.
7. C'est le renvoi du Duc Decazes, en 1820, sous la pression des ultras, qui est considéré comme la première mise en jeu de la responsabilité d'un gouvernement par le Parlement en France.

l'idée selon laquelle « *le trône n'est pas un fauteuil vide* ». La victoire de cette seconde vision consolidera le régime parlementaire orléaniste (qui reste dualiste), mais n'empêchera pas sa chute en 1848.

La confirmation républicaine

La révolution de février 1848 provoque la chute de la Monarchie de Juillet. Après la proclamation de la République le 25 février, une assemblée constituante adopte la Constitution du 4 novembre 1848. S'éloignant du régime parlementaire monarchique, ils choisissent une séparation rigide qui, comme au cours de la Révolution, finira par un coup d'Etat ; seule la IIIe République confirmant définitivement le régime parlementaire.

Le retour éphémère à la séparation rigide

Les constituants subiront l'influence de l'œuvre de Tocqueville (1805-1859) qui venait de populariser les institutions américaines[8] et la IIe République s'inspire nettement du régime américain (sans les adaptations que connaît ce régime, v. **Fiche n° 12**). Le président de la République est élu au suffrage universel direct pour quatre ans et n'est pas immédiatement renouvelable. Irresponsable politiquement, il choisit et renvoie librement ses ministres, sans pouvoir dissoudre la Chambre. Monocaméral, le législatif est élu pour trois ans (il y a incompatibilité des fonctions de membre du Parlement et de ministre). Enfin, si la révision de la Constitution est possible, elle doit être approuvée par les 3/4 de l'assemblée ; cette rigidité scella le décès de la jeune République. Louis Napoléon Bonaparte fut élu président et le Parlement sera dominé par les monarchistes... L'affrontement était inévitable. Bonaparte chercha à réviser la Constitution afin de pouvoir être réélu à la présidence, mais son projet n'obtint pas la majorité des trois quarts ; le prince-président eut recours à un coup d'Etat le 2 décembre 1851 et rétablit l'Empire l'année suivante. Le fonctionnement du Second Empire fut globalement semblable à celui du premier, et si une évolution libérale y est discernée en 1870, il ne survivra pas à la défaite militaire.

Les différents échecs du régime présidentiel en France l'avaient rendu pour longtemps impopulaire et lorsqu'il fut question d'y revenir en 1958, Michel Debré observa : « Le régime présidentiel est présentement hors d'état de fonctionner en France[9]. » La République choisira le régime parlementaire.

La IIIe République et le choix du régime parlementaire

Bâtie sur les ruines de l'Empire, la constituante élue en février 1871 fait cohabiter des tenants d'horizons très divers, républicains, bonapartistes et royalistes. Les

8. *De la démocratie en Amérique* a été publié entre 1835 et 1840.
9. Discours du 27 août 1958 devant le Conseil d'Etat.

divergences au sein de la majorité royaliste empêcheront le retour à un régime monarchique. Les royalistes sont divisés entre orléanistes et légitimistes, querelle dynastique mais qui recouvre un fort antagonisme quant à l'esprit du régime. En effet, les légitimistes se réfèrent à une conception traditionnelle du pouvoir, tandis que les orléanistes sont proches, par leurs conceptions philosophiques, des républicains (dont ils ne diffèrent que par leur seul désir de mettre un roi à la tête de l'Etat). La naissance de la IIIe République est marquée par cette situation. Les monarchistes ne parviennent pas à s'accorder sur les modalités de la Restauration et élisent le maréchal de Mac Mahon à la présidence de la République en le dotant d'un long mandat de sept ans (loi du 20 novembre 1873), espérant qu'ils réussiront d'ici là à mettre un roi en place. Confrontés à l'arrivée de nouveaux députés souvent républicains (à la suite d'élections partielles) et craignant une évolution favorable à la gauche la plus dure, républicains modérés (centre gauche) et royalistes orléanistes s'accordent pour donner à la France une Constitution républicaine.
La République est consacrée par le vote de l'amendement de Wallon, le 30 janvier 1875 (qui évoque l'élection du président « *de la République* »), à une voix de majorité (353 contre 352), et mise en œuvre par l'adoption de trois lois constitutionnelles (lois des 24, 25 février et 16 juillet 1875). Cette Constitution prévoit un exécutif fort, un législatif bicaméral avec une seconde chambre destinée à remédier aux excès de la première chambre élue au suffrage universel direct. Le droit de dissolution figure dans la Constitution, ainsi que le principe de la responsabilité ministérielle. Deux ans plus tard, les conséquences de la crise du 16 mai 1877 entérinèrent l'avènement du parlementarisme moniste.

4. Débat : les étapes de la crise du 16 mai 1877

Après l'adoption des lois constitutionnelles de 1875, les élections de 1876 envoient à la Chambre des députés une majorité républicaine. Les éléments étaient en place pour que se produise une crise : une Chambre républicaine forte de son succès électoral, un Sénat et un président de la République monarchistes.
Le président Mac Mahon, devant compter avec une Chambre des députés républicaine, choisit d'abord comme chef du Gouvernement des hommes de centre gauche, Jules-Armand Dufaure, puis Jules Simon, lequel s'efforçait de concilier les désirs de la gauche et des conservateurs. La politique menée mécontente Mac Mahon qui signifie à Jules Simon son renvoi, en vertu de la logique du parlementarisme dualiste, le chef du Gouvernement étant responsable devant le chef de l'Etat et devant l'Assemblée. Le renvoi, le 16 mai 1877, du ministère Simon, alors qu'il bénéficie encore du soutien des députés, scandalise ces derniers.
Le président choisit de mettre un monarchiste, de Broglie, à la tête du Gouvernement. La Chambre des députés lui refuse la confiance le 21 juin 1876 ; alors, le 25 juin, après avoir obtenu l'autorisation du Sénat, le président prononce la dissolution de l'Assemblée. La campagne électorale est dure, le peuple rendu arbitre de l'opposition entre l'exécutif et le législatif sait en outre que la crise est appelée à perdurer. L'un des chefs républicains, Gambetta, avait en effet annoncé : « *Quand la France aura fait entendre sa voix souveraine, il faudra se soumettre ou se démettre.* » Au soir des élections, le 14 octobre 1877, les républicains, malgré un reflux en sièges, restent encore majoritaires.
Mac Mahon nomme d'abord un de ses fidèles, le général de Rochebouët, mais la Chambre des députés refuse d'entrer en contact avec ce ministère qu'elle considère comme étant « *la négation des droits de la nation et des droits parlementaires* » (24 novembre). Le Sénat ayant fait savoir qu'il n'autoriserait pas une nouvelle dissolution, le président se soumet et fait à nouveau appel à Dufaure le 13 décembre. L'épilogue intervient en janvier 1879. Le 5, les monarchistes perdent la majorité au Sénat et Mac Mahon, ne disposant plus d'aucun appui institutionnel, présente sa démission le 30 janvier 1879. La crise du 16 mai était close, le régime parlementaire dualiste avait vécu.
Quel bilan tirer de cette crise du 16 mai ? Après le départ de Mac Mahon, un nouveau président est élu, Jules Grévy. Celui-ci, dès son élection, envoie un message aux Chambres, aux termes duquel il indique : « *Soumis avec sincérité à la grande loi du régime parlementaire, je n'entrerai jamais en lutte contre la volonté nationale exprimée par ses organes institutionnels.* » Cette vision de la pratique institutionnelle sera appelée « Constitution Grévy ». Cette interprétation de la Constitution ira bien au-delà du simple fait d'entériner le passage d'un régime parlementaire dualiste à un régime parlementaire moniste, en consacrant la toute puissance du Parlement ; ce qui ouvra la voie aux dérives du régime parlementaire.

FICHE N° 15

ÉVOLUTION ET RATIONALISATION DU PARLEMENTARISME EN FRANCE

1. Références

BASTID P., *Le Gouvernement d'assemblée*, A. Colin, 1956.

CHANTEBOUT B., *Le Régime parlementaire moniste, Gouvernement d'assemblée*, Mélanges Burdeau, LGDJ, 1977, pp. 43 et suiv.

DUHAMEL O., *Remarques sur la notion de régime semi-présidentiel, Mélanges Duverger,* PUF, 1987, pp. 581 et suiv.

DUPRAT J.-P., *De quoi meurent les régimes politiques,* Mélanges Pactet, Dalloz, 2003, pp. 129 et suiv.

DUVERGER M., dir., *Les Régimes semi-présidentiels*, PUF, 1986.

GICQUEL J., SFEZ L., *Le Problème de la réforme de l'Etat en France depuis 1934*, PUF, 1965.

LOUBET DEL BAYLE J.-L., *Les Non-Conformistes des années trente*, Seuil, 2001.

MIRKINE-GUETZEVITCH B., *Les Nouvelles Tendances du droit constitutionnel*, éd. Marcel Giard, 1931.

PINON S., *Les Réformistes constitutionnels, des années 30 aux origines de la Ve République*, LGDJ, 2003.

SOULIER A., *L'Instabilité ministérielle sous la IIIe République*, Sirey, 1939.

TARDIEU A., *Le Souverain captif*, Flammarion, 1936.

TARDIEU A., *La Profession parlementaire*, Flammarion, 1937.

2. Repères

Définitions

Lois constitutionnelles : les constituants de 1871 n'adoptèrent pas de Constitution présentant un aspect rationnel et cohérent, mais trois lois constitutionnelles relatives à l'organisation des pouvoirs publics, à celle du Sénat et sur les rapports des pouvoirs publics, en date des 24, 25 février et 16 juillet 1875. Ces lois, peu détaillées, formeront la plus durable Constitution qu'ait connue la France...

Parlementarisme rationalisé : l'expression inventée par Boris Mirkine-Guetzevitch dans l'entre-deux-guerres désigne l'ensemble des mécanismes et procédures adoptés et visant à assurer un travail parlementaire plus efficace ainsi qu'un meilleur fonctionnement des pouvoirs.

Régime d'assemblée : l'expression désigne un régime dans lequel la chambre élue accapare à elle l'ensemble des pouvoirs, exerçant un contrôle perpétuel sur l'exécutif ; on parle aussi de régime conventionnel ou de souveraineté parlementaire.

Régime semi-présidentiel : décrit par Maurice Duverger, ce type de régime est une variante du régime de type parlementaire, dans lequel le président est élu lui aussi au suffrage universel direct et dispose de prérogatives importantes.

Biographies

Alexandre Millerand (1859-1943)

Alexandre Millerand, de formation socialiste, est député. De nombreuses fois ministre, puis président du Conseil, il est élu à la présidence de la République en 1920. Il s'efforce alors d'exercer un rôle réel dans le fonctionnement des institutions (discours d'Evreux, octobre 1923). Le Cartel des gauches, vainqueur des législatives en 1924, le contraint alors à la démission.

Boris Mirkine-Guetzevitch (1892-1955)

Russe, professeur de droit constitutionnel à la Faculté de Petrograd, il doit quitter le pays après la révolution communiste et se fixe à Paris en 1920 ; il est naturalisé français. Spécialiste de droit constitutionnel il crée la notion de parlementarisme rationalisé décrivant la situation dans laquelle le système constitutionnel organise de manière minutieuse et détaillée les relations entre le Gouvernement et le Parlement.

André Tardieu (1876-1945)

Elu de droite, plusieurs fois président du Conseil entre 1929 et 1932, André Tardieu pointe clairement les défauts de la IIIe République et s'efforce de gouverner dans un sens moderne en dépassant les lourdeurs du fonctionnement du régime. Il ne parviendra pas à imposer ses vues, qui seront en large partie reprises avec la Ve République.

3. Explications : dérive et réforme du régime parlementaire

La dérive du régime parlementaire peut sembler conditionnée par l'évolution même du régime, qui l'amena du dualisme vers le monisme. Le Pr. Chantebout d'observer : « *Au régime parlementaire classique que nous n'hésiterons pas à qualifier de seul authentique, a succédé partout, à la fin du XIXe siècle ou au début du XXe selon les Etats, un régime parlementaire communément appelé "moniste" qui, certes, donne lieu à des pratiques très différentes en fonction des traditions nationales, mais, repose néanmoins sur des principes communs, lesquels l'apparentent en fait au régime d'assemblée*[1]. » En effet, dès lors que l'on considère qu'il ne peut exister dans l'Etat qu'une seule source de légitimité, celle qui procède de l'élection populaire, il devient illégitime de reconnaître une quelconque autorité à une institution qui n'émane pas dudit suffrage.

Or, dans les régimes parlementaires monistes, seule la chambre basse se trouve directement désignée par le suffrage populaire. Dès lors, la chambre basse, incarnant seule la légitimité, se laissera peu à peu aller à confisquer à son profit tout l'exercice du pouvoir (cela même si les différents pouvoirs restent structurellement distincts). Le régime parlementaire moniste déviera donc très vite vers le régime d'assemblée, régime dont les excès justifieront des tentatives de réforme afin de le faire évoluer.

La dérive du régime parlementaire

Elle est manifeste dans l'exemple français de la IIIe République (que la IVe ne fera d'ailleurs que reproduire), puisque le régime, peu après sa mise en place, s'orientera vers la souveraineté parlementaire et le régime d'assemblée.

La reconnaissance progressive de la souveraineté parlementaire

Si les lois constitutionnelles de 1875 paraissaient organiser un régime assez équilibré, la pratique de celui-ci, dans la ligne décrite par le président Grévy, allait déstabiliser la pratique de la IIIe République.

L'organisation du régime par les lois de 1875

Le président de la IIIe République est doté de pouvoirs importants : « *Il sera donc doté de presque toutes les prérogatives dont disposait naguère le roi Louis-Philippe : droit de convoquer et d'ajourner les chambres et de clore leurs sessions, droit de message, droit d'initiative, commandement des forces armées et naturellement droit*

1. CHANTEBOUT B., *Le Régime parlementaire moniste, Gouvernement d'assemblée*, p. 43.

de nommer et de révoquer librement les ministres[2]. » Irresponsable politiquement (ses actes sont contresignés par les ministres), le président n'est même pas tenu de désigner un chef du Gouvernement puisque les lois de 1875 ne mentionnent pas son existence... Le président dispose enfin du droit de dissolution, simplement subordonné à l'avis conforme du Sénat.

Le Parlement, pour sa part, est bicaméral, composé de la Chambre des députés et du Sénat. Si la première est élue au suffrage universel direct, c'est par un scrutin indirect que sont nommés 225 des membres du Sénat (le corps électoral est constitué par les délégués des conseils municipaux, chaque commune désignant un délégué, quelle que soit sa taille...) ; en outre, 75 sénateurs sont dits inamovibles et désignés à vie (art. supprimé en 1884). Les deux chambres sont mises sur un strict pied d'égalité et doivent adopter les lois dans les mêmes termes ; elles peuvent toutes deux renverser le Gouvernement. Le mode de révision, particulièrement souple, devait enfin permettre de modifier aisément ces trois lois. Toute l'organisation du régime visait donc à assurer la prééminence d'un exécutif conservateur, appuyé sur un Sénat qui ne le serait pas moins.

La Constitution Grévy

Il n'en fut pas ainsi, puisque après la crise du 16 mai 1877 (v. **Fiche n° 14**) est appliquée la « Constitution Grévy ». En effet, la volonté du nouveau président de ne jamais heurter la volonté parlementaire conduira à la disparition par désuétude de l'ensemble des prérogatives du président de la République et, au-delà, de l'exécutif. Cette nouvelle conception du rôle de la présidence devait bouleverser l'organisation institutionnelle réalisée par les lois de 1875, le législatif attirant à lui l'ensemble des pouvoirs sans qu'aucune institution ne puisse lui opposer la moindre résistance. En particulier, « *privé de l'arme décisive de la dissolution, le président ne peut en effet plus rien contre la Chambre, assurée d'aller au terme de la législature* »[3]. La réalité politique du Parlement et des coalitions qui le dirigent se retrouve au sein des ministères, lesquels ne durent en définitive que le temps fragile de ces coalitions.

Cette réalité politique irradie le fonctionnement des institutions, qui s'en trouvera à jamais déséquilibré. Censée relever du parlementarisme moniste, la IIIe République (ainsi ensuite que la IVe) sera en définitive un véritable gouvernement d'assemblée, régime dans lequel l'étiquette « parlementaire » ne vise qu'à dissimuler l'absence de toute séparation réelle des pouvoirs : « *Du gouvernement d'assemblée, le régime parlementaire moniste a la caractéristique essentielle qui est la confusion des pouvoirs et des fonctions. Au régime parlementaire authentique, il n'emprunte qu'une façade institutionnelle privée de toute portée effective*[4]. »

2. CHANTEBOUT B., *Droit constitutionnel*, 20e éd., A. Colin, 2003, p. 150.
3. ROUVILLOIS F., *Droit constitutionnel – Fondements et pratiques*, Flammarion, 2002, p. 273.
4. CHANTEBOUT B., *Le Régime parlementaire moniste, Gouvernement d'assemblée*, p. 43.

Le fonctionnement d'un régime d'assemblée

Entièrement dominé par les coalitions politiques maîtresses du Parlement, le régime d'assemblée induit un contrôle permanent de l'exécutif par le législatif. Dans le cadre de la France, il ne saura en outre pas réaliser l'indispensable réforme de l'Etat.

Le contrôle de l'exécutif par le législatif

Le rôle du chef de l'Etat est d'abord minimisé, borné dans un simple rôle de représentation et de figuration officielle, perdant même la possibilité d'utiliser les prérogatives que lui confie la Constitution (la seconde lecture ne sera jamais utilisée, ni l'ajournement des chambres ; et quant au droit de message, il ne connaîtra que deux utilisations sous la IIIe République). Malgré l'irresponsabilité politique du président, les Chambres le contraindront à se retirer lorsqu'il leur semblera susceptible de les gêner, le cas le plus emblématique étant celui d'Alexandre Millerand qui, souhaitant utiliser ses prérogatives constitutionnelles, fut contraint à la démission par la Chambre en 1924.
Au-delà du chef de l'Etat, le président du Conseil et son ministère sont transformés en simple commis du législatif, ne pouvant gouverner que selon les modalités acceptées par les parlementaires. C'est ainsi que de 1870 à 1940, 104 cabinets différents se succédèrent, démissionnant indifféremment à la demande de la Chambre des députés ou du Sénat ; encore faut-il noter que la situation sera la plus critique entre novembre 1918 et juin 1940, puisque la durée moyenne des gouvernements est alors tombée à six mois ! Cette situation rend le ministère complètement tributaire de la volonté du législatif. Sous la pression constante, les gouvernements se font et se défont sans pouvoir durer, la République tend à l'inefficacité.

L'impossible réforme de l'Etat

L'idée d'une révision des lois constitutionnelles de 1875 dans le sens d'un renforcement de l'autorité de l'exécutif fut présente dès la fin des années 1880, mais ne put aboutir au XIXe siècle ; de même, les efforts en ce sens du président Millerand se soldèrent par sa démission. Le développement en France des effets de la grande crise de 1929, associés aux critiques royalistes ou communistes relatives aux défauts de l'Etat, ainsi qu'à la montée de l'antiparlementarisme, rendaient la réforme de l'Etat chaque jour plus nécessaire.
Cette idée, présente en outre dans les milieux intellectuels (autour de la revue de Mounier et chez ceux qu'on appela les non-conformistes), réussit à prendre pied au sein des instances politiques du pays, lesquelles ne parvinrent pas non plus à imposer la réforme. Le régime, paradoxalement, en sentait bien la nécessité, puisque ces mêmes années 1930 voient la reconnaissance (de manière détournée il est vrai) de l'existence du président du Conseil ; de même, la pratique toujours accrue du recours aux décrets-lois (initiée en 1918) témoigne de ce que l'exécutif – et son administration – devient le lieu naturel de l'exercice du pouvoir...

Aussi les vrais problèmes ne sont-ils jamais tranchés, tandis que le régime repose en fait sur l'administration, le constat de la nécessaire évolution du régime parlementaire s'impose.

L'évolution du régime parlementaire

Face à la dérive du régime parlementaire vers le régime d'assemblée, deux types de réaction sont possibles. Soit l'on s'efforce de rationaliser le parlementarisme, soit l'on vise en réaction à rehausser l'exécutif.

Rationaliser le parlementarisme

Evoquer le parlementarisme rationalisé conduit à envisager l'ensemble des mécanismes visant à améliorer le fonctionnement du régime parlementaire par la limitation de ses abus les plus criants (sur cette volonté **v. Fiche n° 13**, en ce qu'elle concerne l'Allemagne).

Le principe

L'expression « *parlementarisme rationalisé* » fut créée par Boris Mirkine-Guetzevitch et désigne l'ensemble des mesures prises après la Première Guerre mondiale dans différents pays d'Europe et ayant pour objectif un meilleur fonctionnement des différents pouvoirs, ainsi qu'un travail parlementaire plus efficace (v. not. la Constitution de Weimar de 1919). Il s'agit d'une volonté rationnelle d'éviter les travers occasionnés par le fonctionnement du parlementarisme classique (spéc. tel qu'il est appliqué en France) « *en réglant minutieusement les mécanismes et les procédures. Ainsi, on exige que le Parlement retire expressément sa confiance au gouvernement, suivant des procédures spécifiques, afin de confirmer sa volonté ; à l'inverse, on dispose qu'en ce cas le chef de l'Etat aura une compétence liée : il sera obligé de prendre acte de la démission du gouvernement. Rationaliser signifie, ici, faire disparaître le hasard et l'incertitude. Par ce biais, on espère mettre fin à l'instabilité ministérielle chronique, tout en confortant la primauté du Parlement auquel l'exécutif se trouve, en droit, clairement subordonné*[5]. »

L'application en France

En France, où sévissait un régime d'assemblée omnipotent, l'idée d'une rationalisation du parlementarisme courrait les allées du pouvoir, acquérant une résonance sans cesse plus forte. Après la chute de Millerand, coupable d'avoir cherché à exercer les pouvoirs qui lui étaient constitutionnellement conférés, et devant la contes-

5. Rouvillois F., *op. cit.*, p. 316.

tation toujours plus vive des modes de fonctionnement de la IIIe République (dont le paroxysme intervint avec les manifestations de février 1934), nombreux étaient-ils à appeler à cette réforme du parlementarisme.
Le monde politique l'évoquait et cette idée figure clairement dans les ouvrages de l'ancien président du Conseil André Tardieu, ainsi que dans les remarques et les observations faites au sein du comité Bardoux pour la réforme de l'Etat (dont firent partie J. Barthélémy ou B. Mirkine-Guetzevitch). Chez les juristes, caractéristique est ainsi l'évolution de la pensée de Carré de Malberg relative à la combinaison du référendum et du parlementarisme[6]. Le Parlement ne parvient pas à transcrire l'incontestable élan vers la réforme, trop sclérosé dans sa certitude à représenter seul la nation et la volonté générale. La rationalisation fut impossible à réaliser sous la IIIe République ; elle trouva un écho dans l'œuvre de Vichy et inspirait la République renaissante en 1945-1946 (**v. Fiche n° 16**), mais elle ne put être réalisée efficacement qu'après 1958.

Rehausser l'exécutif

Outre le recours à la rationalisation du parlementarisme, la réforme du régime parlementaire peut encore résulter d'un rehaussement de l'exécutif qui hisserait celui-ci au niveau des Chambres. La difficulté qui survient alors réside dans le risque de dérive personnelle au profit du titulaire de l'exécutif qu'impliquerait un tel rehaussement ; fut ensuite théorisé le régime semi-présidentiel.

La question de la dérive personnelle

Entre rehaussement de l'exécutif et supériorité de celui-ci, il n'y a qu'un pas que ses dirigeants se sont souvent empressés de franchir. Si l'on examine l'histoire constitutionnelle de la France, toutes les périodes qui ont vu un rehaussement de l'exécutif se sont vite transformées en situation de dérive personnelle de ce pouvoir. Ainsi chaque fois que le régime parlementaire contesté dut laisser la place à un nouveau régime, le législatif y fut clairement abaissé. De Napoléon Bonaparte à Philippe Pétain en passant par le Second Empire, l'exécutif monopolisa la quasi-totalité des pouvoirs. Le souvenir de ces précédents expliquera la crainte que souleva chez certains le retour aux affaires de Charles de Gaulle, lui qui n'avait pas fait mystère de son désir de remodeler les institutions dans un sens accordant beaucoup plus de prérogatives à l'exécutif. Vive en 1958, cette crainte de la dérive personnelle est aujourd'hui dissipée, quoique le fonctionnement de la Ve République en ait parfois fourni l'exemple...

6. Carré de Malberg R., « Considérations théoriques sur la combinaison du référendum avec le parlementarisme », *RDP*, 1931, p. 228.

La notion de régime semi-présidentiel

C'est en 1978 que le Pr. M. Duverger théorisa le concept de régime semi-présidentiel. Ce type de régime se caractérise par la présence cumulative de trois éléments dans la Constitution :
1. l'élection du président au suffrage universel ;
2. la possession par le président de pouvoirs propres importants lui permettant d'agir en toute indépendance vis-à-vis du Gouvernement (pouvoirs de crise, droit de dissolution) ;
3. l'existence d'un gouvernement responsable devant le Parlement.

Maurice Duverger, expliquant la logique inhérente à ce type de construction institutionnelle, observait : « *Ce régime mélange la logique du régime présidentiel américain par l'élection du chef de l'Etat par le peuple, et la logique du régime parlementaire européen par la responsabilité politique du gouvernement devant le Parlement* »[7] L'analyse effectuée à propos de la Ve République n'est toutefois pas limitée à la seule France, puisque de nombreux pays le connaissent ; on retrouve un tel système au Portugal, en Irlande, en Autriche ou en Islande. La différence essentielle entre la France et les autres régimes semi-présidentiels réside dans l'intervention directe du président français dans la vie politicienne de son pays, ce qui n'est pas le cas des autres chefs d'Etat dans les régimes de ce type.

7. Duverger M., *Le Système politique français*, 20e éd., PUF, 1990, p. 188.

4. Débat : l'échec du parlementarisme absolu

On proposera, en guise de réflexion, ces lignes écrites par l'ancien président du Conseil André Tardieu, dans lesquelles il énonce les éléments clés de la réforme à effectuer, après avoir décrit le fonctionnement dévoyé du régime parlementaire. Si toutes les solutions qu'il préconise n'ont pas été intégralement reprises dans nos institutions actuelles, on ne manquera pas d'y trouver de nombreux éléments incontestablement repris par la Ve République.

« ***Ce qui ne peut pas durer.***
[...]
1° N'est pas tolérable en ce qui concerne les citoyens :
a) l'absence de constitution ;
b) l'absence de garanties définies pour les droits fondamentaux des personnes ;
c) l'absence de recours contre les lois abusives ;
d) l'absence, faute de référendum, de toute action populaire directe sur les idées et sur les lois.

3° N'est pas tolérable en ce qui concerne les élus :
a) un régime, qui par suite de la rééligibilité indéfinie et du cumul des mandats, crée des assemblées de candidats perpétuels ;
b) un régime, qui, pour la même raison, soumet ces candidats perpétuels aux forces locales, politiques, pécuniaires, dont ils ont besoin pour être réélus et pour accéder au pouvoir ;
c) un régime, qui organise l'instabilité gouvernementale en livrant les ministères, à tout instant et sans restriction, à la majorité ainsi formée ;
d) un régime, qui, par l'initiative parlementaire des dépenses et par l'intervention des élus dans l'administration, fait des finances et de la vie de la France la proie des dites majorités ;
e) un régime, qui multiplie les malfaçons de la Chambre par les malfaçons d'un Sénat qui est devenu identique à la Chambre, et qui, possédant le privilège de ne pouvoir être dissous et de pouvoir empêcher la dissolution de la Chambre, a usurpé celui de renverser les ministères ;
f) un régime, qui empoisonne la vie municipale et départementale en confiant l'élection des sénateurs aux élus des communes et des départements ;
g) un régime, qui par la collusion du mandat parlementaire et de son despotisme avec d'autres professions, notamment celle d'avocat, est un foyer permanent de corruption financière et morale.

4° N'est pas tolérable en ce qui concerne l'exécutif :
a) un régime qui abandonne aux parlementaires et à eux seuls, l'élection du chef de l'Etat ;

b) un régime, qui prenant les ministres dans les Chambres, fait du gouvernement, par l'interpellation et la responsabilité ministérielle, le jouet des intrigues et des ambitions ;
c) un régime, qui aggrave cette situation en refusant au chef du gouvernement l'arme suspensive de la dissolution ;
d) un régime, qui interdit à l'exécutif de s'adresser au pays, par référendum, pour ratification, veto, révision ou consultation. [...]
Il y faut une révolution. »

André Tardieu, *La Profession parlementaire*, Flammarion, 1937, pp. 359 à 361.

Exercice : plan détaillé de dissertation

Les effets de la rationalisation du parlementarisme

Introduction

« *Un parlement : pour quoi faire ?* », s'interrogeait André Chandernagor ; la rationalisation du parlementarisme entreprise sous la Ve République a-t-elle été trop loin ? Définition du parlementarisme rationalisé (B. Mirkine-Guetzevitch), présentation des tentatives sous la IIIe et IVe République.
L'instauration de la Ve République vise à réaliser cette rationalisation. Cependant si l'effet recherché – fin du régime d'assemblée – a été atteint, d'autres effets semblent plus inattendus.

I. L'effet recherché, la fin du régime d'assemblée

A. La disparition de l'instabilité gouvernementale

La libre formation du gouvernement (art. 8 et absence d'investiture).
Acquisition de la stabilité ministérielle (contrôle difficile : 49 al. 2 et incompatibilité des fonctions parlementaires et ministérielles : art. 23).

B. La réduction du pouvoir du parlement

Mise sous contrôle de la loi (domaine de la loi : art. 34/37, irrecevabilités : art. 40 et 41), création du Conseil constitutionnel : « *arme contre la déviation du régime parlementaire* », Debré).
Mise sous contrôle de la procédure législative (maîtrise ordre du jour : art.48, vote bloqué : art. 44-3, réunion CMP : art. 45, idée de consentement implicite : art. 49 al. 3), législation déléguée (art. 38).

Transition : la disparition de l'instabilité gouvernementale et la réduction de pouvoir du parlement étaient des objectifs recherchés, la rationalisation a favorisé des conséquences plus inattendues.

II. L'effet inattendu, la fin des Assemblées ?

A. L'évanescence de l'institution parlementaire

La présidentialisation des institutions (révision de 1962, légitimité du président).
La passivité des parlementaires (pas de remise en cause lors des cohabitations : cela induit la prééminence du Premier ministre et non du parlement).

B. L'impossible renaissance de l'institution parlementaire ?

La révision constitutionnelle de 1995 et ses limites (révision trop tardive et trop limitée pour remettre en cause une tendance de fond).
L'émergence de nouveaux lieux de pouvoirs (construction communautaire, AAI et collectivités territoriales).
La révision de 2008, d'ampleur beaucoup plus importante, devrait se heurter aux mêmes difficultés.

FICHE N° 16

LA IVe RÉPUBLIQUE

1. Références

BOUGRAB J., *Aux origines de la Constitution de la IVe République*, Dalloz, 2002.

CALLON J.-E., *Les Projets constitutionnels de la Résistance*, La Documentation française, 1998.

COURTIER P., *La IVe République*, PUF, coll. « Que sais-je ? », n° 1613, 4e éd., 1986.

CURAPP, *Le Préambule de la Constitution de 1946*, PUF, 1996.

DECAUMONT F., dir., *Le Discours de Bayeux*, Economica, 1991.

Fondation Charles de Gaulle, Association française des constitutionnalistes, *Le Discours d'Epinal – Rebâtir la République*, Economica, 1997.

GAUDEMET Y., dir., *Le Préambule de la Constitution de 1946*, éd. Panthéon-Assas, 2008.

MIRKINE-GUETZEVITCH B., *La IVe République*, Ed. de la Maison française, New York, 1946.

SIEGFRIED A. *De la IIIe à la IVe*, 1956.

SUEUR J.-J., « Le régime d'assemblée et l'élaboration de la Constitution de la IVe République », *RDP,* 1983, pp. 1209 à 1258.

« La IVe République », *Pouvoirs*, n° 76, 1996.

2. Repères

Définitions

Apparentements : cette loi électorale visait à diminuer la représentation des gaullistes et des communistes, en permettant aux autres candidats de s'apparenter entre eux.

Comité constitutionnel : créé par la Constitution de 1946 (art. 91), ce comité n'effectue pas un strict contrôle de constitutionnalité. Composé de parlementaires, il ne peut être saisi que par une demande conjointe du président et du président du Conseil de la République. Il recherche alors un accord entre les chambres, et s'il n'y parvient pas, il examine si la loi en cause suppose la révision de la Constitution ; si l'Assemblée veut toujours voter la loi, celle-ci ne peut être promulguée avant la révision de la Constitution.

Double investiture : il s'agit de l'habitude prise de revenir devant l'Assemblée une fois le cabinet constitué afin d'obtenir un vote de confiance de la part de celle-ci, à la majorité simple. Cette seconde investiture, non prévue par la Constitution, s'ajoutait à l'investiture personnelle du président du Conseil à la majorité absolue (art. 45). La coutume sera constitutionnalisée par la révision du 7 décembre 1954.

MRP : le Mouvement républicain populaire est un parti de centre gauche d'inspiration démocrate-chrétienne qui fait à l'origine figure de parti modéré, attirant les suffrages des gaullistes. Ceux-ci s'éloignent très vite du MRP, objet des critiques du Général.

Préambule : précédant la Constitution de 1946, il exprime la philosophie politique et sociale du régime. Les principes proclamés (égalité entre hommes et femmes, droit au travail, droit d'asile, droit à la santé...) visent à compléter la Déclaration de 1789. Alors dénuée de valeur juridique, celle-ci ne lui sera donnée qu'avec la décision du Conseil constitutionnel du 16 juillet 1971.

RPF : créé en avril 1947, le Rassemblement du peuple français regroupe les Français attachés au Général et hostiles au fonctionnement du régime. Atteignant 40 % des voix aux municipales de l'automne 1947, dirigeant les plus grandes villes, le RPF obtient 120 députés aux législatives de 1951. Opposants systématiques, ces députés se désunirent peu à peu ; le RPF sera mis en sommeil par de Gaulle à l'automne 1955. Les gaullistes obtinrent moins de 3 % des voix aux législatives de janvier 1956.

SFIO : la Section française de l'internationale ouvrière, fondée en 1905, est un des trois principaux partis au lendemain de la guerre. Elle compose d'abord avec le parti communiste avant de se rapprocher du MRP. La rupture du tripartisme accentuera cette évolution et la SFIO sera l'une des principales composantes de la 3e Force.

Tripartisme : alliance réunissant les trois partis vainqueurs des élections à la Libération. Réunissant communistes, SFIO et MRP, le tripartisme naît au lendemain des élections du 21 octobre 1945 pour prendre fin le 4 mai 1947, avec le départ des ministres communistes du Gouvernement.

Troisième Force : face à l'opposition résolue des deux forces que sont les gaullistes et les communistes, on baptisera Troisième Force l'alliance conjoncturelle regroupant à partir de 1947 l'ensemble des forces soutenant le régime. Cette Troisième Force prend fin en 1952 avec l'investiture d'un cabinet modéré.

Chronologie

- 21 octobre 1945 : référendum dotant l'Assemblée constituante d'une mission encadrée.
- 20 janvier 1946 : de Gaulle quitte la présidence du Gouvernement provisoire.
- 5 mai 1946 : rejet par référendum du projet de Constitution adopté le 19 avril.
- 2 juin 1946 : élection d'une nouvelle Assemblée constituante.
- 16 juin 1946 : de Gaulle, discours de Bayeux.
- 29 septembre 1946 : de Gaulle, discours d'Epinal.
- 13 octobre 1946 : approbation du second projet de Constitution.
- 4 mai 1947 : rupture du tripartisme.
- 17 août 1948 : apparition des « lois-cadres » ou « lois d'habilitation ».
- 9 mai 1951 : loi électorale sur les apparentements.
- 7 décembre 1954 : révision de la Constitution.
- 2 décembre 1955 : unique dissolution de l'Assemblée nationale.
- 13 mai 1958 : Alger, manifestation, création d'un Comité de salut public. Paris, investiture de Pfimlin.
- 28 mai 1958 : démission du cabinet Pfimlin.
- 1er juin 1958 : investiture du Gouvernement de Charles de Gaulle
- 3 juin 1958 : loi constitutionnelle modifiant la procédure de révision de la Constitution.

Biographies

René Coty (1882-1962)

Second président de la IVe République, il sut utiliser le poids moral de sa fonction pour mettre fin à la crise ouverte en mai 1958 et faciliter les négociations entre de Gaulle et le Parlement. Encourageant Pfimlin à partir, il menaça de démissionner si le général n'obtenait pas l'investiture.

Guy Mollet (1905-1975)

Professeur d'anglais et syndicaliste, il est élu député en 1945 et devient secrétaire général de la SFIO l'année suivante (jusqu'à 1969). Il fut, à de nombreuses reprises, ministre et président du Conseil (1956-1957) ; il rejoindra le gouvernement de de Gaulle en 1958 comme ministre d'Etat, afin d'éviter une crise encore plus grave et participera à la rédaction de la nouvelle constitution.

Pierre Pfimlin (1907-2000)

Avocat puis magistrat, il devient député en 1945 (et le reste jusqu'en 1971). Membre du MRP, il sera de nombreuses fois ministre ; il est président du Conseil au moment de la crise de mai 1958 et accepte de démissionner quand il comprend que c'est le seul moyen de parvenir à une résolution pacifique des événements.

Paul Ramadier (1888-1961)

Premier président du Conseil de la IVe République, il obéra l'évolution de la jeune République en ayant recours à la double investiture ; attitude suivie par tous les autres cabinets et qui fragilisera le régime.

Schéma explicatif : la loi sur les apparentements (loi du 9 mai 1951)

L'objectif de cette loi électorale était assez simple et fut d'ailleurs atteint : il s'agissait de limiter au maximum la représentation parlementaire des partis d'opposition (communistes et gaullistes). Cette loi traduisait la volonté des partis du centre (droite et gauche) de se défendre des succès électoraux de leurs adversaires. Loi de circonstance, elle permettait aux différentes listes de conclure des accords en s'apparentant les unes aux autres avant l'élection.
Si aucune liste n'obtenait la majorité absolue, il y avait répartition proportionnelle des sièges. Toutefois, si des listes apparentées obtenaient par l'addition de leurs suffrages la majorité absolue, elles obtenaient alors la totalité des sièges à pourvoir dans le département, sièges qu'elles se répartissaient entre elles à la proportionnelle. Les élections législatives de 1951 et 1956 suivirent cette loi.

Soit un département comptant 5 sièges à pourvoir et 100 000 suffrages exprimés ainsi répartis :

PC	27 000
SFIO	17 000
MRP	14 000
RGR	12 000
Modérés	9 000
RPF	21 000

Avec la proportionnelle, les cinq listes ayant obtenu le plus de suffrages obtiendraient chacune un siège.
Si l'on suppose un apparentement des 4 listes ni gaulliste ni communiste (SFIO, MRP, RGR et modérés), celles-ci rassemblant 52 000 voix soit 52 % obtiennent alors la majorité absolue et les cinq sièges. Ceux-ci sont alors répartis entre les quatre listes apparentées, soit :

SFIO	2 élus
MRP	1 élu
RGR	1 élu
Modérés	1 élu

Ici, le RPF et le PC, qui ont pourtant recueilli 48 % des voix, n'obtiennent aucun siège... (v. de Ph. Biays, « L'Apparentement des listes électorales », *RDP*, 1954).

3. Explications : le déroulement de la IVᵉ République

Régime court et instable (11 ans et 1/2, 19 gouvernements), la IVᵉ République reste marquée par son discrédit. L'ampleur de celui-ci explique encore la facilité avec laquelle disparut le régime. Comprendre ce discrédit oblige à revenir en arrière : la IIIᵉ République, exemple du parlementarisme absolu, marquée par les scandales et la désaffection populaire, n'avait su éviter la guerre... En 1940, tous s'accordent à voir dans ce fonctionnement du régime l'une des causes politiques essentielles de la défaite, ce rejet quasi absolu contribuant à expliquer l'aisance avec laquelle les parlementaires sacrifièrent ce régime par leurs votes des 9 et 10 juillet 1940.
Ce rejet commun de la IIIᵉ République explique les concordances techniques entre les divers projets de Constitution préparés pendant la guerre, tous attachés à la réalisation d'un régime parlementaire rationalisé, préoccupation trouvant « *un écho dans l'ensemble des réflexions constitutionnelles pendant la Seconde Guerre mondiale ; autant celles des mouvements de résistance que de l'Etat français, qui s'abreuvent à la même source* »[1]. Comme le nota Debré, « *les doutes portaient* [...] *sur les institutions. Dès lors, il n'est pas étonnant de constater, au sein des groupes dont l'union devait plus tard former la Résistance, à quel point la construction de la République nouvelle préoccupait certains* » ; avant que de conclure : « *On attendait beaucoup de la Libération. Elle fut pour ce qui concerne les institutions une grande déception*[2]. » Les espoirs placés en 1945-1946 dans la nouvelle République seront vite déçus, tant du point de vue de la mise en place de ce régime que de celui de son fonctionnement.

Une mise en place malaisée

Malgré le désaveu profond de la IIIᵉ République, l'accord se fera difficilement quant au nouveau régime.

Le rejet de la IIIᵉ République ou la mise en place d'une constituante

Le Gouvernement provisoire de la République française s'établit à Paris (25 août 1944), exerçant les pouvoirs exécutif et législatif, assisté d'une assemblée consultative composée des représentants des mouvements de la Résistance (ord. 11 octobre 1944) et d'une haute cour de justice. La fin du conflit permettait d'envisager la restauration des institutions.

1. CALLON J.-E., *Les Droits de l'homme dans les projets constitutionnels de la Résistance*, in CHIANÉA G. et CHABOT J.-L., dir., *Les Droits de l'homme et le suffrage universel*, L'Harmattan, 2000, pp. 203 et 204.
2. Préface au livre de J.-L. DEBRÉ, *La Constitution de la Vᵉ République*, PUF, 1975, p. 6.

Le référendum du 21 octobre 1945

Doit-on revenir aux institutions de la IIIe République ou adopter une nouvelle Constitution ? Et en ce cas, le mandat de la constituante doit-il être encadré ? Les Français se prononcèrent par un double référendum accompagnant les législatives du 21 octobre 1945. Ce jour-là, il leur est demandé s'ils souhaitent « *que l'Assemblée élue ce jour soit constituante ?* », la seconde question visant à limiter ses pouvoirs « *Si le corps électoral a répondu oui à la première question, approuvez-vous que les pouvoirs publics soient – jusqu'à la mise en vigueur de la nouvelle Constitution – organisés conformément au projet de loi dont le texte figure au verso de ce bulletin ?* »[3]

La première question concernait la IIIe République ; le « oui » équivalait à son rejet, le « non » à sa conservation. La seconde question signifiait : voulez-vous limiter les pouvoirs de cette constituante ? Question d'importance eu égard aux circonstances politiques (not. le poids des communistes) ; répondre « oui » équivalait à restreindre les pouvoirs de l'assemblée, le « non » à lui donner les pleins pouvoirs. Les radicaux, tenants de la IIIe République préconisaient le « non-non », les communistes le « oui-non », les socialistes et centristes le « oui-oui » ; pour sa part, la droite appelle au « non-oui ».
Les résultats enregistrent le désaveu de la IIIe République : 96 % des votants répondent « oui » à la première question ; puis 65 % des Français choisissent de limiter les pouvoirs de la constituante. Les législatives consacraient la prééminence de trois partis : PCF, SFIO et MRP (3/4 des voix et 4/5e des élus, communistes et socialistes ayant la majorité absolue) ; l'alliance se fera entre eux, les socialistes ne souhaitant pas gouverner seuls avec les communistes. Cette élection va sceller le sort de la future République : les intérêts partisans renaissent et la Constitution sera « d'origine parlementaire et donc le résultat d'un compromis péniblement négocié entre les partis politiques »[4].

L'évolution du régime

De Gaulle sera difficilement investi à la tête du Gouvernement provisoire, cristallisant les oppositions ; les tensions sont sans cesse plus vives entre l'assemblée et lui, la constituante s'efforçant de tirer le régime vers une pratique encore plus parlementaire. Ne pouvant gouverner, de Gaulle démissionne (20 janvier 1946), déclarant : « *Le régime exclusif des partis a reparu. Je le réprouve. Mais à moins d'établir par la force une dictature dont je ne veux pas, et qui, sans doute, tournerait mal, je n'ai pas les moyens d'empêcher cette expérience. Il faut donc me retirer.* »

3. Ce projet limitait la durée (7 mois) et les pouvoirs de la constituante (elle ne pouvait renverser le gouvernement que par un vote à la majorité absolue) ; enfin, le projet de Constitution devrait être soumis au vote des Français.
4. Debré J.-L., *La Constitution de la Ve République*, PUF, 1975, p. 11.

La difficile adoption d'une Constitution

Des oppositions profondes se révèlent, expliquant le rejet du premier texte ; la nécessité d'un accord permettant l'adoption du second.

Le rejet du projet de Constitution du 19 avril 1946

Les discussions ne cessent de révéler les divergences entre socialistes et communistes d'un côté et MRP de l'autre. En fin de compte, communistes et socialistes adopteront seuls un projet soumis à référendum le 5 mai 1946.
Ce projet institue un véritable régime d'assemblée dans lequel une chambre unique possède l'ensemble des pouvoirs : elle élit le président du conseil (art. 76), qui doit faire valider son cabinet et son programme (art. 79) ; elle élit aussi le président de la République (art. 93). Si sa dissolution reste prévue (art. 84), elle est interdite pendant la première moitié de la législature (soit deux ans et demi) et soumise à des conditions restrictives (deux mises en cause de la responsabilité du Cabinet à la majorité absolue dans la même année).
Lors de la campagne, la France retrouve une stricte opposition droite-gauche. Celle-ci, dominée par les communistes, est favorable à l'adoption du texte, la droite y est hostile, y voyant un risque majeur pour les libertés. La participation dépasse 80 % et 53 % des électeurs repoussent le projet. Une nouvelle constituante est élue le 2 juin 1946.

L'adoption de la Constitution du 27 octobre 1946

Ces élections reconduisent le tripartisme. C'est alors, avant que ne débutent les travaux, que, sortant de son silence, de Gaulle prononce le 16 juin 1946 un discours sur les institutions à construire.

Le discours de Bayeux

Il y exprime sa position, fruit de discussions avec Capitant et Debré, sur ce que devraient être les institutions ; ce discours vise à influencer l'œuvre de la constituante. Il appelle à la restauration de l'Etat : « *Tous les principes et toutes les expériences exigent que les pouvoirs publics : législatif, exécutif, judiciaire, soient nettement séparés et fortement équilibrés et qu'au-dessus des contingences politiques soit établi un arbitrage national qui fasse valoir la continuité au milieu des combinaisons.* » De cet arbitre « doit procéder le pouvoir exécutif » et il doit être en mesure « *dans les moments de grave confusion* [d'inviter] *le pays à faire connaître par des élections sa décision souveraine* ». Ce discours ne présente pas une Constitution stricto sensu, mais met en avant les principes devant gouverner de solides institutions. Outre cet arbitre au-dessus des partis, de Gaulle souhaite une seconde chambre qui contrebalance les excès d'une chambre représentant des intérêts purement politiques.

Les parlementaires repoussèrent un tel dessein et s'efforcèrent de réaliser le nouveau régime. Les concessions des partis de gauche permirent l'adoption d'un projet aussitôt critiqué par de Gaulle qui appelle à rejeter un texte qui lui semble minimiser le rôle de l'exécutif et assurer l'omnipotence des partis. Si le référendum voit la Constitution adoptée, c'est sans enthousiasme ; les Français, lassés, se déplacent peu : 1/3 d'abstentions, 53,5 % de « oui » et 46,5 % de « non ». Mal adoptée, la IVe République sera une mal aimée.

Un fonctionnement hasardeux

Alors que la Constitution naquit de la volonté de mettre fin à la IIIe République, elle engendra un régime assez proche de celui qui venait d'être rejeté.

Les institutions d'après le texte constitutionnel

La Constitution témoigne d'un nouvel esprit avant que d'organiser les institutions.

L'esprit de la Constitution

La Constitution est marquée du double sceau de la Résistance et de la Libération. Ceci apparaît d'abord dans le préambule, qui exprime la philosophie du régime et sa position quant aux grandes questions de son temps. Visant à compléter la Déclaration de 1789, guère adaptée aux temps contemporains, il évoque les « *principes politiques, économiques et sociaux particulièrement nécessaires à notre temps* » (ce qui suppose la nécessaire intervention économique et sociale de l'Etat) et les « *principes fondamentaux reconnus par les lois de la République* ».
La IVe République affirme les valeurs de l'Etat, qualifiant la France de « *République indivisible, laïque, démocratique et sociale* », dont le principe est le gouvernement du peuple par lui-même ; la souveraineté nationale appartenant à ce dernier... Le préambule contient des dispositions relatives aux relations entre la France et ses anciennes colonies, « *fidèle à sa mission traditionnelle, la France entend conduire les peuples dont elle a pris la charge à la liberté de s'administrer eux-mêmes et de gérer démocratiquement leurs propres affaires* », option confirmée par la création de l'Union française (art. 60 à 82). La Constitution proclame encore la supériorité des normes internationales sur la loi (art. 26).

L'organisation institutionnelle

Malgré sa volonté d'obtenir un régime stable, la Constitution consacre le Parlement. Celui-ci reste le centre de gravité du système ; il est bicaméral, et pour la première fois la chambre basse porte le nom d'Assemblée nationale. La place de la seconde chambre (Conseil de la République) est résiduelle : elle ne peut qu'exprimer son avis sur les textes votés par l'Assemblée qui peut passer outre (art. 20) et ne peut plus

faire chuter le Gouvernement. L'Assemblée vote seule la loi, l'article 13 disposant qu'elle ne peut déléguer ce droit (il s'agit de faire obstacle à la pratique des décrets-lois).
Le chef de l'Etat reste le président de la République. Elu par le Parlement, tous ses actes doivent être contresignés. Il perd les pouvoirs que lui conférait la IIIe République, transférés au président du Conseil ; le seul pouvoir qui lui reste est de choisir celui-ci (art. 45). Ce dernier, conçu comme le véritable chef de l'exécutif, dispose du pouvoir réglementaire. Pour asseoir sa position, la Constitution exige qu'il soit investi par un vote à la majorité absolue de l'Assemblée (art. 45) et détaille les circonstances rendant obligatoire sa démission : refus d'une question de confiance (art. 49) ou vote absolue d'une motion de censure (art. 50), dans les deux cas à la majorité absolue. Cette exigence doit permettre la stabilité du cabinet. Le droit de dissolution est reconnu (art. 51), mais sa mise en œuvre conditionnée à la survenance de deux crises ministérielles (selon la définition des art. 49 et 50) en 18 mois. Un comité constitutionnel est créé (art. 91), qui ne saurait être assimilé à une véritable cour constitutionnelle car il n'effectue pas un contrôle de constitutionnalité au sens strict. Si la Constitution paraît équilibrée, la pratique démentira ce constat.

La dérive vers le régime d'assemblée

Marquée par les partis, la Constitution subira leur loi, l'évolution politique du régime entraînant l'échec des procédures censées rationaliser le parlementarisme.

La mise en place du régime des partis

Le régime témoigne de la mainmise des partis sur le système. Les législatives ont reconduit le tripartisme. Elu à l'Elysée, Auriol appelle Ramadier à la présidence du Conseil, dont le Gouvernement comptera en outre des radicaux et deux modérés. Un cabinet aussi large ne pouvait manquer de subir de fortes divergences, la plus importante portant sur la place du parti communiste.
Dans une période de tension sociale, des grèves ont lieu, auxquelles les communistes s'associent ; le parti se trouve dans une situation inconfortable, faisant partie du cabinet tout en critiquant sa politique... Il se désolidarise du Gouvernement sur le blocage des salaires ; un vote de confiance a lieu le 4 mai 1947, les communistes, ministres compris, refusant la confiance. Ramadier constate la rupture de la solidarité gouvernementale ; le tripartisme était mort. D'autant plus mort que de Gaulle crée le RPF.
Après mai 1947, les communistes combattent le Gouvernement et les gaullistes sont hostiles à un système qui va à l'encontre de ce qu'ils souhaitent. Le régime évolue vers un système dit de 3e Force regroupant de facto ceux qui, ni communistes ni gaullistes, soutiennent le régime. A partir d'octobre 1947, tous les cabinets s'en réclameront peu ou prou ; cette situation obligeait à dégager des majorités arithmétiques n'ayant en commun que le désir d'écarter leurs adversaires, dès lors, « *l'expression de la volonté nationale n'appartient plus à la majorité des électeurs, mais à des partis et résulte de processus contractuels se déroulant entre ceux-ci. La*

souveraineté, ainsi, est passée aux mains des partis, chacun en détenant une parcelle et ne pouvant l'exercer qu'en coalition avec d'autres »[5]. Ce fut l'échec du régime.

L'échec de la rationalisation du parlementarisme

L'attitude du premier président du Conseil fut déterminante pour l'évolution du régime. Ramadier, investi à titre personnel, décida de soumettre son cabinet à un second vote de l'Assemblée, comme il en était coutume sous la IIIe République. Cette double investiture fut reprise par tous les cabinets ; cette évolution politicienne fut accentuée par l'échec des mécanismes de responsabilité.
Afin de stabiliser l'exécutif, le cabinet n'était tenu de démissionner que mis en minorité à la majorité absolue (art. 49 et 50). La pratique s'éloignera de ces dispositions, les cabinets chutant en l'absence de tout vote de défiance explicite, dès qu'ils sentiront ne plus bénéficier de la confiance des partis. Or si la Constitution prévoit la dissolution (art. 51), celle-ci n'est possible que si deux crises ministérielles ont eu lieu en 18 mois, **dans les conditions des articles 49 et 50 ;** la coutume de démissionner au moindre vote négatif (majorité simple) ruinait toute possibilité de dissolution. Les partis veillèrent à voter la défiance sans atteindre la majorité absolue. Une seule dissolution fut possible entre 1946 et 1958.
Souhaitant se démarquer de sa devancière, la IVe République proclamait : « *L'Assemblée nationale vote seule la loi. Elle ne peut déléguer ce droit.* » Or le régime revint vite à la pratique décriée de la délégation de pouvoir. Dès 1948, des lois « cadres » ou d'habilitation confièrent de larges pouvoirs au gouvernement ; le Conseil d'Etat validant *a posteriori* cette procédure, notant que si les lois de pleins pouvoirs sont interdites, cela n'interdit pas au législateur de faire entrer certaines matières dans la compétence réglementaire[6].

Ces dysfonctionnements étaient vus, mais la réforme de la Constitution n'interviendra qu'en décembre 1954 ; de plus les réformes effectuées n'améliorèrent rien. Ce n'est que vers 1956-1957 que des réformes de plus grande ampleur seront envisagées ; il était trop tard.

5. Capitant R., *Démocratie et participation politique*, p. 107.
6. CE, 6 février 1953, avis n° 60.497, *Commission de la fonction publique*.

4. Débat : l'échec de la IVe République pouvait-il être évité ?

Il est fréquent que soit dénoncée l'incohérence d'un régime qui tout entier soumis au régime des partis se serait aveuglé lui-même sur son sort. A rebours d'une telle analyse, et bien que les défauts de la IVe République soient évidents, diverses difficultés auxquelles elle fut confrontée doivent être rappelées.

Situation internationale

De 1946 à 1958, la guerre froide sert de toile de fond au déroulement de la IVe République. Engagé dans les conflits de la décolonisation (Madagascar en 1947, Indochine en 1945-1954, puis Algérie), le régime ne disposera au cours de ces années que d'une faible marge de manœuvre.

Situation politique

L'opposition systématique des gaullistes et des communistes ne permettra pas qu'apparaissent des majorités groupées autour de projets politiques clairs. Arithmétiques, les majorités n'ont pas de cohésion.

Situation économique

La France est sortie de la guerre pleine de destructions et l'effort de reconstruction, rendu plus nécessaire encore par le baby-boom, est obéré par le coût de notre effort militaire.

Algérie

La question du statut de ces départements français et de son avenir n'aura jamais été réglée par un régime qui, affirmant le caractère français de l'Algérie, ne saura pas trouver les voies d'une évolution harmonieuse de son statut et de ses populations ; évolution qui aurait sans doute été possible, décidée par un exécutif volontaire.
Or la volonté, c'est sans doute ce qui fit le plus défaut au régime. Dès lors les difficultés, réelles, ne purent être surmontées et les mécanismes constitutionnels, valides par temps calme, ne purent répondre au gros temps ; une tempête un peu plus forte que les autres les balaiera en mai 1958.

FICHE N° 17

LA MISE EN PLACE DE LA Ve RÉPUBLIQUE

1. Références

ARNE S., « La Prise de pouvoir par le maréchal Pétain et le général de Gaulle », *RDP*, 1969, pp. 48 et suiv.

BURDEAU F., « Comment naissent les Républiques ? », *RDP*, 2002, pp. 127-138.

DENQUIN J.-M., *1958 : la genèse de la Ve République*, Presses universitaires de France, 1988.

DULONG D., *Moderniser la politique : aux origines de la Ve République*, L'Harmattan, 1997.

LASCOMBE M., « La Ve république se meurt, la Ve République est morte », *Mélanges Gicquel*, Montchrestien 2008, pp. 291 à 304.

MAUS D., FAVOREU L. et al., *L'Ecriture de la Constitution de 1958*, Economica, 1992.

PASSELECQ O., « De Tardieu à de Gaulle », *RFDC*, 1990, pp. 387 et suiv.

ROUVILLOIS F., *Les Origines de la Ve République*, PUF, coll. « Que sais-je ? », n° 3305, 1998.

SICARD G., « Mai-juin 1958. Une République meurt, une République naît », *Etudes d'histoire du droit et des idées politiques*, vol. 6, PU Toulouse, 2002.

ZIMMER W., « La Loi du 3 juin 1958 : contribution à l'étude des actes pré-constituants », *RDP*, 1995, pp. 383 et suiv.

Documents pour servir à l'histoire de l'élaboration de la Constitution de 1958, 3 vol., La Documentation française, 1987-1991.

« Etudes sur les origines de la Ve République », *Revue juridique d'Auvergne*, vol. 3, 1998, pp. 5 et suiv.

2. Repères

Définitions

Dispositions transitoires : ces dispositions figuraient aux articles 90 à 92 de la Constitution et visaient à permettre l'instauration progressive des nouvelles institutions (elles furent abrogées en 1995).

Comité de salut public : l'expression désigne les comités insurrectionnels qui se sont mis en place en mai 1958 dans les villes d'Algérie, puis en Corse, et qui, se plaçant sous l'autorité des militaires, réclamaient le retour aux affaires de Charles de Gaulle.

Chronologie

- 15 avril 1958 : démission du Gouvernement Gaillard.
- 13 mai 1958 : Alger, manifestation, création d'un Comité de salut public ; Paris, investiture de Pfimlin.
- 24 mai 1958 : débarquement militaire en Corse, création d'un Comité de salut public sur l'île.
- 28 mai 1958 : démission du Gouvernement Pfimlin.
- 29 mai 1958 : appel du « *plus illustre des Français* » au Gouvernement par le président Coty.
- 1er juin 1958 : investiture du Gouvernement de Gaulle
- 3 juin 1958 : loi constitutionnelle modifiant la procédure de révision de la Constitution.
- 26 juillet 1958 : adoption de l'avant-projet de Constitution en Conseil de cabinet.
- 29 juillet-14 août 1958 : examen du projet de Constitution par le Comité consultatif constitutionnel.
- 21 août-27 août 1958 : examen du projet par le Conseil d'Etat
- 3 septembre 1958 : adoption du texte en Conseil des ministres.
- 28 septembre 1958 : adoption par référendum de la Constitution de la Ve République.
- 4 octobre 1958 : promulgation de la Constitution.
- 23 et 30 novembre 1958 : élections législatives.
- 21 décembre 1958 : de Gaulle est élu à la présidence de la République.
- 8 janvier 1959 : nomination de Michel Debré aux fonctions de Premier ministre.
- 20 février 1959 : mise en place du Conseil constitutionnel.

Biographie : René Capitant (1901-1970)

Fils d'Henri Capitant, il fut professeur de droit et ministre. Il exerça une notable influence sur la pensée juridique du Général. Il ne put participer à l'élaboration de la Constitution en 1958, étant alors en poste au Japon.

3. Explications : l'adoption de la nouvelle Constitution

L'adoption de la nouvelle Constitution par le référendum du 28 septembre 1958 est le point final du mouvement qui emporte la IVe République. Ce mouvement fut initié en mai 1958, mois qui vit se cristalliser toutes les oppositions, toutes les rancœurs que généra le régime. Comprendre la genèse de la Ve République suppose d'envisager la crise de mai, puis la mise en place de la nouvelle République.

Genèse et dénouement de la crise de mai 1958

Cette crise doit être étudiée sous ses aspects institutionnels et politiques avant de voir comment l'adoption de la loi constitutionnelle du 3 juin 1958 permit la sortie de cette crise.

Une crise institutionnelle et politique

C'est en mai 1958 que les tensions atteindront leur paroxysme et engendreront l'écroulement soudain de l'édifice institutionnel français. Pour mieux comprendre le processus, il est nécessaire de se pencher sur la crise elle-même, puis sur le retour progressif à l'ordre républicain.

Les raisons de la crise de mai 1958

Il convient avant tout de garder en mémoire l'atmosphère délétère générale dans laquelle baignaient les institutions : valse des cabinets provoquant une instabilité parlementaire chronique (21 gouvernements en onze ans, certains ne durant pas plus de 48 heures), sans compter la durée des crises ministérielles (pendant lesquelles n'existe en fait plus de gouvernement réel) avant que ne soit constitué un nouveau cabinet ; cela dans une période de conflits liés à la décolonisation ainsi qu'à l'affrontement Est-Ouest (Indochine, Corée, Suez... et Algérie). C'est dans ces circonstances que se produit la crise de mai 1958.
Après le bombardement d'un village tunisien abritant un camp de repos des combattants du FLN (Sakhiet Sidi Youssef), la France se trouve mise en accusation sur la scène internationale. Le Gouvernement Gaillard fut désavoué à propos de son attitude dans l'affaire de Sakhiet et démissionna le 15 avril (il réunit contre lui une curieuse coalition : les anticolonialistes, les communistes et quelques socialistes, les gaullistes, l'extrême droite, les députés d'Algérie). Or, après presque un mois de crise ministérielle, le choix des députés se porte sur Pfimlin, réputé favorable à des négociations avec le FLN. L'investiture est prévue le 13 mai, une manifestation étant annoncée au même moment à Alger.

Alger est alors une ville sous pression et qui fait l'objet de multiples tensions. Les pieds-noirs, souvent d'extraction modeste, sont viscéralement attachés à une terre qu'ils considèrent comme la leur. L'armée est adulée par la foule, son action ayant permis l'arrêt des attentats en 1957. Enfin, les activistes complotent pour assurer le maintien de l'Algérie française. A ces éléments s'ajouta l'action des gaullistes, dont l'intuition « *fut d'utiliser l'inquiétude des Français d'Algérie et le mécontentement de l'armée pour un changement de régime en faveur de de Gaulle. Pendant que se traînait la crise ministérielle, certains gaullistes se mirent à comploter* »[1]. Si le Général n'a pas poussé à la crise, son silence ne pouvait manquer d'apparaître comme un soutien tacite.

La crise et les modalités du retour à l'ordre

Le 13 mai, des dizaines de milliers de manifestants dénoncent à Alger la formation du gouvernement. Les manifestants investissent les bâtiments publics, l'armée laissant passer la foule. Les activistes créent un Comité de salut public sous l'autorité du général Salan, chef du commandement militaire en Algérie. Le responsable du maintien de l'ordre est placé à la tête de l'insurrection... La situation est insurrectionnelle : l'autorité du cabinet Pfimlin est récusée par Alger qui fait appel à de Gaulle et demande un Gouvernement de salut public pour conserver l'Algérie à la France.
Trois pouvoirs coexistent alors en France, ce que constate Jacques Fauvet : « *Le pouvoir légal de Pfimlin qui a été investi par l'Assemblée à Paris, le pouvoir insurrectionnel des généraux à Alger et le pouvoir moral du Général de Gaulle à Colombey-les-deux-Eglises.* » Tandis que de nombreuses tractations se poursuivent, l'insurrection s'étend à la Corse, le 24 mai et il est fait état d'une intervention militaire imminente. Désormais, de Gaulle tient entre ses mains tous les éléments d'appréciation et de décision ; le 27 mai il annonce : « *J'ai entamé hier le processus régulier nécessaire à l'établissement d'un gouvernement républicain capable d'assurer l'unité et l'indépendance du pays* » ; Pfimlin démissionne le 28.
Le 29, le président Coty adresse un message au Parlement et fait part de son intention d'appeler à la présidence du Conseil « *le plus illustre des Français* », annonçant qu'il démissionnerait si ce dernier n'était pas investi. Malgré le vote négatif de la gauche, l'investiture est votée. Le gouvernement comporte des représentants des principales forces politiques : socialistes (Mollet), MRP (Pleven), radicaux, UDSR (Houphouet-Boigny), modérés (Pinay). De Gaulle ne souhaite pas opérer un simple replâtrage de la Constitution, mais espère une révision d'ampleur des institutions. Le mandat lui en sera donné le 3 juin.

La loi constitutionnelle du 3 juin 1958

Deux lois sont votées le 3 juin qui permettent de préparer la rédaction d'une nouvelle Constitution. La première loi accorde les pleins pouvoirs pour une durée de

1. Courtier P., *La IVᵉ République*, pp. 114-115.

six mois au Gouvernement : il est habilité à prendre par ordonnances les mesures nécessaires au redressement de la nation (seules sont exclues la loi électorale et les libertés publiques et individuelles). Le second texte est une loi de révision constitutionnelle qui confère la réalité du pouvoir de révision au Général et à son Gouvernement. Les assemblées se mettent en congé et renoncent à siéger jusqu'à la fin de la session.

Le vote de la loi constitutionnelle

Craignant le précédent du 10 juillet 1940, la Constitution soumettait toute révision à la réitération du vote d'une résolution demandant cette révision (et précisant son objet), le second vote ayant lieu au moins trois mois après le premier. L'exigence d'un tel écart aurait ruiné le désir des gaullistes de profiter du choc créé par l'effondrement du régime. Une solution préservant les apparences légales allait être trouvée. Une résolution adoptée par le Parlement en 1955 demandait la révision de l'article 90 en raison de sa procédure jugée trop lourde ; la loi constitutionnelle du 3 juin se présentera comme sa suite, révisant simplement la procédure de l'article 90 et ne dérogeant pas à la lettre de la Constitution, car continuant les résolutions adoptées en 1955. La révision ayant été adoptée à la majorité des trois cinquièmes, dans chacune des chambres, la tenue d'un référendum est inutile.

Les conditions posées par la loi constitutionnelle

Redoutant les intentions du Général, la loi constitutionnelle encadre son action.

Les conditions de fond

Il s'agit de donner au pays un minimum de garanties quant au futur régime mis en place. La loi constitutionnelle du 3 juin 1958 énumère cinq conditions à respecter.
« *1° Seul le suffrage universel est la source du pouvoir. C'est du suffrage universel ou des instances élues par lui que dérivent le pouvoir législatif et le pouvoir exécutif* ». Les parlementaires visent à éviter l'instauration en France un régime de type corporatiste, à l'image de l'Espagne ou du Portugal.
« *2° Le pouvoir exécutif et le pouvoir législatif doivent être effectivement séparés de façon que le Gouvernement et le Parlement assument chacun pour sa part et sous sa responsabilité la plénitude de leurs attributions* ». Cette disposition vise à empêcher toute confusion des pouvoirs. Ici encore, on craint l'exercice que les gaullistes pourraient avoir du pouvoir. Dans le cadre d'une lecture gaullienne, il est possible d'y voir en filigrane la restauration du pouvoir de l'exécutif, dans la mesure où celui-ci se voyait nié, la IVe République ne respectant pas réellement la séparation des pouvoirs.
« *3° Le gouvernement doit être responsable devant le Parlement* ». Cette disposition assure le maintien d'un régime parlementaire en rendant obligatoire la possibilité pour le Parlement de mettre en cause l'existence du Gouvernement. La loi constitutionnelle interdit tout régime présidentiel.

« *4° L'autorité judiciaire doit demeurer indépendante pour être à même d'assurer le respect des libertés essentielles telles qu'elles sont définies par le Préambule de la Constitution de 1946 et par la déclaration des droits de l'homme à laquelle il se réfère* ». Cette disposition n'aura de véritable portée qu'à partir des années 1970, lorsque le Conseil constitutionnel prendra en compte le préambule de la Constitution de 1946[2].

« *5° La Constitution doit permettre d'organiser les rapports de la République avec les peuples qui lui sont associés* », cette disposition fait référence à l'ancien empire colonial et annonce la rénovation des liens entre la France et ses territoires d'outre-mer. Il s'agissait de trouver une solution institutionnelle en raison de la pression internationale en faveur de la décolonisation (principe du droit des peuples à disposer d'eux-mêmes).
Ces dispositions n'étaient guère contraignantes car susceptibles de définitions concurrentes. Les véritables garanties résultent plutôt des conditions de forme posées.

Les conditions de forme

La loi constitutionnelle ajoute : « *Pour établir le projet, le Gouvernement recueille l'avis d'un comité consultatif où siègent notamment des membres du Parlement désignés par les commissions compétentes de l'Assemblée nationale et du conseil de la République.* [...] *Le nombre total des membres du comité consultatif désigné par les commissions est égal aux deux tiers des membres du comité. Le projet de loi arrêté en Conseil des ministres, après avis du Conseil d'Etat, est soumis au référendum.* » Le Parlement s'efforce de maintenir ses compétences : c'est d'abord au Gouvernement qu'est confié le soin de préparer la Constitution, or tous les groupes de l'Assemblée sont représentés au Gouvernement (hors les communistes). Le texte est soumis à l'avis du comité consultatif, composé pour 2/3 de parlementaires ; enfin, le projet doit subir l'examen du Conseil d'Etat, dont on espère qu'il garantira l'orthodoxie républicaine du texte. En dernier lieu, la Constitution doit être ratifiée par référendum.

La mise en place de la nouvelle République

La procédure sera rapide, le Gouvernement ne disposant du pouvoir législatif que pour une durée de six mois ; de plus, les gaullistes souhaitaient profiter de l'émotion soulevée par la crise de mai.

2. CC, décision n° 71-44 DC, 16 juillet 1971, *Liberté d'association*.

L'élaboration de la Constitution

La procédure d'élaboration de la Constitution témoigne du compromis que réalise ce texte.

La procédure d'élaboration de la Constitution

Le garde des Sceaux, Michel Debré, rédige le projet de Constitution avec un groupe de 11 membres (8 conseillers d'Etat et 3 professeurs, MM. Foyer, Luchaire et Portmer). Ce travail est examiné par un comité interministériel composé des ministres d'Etat (MM. Mollet, Pfimlin, Jacquinot et Houphoüet-Boigny), assistés du vice-président du Conseil d'Etat (R. Cassin) et du secrétaire général dudit Conseil (M. Janot) sous la présidence de Charles de Gaulle ; c'est là que s'effectue l'essentiel du travail. Le texte est enfin adopté en Conseil des ministres.
Le comité consultatif constitutionnel examine le projet à partir du 29 juillet et prononce de sérieuses réserves sur nombre des dispositions, et spécialement les futurs articles 16 (pleins pouvoirs), 34 (délimitation du domaine de la loi), 45 (procédure d'adoption de la loi et commission mixte paritaire) et 49 (modalités de mise en cause de la responsabilité du Gouvernement). Toutefois, l'intervention du comité ne fut guère prise en compte par le Gouvernement, qui ne modifia son texte que sur des dispositions de détail. De manière symbolique, les parlementaires ne réussirent pas à s'opposer à l'incompatibilité entre les fonctions de membre du Gouvernement et de membre du Parlement.
Soumis le 21 août pour avis au Conseil d'Etat, le texte est adopté le 3 septembre en Conseil des ministres après de dernières modifications. Le lendemain, jour anniversaire de la proclamation de la IIIe République, de Gaulle présente le projet aux Français ; projet qui consacre un texte de compromis.

La Constitution, texte de compromis

« *Le texte de la Constitution a été "l'appareil" qui a permis au Général de Gaulle de poursuivre la réalisation du dessein de Bayeux ; ce dessein ne s'identifiait pas au texte dont les approximations et les ambiguïtés étaient telles* ***qu'avec un autre lecteur l'interprétation n'eût pas manqué d'être différente****, mais ce texte offrait au dessein un instrument qui lui convenait à peu près*[3]. » Ces propos résument la multitude des lectures possibles du texte de la Constitution, situation, naturelle, si l'on veut se souvenir de la situation présente au cours de l'été 1958. Si les gaullistes font état de la légitimité de leur arrivée au pouvoir, ils ne peuvent revendiquer la moindre légalité démocratique (3 % aux législatives de 1956). Les tenants du régime parlementaire sont eux dans la situation inverse, car maîtres du parlement, ils ne possèdent plus de légitimité populaire, jugés responsables de l'échec de la IVe. Ces impératifs antagonistes expliquent l'accord sur un texte de compromis, chacun renvoyant à plus tard l'opportunité d'influer le régime dans le sens souhaité.

3. Avril P., *Le Piano mécanique, Mélanges Léo Hamon*, Economica, 1982, p. 18.

Les intentions de Charles de Gaulle sont connues depuis son discours de Bayeux et se résument aisément : un véritable chef de l'Etat disposant de prérogatives à cet effet, une nette séparation des pouvoirs impliquant que l'exécutif puisse mener sa politique sans être constamment sous la contrainte du législatif. Michel Debré veillera à la mise en place des procédures de rationalisation du parlementarisme. Les Ministres d'Etat, tels Mollet ou Pfimlin (tous deux anciens présidents du Conseil), estiment nécessaire de réformer deux points essentiels : la séparation officielle du domaine de la loi et du règlement (pour donner à l'exécutif un domaine d'action autonome) et la mise en cause de la responsabilité du cabinet (sa démission ne doit résulter que d'un vote de défiance explicite, à la majorité absolue).
De ces diverses positions naît un texte de compromis, compromis dont nous n'approfondirons ici qu'un aspect, essentiel et révélateur, celui tenant à la fonction d'arbitre qu'attribue la Constitution au président (art. 5). Cet article prend tout son sens une fois rapproché du discours de Bayeux, où figurent des termes proches. Or ce terme suppose au moins deux sens bien distincts, si l'arbitre c'est celui qui juge des litiges avec neutralité de manière impartiale, le terme peut encore être lu dans son second sens de « *maître absolu* », l'arbitre c'est celui qui dispose du pouvoir de trancher, de décider et c'est bien évidemment dans ce dernier sens que le comprend de Gaulle. Le sens donné au terme arbitre bouleverse la lecture de cet article 5.
Un dernier exemple du compromis réside dans le mode de désignation de cet arbitre ; de Gaulle souhaitait qu'il soit élu par un collège électoral élargi et non par le seul Parlement. Or, comme l'avait déjà noté Léon Blum, un tel arbitre pour être légitime, ne peut qu'être élu par le peuple, « *Dans ce système, **le président de la République sera le chef effectif du gouvernement et de l'Administration**, le président du Conseil se trouvant, par contre, réduit au rôle d'un fondé de pouvoir, d'un homme de confiance, d'un porte-parole vis-à-vis du Parlement. J'ajoute que, pour le chef de l'exécutif ainsi conçu, l'élargissement du collège électoral ne saurait suffire. Toute souveraineté émanant nécessairement du peuple, il faudrait descendre jusqu'à la source de la souveraineté, c'est-à-dire remettre **l'élection du chef de l'exécutif au suffrage universel. Là est la conclusion logique du système*** ».
De Gaulle n'aurait pu imposer cette élection en 1958, mais le temps montrera la justesse des propos de Blum. En attendant, c'est sur ce texte de compromis que se prononceront les Français.

L'adoption de la Constitution et le droit de la période transitoire

La Constitution sera adoptée par référendum, le 28 septembre 1958, avant d'entrer en vigueur le 4 octobre. Une période transitoire verra alors la mise en place progressive des nouvelles institutions.

La ratification populaire

Le référendum du 28 septembre pose comme question « *Approuvez-vous la Constitution qui vous est proposée par le Gouvernement de la République ?* » ; la réponse possédant un sens différent selon le territoire visé. En métropole, il s'agit de se prononcer sur la Constitution, mais dans les territoires d'outre-mer, il s'agit de choisir entre celle-ci et l'indépendance immédiate. Sans être formellement inscrite dans les textes, cette issue ne laisse aucun doute. Les résultats du référendum n'offrent guère de surprises, tant était large le camp soutenant le « oui » : de l'extrême droite à la gauche, en passant par les centristes, les indépendants et les radicaux, chacun appelle à voter en faveur du projet ; seuls le parti communiste et quelques figures socialistes (Mendès-France et Mitterrand) appelant à rejeter ce texte. De plus le rejet à l'encontre de la IVe République était tel, ainsi que la lassitude à l'égard de la guerre d'Algérie que le texte préparé par de Gaulle allait bénéficier d'un triomphe électoral. Le 28 septembre, la participation dépasse 85 % des inscrits et les « oui » atteignent 85,1 %, (79,2 % en métropole, 96,5 % en Algérie et 93,5 % dans les TOM). Seule la Guinée, sous l'inspiration de Sekou Touré vota pour le non et obtint immédiatement son indépendance.

Le droit de la période transitoire

La Constitution est promulguée le 4 octobre 1958, mais plusieurs mois sont nécessaires avant que ne soit mise en place la totalité des institutions ; s'ouvre alors une période transitoire prévue par les articles 90 à 92. Ces articles autorisent le Gouvernement à prendre, pendant quatre mois les ordonnances nécessaires non seulement à la mise en place des institutions, mais aussi relatives aux « *mesures* [jugées] *nécessaires à la vie de la Nation, à la protection des citoyens ou à la sauvegarde des libertés* », ainsi que le régime électoral des futures assemblées. Pendant quatre mois, tous les pouvoirs appartiendront au Gouvernement qui prendra 321 ordonnances possédant force de loi et échappant à tout contrôle contentieux. Ces ordonnances ont réglé quantité de points importants : mode de scrutin, nombre des députés, statut des magistrats, les dispositions relatives au Conseil constitutionnel... L'article 91 prévoit le maintien en place des institutions jusqu'à leur remplacement. Les législatives interviennent les 23 et 30 novembre, au scrutin uninominal, majoritaire à deux tours et voient un succès des gaullistes et des modérés, les centristes restant stables et la gauche s'effondrant (elle n'obtient qu'à peine 80 élus). L'assemblée élit à sa tête Chaban-Delmas. Elu en avril 1959, le Sénat reflétera plus que l'Assemblée les différentes forces politiques ; et nombre des opposants à de Gaulle, battus aux législatives y seront élus, en faisant le bastion de l'opposition au gaullisme. Le président en est G. Monerville, tandis qu'à l'occasion de la première séance du Sénat, son doyen d'âge dénonce un « *abus du pouvoir exécutif sans contrôle* » ; les difficultés ultérieures avec le Sénat sont prévisibles...
Le dernier président de la IVe, R. Coty, reste en place jusqu'à l'élection d'un nouveau président. Le 21 décembre 1958, de Gaulle est élu par un collège électoral d'environ 80 000 personnes et prend ses fonctions le 8 janvier 1959, nommant Debré premier ministre. Le Gouvernement est composé de 27 membres, dont seulement 17 appartiennent au Parlement ; ce gouvernement illustre la volonté du général qu'il ne procède que de lui et ne dépende en aucun cas du Parlement : les groupes parlementaires ne furent pas consultés, ni les chefs de partis ou les présidents des assemblées. Enfin une commission de trois hauts magistrats (vice-président du Conseil

d'Etat, premiers présidents de la Cour de Cassation et de la Cour des Comptes) exerce les attributions du Conseil constitutionnel avant que celui-ci ne soit mis en place, le 20 février 1959.
Adoptée, la Constitution devait encore être appliquée et c'est alors que se révéleront nombre des ambiguïtés sur lesquelles reposait le compromis ayant permis son adoption ; ce sera alors plus la volonté des acteurs que les dispositions constitutionnelles qui détermineront la nature du régime mis en place.

4. Débat : le parallèle entre le 3 juin 1958 et le 10 juillet 1940 est-il justifié ?

La procédure ayant permis l'adoption de la loi du 3 juin 1958 frappe les esprits par sa proximité avec les événements des 9 et 10 juillet 1940. Les circonstances peuvent être rapprochées : dans les deux cas, le régime s'effondre rapidement et une révision de la Constitution opérée à la va-vite confie au chef que la Fortune donne au pays le soin d'organiser les institutions futures. Dans les deux cas, la procédure de révision est détournée, modifiée – au moins en esprit si ce n'est tout à fait en la lettre – afin de confier à l'exécutif le soin de préparer une nouvelle Constitution, laquelle devra être ratifiée ensuite par les Français.

Force est toutefois de constater les différences entre ces deux situations. La première réside dans les circonstances, car si mai 1958 connaît une confusion politique, la gravité de la situation n'atteint pas celle résultant de l'effondrement militaire de 1940 et de l'occupation étrangère. La seconde réside dans le fait que les pleins pouvoirs ne sont donnés en 1940 qu'au seul maréchal Pétain, tandis que la loi du 3 juin 1958 confie ces pouvoirs au gouvernement investi le 1er juin et non au seul général de Gaulle. C'est surtout en ce qui concerne le mandat donné que les divergences sont les plus grandes : la seule obligation que doit respecter Pétain réside dans le fait que sa Constitution garantisse « *les droits du Travail, de la Famille et de la Patrie* ». Au contraire, de nombreuses conditions de forme et de fond sont imposées au Gouvernement de 1958 afin d'obtenir certaines garanties quant au caractère démocratique du texte. Pour conclure, les circonstances, surtout, diffèrent : de Gaulle n'est pas entouré d'hommes ayant de tout temps lutté contre la République, mais souhaite restaurer l'Etat républicain, à la différence de Pétain. Si les mécanismes juridiques peuvent incontestablement être rapprochés, la situation les éloigne, la République n'ayant pas été menacée en 1958.

L'élément le plus curieux et peut-être le plus amusant du rapprochement entre les procédures sera le fait de l'un des adversaires du Général, Tixier-Vignancour, qui, rappelant le sort de ceux qui votèrent la loi du 10 juillet 1940 (ils furent déchus de leurs droits civiques en 1945), s'étonnait de ce que le Général ait recours à la même méthode pour donner une apparence légale à son retour au pouvoir. Député en 1958, comme il l'était en 1940, il observait avec ironie : « *Jamais je n'aurais pu croire que deux fois dans mon existence on me demanderait de déléguer la fraction de pouvoir constituant que je détenais – et qui mieux est – jamais je n'aurais pu envisager que pour la deuxième fois celui qui me le demanderait serait celui-là même qui m'avait puni pour avoir accordé une première fois cette délégation*[4]. »

4. Cité in Leclercq Cl., *Droit constitutionnel et institutions politiques*, p. 403.

FICHE N° 18

LE PRÉSIDENT DE LA RÉPUBLIQUE

1. Références

ALIOT L., *L'élection du Président de la Vᵉ République au suffrage universel direct*, François-Xavier de Guibert, 2003.

BERGOUGNOUS G., « La normalisation de la fonction présidentielle est-elle possible ? Réflexions sur une exception française », *Mélanges Gicquel*, Montchrestien 2008, pp. 25 à 42.

CHANNET A., *La responsabilité du président de la République*, L'Harmattan, 2004.

CHANTEBOUT B., *Le Président de la République, chef des armées*, Mélanges Pactet, Dalloz, 2003, pp. 569 et suiv.

DEBBASCH Ch., « Président de la République et Premier ministre dans le système politique de la Vᵉ République. Duel ou duo ? », *RDP*, 1982, pp. 1175 et suiv.

GICQUEL J., « La République du président », *Mélanges Jégouzo*, Dalloz, 2008, pp. 137 à 148.

GUETTIER Ch., *Le Président de la Vᵉ République*, PUF, coll. « Que sais-je ? », n° 1926, 1995.

LACROIX B., LAGROYE J., *Le Président de la République*, PFNSP, 1992.

LASCOMBE M., « Quels réaménagements des pouvoirs entre le président de la République et le Premier ministre ? », *RDP*, 2002, pp. 234 et suiv.

LOMBART L., *Le Président de la Vᵉ République française sur la scène internationale*, PUAM, 2008.

PAPASPYROU V., *La Signature du président de la République*, Thèse Paris II, 2005.

QUERMONNE J.-L., *La Notion de pouvoir d'Etat et de pouvoir présidentiel sous la Vᵉ République*, Mélanges Léo Hamon, Economica, 1982.

RIALS S., *La Présidence de la République*, 2ᵉ éd., PUF, coll. « Que sais-je ? », n° 1926, 1983.

« Le Président », *Pouvoirs*, n° 41, 1987.

2. Repères

Définitions

Domaine réservé : cette formule, prononcée par Chaban-Delmas en 1959, exprime l'idée que les questions ayant trait à la politique internationale de la France ou à sa défense relèvent du président.

Intérim : il s'agit du temps durant lequel la fonction présidentielle n'est plus remplie par son titulaire ; en cas de décès (Pompidou, 1974), démission (de Gaulle, 1969) ou empêchement du président. L'article 7 C. charge le président du Sénat d'assurer l'intérim et d'exercer les fonctions présidentielles (à l'exception de celles prévues aux art. 11 et 12) jusqu'à l'élection d'un nouveau président.

Pouvoirs propres : il s'agit des pouvoirs dont la Constitution réserve l'usage au président de la République, qui en use librement ; dispensés de contreseing ministériel, ces pouvoirs figurent à l'article 19 C. Sont visés la nomination du Premier ministre (art. 8, 1er al.), le recours au référendum (art. 11), la dissolution de l'Assemblée nationale (art. 12), les pouvoirs de crise (art. 16), le droit de message aux Chambres (art. 18), la nomination de trois membres du Conseil constitutionnel – dont le président – et sa saisine (art. 54 et 56).

Présidentialisme majoritaire : l'expression désigne les périodes au cours desquelles le président dispose d'une majorité à l'Assemblée nationale ; alors la distinction entre les pouvoirs relevant du président ou du Premier ministre n'a plus cours, le président attirant à lui l'ensemble des pouvoirs.

Chronologie

• 21 décembre 1958 : élection du premier président (Charles de Gaulle, avec 75 % des suffrages).
• 28 octobre 1962 : révision de la Constitution, élection du président au suffrage universel direct.
• 5 et 19 décembre 1965 : première élection du président au suffrage universel direct depuis 1848. Réélection de Charles de Gaulle (face à François Mitterrand, 55 % contre 45 %).
• 15 juin 1969 : élection de Georges Pompidou (face à A. Poher, 58 % contre 42 %).
• 19 mai 1974 : élection de Valéry Giscard d'Estaing (face à François Mitterrand, 51 % contre 49 %).
• 10 mai 1981 : élection de François Mitterrand (face à Valéry Giscard d'Estaing, 52 % contre 48 %).

• 8 mai 1988 : réélection de François Mitterrand (face à Jacques Chirac, 54 % contre 46 %).
• 7 mai 1995 : élection de Jacques Chirac (face à Lionel Jospin, 52,6 % contre 47,4 %).
• 24 septembre 2000 : réduction à cinq ans, par référendum, de la durée du mandat présidentiel.
• 5 mai 2002 : réélection de J. Chirac (face à J.-M. Le Pen, 82 % contre 18 %).
• 6 mai 2007 : élection de N. Sarkozy (face à S. Royal, 53 % contre 47 %).

Biographies

Charles de Gaulle (1890-1970)

Officier, il orienta sa carrière vers les cabinets ministériels et fut nommé sous-secrétaire d'Etat à la Défense nationale en juin 1940. Refusant l'armistice, il incarne la Résistance. Chef du Gouvernement provisoire (1944-1945), il le quitte en janvier 1946. Dénonçant le fonctionnement de la IVe République, il apparaîtra comme le seul à même de résorber la crise de 1958. Appelé à la présidence du Conseil, il façonne les traits de la nouvelle Constitution de la République, dont il sera le président ; réélu en 1965, il démissionne suite à l'échec du référendum de 1969.

Georges Pompidou (1911-1974)

Premier ministre après le départ de Michel Debré (1962-1968), il sera élu président en 1969 et mourra en cours de mandat.

Valéry Giscard d'Estaing

Né en 1926, haut fonctionnaire, il est ministre des Finances (1962-1966 et 1969-1974), puis élu président en 1974. Il est battu en 1981. Il décide, en 2004, de siéger au Conseil constitutionnel.

François Mitterrand (1916-1996)

Avocat et député, il fut de nombreuses fois ministre sous la IVe République. Refusant l'investiture à de Gaulle en 1958, il apparaîtra longtemps comme un opposant viscéral à la Ve République. Reconstruisant le parti socialiste, il est élu en 1981 après deux échecs (1965, 1974). S'étant satisfait de la prééminence présidentielle, il est réélu en 1988, après une cohabitation ; son second mandat s'achève également par une cohabitation.

Jacques Chirac

Né en 1932, il devient Premier ministre en 1974. Quittant Matignon (1976), il fonde le RPR et conquiert la Mairie de Paris (1977-1995). Battu en 1981, il retourne à Matignon pour la cohabitation, mais échoue à la présidentielle (1988). Elu en 1995, il est contraint à cinq ans de cohabitation face à Lionel Jospin (1997-2002). Réélu sans difficulté en 2002, il présente le paradoxe d'être le président ayant obtenu tout à la fois le moins de suffrages au premier tour et le plus au second.

Nicolas Sarkozy

Né en 1955 et avocat de formation, Nicolas Sarkozy devient maire de Neuilly en 1983 et conseiller général des Hauts-de-Seine (il devient président du Conseil général en 2004), puis député à partir de 1988. Ministre d'E. Balladur de 1993 à 1995, il le redevient de 2002 à 2007. Il prend la direction de l'UMP en 2004 ; il est élu en mai 2007, à l'issue d'une campagne au cours de laquelle il a systématiquement été mis en tête par l'ensemble des sondages.

Schéma explicatif : les différentes étapes de l'élection à la présidence de la République

Recueil des parrainages par les candidats

Cette collecte vise à obtenir les promesses de parrainage auprès des grands électeurs. Ceux-ci (environ 44 000 : députés, sénateurs, conseillers régionaux, généraux, députés européens ou maires) doivent faire parvenir les parrainages auprès du Conseil constitutionnel. Depuis 1976, chaque candidat doit obtenir le soutien de 500 élus. Les parrainages doivent être déposés au plus tard 16 jours avant le scrutin.

↓

Dépôt des signatures auprès du Conseil constitutionnel

Examen de la recevabilité des parrainages et désignation des candidats autorisés à se présenter. Début de la campagne électorale officielle, 15 jours avant le scrutin.

↓

Premier tour de l'élection

Les résultats électoraux sont centralisés, puis le Conseil constitutionnel proclame les résultats. Les deux candidats arrivés en tête après désistement éventuel (hypothèse hautement improbable) peuvent s'y présenter. Le deuxième tour est organisé deux semaines après le premier.

↓

Deuxième tour de l'élection

Le Conseil constitutionnel proclame les résultats. Les candidats doivent alors déposer leurs comptes de campagne qui sont examinés et acceptés ou rejetés. Cette étape conditionne le remboursement des frais électoraux aux candidats.

3. Explications : les pouvoirs du président de la République

La désignation populaire du président n'est réapparue qu'en 1965 et ce scrutin est devenu l'élection phare de tout notre système politique, tous les agencements institutionnels et les calculs partisans s'ordonnant en fonction de lui. La focalisation qui s'effectue sur l'élection du chef de l'Etat conduit paradoxalement à passer sous silence la nature exacte des pouvoirs dévolus au président.
Cette question des pouvoirs du président semble des plus importantes tant il est vrai que le chef de l'Etat dispose aujourd'hui de pouvoirs constitutionnels importants, à rebours des régimes précédents. En effet, si le président figure dans notre architecture institutionnelle depuis 1848 et l'éphémère seconde République, avant de réapparaître avec la IIIe, les pouvoirs délivrés au détenteur de cette fonction ont évolué selon les textes et les circonstances. Le balancier des expériences constitutionnelles allant sans cesse d'un trop plein à un trop peu de pouvoir en faveur du chef de l'exécutif. Une Constitution connaissant un exécutif trop faible (IIIe République) étant le plus souvent remplacée par un texte promouvant exagérément les compétences du chef de l'Etat (régime de Vichy) et inversement (IVe République). Ce mouvement ne sera pas remis en cause lorsque de Gaulle accédera à nouveau au Gouvernement. S'étant vu attribuer la mission de préparer une nouvelle Constitution (loi du 3 juin 1958, **v. Fiche n° 17**), le Général et ses partisans s'efforceront de faire prévaloir leur désir de rehausser l'exécutif en général et l'institution présidentielle en particulier. Pour autant, les circonstances – démocratiquement discutables – du retour aux affaires de Charles de Gaulle ne lui permettront pas de complètement retranscrire dans la Constitution le dessein esquissé à Bayeux douze ans auparavant. A mains égards, la nouvelle Constitution pourra ainsi apparaître comme un texte de compromis ; la question des pouvoirs du président ne faisant pas exception à cette règle.
Le président est ainsi doté de pouvoirs conséquents et surtout d'une fonction prééminente due à la qualité d'arbitre qui lui est désormais reconnue (art. 5). Toutefois, les divers présidents ne se satisferont pas de leurs pouvoirs constitutionnels et les étendront par la pratique. Il convient donc d'aborder les pouvoirs issus du texte lui-même, puis ceux provenant de la pratique du régime.

Les pouvoirs figurant dans le texte de la Constitution

En tant que tels, les pouvoirs constitutionnellement reconnus au chef de l'Etat depuis 1958 ne sauraient être perçus comme en rupture avec les pouvoirs qui lui étaient attribués auparavant. Le président dispose de pouvoirs classiques, liés à sa fonction, même si des pouvoirs nouveaux lui sont reconnus.

Des pouvoirs classiques

L'essentiel des pouvoirs conférés par la Constitution de 1958 au président l'était déjà par le texte d'octobre 1946. Chef de l'Etat, il dispose de nombreux pouvoirs, sous le contrôle du Premier ministre ; les uns sont liés à la permanence de l'Etat, les autres attachés au fonctionnement des pouvoirs publics.

Des pouvoirs liés à la permanence de l'institution étatique

De tels pouvoirs sont traditionnellement ceux du chef de l'Etat et la Constitution ne déroge pas à cette coutume ; le président en dispose sur la scène internationale et au cœur des institutions.
Il assure la représentation internationale de l'Etat, chargé d'assurer sa continuité ; la Constitution fait en outre de lui le garant « du *respect des traités* » (art. 5). Le chef de l'Etat est aussi le chef de la diplomatie et accrédite les ambassadeurs tout en recevant les accréditations des ambassadeurs et envoyés extraordinaires étrangers (art. 14) ; enfin, il négocie et ratifie les traités (art. 52).
Sur le plan intérieur, la Constitution attribue au président des pouvoirs classiques lui permettant d'intervenir comment agent régulateur de l'activité des pouvoirs constitutionnels (dont il doit assurer le fonctionnement régulier, art. 5). A cet effet, il promulgue les lois (art. 10), ouvre et clôt les sessions extraordinaires du Parlement (art. 30), préside le Conseil supérieur de la magistrature (art. 65), les conseils et comités supérieurs de la Défense nationale (art. 15) et dispose du droit de grâce (art. 17). Il dispose d'un droit d'initiative en matière de révision de la Constitution et peut décider de soumettre un projet de révision au Parlement convoqué en Congrès (art. 89). Il nomme encore, au nom de l'Etat, aux emplois civils et militaires (art. 13)[1]. Ces pouvoirs classiques liés à la permanence de l'Etat sont relayés par d'autres pouvoirs.

Des pouvoirs attachés au fonctionnement des pouvoirs publics

Le président dispose d'un rôle crucial : il choisit le chef du Gouvernement et dispose pour cela de la plus entière liberté (art. 8). S'il doit tenir compte des vœux du Parlement et spécialement de l'Assemblée, il reste maître de son choix (ce rôle est primordial, surtout en absence de majorité au Palais-Bourbon). Le président participe à la formation et à l'activité du Gouvernement, puisque sur la proposition du

1. La révision constitutionnelle de 2008 s'efforce d'encadrer le pouvoir de nomination du Président de la République et le quatrième alinéa de l'article 13 prévoit que ce pouvoir s'exerce après avis public de la commission permanente compétente de chaque assemblée, le Président ne pouvant procéder à une nomination lorsque l'addition des votes négatifs dans chaque commission représente au moins trois cinquièmes des suffrages exprimés au sein des deux commissions. Une loi organique devra préciser la liste des emplois et fonctions visés. L'article 56 précise désormais que cette procédure s'appliquera notamment à la nomination des membres du Conseil constitutionnel.

Premier ministre, il nomme le Gouvernement (art. 8) et que, présidant le Conseil des ministres (art. 9), il est constitutionnellement chargé de signer les décrets ou ordonnances qui y sont délibérés. Il entérine enfin la démission du Gouvernement (art. 8). Au nom du principe de séparation des pouvoirs, le président ne pouvait se présenter devant les Chambres, disposant en contrepartie d'un droit de message (art. 18) lui permettant d'obtenir leur réunion afin qu'elles entendent son message. Semblant historiquement daté (et lié à la présidence de Thiers) le droit de message s'est vu complété à l'occasion de la révision constitutionnelle du 23 juillet 2008. Désormais le président de la République peut prendre la parole devant le Parlement réuni à cet effet en Congrès (art. 18, al. 2). Sa déclaration pouvant donner lieu, en dehors de sa présence, à un débat non suivi de vote. Le premier de ces Congrès s'est tenu le 22 juin 2009, à propos de la politique européenne de la France ainsi que pour ce qui concernait le projet économique et social du Président.
Si l'importance de ces pouvoirs paraît excéder ceux habituellement dévolus au chef de l'Etat dans un régime parlementaire (**v. Fiche n° 11**), cela n'est pas le cas dans la mesure où l'exercice de toutes ces prérogatives exige le contreseing du Premier ministre et des ministres concernés (art. 19) ; cette exigence apporte la preuve que ces pouvoirs ne sont reconnus au président qu'en raison de la fonction qu'il incarne et non au regard de sa personne. Cette vision est d'ailleurs corroborée par les dispositions de l'article 67, qui reconnaissent l'irresponsabilité politique du chef de l'Etat, sous réserve de sa destitution éventuelle par le Parlement constitué en Haute-Cour (art. 68, **v. Fiche 23**).

La nouveauté intervient alors, puisque, au contraire de ces pouvoirs conditionnés – car soumis à contreseing –, la Constitution reconnaît également au président de nouveaux pouvoirs.

Des pouvoirs nouveaux

La Vᵉ République fait du président la clé de voûte des institutions (art. 5). Ce terme induit un nouveau rôle pour le chef de l'Etat, ce qui justifie qu'en sus de ses pouvoirs traditionnels, de nouveaux lui soient attribués, essentiellement d'arbitrage. Envisagés comme des pouvoirs propres, car le plus souvent dispensés de contreseing (art. 19), ces facultés de faire n'appartiennent qu'au président, qui en use souverainement, pour régler les différends ou trancher des crises majeures.

Régler les différends institutionnels

Au sommet des institutions, doté d'une légitimité inégalable du fait des conditions de sa désignation, le président veille au bon fonctionnement des institutions tout en étant susceptible de faire assurer le respect de la Constitution.
Conformément au rôle d'arbitre et de clé de voûte qui est le sien (art. 5), il peut faire trancher tout conflit intervenant entre le Parlement et le Gouvernement en rendant la nation juge, par la dissolution de la chambre basse (art. 12). Le président peut demander l'adoption de tout projet de loi par référendum (art. 11). Enfin et comme

sous la IVe République, il peut obtenir une nouvelle délibération de la loi (art. 10 ; ce pouvoir est toutefois soumis à contreseing), même si une telle démarche reste exceptionnelle (elle ne s'est produite qu'à deux reprises depuis 1958).
Le président participe à l'exercice de la mission du Conseil constitutionnel dont il nomme trois des membres (dont le président, art. 56). Il est associé à lui pour faire prévaloir la Constitution, disposant d'un droit de saisine quant à la constitutionnalité d'un texte voté par le Parlement (art. 61) ou d'un accord international (art. 54) ; ce qui lui permet de veiller au respect de la Constitution (tel que le lui ordonne l'art. 5).

Trancher les crises majeures

L'existence de ces pouvoirs ne doit pas conduire à voir dans le président un chef tout-puissant, car ses pouvoirs sont étroitement ordonnés à sa mission constitutionnelle.
Sensible au choc de 1940, de Gaulle fit inscrire dans la Constitution la possibilité de rassembler en cas de crise l'ensemble des pouvoirs entre les mains du chef de l'Etat. Imprégnées de l'idée de salut public (en vertu de la maxime romaine « *salus populi suprema lex esto* »), les dispositions de l'article 16 donnent tout pouvoir au président pour régler les crises majeures ; il dispose en cas d'atteinte aux institutions, à l'intégrité ou à l'indépendance de la nation, de la possibilité de prendre les mesures exigées par les circonstances (il doit consulter le Premier ministre, les présidents des chambres et celui du Conseil constitutionnel ; la nation est informée de la mise en œuvre de l'art. 16, le Parlement se réunit de plein droit et l'Assemblée ne peut être dissoute). L'article 16 a été mis en œuvre en 1961, d'avril à septembre.
L'importance de ce dernier pouvoir doit être relativisée dans la mesure où il est conditionné par le caractère exceptionnel de la situation[2] ; en temps normal, la présidence reste limitée. Si le rôle de clé de voûte des institutions explique les nouveaux pouvoirs du président, il ne doit pas laisser envisager que celui-ci soit, d'après le texte adopté le 28 septembre 1958, le seul chef de l'exécutif. Jusqu'alors, le rôle du chef de l'Etat paraît bien proche de celui décrit par M. Duverger dans sa théorie du régime semi-présidentiel.

Propres ou soumis au contreseing, les pouvoirs du président n'en possèdent pas moins une importance non négligeable ; ces compétences seront accentuées par la pratique institutionnelle.

2. Le caractère absolu de cette compétence présidentielle a toujours soulevé certaines inquiétudes ; situation renforcée par l'unique recours à l'article 16 intervenu : en effet, la tentative de putsch s'achevait au bout de trois jours, tandis que Charles de Gaulle maintenait le recours à l'article 16 pendant près de cinq mois supplémentaires. La révision de l'article 16 intervenue en juillet 2008 s'efforce de mettre quelques limites à son utilisation. Ainsi, le Conseil constitutionnel peut désormais être saisi après 30 jours de mise en œuvre par les présidents de chambre ainsi que par 60 députés ou sénateurs, afin de vérifier si les conditions du recours à l'article 16 sont toujours réunies ; son avis est alors rendu public. Ce même examen intervient d'office au terme de soixante jours d'exercice des pouvoirs exceptionnels (et à tout moment au-delà).

Les pouvoirs provenant de la pratique des institutions

Aux pouvoirs constitutionnels, la pratique va en ajouter de nouveaux. Il y a une extension logique qui résulte de son élection populaire, mais une extension qui peut apparaître comme abusive si elle s'exerce à l'encontre des vœux de la nation.

Des pouvoirs étendus

De Gaulle et sa personnalité d'abord, les modalités de la désignation du président ensuite, favorisent une extension des compétences présidentielles bien au-delà du texte ; le président attire à lui nombre des pouvoirs censés relever de la compétence du Premier ministre.

La prééminence présidentielle

Charles de Gaulle, dès 1958, exercera sa fonction en considérant que « *le trône n'est pas un fauteuil vide* ». Le président assoira ensuite sa prééminence sur la légitimité de sa désignation.

Dans les premiers temps de la Ve République, la principale question posée est celle du règlement de la question algérienne. De Gaulle, ramené au pouvoir pour régler cette question, le fait directement, fort de l'appui populaire (référendums de janvier 1961 et d'avril 1962). Une fois la crise algérienne réglée, il sort vainqueur de la lutte l'opposant au Parlement et impose par référendum l'élection du président au suffrage universel direct (octobre 1962).

Disposant alors d'une majorité sans faille pour le soutenir, le président élu par l'onction populaire est le maître des institutions. La logique du présidentialisme majoritaire fait de l'élection présidentielle l'élection reine centralisant toutes les énergies et les volontés. Elu par le peuple, qui lui donne une majorité parlementaire pour mettre en œuvre ses choix, le président dispose d'une prééminence que nul ne peut lui contester[3]. Le recours fréquent au référendum accentue cette situation, provoquant d'importants effets.

Les conséquences institutionnelles

Elu de la nation, le président attire à lui tous les pouvoirs : « *Il doit être évidemment entendu que l'autorité indivisible de l'Etat est confiée tout entière au président par le peuple qui l'a élu, qu'il n'en existe aucune autre, ni ministérielle, ni civile, ni militaire, ni judiciaire qui ne soit conférée et maintenue par lui*[4]. » Le président dirige dès lors l'action du Gouvernement et attire à lui les principales caractéristiques de la politique nationale.

---

3. Elu pour une durée de cinq ans depuis l'an 2000 (sept ans auparavant), le Président ne peut exercer plus de deux mandats consécutifs, suite à la réforme constitutionnelle intervenue le 23 juillet 2008.
4. De Gaulle Ch., conférence de presse du 31 janvier 1964.

Il en résulte un ascendant très net du président sur le Gouvernement, dont chaque étape de l'existence (composition, fonctionnement et démission) dépend du bon vouloir présidentiel. A rebours de la lettre de la Constitution, le président ne se borne pas à entériner les choix du Premier ministre quant au Gouvernement, mais oriente et organise le choix des ministres. De même, le renvoi du Premier ministre, non prévu par la Constitution, devient une faculté à l'entière discrétion du président (Michel Debré en 1962 ou Michel Rocard en 1991), quand bien même il vient d'obtenir la confiance explicite du Parlement (démission de Chaban-Delmas en juillet 1972)...
Le président attire enfin à lui au nom du « *domaine réservé* » les questions ayant trait à la politique internationale du pays ou à la Défense. Il traite lui-même les dossiers ayant trait aux Affaires étrangères (s'appuyant sur les dispositions des art. 5, 14 et 52) et à la Défense (art. 5, 13, 15 et 16, décret relatif à l'engagement des forces nucléaires). Plus largement, les principaux traits de la politique nationale sont déterminés par le président ; l'ensemble des compétences juridiques attribuées au Premier ministre doit alors être regardé comme relevant de la capacité présidentielle, même si elles sont, pour la forme, revêtues du paraphe de celui qui n'est en fait que le premier des ministres.
Bien que cette situation ait été acceptée par tout le personnel politique – fût-il naguère opposant à ce mode de pratique (v. l'évolution de l'attitude de Mitterrand) –, il reste à s'interroger quant à sa légitimité.

Des pouvoirs abusifs ?

Si une telle extension des pouvoirs présidentiels se justifie sans doute en raison de la confiance des Français envers le président qu'ils se sont donnés, elle peut être qualifiée d'abusive dès lors qu'elle s'exerce en dehors de la confiance exprimée par la nation.

Relecture abusive du texte

Le régime a été nettement influencé par la pratique gaullienne, reprise par ses successeurs, et a conduit à une extension de la compétence présidentielle. Cette extension des prérogatives du chef de l'Etat doit-elle conduire à ce que l'on peut considérer comme une quasi-remise en cause de la séparation des pouvoirs ? Tel pourrait être le cas lorsque le président considère avoir le pouvoir de refuser d'accéder à la demande du Parlement de convoquer une session extraordinaire (mars 1960). Ceci paraît abusif d'abord parce que le président peut saisir le Conseil constitutionnel quant à la constitutionnalité des textes alors adoptés, et ensuite parce qu'aucune disposition constitutionnelle expresse ne confère ce pouvoir au président.
Si une telle attitude peut être défendue au nom de la concordance de vue entre le président et la majorité parlementaire (cela n'était pas le cas en 1960), elle se justifie difficilement dans le cas contraire. Or, c'est en cohabitation, en 1986, que fut reconnue au président la faculté de refuser sa signature à des ordonnances prépa-

rées par le Gouvernement sur habilitation parlementaire (art. 38), lesquelles avait d'ailleurs fait l'objet – soit dit en passant – d'un contrôle étendu de la part du juge constitutionnel...

Relecture abusive de l'esprit

En dernière analyse, la légitimité de l'extension des compétences présidentielles soulève le plus de doutes au regard de l'esprit de la Constitution. Il est abusif que le président exerce des pouvoirs importants en dehors de la confiance de la nation. Ainsi, et alors même que le président sort peu ou prou désavoué des élections législatives, le déroulement de cohabitations n'est pas venu réellement remettre en cause l'ensemble des pouvoirs étendus que sa prééminence institutionnelle lui avait octroyé. Il conserve d'abord un droit de veto quant au choix de certains ministres (domaine réservé : refus de François Léotard à la Défense en 1986), puis un droit de regard sur la haute politique : on passe alors d'un « *domaine réservé* » à un « *domaine partagé* » (v. **Fiche n° 20, « Débat »**) ; cela alors même que le président, ou plus précisément la majorité parlementaire le soutenant, vient de perdre la confiance des électeurs...

Le président dispose de pouvoirs importants, qu'ils lui soient conférés par la Constitution ou par la pratique, en raison de sa prééminence au sein des institutions. La difficulté majeure que suscite cette situation réside dans l'irresponsabilité politique totale dont il bénéficie (art. 68), car si de Gaulle avait contrebalancé cette absence par la mise en œuvre de sa responsabilité devant le peuple (v. son départ en 1969), celle-ci a disparu avec lui. Ceci soulève donc une difficulté, au regard de l'importance des pouvoirs dont dispose le président, car en République comme en démocratie, il n'existe pas de pouvoir sans responsabilité.

4. Débat : le rôle de l'exécutif selon Charles de Gaulle

Discours de Bayeux, 16 juin 1946 (extraits)

« Du Parlement, composé de deux Chambres et exerçant le pouvoir législatif, il va de soi que le pouvoir exécutif ne saurait procéder, sous peine d'aboutir à cette confusion des pouvoirs dans laquelle le Gouvernement ne serait bientôt plus rien qu'un assemblage de délégations. Sans doute aura-t-il fallu, pendant la période transitoire où nous sommes, faire élire par l'Assemblée nationale constituante le président du gouvernement provisoire, puisque, sur la table rase, il n'y avait aucun autre procédé acceptable de désignation. Mais il ne peut y avoir là qu'une disposition du moment. En vérité, l'unité, la cohésion, la discipline intérieure du gouvernement de la France doivent être des choses sacrées, sous peine de voir rapidement la direction même du pays impuissante et disqualifiée. Or, comment cette unité, cette cohésion, cette discipline, seraient-elles maintenues à la longue si le pouvoir exécutif émanait de l'autre pouvoir auquel il doit faire équilibre, et si chacun des membres du gouvernement, lequel est collectivement responsable devant la représentation nationale tout entière, n'était, à son poste, que le mandataire d'un parti ?
C'est donc du chef de l'Etat, placé au-dessus des partis, élu par un collège qui englobe le Parlement mais beaucoup plus large et composé de manière à faire de lui le président de l'Union française en même temps que celui de la République, que doit procéder le pouvoir exécutif. Au chef de l'Etat la charge d'accorder l'intérêt général quant au choix des hommes avec l'orientation qui se dégage du Parlement. A lui la mission de nommer les ministres et, d'abord, bien entendu, le Premier, qui devra diriger la politique et le travail du gouvernement. Au chef de l'Etat la fonction de promulguer les lois et de prendre les décrets, car c'est envers l'Etat tout entier que ceux-ci et celles-là engagent les citoyens. A lui la tâche de présider les Conseils du gouvernement et d'y exercer cette influence de la continuité dont une nation ne se passe pas. A lui l'attribution de servir d'arbitre au-dessus des contingences politiques, soit normalement par le conseil, soit, dans les moments de grave confusion, en invitant le pays à faire connaître par des élections sa décision souveraine. A lui, s'il devait arriver que la patrie fût en péril, le devoir d'être le garant de l'indépendance nationale et des traités conclus par la France. »

FICHE N° 19

LE
PREMIER MINISTRE

1. Références

ARDANT P., *Le Premier ministre en France*, Clefs, Montchrestien, 1991.

BONDUELLE A., *Le Pouvoir d'arbitrage du Premier ministre sous la Ve République*, LGDJ, 1999.

CLAISSE A., *Le Premier ministre de la Ve République*, LGDJ, 1972.

LASCOMBE M., « Le Premier ministre, clé de voûte des institutions ? », *RDP*, 1981, pp. 105 et suiv.

MASSOT J., *Chef de l'Etat et chef du gouvernement : la dyarchie hiérarchisée*, La Documentation française, 2008.

MASSOT J., « Faut-il encore un Premier ministre ? », *LPA*, n° 103, 22 mai 2008, pp. 5 à 11.

PARIENTE A., *Recherches sur l'action du Premier ministre sous la cinquième République*, Thèse, Bordeaux 4, 2000.

PINI J., « Le Premier ministre, clé de voûte de l'Exécutif ? », *RFDC*, 2008, n° spécial, pp. 73 à 96.

RIALS S., *Le Premier ministre*, PUF, coll. « Que sais-je ? », n° 1972, 2e éd., 1985.

SIRINELLI J.-F. et al., dir., *Michel Debré : Premier ministre (1959-1962)*, PUF, 2005.

« Le Premier ministre », *Pouvoirs*, n° 83, 1997.

2. Repères

Chronologie

• 1875 : les lois constitutionnelles n'évoquent pas la fonction de président du Conseil.
• 1914 : apparition, à la faveur de la guerre, de présidents du Conseil sans portefeuille.
• 3 décembre 1934 : première reconnaissance législative de l'existence du président du Conseil.
• 27 octobre 1946 : la Constitution de la IVe République évoque la première un président du Conseil.
• 4 octobre 1958 : la Constitution de la Ve République institue la fonction de Premier ministre.

Biographies

Michel Debré (1912-1996)

Garde des Sceaux en 1958, il fut l'un des principaux rédacteurs de la nouvelle Constitution. Premier chef du Gouvernement de Charles de Gaulle en janvier 1959, il démissionnera à sa demande en avril 1962.

François Fillon

Né en 1954, juriste de formation, il est d'abord assistant parlementaire et devient conseiller général puis député en 1981 (et constamment réélu depuis cette date). Président du conseil général de la Sarthe (1992-1998) et du conseil régional des Pays de Loire (1998-2004) ; ministre de 1993 à 1995 puis de 2002 à 2005, il quitte alors le Gouvernement pour exercer le mandat de sénateur. Il est nommé Premier ministre par Nicolas Sarkozy le 17 mai 2007.

Schéma explicatif : les différents gouvernements de la Ve République

Président de la République	Premier ministre
Charles de Gaulle (1958-1969)	M. Debré (1959-1962)
	G. Pompidou (1962-1968)
	M. Couve de Murville (1968-1969)
Georges Pompidou (1969-1974)	J. Chaban-Delmas (1969-1972)
	P. Messmer (1972-1974)
Valéry Giscard d'Estaing (1974-1981)	J. Chirac (1974-1976)
	R. Barre (1976-1981)
François Mitterrand (1981-1995)	P. Mauroy (1981-1984)
	L. Fabius (1984-1986)
	J. Chirac (1986-1988)
	M. Rocard (1988-1991)
	E. Cresson (1991-1992)
	P. Bérégovoy (1992-1993)
	E. Balladur (1993-1995)
Jacques Chirac (1995-2007)	A. Juppé (1995-1997)
	L. Jospin (1997-2002)
	J.-P. Raffarin (2002-2005)
	D. de Villepin (2005-2007)
Nicolas Sarkozy (2007-...)	F. Fillon (2007-...)

(Figurent en grisé les cohabitations)

3. Explications : le pouvoir du Premier ministre

La succession des cohabitations modifia le fonctionnement jusqu'alors considéré comme « normal » de la Ve République en instaurant un partage inédit des compétences et des rôles respectifs des chefs de l'Etat et du Gouvernement. Une fois la durée du mandat présidentiel ramenée à cinq ans, et après que l'année 2002 a vu restaurer la concordance des majorités parlementaire et présidentielle, il semble que le Premier ministre ait retrouvé la place qui fut longtemps la sienne. Depuis 2002, le chef du Gouvernement ne cesse d'ailleurs de se présenter comme le plus fidèle soutien du président, mettant en œuvre les orientations dessinées par celui-ci. Le retour à cette pratique fournit l'occasion de s'interroger sur le rôle dévolu au chef du Gouvernement par la Ve République ; quel est son pouvoir ? L'interrogation se justifie d'autant que ce pouvoir ne saurait être réduit à la liste exhaustive des compétences fixées par la Constitution, tant il est vrai que leur utilisation dépend beaucoup des circonstances, ainsi que des caractères du président... et du Premier ministre.

Pourtant, à ne considérer que le texte et sans tenir compte de la pratique, le Premier ministre semble disposer d'une place de choix, officiellement chargé de diriger l'action du Gouvernement, d'assurer l'exécution des lois et d'exercer le pouvoir réglementaire (art. 21). Cette reconnaissance du Premier ministre en 1958 apparaît comme l'aboutissement de près d'un siècle d'histoire constitutionnelle. Les lois de 1875 ne soufflent mot de la fonction qui n'apparût que coutumièrement, tandis que seule la Première Guerre mondiale consacra l'existence de présidents du Conseil « sans portefeuille » ; ce ne fut qu'en 1934 qu'une loi évoqua son existence officielle, lui attribuant l'Hôtel Matignon comme résidence de fonction. Ce ne sera qu'en 1946 que la fonction apparaîtra en tant que telle dans la Constitution (art. 45 et 46).

La prééminence du Premier ministre s'inscrit donc dans la continuité et la Constitution dessine un régime primo-ministériel « à la britannique », conformément à la volonté de son rédacteur, Michel Debré, lequel poussera à ce que le chef du cabinet soit qualifié de « Premier ministre », terme explicitement emprunté aux institutions d'Outre-Manche. Si la prééminence du Premier ministre, témoignant d'une volonté de rehausser l'exécutif, est inscrite dans la Constitution, force est de constater que la pratique, tout entière orientée par onze années de présidence gaullienne, consacrera la suprématie du président. Le pouvoir du Premier ministre apparaît alors juridiquement déterminant, mais politiquement déterminé.

C'est d'ailleurs sans doute pour cette raison que Nicolas Sarkozy a refusé de devenir Premier ministre en 2005, considérant qu'il était quasi impossible pour l'homme de Matignon de franchir la Seine pour accéder à l'Elysée. Sa large élection tend à apporter la preuve de la justesse de son calcul.

Un pouvoir juridiquement déterminant

La Constitution semble l'aboutissement de cinquante ans de réflexion sur la rationalisation du parlementarisme ; l'exécutif est nettement rehaussé tandis que le Parlement n'est plus conçu comme le centre de gravité institutionnel du pays. La Constitution consacre le Premier ministre comme chef du Gouvernement et interlocuteur du Parlement.

Le pouvoir du chef du Gouvernement

La Constitution s'inscrit dans la perspective dégagée depuis 1946 tout en s'efforçant d'éviter les écueils ayant conduit à son échec. Dès lors, et bien qu'aucun titre de la Constitution ne lui soit spécifiquement consacré, le Premier ministre est le véritable chef du Gouvernement par sa prééminence sur ses membres, puis par les pouvoirs dont il dispose.

La prééminence sur le cabinet

Cette prééminence du Premier ministre se vérifie à chacune des étapes de l'existence du Gouvernement. Sa composition témoigne du pouvoir du Premier ministre. Le second alinéa de l'article 8 de la Constitution lui reconnaît un pouvoir discrétionnaire dans la composition du cabinet, puisque toute nomination par le président suppose que le Premier ministre l'ait préalablement proposée. Il est de même reconnu au chef du Gouvernement la possibilité de demander au président de mettre fin aux fonctions de l'un des membres du cabinet ; c'est un pouvoir quasi disciplinaire dont il dispose sur le cabinet.

La direction du Gouvernement est confiée au Premier ministre, dont l'autorité se vérifie au regard des autres dispositions de la Constitution : si le Gouvernement détermine et conduit la politique de la nation (art. 20), c'est bien sous le contrôle du Premier ministre, chargé de diriger son action (art. 21).

Le Premier ministre est l'arbitre des débats gouvernementaux. S'il peut réunir à sa discrétion conseils de cabinet ou interministériels, il tranche parmi les différentes positions au sein du Gouvernement ou si un différend survient entre ministres. Le chef du Gouvernement dispose en outre d'un pouvoir conséquent en matière budgétaire, arbitrant entre les demandes ministérielles et opérant la répartition des crédits attribués à chacun des ministères. Enfin, c'est le Premier ministre qui peut présenter au président la démission du Gouvernement (art. 8.1).

Le chef de l'exécutif

Le Premier ministre apparaît, à la lumière de la Constitution, comme le véritable chef juridique de l'exécutif. Cette prééminence, conforme à la logique du régime parlementaire, transparaît de son rôle en matière réglementaire, ainsi que de sa mission de conseil du chef de l'Etat.

Le Premier ministre est le maître d'œuvre du pouvoir réglementaire. Son exercice lui en est réservé (art. 21), les ministres ne pouvant prendre de règlements qu'en ce qu'ils portent sur des questions touchant à l'organisation et au fonctionnement de leurs services (CE, *Jamart*, 7 fév. 1936) ; pouvoir d'autant plus important que la Constitution délimite un domaine de la loi (art. 34), disposant que les matières qui n'en relèvent pas ont un caractère réglementaire (art. 37).
Le Premier ministre est encore le conseil privilégié du chef de l'Etat. Si la Constitution charge le chef de l'Etat de veiller au respect de la Constitution et à la continuité de l'Etat (art. 5), il doit s'appuyer sur le Premier ministre pour exercer cette mission : le recours au référendum suppose sa proposition par le Gouvernement (art. 11), tandis que l'initiative de la révision de la Constitution par le président ne peut intervenir que sur proposition du Premier ministre (art. 89). Enfin, si certains actes importants du président sont dispensés de tout contreseing, celui-ci ne peut en user qu'après avoir consulté le Premier ministre – notamment ; cela étant le cas pour la dissolution (art. 12) ou le recours à l'article 16.
Le Premier ministre dispose donc bien d'une place prépondérante au sein de l'exécutif ; mais la Constitution fait encore de lui l'interlocuteur du Parlement.

Les pouvoirs de l'interlocuteur du Parlement

La place prééminente du Premier ministre se vérifie au regard des pouvoirs que lui confère la Constitution et qui le mettent dans une situation privilégiée face au Parlement.

L'existence du Gouvernement

Le Premier ministre tire sa force de l'indépendance de sa nomination et de la difficulté qu'éprouve le Parlement à le mettre en cause.

L'indépendance de la nomination

Il ne dépend en rien, quant à sa nomination, du Parlement. De fait, s'il est politiquement difficile pour le président de choisir quelqu'un dont le Parlement ne souhaiterait en aucun cas, force est de constater que cette nomination est un choix discrétionnaire du président (art. 8.1). Cette procédure rend le Premier ministre totalement indépendant, quant à l'origine de sa nomination, du Parlement, et cette liberté est renforcée par le fait que rien n'oblige le nouveau Gouvernement à engager sa responsabilité devant l'Assemblée nationale (art. 49.1) ; les Premiers ministres ayant souvent recours à des déclarations de politique générale non suivies de vote.

Une mise en cause difficile

Les sévères exigences posées par la Constitution à la mise en cause de la responsabilité politique du Gouvernement renforcent le Premier ministre. Cette mise en cause est soumise à des conditions draconiennes (v. **Fiche n° 28**) ; et seule une motion de censure fut adoptée depuis 1958. La Constitution donne encore au Premier ministre de larges possibilités de contrôler l'action parlementaire.

Le contrôle de l'action parlementaire

Ce contrôle existe à l'égard de l'action et de la procédure législatives.

Contrôle de la procédure

Le titre le plus long de la Constitution est celui qu'elle consacre aux rapports entre Parlement et Gouvernement ; y figure notamment tout ce qui a trait à la procédure législative, signe, s'il en était besoin, de ce que celle-ci ne dépend plus exclusivement du Parlement. C'est ainsi que les travaux parlementaires sont consacrés par priorité et dans l'ordre déterminé par le Gouvernement, à l'examen des projets déposés par celui-ci (art. 48), ce qui est important au regard du nombre limité de jours de séance (art. 28.2). De plus, le Gouvernement peut accélérer le cours des débats en ayant recours au vote bloqué (art. 44.3) ou à l'adoption sans vote (art. 49.3). Enfin, si la Constitution prévoit qu'un texte puisse, par exception, être voté par la seule Assemblée et sans l'accord du Sénat, cette faculté n'est susceptible d'intervenir qu'à la discrétion du Gouvernement (art. 45).

Contrôle de l'action législative

Le Gouvernement dispose des moyens de faire respecter le domaine réglementaire par le Parlement en soulevant l'irrecevabilité des propositions de lois (art. 41) ; il peut encore demander le déclassement de dispositions de forme législative qui relèveraient de son domaine (art. 37.2). Le Premier ministre peut demander la réunion du Parlement en session extraordinaire (art. 29) et peut saisir le Conseil constitutionnel de la constitutionnalité d'un texte adopté par le Parlement (art. 61).
A lire l'énumération et l'ampleur des compétences que la Constitution accorde au Premier ministre, comment ne pas être convaincu qu'il dispose bien d'un pouvoir déterminant au sein des institutions ? Il ne s'agit toutefois que d'un faux-semblant, car si ces pouvoirs sont prépondérants, ils ne le sont que juridiquement ! La pratique de la Vᵉ République apportant la preuve que leur mise en œuvre ne dépend pas exclusivement du Premier ministre, mais, bien au contraire, du poids des circonstances politiques.

Un pouvoir politiquement déterminé

L'étude du pouvoir du Premier ministre ne saurait être limitée à l'examen de la Constitution, tant il est net que les différents acteurs – présidents, parlementaires, partis... et Premiers ministres ! – se sont accordés à jouer une autre partition que celle qui semblait écrite. La prééminence très vite acquise par le président vient limiter la marge de manœuvre du Premier ministre, qui apparaît dès lors victime de l'impossible dyarchie à la tête de l'Etat, tantôt vassal soumis, tantôt féal cherchant à s'affranchir.

Le pouvoir diminué de l'adjoint choisi

La présidence gaullienne renforcée par la modification des conditions de la désignation du président (1962) favorise l'extension des compétences présidentielles. Or nulle dyarchie n'étant envisageable à la tête de l'Etat, le Premier ministre, dénué de légitimité électorale ou démocratique, s'en trouvera diminué dans l'exercice de son pouvoir.

La prééminence présidentielle

C'est une conséquence directe du présidentialisme majoritaire. Dès lors que le président élu au suffrage universel direct dispose d'une majorité parlementaire sans faille soutenant sa politique, il prend place au sommet des institutions. Cette pratique transforme le rôle et la fonction présidentielle, et du même coup celle du Premier ministre, qui n'a d'autre alternative que se soumettre ou se démettre.

La démission du Premier ministre

Si la formulation de l'article 8 suppose qu'il ne soit mis fin à ses fonctions qu'après qu'il a présenté la démission de son Gouvernement, la pratique institutionnelle a fait prévaloir un autre fonctionnement. Tirant leur légitimité de leur choix par le président, les Premiers ministres se considèrent comme liés par sa confiance, acceptant qu'il soit mis fin à leur mission selon son bon plaisir. Leur renvoi devient alors, à rebours du texte, une compétence discrétionnaire du chef de l'Etat (M. Debré, 1962, M. Rocard, 1991), quand bien même le Gouvernement disposerait-il de la confiance explicite du Parlement (J. Chaban-Delmas, 1972).

Le rôle politique du Premier ministre

Le Premier ministre dispose alors d'une fonction éloignée de celle que semblait lui promettre la Constitution, celle de chef d'état-major du président. Ne disposant d'autre légitimité que celle de son choix par le président, il n'a de marge de manœuvre que celle que le président veut bien lui laisser ; si le président est l'architecte, le Premier ministre se contente du rôle de maçon, comme l'observa Alain Juppé. Chargé de « gérer l'intendance », le Premier ministre possède un rôle de direction et de gestion d'une majorité qui n'est celle que du seul président, le chef du Gouvernement devant endosser les coups et le coût éventuel de la politique menée, assurant une mission de fusible pour épargner le président (P. Mauroy, 1984) et n'ayant d'autre choix que de partir s'il n'accepte pas le rôle que le président veut lui faire jouer (J. Chirac, 1976).

Le gouvernement du président

Le Gouvernement devant plus au président qu'au Premier ministre, le chef de l'Etat attire à lui les principales fonctions du locataire de Matignon. Les fonctions régaliennes tendent à ne relever que du président, tout comme celui-ci imprime sa marque à l'action du cabinet.

Le domaine réservé

La mise en avant de cette notion renforcée par la pratique gaullienne et la logique du présidentialisme majoritaire justifie la prééminence du président, qui possède vocation à régler lui-même – au détriment du Premier ministre – l'ensemble des dossiers ayant trait à la Défense du pays ou aux Affaires étrangères.

L'ascendant présidentiel sur le Gouvernement

Fort de son rôle prééminent, le président marque de son ascendant toutes les phases de l'existence du Gouvernement, de sa composition à la fin de sa mission, en passant par son fonctionnement. Il oriente et organise le choix des ministres, imposant ses choix au Premier ministre (R. Dumas imposé à M. Rocard en 1988). La fonction de président du Conseil des ministres prend alors tout son sens, le président l'assurant effectivement et attirant à lui l'ensemble des décisions importantes (Charles de Gaulle affectait notamment de ne jamais appeler le Premier ministre « chef du Gouvernement », ne le considérant que comme le premier de ses ministres). Allant encore plus loin, le Président Sarkozy a même pris l'habitude de réunir les principaux ministres en-dehors de la présence de celui qui reste nominalement le chef du Gouvernement...
Le rôle du Premier ministre est la résultante de deux facteurs, la prééminence du président et la concordance des majorités parlementaire et présidentielle ; que l'une ou l'autre vienne à faillir et, pouvait-on penser, le Premier ministre retrouverait le rôle que la Constitution semblait lui destiner.

Le pouvoir malaisé du partenaire obligé

Une telle analyse reste toutefois partielle. L'expérience de trois cohabitations témoigne que si la pratique institutionnelle en est modifiée, le président ne pouvant maintenir ses prétentions, elle n'aboutit pas pour autant à un retour à la stricte lettre de la Constitution. Le Premier ministre retrouve une large part de ses compétences mais doit composer avec un président habile à tirer parti de la moindre de ses erreurs.

Le rehaussement de la fonction primo-ministérielle

Le Premier ministre mérite, dans de telles circonstances, et peut être à ces seules occasions, le titre de chef du Gouvernement. S'il le mérite c'est qu'alors le Premier

ministre dispose d'une légitimité qui ne doit rien au chef de l'Etat ; à rebours des dispositions de l'article 8, son choix s'est trouvé quasiment imposé au chef de l'Etat, qui ne peut, dans ces circonstances, que « choisir » une personnalité dont il sait qu'elle sera agréée par l'Assemblée nationale (quand elle n'a pas été désignée au sein des partis avant même le scrutin, comme Edouard Balladur en 1993 ou Lionel Jospin en 1997). Désavoué, le président ne peut plus choisir le titulaire de l'Hôtel Matignon, pas plus qu'il ne peut empêcher celui-ci d'exercer ses fonctions.
La cohabitation constitue la seule circonstance permettant au Premier ministre de mettre en application la formule consacrée par l'article 21 de la Constitution, c'est-à-dire de diriger l'action du Gouvernement. Il peut d'ailleurs à loisir choisir de réunir des conseils de cabinet en dehors de la présence du chef de l'Etat. La politique de la nation est celle décidée par le Premier ministre, appuyé sur son Gouvernement et fort du soutien de la nouvelle majorité parlementaire.
Bien que l'origine de sa nomination soit « extérieure » à la volonté du président, le Premier ministre doit pourtant continuer à concéder nombre de prérogatives au président.

Le maintien paradoxal des compétences présidentielles

De fait et quand bien même le président vient d'être, au moins pour partie, désavoué par le résultat des élections législatives, il n'en conserve pas moins d'importants pouvoirs (**v. Fiche n° 20**).

La confirmation du domaine réservé

Il a été admis, dès 1986, que le président dispose d'un droit de veto quant au choix des ministres, et ce spécialement dans les ministères relevant du domaine réservé (refus de Lecanuet comme ministre des Affaires étrangères et de François Léotard à la Défense en 1986). Si ce domaine réservé s'est vu par la suite requalifié comme étant un « *domaine partagé* » (Edouard Balladur, 1993), il n'en est pas moins certain que les présidents ont continué à s'y accorder un véritable droit de regard sur la politique menée (notamment en ce qui concerne les affaires européennes). Cette réalité s'est encore vérifiée lors des crises extérieures, car c'est alors le chef de l'Etat qui apparaît comme le maître d'œuvre de la politique menée (guerre en Yougoslavie, en 1999).

L'extension coutumière du pouvoir présidentiel

Le Premier ministre, vite engagé dans une lutte pour l'Elysée, est contraint de composer avec le président afin de ne pas apparaître comme facteur de discorde et cause d'un échec éventuel de la cohabitation. Le président en profite pour étendre son pouvoir au détriment de « son » Premier ministre ; il refusera sa signature à des ordonnances préparées par le Gouvernement sur habilitation parlementaire. De la même manière, il refusera de convoquer le Parlement en session extraordinaire ou l'inscription d'un texte à l'ordre du jour du Conseil des ministres. La jurisprudence, d'ailleurs considérablement renforcé le chef de l'Etat, puisqu'il est désormais admis qu'un décret revêtu de la signature présidentielle, requiert, pour être modifié, la signature du président[1], ce dernier ayant ainsi toujours l'opportunité de la refuser.

L'élection du président au suffrage universel direct a bouleversé durablement l'équilibre des pouvoirs organisé par la Constitution. Ce déséquilibre est tel que le Premier ministre ne peut que difficilement prétendre assurer la direction de l'exécutif, fût-ce en période de cohabitation, héritant d'une situation dans laquelle les coups sont plus fréquents que les honneurs et où il est difficile de briller aux yeux des Français ; ainsi, tous les Premiers ministres qui se sont lancés du haut de Matignon à la conquête de l'Elysée ont échoué dans leur tentative, parfois sévèrement (Jacques Chirac, 1988, Edouard Balladur, 1995 et Lionel Jospin en 2002).

1. CE, 10 septembre 1992, *Meyet*.

4. Débat : le Premier ministre est-il tenu de démissionner à la demande du président ?

Si la Constitution ne fournit aucun élément qui pourrait appuyer une telle analyse, force est pourtant de constater que la logique du régime rend celle-ci obligatoire, le Premier ministre ne pouvant se maintenir sans l'assentiment du président. Confirmée en 1962 avec la démission de Debré, cette obligation pour le Premier ministre s'est toujours vérifiée, que ce soit avec Chaban-Delmas (1972), Chirac (1976) ou Rocard (1991). Les propos de celui-ci sont les plus explicites qui soient.

Entretien donné à la *RDP*, 1998, p. 1288.

Question : *Il y a toujours cette ambiguïté de la Constitution : le président ne peut pas renvoyer son Premier ministre. Vous-même, vous venez de dire que vous avez été renvoyé. Quel jugement portez-vous sur cette interprétation de l'article 8 de la Constitution ?*

Quand on n'est pas en cohabitation, le système constitutionnel, référendum de 1962 compris, entraîne un résultat simple : le candidat présidentiel est « l'entraîneur ». Donc, une fois élu, Mitterrand a pu nommer tout le monde et contrôler toute la pyramide des hommes. [...]
Donc le Premier ministre n'est rien. Du point de vue du pouvoir, le président peut faire chahuter son Premier ministre par sa majorité à l'Assemblée quand il commence à déplaire. D'autre part, dans la marche de l'Etat, je ne me suis pas posé la question de savoir combien de temps résister à une demande de démission. Le président de la République convoque le Conseil des ministres, décide de l'ordre du jour et signe les projets de lois et de décrets. Vous êtes totalement coincés dès qu'il n'est pas content. Il n'y a pas l'ombre d'une hésitation possible. Les arguties de juristes sur le fait que la Constitution oublie de dire que le président peut aussi démissionner le Premier ministre sont secondaires.

Question : *Il vous paraît nécessaire dans ce cas de préserver les formes, c'est-à-dire, quand il vous renvoie, de faire comme si vous démissionnez ?*

Je n'ai pas eu le choix. Il m'a demandé ma lettre à 9 heures et demi le matin. Je lui ai envoyé à midi. Il y avait le Conseil des ministres entre les deux, qui n'en a pas été informé.

FICHE N° 20

LA COHABITATION

1. Références

AZAT-THIERREE A., *La Cohabitation en France*, Thèse Paris II, 2004.

CHANTEBOUT B., *Le Président de la République, chef des armées*, Mélanges Pactet, Dalloz, 2003, pp. 569 et suiv.

COHENDET M.-A., *La Cohabitation – Leçons d'une expérience*, PUF, 1993.

DAUGERON B., « La cohabitation et ses faux-semblants : réflexions sur le présidentialisme minoritaire », *RDP*, 2004, pp. 67 et suiv.

DUVERGER M., *Bréviaire de la cohabitation*, PUF, 1986.

GOUAUD C., *La Cohabitation*, Ellipses, 1996.

MASSOT J., *La Vᵉ République est-elle soluble dans la cohabitation ?*, Mélanges Ardant, LGDJ, 1999.

PASSELECQ O., *La « Cohabitation » dans les travaux préparatoires de la Constitution de 1958*, Mélanges Pactet, Dalloz, 2003, pp. 801 et suiv.

ROUVILLOIS F., dir., *La Cohabitation, fin de la République ?*, F.-X. de Guibert, 2001.

« La cohabitation », *Pouvoirs*, n° 91, 1999.

2. Repères

Définitions

Cohabitation : il s'agit d'une période au cours de laquelle coexistent au sommet de l'exécutif un chef de l'Etat et un chef de Gouvernement issus de majorités opposées. Le président se maintient à l'Elysée face à un Premier ministre soutenu par l'Assemblée nationale et ne devant rendre de compte qu'à celle-ci.

Gauche plurielle : la formule désigne la coalition électorale formée par les partis de gauche (parti socialiste, parti communiste, Les Verts, radicaux de gauche et Mouvement des citoyens) afin de gagner les législatives de 1997 et gouverner ensemble sous la direction de Lionel Jospin, jusqu'au printemps 2002.

Domaine partagé : l'expression a été forgée par Edouard Balladur au cours de la seconde cohabitation et correspond à une atténuation de la portée du « *domaine réservé* » (**v. Fiche n° 18**) en période de cohabitation. L'idée est que le président ne dispose plus alors d'un monopole en ces matières, mais que les politiques déterminées le sont en commun avec le chef du Gouvernement.

Chronologie

- 27 janvier 1978 : discours de V. Giscard d'Estaing à Verdun-sur-le-Doubs ; le président annonce qu'en cas de victoire de l'opposition, il restera en place et ne démissionnera pas.
- Septembre 1983 : dans *Le Monde*, E. Balladur utilise pour la première fois le terme « cohabitation ».
- 16 mars 1986 : début de la 1ʳᵉ cohabitation ; F. Mitterrand choisit J. Chirac comme Premier ministre.
- 14 juillet 1986 : le président notifie son refus de signer les ordonnances préparées par le Gouvernement (il réitérera de tels refus les 2 octobre et 17 décembre).
- 28 mars 1993 : début de la 2ᵉ cohabitation ; F. Mitterrand prend E. Balladur comme Premier ministre.
- Juin 1993 : le président annonce qu'il ne signera pas le décret de convocation du Parlement en session extraordinaire à compter du 1ᵉʳ juillet.
- 1ᵉʳ juin 1997 : début de la 3ᵉ cohabitation ; J. Chirac prend L. Jospin comme Premier ministre.
- 19 janvier 2000 : le président ajourne la réunion du Congrès devant réviser la Constitution.

• Février 2000 : controverse publique entre le président et le Premier ministre sur leurs rôles respectifs en matière de politique étrangère (après les déclarations de L. Jospin lors de son voyage en Palestine).
• 13 février 2001 : le président refuse d'inscrire un projet de loi à l'ordre du jour du Conseil des ministres (le projet, portant sur la Corse, y sera inscrit la semaine suivante).

Biographies

Edouard Balladur

Né en 1929, il est politiquement désigné par la droite pour devenir Premier ministre à la suite des législatives, à Jacques Chirac étant promis la candidature à la présidence en 1995. Sa cohabitation avec Mitterrand sera moins conflictuelle que ne l'avait été celle de Jacques Chirac en 1986. Une fois à Matignon, il tentera d'accéder à l'Elysée et échouera, finissant à la troisième place du scrutin, en dépit de l'excellence des sondages ayant longtemps fait de lui le probable vainqueur.

Lionel Jospin

Né en 1937, il accède à Matignon en 1997. La cohabitation durera toute la législature. A la tête d'une majorité composite et tiraillée, Lionel Jospin fera en outre face à un président combatif, n'ayant de cesse de bloquer – au moins verbalement et symboliquement – son action. Lui aussi échouera dans sa conquête de l'Elysée, désavoué par les électeurs plaçant Jean-Marie Le Pen devant lui.

Schéma explicatif : la formation du gouvernement en période de cohabitation

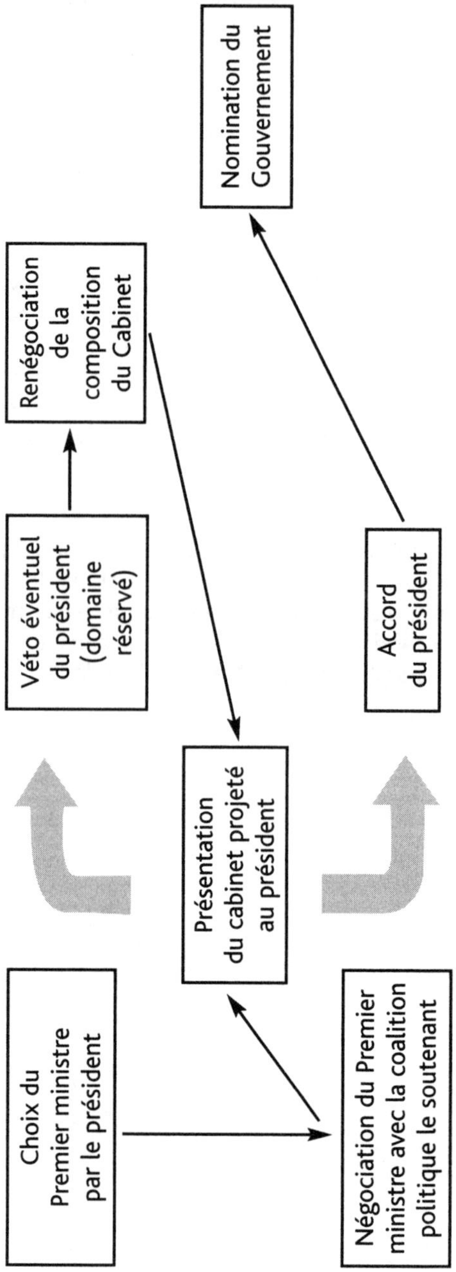

3. Explications : le déroulement de la cohabitation

La succession des périodes de cohabitation a modifié le fonctionnement de la Vᵉ République, en instaurant un partage inédit des compétences et des rôles respectifs des chefs de l'Etat et du Gouvernement. Le régime a longtemps fonctionné en vertu des principes issus de la logique du présidentialisme majoritaire ; or, lorsque coexistent au sommet de l'exécutif deux autorités soutenues par des majorités politiques distinctes, ce sont toutes ces modalités de fonctionnement qui sont remises en cause. Si le quinquennat (référendum de sept. 2000), puis l'inversion du calendrier électoral[1] (15 mai 2001) ont permis de restaurer la concordance des majorités ; celle-ci ne saurait être imaginée comme devant se maintenir de manière permanente, il importe dès lors d'envisager les origines de la cohabitation, puis le partage des compétences qu'elle engendre.

La cohabitation ou la disparition de la responsabilité politique du président devant le peuple

La cohabitation signe en premier lieu l'arrêt de mort du principe dit de responsabilité politique du président de la République ; au-delà, la cohabitation induit des modes de déroulement très divers.

La fin de la responsabilité politique

L'idée d'une responsabilité politique du président devant le peuple est issue de la pratique gaullienne, elle ne devait toutefois pas être reprise par ses successeurs.

Le principe de la responsabilité devant le peuple

Si la Vᵉ République prévoit un régime d'irresponsabilité politique du chef de l'Etat[2], cette situation a été déséquilibrée par la réforme constitutionnelle de novembre 1962. Le lien du président avec le peuple qui naît de son « *élection au suffrage universel direct renforce la relation dialectique entre pouvoir et responsabilité* [...] *Elu pour gouverner, il est soumis à la sanction démocratique qui accompagne l'exercice du pouvoir* »[3] ; toutefois, si aucune disposition de la Constitution ne

1. Le renouvellement normal de l'Assemblée nationale devait en théorie avoir lieu au printemps 2002 ; les Français auraient alors dû élire les députés en mars, puis leur président en avril... L'ordre des élections est modifié pour l'avenir, le mandat de l'Assemblée expirant désormais le 3ᵉ mardi de juin de la 5ᵉ année suivant l'élection...
2. Hors les cas de haute trahison, tel qu'en dispose l'article 68 de la Constitution (*v. Fiche n° 23*).
3. BIDEGARAY Ch., ÉMERI Cl., *La Responsabilité politique*, Dalloz, 1998, p. 18.

soumet le président à une quelconque responsabilité politique, de Gaulle devait utilement remplacer l'obligation formelle par une tout aussi contraignante raison morale. Elu du peuple, il attire à lui les pouvoirs, mais se considère également responsable devant lui ; désormais l'élection populaire renverse « *la règle traditionnelle ; elle rend le président de la République responsable, non pas devant le parlement mais devant le peuple* »[4].

Désavoué par le peuple lors d'élections –présidentielles bien sûr, mais aussi législatives ou référendaires –, le président doit se démettre, « *une interprétation saine et démocratique de la Constitution doit porter à dire que le président doit se soumettre à l'arbitrage qui a été rendu* »[5]. Cette interprétation sera celle de Charles de Gaulle qui démissionna après l'échec du référendum du 27 avril 1969.

La disparition de la responsabilité devant le peuple

L'idée d'une démission du président désavoué s'effiloche dans le discours que prononce V. Giscard d'Estaing à Verdun-sur-le-Doubs, le 27 janvier 1978, à la veille des législatives. Le président annonce son intention de se maintenir en place et de cohabiter si l'opposition parlementaire revenait victorieuse de la consultation électorale ; il déclare aux Français « *Vous pouvez choisir l'application du Programme commun. C'est votre droit. Mais, si vous le choisissez, il sera appliqué. Ne croyez pas que le président de la République ait dans la Constitution les moyens de s'y opposer* ». Les mauvais résultats économiques de la gauche, à partir de 1982, rendent probable son échec aux législatives suivantes ; dès 1983, E. Balladur est le premier à utiliser le terme « cohabitation », considérant que la Constitution permet sans difficulté la coexistence entre deux hommes portés chacun par des majorités distinctes. C'est ce qui se passera en 1986 ; Mitterrand ayant par avance annoncé que « *le président de la République est élu pour... sept ans et pendant ces sept ans, il doit faire son devoir* ». L'idée d'une responsabilité politique du président a quasiment disparu aujourd'hui, celui-ci restant même en place lorsque, à l'issue d'une dissolution qu'il a voulue et imposée, les électeurs lui donnent une majorité hostile à ses projets (1997) ; le Pr. Duhamel pouvant écrire qu'aujourd'hui la démission relevait « *de l'épopée gaullienne ou des contes de fées* »[6].

---

4. FABRE M.-H., *Principes républicains de droit constitutionnel*, 4e éd., LGDJ, 1984, p. 372.
5. CAPITANT R., *Ecrits constitutionnels*, Ed. du CNRS, 1982, p. 419, puis d'ajouter : « *On dit parfois qu'il doit se soumettre ou se démettre, il serait plus exact de dire que dans ce cas le président de la République doit se démettre* », p. suiv.
6. DUHAMEL O., *Le Pouvoir politique en France*, Seuil, 1993, p. 157. Il semble devoir en être de même en ce qui concerne les consultations référendaires, J. Chirac ayant pu déclarer ne pas se sentir tenu par le vote des Français : « *ils répondent oui, c'est très bien ; ils répondent non, c'est très bien* » (intervention à la télévision, 5 juin 2000).

Les différentes cohabitations

Trois cohabitations se sont déroulées, la première de 1986 à 1988, la seconde entre 1993 et 1995, puis la troisième, longue de toute une législature, de juin 1997 à mai 2002. Si elles furent souvent politiquement conflictuelles, une fut plus sereine.

Les cohabitations conflictuelles

La première cohabitation mérite d'entrer dans cette catégorie, Mitterrand ayant d'avance annoncé que « *les dirigeants d'une majorité de droite commettraient une très grave erreur en voulant disputer au chef de l'Etat les pouvoirs que la Constitution lui confie. Je ne serais pas un président au rabais*[7]. » De plus, la droite ne disposant que d'une très faible majorité à l'Assemblée, la marge de manœuvre du chef du Gouvernement en fut très réduite. La cohabitation sera marquée par d'innombrables tensions à l'occasion desquelles Mitterrand prendra un ascendant politique très fort sur le Premier ministre (refus de signature des ordonnances, présence prééminente dans les sommets internationaux...) et se présentera comme l'arbitre de l'intérêt du pays et le défenseur des « acquis sociaux ». La manœuvre réussira, le président éreintant son Premier ministre, avant de le battre au second tour par un score sans appel, 54 % contre 46 %.

Dans des circonstances et selon des modalités distinctes, la troisième cohabitation sera autant conflictuelle. Le président sort d'abord très affaibli de l'échec de sa majorité, mais le Premier ministre résistera difficilement à l'usure progressive du pouvoir, maintenant péniblement unie une coalition souvent divisée. Les escarmouches entre président et Premier ministre se font nombreuses, à mesure qu'approche l'échéance présidentielle : querelle sur les choix économiques du Gouvernement (les 35 heures sont qualifiées par J. Chirac « *d'expérimentation hasardeuse* » ; avant que L. Jospin ne retourne le propos au président sur sa dissolution de 1997), sur la politique étrangère (déclaration de L. Jospin sur les relations israélo-libanaises et désaveu public de J. Chirac), sur l'avenir institutionnel de la Corse (refus du président d'inscrire le projet de loi préparé à l'ordre du jour du Conseil des ministres)... Donné vainqueur face à J. Chirac, L. Jospin néglige la campagne du premier tour et y échouera, finissant troisième.

La cohabitation sereine

La cohabitation n'est pas en toute occasion synonyme de querelle, celle qui se déroula, de 1993 à 1995 entre Mitterrand et E. Balladur, ayant été plutôt sereine.

---

7. Cité par Olivier DUHAMEL, in *La Ve République, 1958-2002*, 10e éd., Armand Colin, 2002, p. 329.

Plusieurs éléments expliquent cela. La situation politique d'abord : cette fois-ci, plus de 470 députés de droite siègent au Palais-Bourbon ; une telle majorité pouvant imposer tous ses desiderata à un président, fût-il récalcitrant. La situation personnelle de Mitterrand modifie encore la situation, combatif en 1986, il est désormais miné par son cancer (il mourra moins d'un an après avoir quitté l'Elysée) et nulle possibilité qu'il se représente à la magistrature suprême...
Ces éléments factuels rendent la cohabitation plus paisible, nul conflit ne survenant notamment dans les matières relevant du domaine réservé ; domaine que E. Balladur requalifie, en « domaine partagé ». Ainsi le président Mitterrand accepte la nomination de F. Léotard au poste de Ministre de la Défense, alors qu'il l'avait refusée en 1986... Bénéficiant de sondages très favorables, le Premier ministre se sentira assez fort pour se lancer à l'assaut de l'Elysée ; les Français ne le sacreront pas et finissant troisième, il ne pourra accéder au second tour.
La cohabitation a donc une cause politique et son fonctionnement dépend des considérations, politiques elles aussi, des acteurs ; elle nécessite un nouveau partage des compétences.

La cohabitation et le partage des compétences constitutionnelles

Dès lors que les Français choisissent d'envoyer siéger une majorité parlementaire ne soutenant pas le président, le fonctionnement de l'exécutif en est bouleversé. Comment faire fonctionner les institutions dans une telle situation, si nouvelle par rapport aux trente années précédentes ? Mitterrand précisa au seuil de la première cohabitation : « *Devant un tel état de choses, qu'ils ont pourtant voulu, beaucoup de nos concitoyens se posent la question de savoir comment fonctionneront les pouvoirs publics. A cette question, je ne connais qu'une seule réponse, la seule possible, la seule raisonnable, la seule conforme aux intérêts de la Nation : la Constitution, rien que la Constitution, toute la Constitution* »[8]. Quoi que pouvait en dire le président, le partage est malaisé, favorisant un conflit permanent.

Un partage malaisé

Quels peuvent être les pouvoirs du président en période de cohabitation ? Si l'on se réfère à la Constitution, cette liste est courte et claire, il ne s'agit que des pouvoirs propres dispensés du contreseing. Le partage ne correspondra pourtant pas à cette lecture sans doute trop simple et si le Premier ministre est alors le véritable chef du Gouvernement, la cohabitation consacre paradoxalement certains pouvoirs présidentiels.

8. MITTERRAND F., message au Parlement, 8 avril 1986.

La prééminence primo-ministérielle

La première des conséquences de la cohabitation réside en ce que la désignation du Premier ministre intervient en dehors de la volonté du chef de l'Etat, du seul effet des désirs de la majorité nouvelle. Confiné au rôle d'opposant en chef, le président ne peut qu'acquiescer à des choix qui lui sont désormais extérieurs. En 1986, tout autre choix que celui de J. Chirac courait le risque d'une censure parlementaire et en 1993, le nom d'E. Balladur fut entériné, avant le scrutin, par la coalition RPR-UDF ; il en fut de même pour L. Jospin en 1997, le président étant « *bien obligé politiquement de nommer le Premier ministre que souhaite la nouvelle majorité* »[9]. Si le choix reste libre en droit[10], le président est en fait tenu d'entériner des décisions qui lui sont extérieures.

Le Premier ministre dispose de la plénitude de ses compétences constitutionnelles ; soutenu par la majorité parlementaire, il dirige l'action du Gouvernement lequel peut, pour la première fois depuis 1958, déterminer et conduire la politique de la nation. Toutefois, celui qui accepte la cohabitation se prive de la possibilité de contester utilement au président les pouvoirs auxquels celui-ci allait prétendre.

Le maintien des prétentions présidentielles

Comme l'observe le Pr. Chantebout, « *le président n'avait certes pas, légalement, le droit de refuser au Gouvernement la signature des décrets réglementaires ou individuels et des ordonnances ; mais s'il refusait de signer, elle n'avait aucun moyen de l'y contraindre* »[11]. La volonté de conciliation du Premier ministre allait se transformer en une pratique coutumière de concessions aboutissant à renforcer paradoxalement les pouvoirs du président.

En ce qui concerne ces pouvoirs, « *il n'y a plus lieu de considérer que ceux assortis du contreseing sont des pouvoirs liés qu'il serait tenu d'exercer à la demande des contresignataires : ainsi en est-il notamment pour la nomination des ministres et hauts fonctionnaires, la fixation de l'ordre du jour en Conseil des ministres, la signature des ordonnances et des décrets délibérés en Conseil* »[12]. Le président ne peut exercer seul ces pouvoirs soumis à contreseing, mais il est désormais considéré qu'il peut refuser de les mettre en œuvre ou subordonner sa signature à des conditions qu'il fixe librement. La division des tâches entre les deux hommes lors de la cohabitation ne correspond pas exactement au partage inscrit dans la lettre de la Constitution. Il en résulte un conflit permanent, envenimé par la perspective des présidentielles à venir.

---

9. MASSOT J., *La Ve République est-elle soluble dans la cohabitation ?*, Mélanges Ardant, p. 167.
10. Art. 8 de la Constitution. Mitterrand avait lui même concédé que si l'on ne pose pas de conditions au président et qu'il nomme qui il veut, il doit toutefois « *se placer en conformité avec la volonté populaire* ».
11. CHANTEBOUT B., *Brève histoire politique et institutionnelle de la Ve République*, pp. 154-155.
12. *Ibid.*, p. 156.

Un conflit permanent

Le président s'efforce d'apparaître tel un arbitre, pour regagner une légitimité contestée ; dans cette fonction, il est en réalité juge et partie, s'efforçant de profiter du moindre faux-pas de son adversaire.

L'arbitre juge et partie

Tandis que la logique du régime fait du président un gardien des institutions qui ne doit pas être l'élu d'une fraction du corps électoral, mais celui de tous, la cohabitation favorise l'effacement de cette fonction arbitrale, tendant à faire du président le chef de l'opposition ; il s'agit d'un dysfonctionnement de nos institutions qui rend le chef de l'Etat « *en période de cohabitation,* [...] *chef de l'opposition au gouvernement qu'il a formé* »[13]. J. Chirac allant jusqu'à déclarer qu'il est politiquement « *nécessaire d'avoir une harmonie complète entre l'opposition et le président de la République qui est issu de ses rangs* »[14].

Bien qu'il y ait une disparition de cette position arbitrale du chef de l'Etat[15], ce dernier essaie de se draper dans les habits de la fonction pour s'ériger en censeur du Gouvernement et « *se présente comme un tribun, magistrat chargé de défendre les intérêts de la plèbe, orateur qui s'érige en défenseur du peuple* »[16] ; exerçant cette nouvelle fonction avec plus ou moins de bonheur, selon les circonstances. Placé en retrait, le président s'inscrit dans la perspective des futures élections, attentif aux erreurs de « son » Premier ministre...

Profiter des faux-pas de l'adversaire

Vraie de 1986 à 1988, cette situation s'est renouvelée de 1997 à 2002 ; ce n'est que lorsque l'on est certain que le président ne vise pas son maintien en place, que la cohabitation prend un tour paisible.
Le court moment séparant 1986 de la présidentielle ou le long prologue précédant l'élection de 2002 furent propices en coup bas, chausse-trappes et tensions : du refus de signature des ordonnances à la non-convocation du Parlement en session extraordinaire (1986), du refus d'inscription d'un projet de loi à l'ordre du jour du Conseil des ministres (2001) à la controverse sur les pouvoirs en matière de poli-

13. GUILLAUME G., *Les dysfonctionnements de la Ve République : une dyarchie virtuelle au sein de l'exécutif*, Mélanges Gélard, Montchrestien, 1999, p. 168.
14. CHIRAC J., interview du 14 juillet 1998, *Le Monde*, 16 juillet 1998.
15. Ce rôle d'arbitre, présent au cœur de la pensée des fondateurs de la Constitution justifie que le président dispose de pouvoirs lui permettant de régler d'éventuels conflits entre les institutions. Il peut demander l'arbitrage du peuple par la dissolution de l'Assemblée (art. 12), en lui soumettant tout projet de loi par référendum (art. 11) ou en démissionnant (hypothèse d'école). Cela sans préjuger des dispositions de l'art. 16 qui lui permettent de prendre en main la destinée collective, si les circonstances l'exigent.
16. COHENDET M.A., *La Cohabitation – Leçons d'une expérience*, p. 243.

tique étrangère (2000), sans oublier la lutte perpétuelle pour les nominations de hauts fonctionnaires, la cohabitation est un temps de conflits. Conflits le plus souvent feutrés, aucun des deux protagonistes ne souhaitant apparaître comme le « mauvais joueur », cause de la rupture.

L'instauration du quinquennat et l'inversion du calendrier électoral semblent avoir momentanément écarté le spectre de nouvelles cohabitations, comme le confirment les élections du printemps 2002. La cohabitation n'est toutefois pas à exclure, tant qu'existe la possibilité pour le président de dissoudre l'Assemblée nationale... ou le risque de décéder en cours de mandat.

4. Débat : le domaine réservé et la cohabitation

La prééminence présidentielle a entraîné la création du domaine réservé. La formule exprime l'idée que tout ce qui touche de près ou de loin aux affaires étrangères et à la défense relève du président. Le domaine réservé consacre la distinction entre pouvoir gouvernemental et pouvoir d'Etat, car « *tout ce qui touche au fondamental, à la France, telle qu'en elle-même l'Histoire la conserve, doit échapper au jeu des partis et des circonstances : le président en connaît seul et en répond devant le peuple* »[17], spécialement lorsque le président est élu au suffrage universel direct. Cette notion de domaine réservé, issue de la pratique politique, ne recoupe toutefois pas la distinction juridique entre pouvoirs soumis au contreseing ou propres.

Comment effectuer le partage en période de cohabitation ?

Si les pouvoirs propres du président ne sont pas modifiés, ils se réduisent en droit à la liste limitativement indiquée par l'article 19. La chose est toutefois plus compliquée qu'il n'y paraît dans les matières relevant du domaine réservé. Ainsi, en matière de Défense, la Constitution fait du président le garant de l'indépendance nationale et de l'intégrité du territoire (art. 5) avant de voir en lui « *le chef des armées* » (art. 15), qui dispose du pouvoir de nomination des officiers généraux (art. 13)[18] ; rôle accentué par la capacité reconnue au président de recourir à l'article 16. La Constitution observe dans le même temps qu'il appartient au Gouvernement de disposer de la force armée (art. 20), sous la direction du Premier ministre, responsable de la Défense nationale (art. 21), la déclaration de guerre étant réservée au Parlement (art. 35).

En ce qui concerne les relations extérieures, si le président est garant du respect des traités (art. 5), chargé de représenter l'Etat à l'extérieur, et d'accréditer les ambassadeurs (art. 14) de négocier et ratifier les traités (art. 52), ces dispositions coutumières ne diffèrent en rien de ce que prévoyaient les régimes précédents et sont liées aux fonctions de représentation officielle de tout chef d'Etat ; la Constitution donnant au Gouvernement le soin de déterminer et conduire la politique de la nation (art. 20).
Dès la première cohabitation, le président allait prétendre maintenir le plus largement possible ses compétences dans le domaine réservé ; or « *en droit, ces prétentions ne pouvaient se justifier* »[19], car elles ne naissent que de son élection par le peuple et non de la Constitution en tant que telle... Cependant s'il est choisi de

17. BIDEGARAY Ch., ÉMERI CL., *La Constitution en France*, Armand Colin, 1997, p. 271.
18. De plus, le décret du 14 janvier 1964 relatif aux modalités de mise en œuvre de la force de dissuasion précise que c'est au président et à lui seul qu'appartient de donner l'ordre d'engagement de la force nucléaire.
19. CHANTEBOUT B., *Brève histoire politique et institutionnelle de la Ve République*, p. 154.

cohabiter, il faut trouver de nouveaux modes de fonctionnement en ce qui concerne le domaine réservé, dès lors que celui-ci n'est pas remis en cause[20].

La prééminence du président sur ce domaine s'est vérifiée en ce que les Premiers ministres lui ont reconnu un droit de veto quant au ministre pressenti pour s'occuper des portefeuilles relevant de ce domaine (Mitterrand refusa en 1986 Lecanuet aux Affaires étrangères ou F. Léotard à la Défense). Lors des sommets internationaux, la prééminence présidentielle s'impose, ne serait-ce qu'en raison des dispositions protocolaires faisant passer le Chef de l'Etat avant celui du Gouvernement. De même, lors des Conseils européens réunissant chefs d'Etat et de Gouvernement, il n'est pas rare que le seul chef de l'Etat présent soit le président français. Si L. Jospin a contesté la prééminence du président sur la scène internationale, ses initiatives n'ont pas été couronnées de succès.
Enfin, pour les interventions militaires, si le président n'est plus seul à décider de leur opportunité (en décembre 1999, Jospin a interdit le départ pour la Côte d'Ivoire de troupes que J. Chirac voulait y envoyer), on imagine guère que le Premier ministre décide d'une opération sans l'aval présidentiel. Des interventions plus lourdes ont été décidées en cours de cohabitation : engagement contre la Yougoslavie, en 1999 ; conflit au cours duquel le président s'adressait directement au ministre de la Défense sans passer par le Premier ministre, tandis que le chef d'état-major particulier du président s'exprimait en public sans en référer au Premier ministre ou à celui de la Défense.
La cohabitation a, paradoxalement, consacré l'existence du domaine réservé, conduisant à une gestion « à doubles commandes » de ces matières, durant les périodes de coexistence institutionnelle.

20. Si E. Balladur a récusé le terme pour lui préférer celui de domaine partagé, sa formule qui constate que ce domaine n'est pas « *réservé* » au chef de l'Etat, induit également que ce domaine justifie un accord de vue au sommet de l'exécutif.

FICHE N° 21

LA STRUCTURE DE L'EXÉCUTIF

1. Références

BIGAUT Ch., *Les Cabinets ministériels*, LGDJ, 1997.

BLONDEAU F., « La responsabilité des conseillers ministériels et le cabinet ministériel », *Rev. Adm.*, 2003, n° 333, pp. 246 à 258.

CABANNES J., *Le Personnel gouvernemental sous la Vᵉ République*, LGDJ, 1990.

CABANNES J., *Les Ministre de la Vᵉ République avant et après 1986 (Changement ou continuité ?)*, Mélanges Pactet, Dalloz, 2003, pp. 519 et suiv.

CHAGNOLLAUD D., *Les Cabinets ministériels côté cour*, L'Harmattan, 2000.

DOLEZ B., « La Composition du Gouvernement sous la Vᵉ République », *RDP*, 1999, pp. 131 et suiv.

DORINET B., *Le Conseil des ministres en France*, Thèse, Paris I, 2005.

DOSIÈRE R., *L'Argent caché de l'Elysée*, Seuil, 2007.

GOUAUD C., « Le Conseil des ministres sous la Vᵉ République », *RDP*, 1988, pp. 422 et suiv.

HARLÉ A., *Le Coût et le goût de l'exercice du pouvoir politique : sociologie clinique des cabinets ministériels*, Thèse de sociologie, Paris VII, 2008.

ROUBAN L., « Les cabinets ministériels du gouvernement Jospin de 1997-2002 », *Rev. Adm.*, 2004, n° 339, pp. 230 à 248.

SAUVÉ J.-M., « Le conseil des ministres », *Mélanges Gicquel*, Montchrestien 2008, pp. 497 à 536.

SCHRAMEK O., *Dans l'ombre de la République : les cabinets ministériels*, Dalloz, 2006.

« Le Ministre », *Pouvoirs*, n° 36, 1986.

« Qui gouverne la France ? », *Pouvoirs*, n° 68, 1994.

2. Repères

Définitions

Conseil de cabinet : ce conseil réunit à la diligence du Premier ministre l'ensemble des membres du Gouvernement, mais en dehors de la présence du président.

Conseil des ministres : il s'agit de la réunion, chaque semaine, du Gouvernement à l'Elysée, sous la présidence du chef de l'Etat sur un ordre du jour déterminé et préparé par le secrétariat général du Gouvernement, avec l'accord de la présidence. Les nominations les plus hautes et les textes les plus importants sont délibérés en Conseil des ministres (projets de lois, ordonnances, décrets...).

Ministre : il s'agit d'un membre du Gouvernement chargé de diriger un département ministériel ; certains ministres peuvent être sans portefeuille (ils sont nommés *intuitu personae* ou en raison de leur appartenance politique). Le titre de ministre d'Etat constitue une appellation honorifique conférant une prééminence protocolaire.

Secrétaire d'Etat : c'est un membre du Gouvernement de rang inférieur à celui du ministre. Le plus souvent, il exerce ses fonctions sur un secteur d'activité déterminé et auprès d'un ministre. Il n'assiste pas au Conseil des ministres, sauf lorsque l'ordre du jour porte sur l'un des services dont il s'occupe.

Secrétariat général du Gouvernement : cette structure assure la marche juridique et prépare l'action gouvernementale. Elle possède un rôle de coordination très important entre la présidence, le cabinet du Premier ministre, les ministères, les Assemblées, le Conseil constitutionnel et le Conseil d'Etat.

Biographie : Claude Guéant

Né en 1945, haut fonctionnaire (ENA 1971) du ministère de l'Intérieur, directeur-adjoint de cabinet de Charles Pasqua, il est nommé directeur général de la Police nationale en 1994. Directeur de cabinet de Nicolas Sarkozy de 2002 à 2007 au ministère de l'Intérieur et des Finances, puis directeur de sa campagne présidentielle de 2007, il est nommé secrétaire général de l'Elysée le 16 mai 2007.

Schéma explicatif : les étapes de la formation du Gouvernement

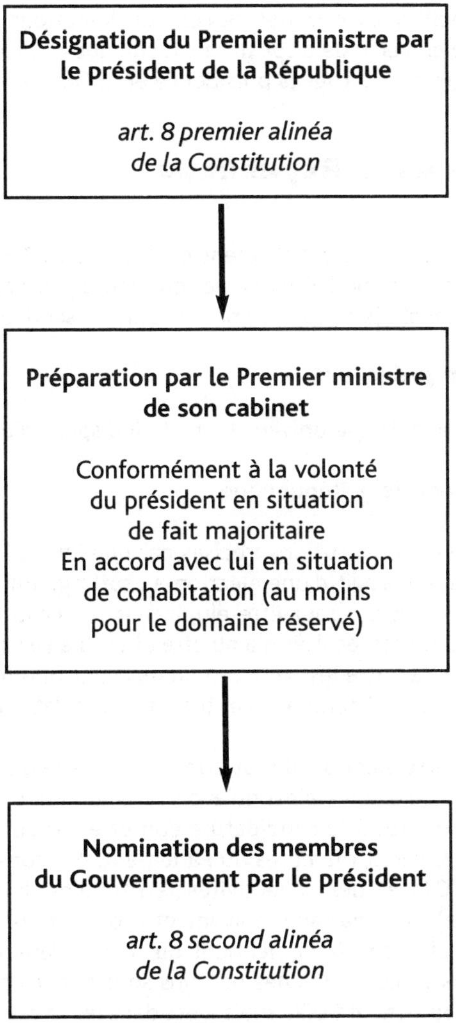

3. Explications : le fonctionnement de l'exécutif

La Constitution de 1958 établit *de facto* un exécutif original, au moins à deux pôles, si ce n'est bicéphale. Ces pôles possèdent des relations qui sont plus fonction des rapports de force politiques que des seules considérations juridiques. Toutefois, l'exécutif fonctionne en vertu de dispositions techniques qu'il importe de connaître. Il convient d'envisager tour à tour la présidence et le Gouvernement.

La présidence de la République

La nature de la présidence a profondément évolué depuis 1958, ne serait-ce qu'en raison du changement des modalités de désignation du titulaire de cette charge. Il s'agit d'aborder les modalités de sa désignation, puis les services mis à sa disposition.

La désignation du président

Le président est élu au suffrage universel direct ; il dispose d'un statut privilégié.

L'élection du président de la République

Les articles 6 et 7 de la Constitution, précisés par une loi organique, fixent le mode d'élection du président. Il s'agit d'une élection au suffrage universel direct, au scrutin majoritaire à deux tours ; pour être élu, il faut réunir la majorité absolue des suffrages exprimés. Si un tel résultat n'a pu être obtenu à l'issue du premier tour, un second tour est organisé entre les deux candidats ayant obtenu le plus de suffrages au premier tour (après désistement éventuel de candidats mieux placés), quinze jours plus tard.

Pour se présenter à cette élection, il faut être français, âgé d'au moins 23 ans, avoir la qualité d'électeur et d'éligible ainsi qu'avoir satisfait aux obligations du Code du service national. Depuis 1976, la candidature doit être parrainée par 500 personnalités représentatives (maires, membres du Parlement, des conseils régionaux, généraux, de Paris, des TOM et des collectivités territoriales de la République ou de l'assemblée de Corse) ; ces parrains doivent être originaires de 30 départements différents, sans que plus de 10 % viennent du même département (avant 1976, 100 parrains suffisaient). Les noms des parrains sont publiés au *JO* ; le nombre des parrains potentiels approche 44 000, mais il est dans les faits plus proche de 39 000 du fait du cumul de mandats. Cette mesure vise à éviter les candidatures fantaisistes afin de limiter le nombre des candidats ; les pressions et les soupçons que soulève cette formalité poussent à remettre en cause, si ce n'est cette obligation de parrainage, tout au moins la publicité y afférant. Les candidats doivent fournir au Conseil constitutionnel une déclaration de situation patrimoniale (celle du candidat élu sera publiée au *JO* et il devra en fournir une autre après son mandat). Enfin, le

Conseil dresse la liste des candidats autorisés à se présenter. Par ailleurs, le contentieux de l'élection présidentielle appartient au Conseil constitutionnel (art. 58), qui examine les réclamations et proclame les résultats (dans un délai de 10 jours).

Les candidats reçoivent une avance de 153 000 euros (env. 1 million de francs) et sont remboursés de leurs frais de campagne s'ils dépassent le score de 5 % des votants. Les dépenses sont plafonnées depuis 1995 ; en 2007, la somme a été d'environ 16,2 millions d'euros (env. 110 millions de francs ; et 21,6 millions d'euros, soit env. 150 millions de francs pour les candidats présents au second tour). Chaque candidat doit établir un compte de campagne qui retranscrit l'ensemble de ses recettes et dépenses ; ce compte est examiné par le Conseil constitutionnel (les comptes sont publiés au *JO*).
En cas de décès d'un candidat, le Conseil peut prononcer le report de l'élection, si le décès intervient entre les deux tours il faut recommencer l'opération électorale. Le Président est élu pour cinq ans ; la révision constitutionnelle du 23 juillet 2008 a ajouté un deuxième alinéa à l'article 6 limitant à deux le nombre de mandats présidentiels susceptibles d'être exercés consécutivement. En cas de vacance, l'intérim est assuré par le Président du Sénat (art. 7). L'élection doit avoir lieu entre 20 et 35 jours avant l'expiration du mandat du Président en exercice (ou après constatation de la vacance) ; le Gouvernement fixant la date de l'élection.

Le statut du président

Le statut du président est marqué par les pouvoirs que lui confère la Constitution et notamment ceux dispensés du contreseing ministériel, dont l'article 19 de la Constitution énumère la liste. Au-delà de ces pouvoirs propres, l'ensemble des autres pouvoirs soumis à contreseing sont censés être partagés – au minimum – avec le Premier ministre ; la réalité de la répartition du pouvoir entre les deux pôles de l'exécutif dépend toutefois beaucoup plus de la réalité des équilibres politiques que des seules dispositions constitutionnelles (**v. Fiche n° 18**).
Irresponsable politiquement (art. 67), il ne peut être traduit en justice, mais peut se voir destitué par le Parlement constitué en Haute Cour (art. 68, **v. Fiche 23**). Le président dispose du droit de grâce individuel (art. 17) et préside le Conseil supérieur de la magistrature, dont il désigne deux membres (art. 65) en tant que la Constitution fait de lui le garant de l'indépendance de l'autorité judiciaire (art. 64). Le président est coprince d'Andorre, chanoine honoraire de Saint-Jean-de-Latran et de Saint-Germain-des-Prés, Grand Maître de l'Ordre de la Légion d'honneur, protecteur de l'Académie française. Il est le seul à autoriser des mariages posthumes. De nombreux services l'assistent dans sa tâche.

Les services du président

Le président est assisté dans son travail par différentes équipes de collaborateurs plus ou moins directs et qui correspondent à une quarantaine de personnes ; il les choisit à sa discrétion. Si l'on ajoute à ces collaborateurs directs le personnel d'exécution, cela fait un total de 750 à 800 personnes. Le budget de la présidence est d'environ 30 millions d'euros (env. 200 millions de Francs), de nombreuses dépenses étant directement prises en charge par les différents ministères.

Le cabinet

Autour du président figure tout d'abord le cabinet, qui, composé d'une dizaine de personnes, assure la gestion de la vie quotidienne de la présidence : déplacements, emplois du temps, sécurité... Le président confie également à ce cabinet la charge de veiller à certaines affaires particulières et le cabinet informe le président de l'évolution de la conjoncture politique intérieure. De plus, toutes les décisions individuelles du président sont préparées par ce cabinet : nominations, octroi de diverses décorations...

Le secrétariat général de la présidence de la République

Il est composé d'une vingtaine de personnes et assure la liaison entre la présidence et les différents services et administrations, ainsi qu'avec le cabinet du Premier ministre et ceux des ministres. Le secrétaire général de la présidence est le collaborateur le plus direct du président. Il prépare notamment avec le secrétariat général du Gouvernement l'ordre du jour du Conseil des ministres (dont il assiste aux réunions). Ce personnel est chargé des missions les plus politiques et les plus sensibles pour la présidence ; les membres du secrétariat sont les yeux et les oreilles du président sur la vie économique, politique et sociale, se trouvant chargés de faire remonter aux oreilles du président toute information susceptible de l'intéresser.

La maison militaire

Cette structure, également qualifiée d'état-major particulier du président, est la troisième dont il dispose. Elle est composée d'officiers des quatre armes et placée sous l'autorité d'un général. Elle assiste le président dans sa fonction de chef des armées (préparation et suivi des décisions arrêtées au cours des conseils de défense). En période de crise ou de tensions, la pratique semble faire du chef d'état-major particulier du président le véritable chef d'état-major des Armées, chargé à ce titre d'assurer la direction de la conduite des opérations militaires (v. le déroulement de la guerre en Yougoslavie en 1999).

Le Gouvernement

La Constitution se montre avare de précisions sur le Gouvernement, car si le titre consacré au président contient 15 articles, le titre III qui lui est consacré ne comporte que 4 articles. Ce Gouvernement obéit à une certaine structure et dispose de règles de fonctionnement précises.

Hiérarchie et structure du Gouvernement

Le Gouvernement est une structure qui repose sur la prééminence de son chef, et cela depuis qu'existe dans les faits un chef du Gouvernement qui assure la cohésion du cabinet. Comme toute équipe, le Gouvernement obéit à certaines règles. C'est une formation collégiale dans laquelle les membres manifestent leur solidarité (la démission est collective, sauf si, bien sûr, elle intervient pour des motifs personnels et privés) et dont la structure obéit à une certaine hiérarchie.

Le Premier ministre

Si le Premier ministre est en droit le seul et véritable chef du Gouvernement, cela dépend en fait d'autres éléments et en particulier des rapports de force politique au sein de la majorité (**v. Fiche n° 19**). Appelé pour la première fois Premier ministre en 1958, le chef du Gouvernement est plus qu'un simple *primus inter pares* ; il possède une compétence propre le distinguant des autres membres du Gouvernement.
C'est lui qui nomme les autres membres du Gouvernement (sous réserve de l'intervention du président) et qui met fin à leurs fonctions. Il possède (au nom du Gouvernement) l'initiative des lois et c'est à lui que la Constitution confère le pouvoir réglementaire pour tous les décrets qui ne sont pas délibérés en Conseil des ministres (pour ceux-ci, il a été jugé que le président possède un droit de regard : CE, 10 septembre 1992, *Meyet*).
C'est également lui qui effectue les diverses nominations (en dehors de celles réservées à la signature du président). C'est le chef du Gouvernement qui règle les désaccords entre ministres et assure les arbitrages, notamment financiers (lors de l'élaboration du budget). Enfin, c'est le Premier ministre qui donne des instructions aux ministres concernant leur activité ministérielle.

Le Gouvernement

Le Premier ministre n'est tenu par aucune règle écrite dans la formation et la composition du Gouvernement ; ce principe est toutefois nuancé par certaines règles non écrites : respect des équilibres politiques de la majorité, représentation du territoire métropolitain et des DOM-TOM, présence de femmes... Les ministres participent au Gouvernement et gèrent chacun leur sphère de compétences ; il n'y a aucune règle limitant le nombre des ministres.
Les titres donnés aux ministères sont représentatifs et significatifs des priorités gouvernementales, ainsi que l'ordre dans lequel ils sont annoncés. On attribue parfois à certains ministres le titre de ministre d'Etat, formulation honorifique qui leur confère une prééminence politique et protocolaire sur les autres ministres. Dans un ministère, certains ministres peuvent être qualifiés de « ministre délégué » : cette formule, née en 1981 et reprise depuis, vise des ministres chargés d'un domaine particulier, mais délégués auprès d'un autre ministre pour l'assister dans sa tâche. Figurent enfin dans le Gouvernement des secrétaires d'Etat ; comme les ministres délégués, ils assistent un ministre dans ses fonctions, mais n'étant pas juri-

diquement ministres, ils ne possèdent pas le droit d'assister au Conseil des ministres (sauf si leur présence y est sollicitée, leur secteur d'action faisant l'objet d'une discussion cette fois-là).
En vertu des dispositions de l'article 23 de la Constitution, « *les fonctions de membre du Gouvernement sont incompatibles avec l'exercice de tout mandat parlementaire, de toute fonction de représentation professionnelle à caractère national, et de tout emploi public ou de toute activité professionnelle* ». La raison d'être de cet article est d'empêcher le cumul des fonctions gouvernementales et parlementaires, lequel avait été considéré comme un gage d'instabilité, les membres du Gouvernement se trouvant assurés de réintégrer le Parlement, après la démission du Gouvernement. Lorsqu'une telle situation intervient, le ministre dispose d'un délai d'un mois pour effectuer son choix entre celle des deux fonctions qu'il souhaite conserver ; il ne peut, durant cette période, voter dans l'assemblée dont il fait partie. A leur sortie du Gouvernement, les ministres peuvent reprendre l'exercice de leur ancienne profession, mais il leur est interdit d'exercer alors un métier incompatible avec un mandat parlementaire.

Le fonctionnement du Gouvernement

Le Gouvernement est une structure collégiale autour du Premier ministre. Son fonctionnement implique qu'il se réunisse et que des structures permettent son fonctionnement.

Les réunions permettant le fonctionnement

Le Conseil des ministres

C'est la seule des structures collégiales du Gouvernement connue par la Constitution (art. 9). C'est ce conseil qui – en droit – autorise le Premier ministre à engager la responsabilité du Gouvernement devant l'Assemblée nationale, délibère sur les projets de lois dont le Premier ministre a pris l'initiative, peut déclarer l'urgence dans la procédure de vote de la loi, propose au président de recourir au référendum. C'est également le conseil qui constate qu'il y a lieu de proclamer l'état de siège et la mise en garde, ainsi que la mobilisation générale, ainsi que diverses autres attributions officielles. En vertu de la Constitution (art. 9), le Conseil des ministres se réunit sous la présidence du président de la République (le Premier ministre peut le suppléer par délégation expresse, pour un ordre du jour déterminé, art. 21-4) ; il a lieu en principe le mercredi matin, au palais de l'Elysée. Les délibérations adoptées par le Conseil le sont au nom du Gouvernement et tous les ministres sont tenus par ces dispositions, de manière solidaire ; sans être tenus au secret, les membres du Gouvernement doivent conserver la discrétion sur les propos tenus lors du Conseil. L'ordre du jour du Conseil est déterminé à l'avance, proposé par le Premier ministre et arrêté par le président.

Le Conseil de cabinet

Il réunit, sous l'autorité du Premier ministre, tous les membres du Gouvernement et, c'est cela qui est important, en dehors de la présence du président. Généralement rares, si ce n'est exceptionnelles en temps normal, ces réunions de cabinet sont nettement plus fréquentes en période de cohabitation car elles permettent de maintenir le président hors du jeu gouvernemental en ne lui laissant qu'une faible marge de manœuvre.
Le fonctionnement du Gouvernement peut donner lieu à la réunion de comités interministériels et de conseils restreints (appelés aussi comités). Ces comités ont pour objectif d'aborder des sujets spécifiques trop vastes (par leur ampleur) et trop précis (du point de vue des ministères concernés) pour être abordés en Conseil des ministres. Ils permettent que soient coordonnées les actions de plusieurs ministères et opérés des arbitrages (ex. le Comité interministériel à l'aménagement du territoire). Les comités restreints obéissent au même principe ; ils peuvent également être réunis à l'instigation du président, dès lors qu'il souhaite suivre plus particulièrement l'évolution d'une question donnée (cela fut le cas lorsque de Gaulle réunissait autour de lui les ministres concernés par l'évolution de l'Algérie).

Les structures permettant le fonctionnement

Il s'agit d'abord d'envisager ici le rôle du cabinet du Premier ministre et des différents cabinets ministériels. Le cabinet du Premier ministre obéit aux mêmes impératifs que celui du président de la République, mais il est plus étoffé en nombre que celui de ce dernier ; il existe normalement une grande collaboration entre les structures respectives dépendant de chacune des têtes de l'exécutif. En outre, chacun des membres du Gouvernement dispose d'un cabinet ministériel chargé de l'assister dans ses fonctions ; le nombre des personnes composant ce cabinet est en principe limité à dix personnes et leur nomination fait l'objet d'une publication au *JO*. Toutefois, en plus de ces collaborateurs directs, il faut noter que les différentes administrations délèguent de très nombreux fonctionnaires pour étoffer ces structures.
Il convient encore d'évoquer en dernier lieu le rôle du secrétariat général du Gouvernement. Cet organisme est strictement administratif et non politique. Composé d'une trentaine de fonctionnaires, il possède un rôle de coordination très important entre la présidence, le cabinet du Premier ministre, les ministères, les services administratifs des Assemblées, le Conseil constitutionnel et le Conseil d'Etat. Il prépare les différents textes gouvernementaux et les décisions et veille à la régularité des diverses procédures. C'est notamment lui qui prépare l'ordre du jour du Conseil des ministres, en assure le secrétariat et surveille l'exécution des décisions qui y sont arrêtées. Rien ne peut être publié au *JO* sans l'accord de cet organisme, qui est également chargé de la conservation des différents dossiers du travail gouvernemental ; il est « *la mémoire de l'Etat* »[1], son rôle est essentiel lorsque se produit une alternance politique.

1. CHANTEBOUT B., *Droit constitutionnel*, 20e éd., A. Colin, 2003, p. 486.

4. Débat : le Premier ministre peut-il choisir son Gouvernement ?

La Constitution fournit une réponse claire à cette question. Car si la désignation du Premier ministre est une compétence discrétionnaire du président (art. 8-1), en tant que telle dispensée de tout contreseing (art. 19), ce même article 19 précise bien que seul le premier alinéa de cet article 8 est visé. Or, il est indéniable que c'est le second alinéa de l'article 8 qui évoque la formation du Gouvernement, la Constitution conférant au président la mission, « *sur la proposition du Premier ministre* », de nommer et de mettre fin aux fonctions des autres membres du Gouvernement.
Si la Ve République n'était qu'un simple régime parlementaire, toute analyse plus poussée serait inutile, mais il est certain qu'une telle grille d'interprétation n'est guère satisfaisante pour ce régime. La pratique, en effet, n'a cessé de s'éloigner du texte, et le Premier ministre ne choisit pas son cabinet en toute liberté, que l'on considère les périodes de fait majoritaire ou de cohabitation.
En période de présidentialisme majoritaire, la prééminence du chef de l'Etat irradie l'exécutif et force est de constater que c'est le président, et lui seul, qui compose le Gouvernement, quoi qu'en ait le Premier ministre. Michel Rocard, évoquant la formation de « son » cabinet en 1988, pourra écrire, sans que le tableau surprenne, qu'après son entrevue avec le président : « *j'ai compris que j'aurais un contingent de six ou sept ministres que j'aurais choisis personnellement parmi mes amis* » ; puis d'ajouter : « *il m'a mis toute sa "garde noire". Si bien que j'ai pu nommer à mon gré un certain nombre de personnes, mais à des postes de moindre importance* »[2]. Vérifiée à gauche, cette situation l'est tout autant à droite et lors de la constitution du cabinet Raffarin, la presse pouvait parler de la « *Distribution générale* » faite par un président remerciant ses proches et fidèles[3].

Au cours des périodes de cohabitation, force est de constater que cette situation ne se trouve pas fondamentalement modifiée. Le choix du président apparaît d'abord déterminant en ce qui concerne les ministres en charge des affaires relevant du domaine réservé. C'est ainsi que Mitterrand refusa en 1986 que Lecanuet obtienne le portefeuille des Affaires étrangères et François Léotard celui de la Défense. La pratique a montré que le président dispose de la possibilité de refuser toute personne qui ne lui agréerait pas : c'est ainsi que Jacques Chirac refusa de nommer membre du Gouvernement Yves Cochet, tant que celui-ci maintenait sa signature sur la proposition de résolution demandant que le président Chirac soit traduit en Haute Cour de justice. La demande du Premier ministre Lionel Jospin ne fut exécutée par le président qu'après qu'Yves Cochet eut retiré – piteusement – sa signature. Tous ces éléments montrent bien qu'à rebours de la lettre de la Constitution, la nomination des ministres dépend du président, lequel est parfois contraint à partager ce pouvoir avec le Premier ministre.

2. Rocard M., entretien donné à la *RDP*, 1998, p. 1290.
3. *Libération*, 18 juin 2002, p. 3.

FICHE N° 22

LA COMPÉTENCE NORMATIVE DE L'EXÉCUTIF

1. Références

BOYER-MÉRENTIER C., *Les Ordonnances de l'article 38,* Economica, 1996.

DELVOLVÉ P., « L'été des ordonnances », *RFDA*, 2005, pp. 909 à 921.

FAVOREU L., dir., *Le Domaine de la loi et du règlement sous la Ve République*, Economica, 1978.

FAVOREU L., PHILIP P., *Les Grandes Décisions du Conseil constitutionnel*,14e éd., Dalloz, 2007, spéc. n° 5 et 6.

GAUDEMET Y., *Sur l'abus ou sur quelques abus de la législation déléguée*, Mélanges Pactet, Dalloz, 2003, pp. 617 et suiv.

MATHIEU B., « Les Rôles respectifs du Parlement, du président de la République et du Conseil constitutionnel dans l'édition des ordonnances de l'article 38 », *RFDA*, 1987, pp. 700 et suiv.

MONTALIVET DE P., « La ratification des ordonnances », *LPA*, 19 déc. 2008, n° 254, pp. 59 à 61.

OLIVA E., *L'Exception d'irrecevabilité de l'article 41 de la Constitution*, Economica, 1997.

PÉRI A., *Le Pouvoir exécutif dans le processus de formation de la loi dans l'histoire constitutionnelle*, LGDJ, 2008.

PORTELLI H., « Les ordonnances : les raisons d'une dérive », *Droits*, 2007, n° 44, pp. 3 à 7.

SÉNAT, *Les Ordonnances - bilan au 31 décembre 2007*, Etudes juridiques du Sénat, mars 2008.

VERPEAUX M., *La Naissance du pouvoir réglementaire (1789-1799)*, PUF, 1991.

2. Repères

Définitions

Délégalisation (art. 37, 2e al.) : il s'agit de la procédure par laquelle le Conseil constitutionnel constate qu'une disposition de forme législative relève du domaine réglementaire et qu'elle peut être modifiée par le Gouvernement. Le Conseil d'Etat effectue la même opération pour les lois antérieures à 1958.

Irrecevabilité (art. 41) : l'irrecevabilité est une disposition qui permet d'écarter de la discussion parlementaire toute proposition de loi ou tout amendement qui ne respecterait pas la distinction entre domaine de la loi et du règlement, telle qu'elle résulte des articles 34 et 37 de la Constitution.

Ordonnance (art. 38) : l'ordonnance est un texte pris par le Gouvernement avec l'autorisation du Parlement dans une matière que la Constitution désigne comme relevant de la loi.

Schéma explicatif : la procédure d'élaboration des ordonnances de l'article 38

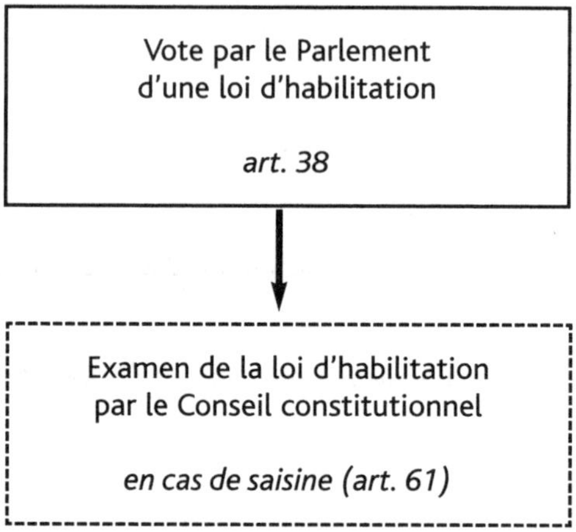

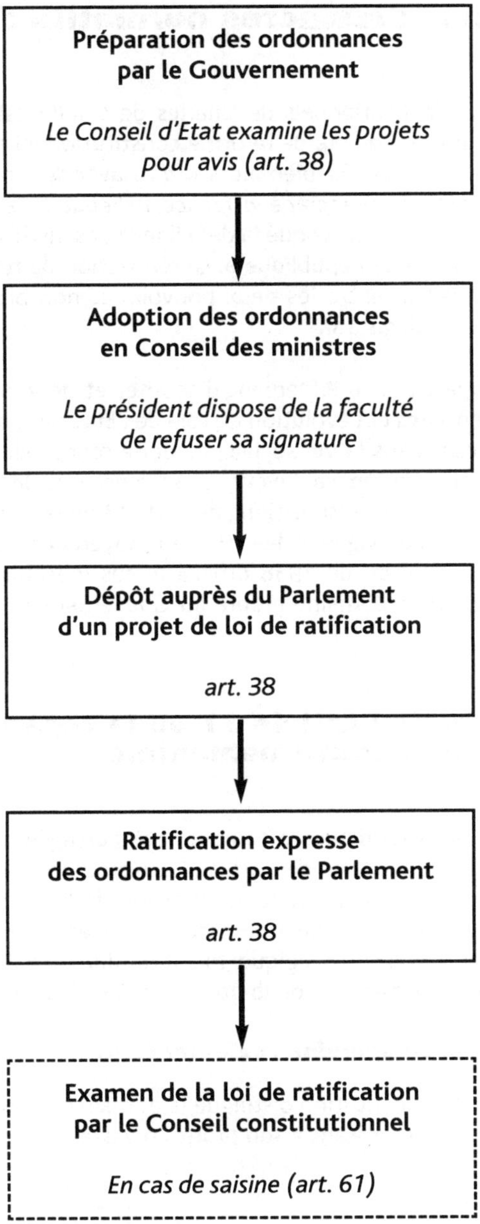
Préparation des ordonnances par le Gouvernement
Le Conseil d'Etat examine les projets pour avis (art. 38)
Adoption des ordonnances en Conseil des ministres
Le président dispose de la faculté de refuser sa signature
Dépôt auprès du Parlement d'un projet de loi de ratification
art. 38
Ratification expresse des ordonnances par le Parlement
art. 38
Examen de la loi de ratification par le Conseil constitutionnel
En cas de saisine (art. 61)

3. Explications : les actes normatifs de l'exécutif

Si l'un des objectifs constitutionnels de Charles de Gaulle est la restauration de l'Etat, il ne faut pas limiter l'œuvre de réforme constitutionnelle à l'étude du statut de l'exécutif. En effet, il s'agissait bien alors « *d'essayer de reconstruire un pouvoir sans lequel il n'est ni Etat, ni démocratie, ni France, ni République* »[1], ce qui supposait de remédier aux causes ayant provoqué la défaillance des institutions et de « refaire le régime parlementaire de la République ». La rénovation du régime parlementaire implique une collaboration entre les deux pouvoirs et non plus la soumission de l'exécutif à la volonté du législatif.

En particulier, s'il appartient au Parlement d'adopter et de voter la loi, la pratique des régimes parlementaires et l'évolution du rôle de l'Etat ont poussé à ce que l'exécutif joue un rôle accru dans la vie sociale, ce qui a rendu nécessaire un transfert progressif de compétences en sa faveur. C'est ainsi que les décrets-lois de la IIIe République, récusés par les dispositions de l'art. 13 de la Constitution de 1946[2], furent peu ou prou remis en vigueur dès 1948 au moyen des « lois-cadres » et lois d'habilitation. La Constitution de 1958 officialise ces mécanismes ; est constitutionnalisée l'existence d'un domaine propre au Gouvernement et la délégation du pouvoir législatif.

Les règlements de l'article 37 ou la consécration de la compétence gouvernementale

La production des règles juridiques a toujours été partagée entre le législatif et l'exécutif ; au Parlement l'adoption des lois, au Gouvernement celle des règlements. Cependant, ce partage était inégalitaire, le domaine de la loi restant illimité, à la différence de la compétence gouvernementale, nécessairement résiduelle. La Ve République n'obéit plus à cette logique, fixant un domaine à l'intervention de la loi, réservant au Gouvernement la possibilité d'agir dans les autres domaines.

La création d'un vaste domaine réglementaire

Pour la première fois, la Constitution distingue le domaine d'action du Parlement et celui du Gouvernement, établissant à son profit un vaste champ de compétences.

1. Debré M., discours devant le CE, 27 août 1958.
2. Art. 13 : « *L'Assemblée nationale vote seule la loi. Elle ne peut déléguer ce droit.* »

Les raisons de l'extension du domaine réglementaire

Dans l'esprit des constituants, l'exécutif ne saurait être un simple exécutant de la volonté de parlementaires tout-puissants, mais doit disposer d'une forte autonomie. D'autant que c'est à lui qu'il appartient de conduire la politique de la nation (art. 20). Ceci explique et justifie la compétence normative dont il dispose.
Si l'exécutif s'est toujours vu reconnaître un pouvoir normatif propre par les règlements, ceux-ci n'avaient pour objet que de préciser des dispositions d'exécution d'une loi. Ce principe se heurtait à la réalité de la pratique rendant impossible une délimitation si stricte : « *Il faut se rendre compte que, dans la France du XXe siècle, il n'est pas possible à un Gouvernement de gouverner sans édicter des règles de droit de portée générales, assorties de sanctions, c'est-à-dire sans légiférer au sens matériel du terme. La définition d'une politique en matière économique ou sociale s'accompagnera obligatoirement d'une certaine législation ou réglementation*[3]. » La création d'un domaine du règlement officialise une procédure devenue coutumière.

Ainsi, l'article 34 de la Constitution énumère les matières pour lesquelles l'intervention de la loi[4] est requise (**v. Fiche n° 27**), puis l'article 37 précise : « *Les matières autres que celles qui sont du domaine de la loi ont un caractère réglementaire.* » Il s'agit d'instaurer un partage des compétences rendu nécessaire : « *Définir le domaine de la loi, ou plutôt du Parlement, ce n'est pas réduire la vie parlementaire, c'est également, par détermination des responsabilités du Gouvernement, assurer entre le ministère et les Assemblées une répartition nécessaire des tâches*[5]. » Il s'agit que le cabinet qui gouverne avec la confiance du Parlement puisse prendre les mesures nécessaires à l'application de sa politique.

L'exercice du pouvoir réglementaire

Le Premier ministre dispose du pouvoir réglementaire (art. 21), ses décrets devant être contresignés par les ministres concernés par leur application (art. 22). Ceux-ci ne peuvent prendre de règlements que portant sur des questions liées à l'organisation et au fonctionnement de leurs services (CE, 7 fév. 1936, *Jamart*). Ces décrets sont des actes administratifs devant respecter les lois et les principes généraux du droit, sous le contrôle du juge. Mais si le Premier ministre dispose du pouvoir réglementaire, rien n'interdit au législateur de confier à une autre autorité le soin de fixer des normes permettant de mettre en œuvre cette loi (**v. Fiche n° 27**).
Si l'essentiel des règlements relève de la compétence du Premier ministre (env. 95 % des décrets), certains d'entre eux sont adoptés en Conseil des ministres. Ceux-ci portent sur les affaires les plus importantes et requièrent la signature du président

3. *Commentaires sur la Constitution*, Notes et Etudes documentaires, La Doc. Fr., n° 2530, 11 avril 1959, reprint in *Documents d'études* n° 1.04, éd. 2003, p. 25.
4. Debré M., discours devant le CE, 27 août 1958.
5. CC, 86-217 DC, 18 septembre 1986, *CNCL*.

(art. 13) ; ce qui peut soulever des difficultés en période de cohabitation. Par ailleurs, il a été jugé qu'un décret signé par le président, et quand bien même cette signature n'a pas été nécessaire, ne pouvait plus être modifié qu'en respectant les mêmes formes, c'est-à-dire avec la signature du président[6] ; ce qui devient très important en cas de cohabitation.

La protection du domaine réglementaire

Sur les matières relevant de son domaine, le Gouvernement exerce une compétence entière (sous réserve du respect des normes constitutionnelles et légales). Fort de cette compétence, le Gouvernement devient le maître d'œuvre de l'architecture normative. Cette puissance est accrue du fait qu'il dispose des moyens constitutionnels de protéger son champ d'action contre toute incursion parlementaire.

Les irrecevabilités de l'article 41

Selon cet article, « *s'il apparaît au cours de la procédure législative qu'une proposition ou un amendement n'est pas du domaine de la loi ou est contraire à une habilitation accordée en vertu de l'article 38, le Gouvernement peut opposer l'irrecevabilité. En cas de désaccord entre le Gouvernement et le président de l'assemblée intéressée, le conseil constitutionnel, à la demande de l'un ou de l'autre, statue dans un délai de huit jours* ».
Cette irrecevabilité fut présentée en 1958 comme « *une arme* [...] *donnée au Gouvernement pour éviter les empiétements à venir* »[7] afin de protéger son domaine d'action. La frontière entre loi et règlement n'est donc pas fixe, mais si le Parlement s'avise d'outrepasser la distinction posée par la Constitution, le Gouvernement peut faire constater cet abus de pouvoir. En cas de désaccord entre le Gouvernement et le président de l'assemblée concernée, l'un comme l'autre peuvent le faire trancher par le Conseil constitutionnel[8]. Cette procédure, relativement brutale, n'est guère utilisée par le Gouvernement, qui préfère avoir recours aux facilités qui lui sont offertes par l'article 37.

Les dispositions de l'article 37 alinéa 2

Selon cet article, « *les textes de forme législative intervenus en ces matières peuvent être modifiés par décret pris après avis du Conseil d'Etat. Ceux de ces textes qui interviendraient après l'entrée en vigueur de la présente Constitution ne pourront être modifiés par décret que si le Conseil constitutionnel a déclaré qu'ils ont un caractère réglementaire* ». Si l'article 41 intervient au cours de la procédure qu'il interrompt de manière brutale, l'article 37 alinéa 2 permet au Gouvernement d'agir après l'adoption de la loi et d'une disposition contestée. Deux procédures distinctes sont envisagées.

6. CE, 10 septembre 1992, *Meyet*.
7. Debré M., discours devant le CE, 27 août 1958.
8. Cette procédure a été utilisée à 11 reprises et ne l'a plus été depuis 1979, v. GDCC, 6-6.

Lois anteconstitutionnelles

Pour des lois adoptées avant 1958, lorsque la distinction entre domaine de la loi et du règlement n'existait pas, la Constitution permet une procédure de délégalisation. Le Gouvernement saisit alors le Conseil d'Etat afin de lui faire constater qu'une disposition législative relève en réalité (malgré sa qualification formelle de loi) du domaine réglementaire. Une fois la disposition délégalisée, elle relève du domaine réglementaire et le Gouvernement peut la modifier par décret.

Lois postconstitutionnelles

Cette procédure concerne toutes les lois adoptées après 1958. Le Premier ministre peut saisir le Conseil constitutionnel afin qu'il constate qu'une disposition votée par le Parlement relève pourtant du domaine de l'article 37 (et non du 34). Après le constat du Conseil, le Gouvernement pourra abroger, modifier ou préciser librement cette disposition par décret. La procédure de déclassement ne peut être mise en œuvre que par l'exécutif[9], après la promulgation de la loi.

Ces procédures sont utiles au Gouvernement, qui peut laisser le Parlement adopter une disposition relevant pourtant du domaine réglementaire, sachant qu'il pourra ultérieurement la modifier.
Le Gouvernement dispose d'une grande latitude d'intervention dans le domaine normatif et de larges moyens pour faire respecter son domaine : « *Le pouvoir exécutif peut exiger par diverses voies procédurales le respect de sa propre compétence ; le Parlement ne le peut pas. L'inégalité de traitement quant au respect des compétences telles qu'elles découlent des articles 34 et 37 de la Constitution n'est encore là que le reflet de la prééminence du pouvoir exécutif par rapport à l'autorité législative* »[10]
Cette capacité normative de l'exécutif est accrue en cas de délégation du pouvoir législatif.

Les ordonnances de l'article 38 ou la délégation du pouvoir législatif

L'une des innovations majeures de la Ve République réside dans cette phrase : « *le Parlement peut déléguer au Gouvernement le droit de statuer en matière législative ; à l'expiration de sa délégation, le législateur retrouve son domaine* »[11.] Les ordonnances de l'article 38 en sont le moyen.

9. Les parlementaires et les présidents des assemblées ne peuvent tirer argument de la violation du champ respectif de la loi et du règlement déterminé par les art. 34 et 37 ; CC, 82-143 DC, 30 juillet 1982, *Blocage des prix et des revenus*.
10. LECLERCQ Cl., *Droit constitutionnel et institutions politiques*, 10e éd., Litec, 1999, p. 529.
11. DEBRÉ M., *ibid.*

La Constitution connaît d'autres ordonnances ; celles de l'article 92 (aujourd'hui supprimé), article qui permettait au Gouvernement d'adopter les mesures législatives nécessaires à la mise en place des institutions en 1958 (v. **Fiche n° 17**). Il existe des ordonnances à caractère budgétaire (art. 47) afin de mettre en œuvre le budget si le Parlement ne s'est pas prononcé dans les délais impartis (l'art. 47-1 prévoit cette faculté pour les lois de financement de la Sécurité sociale). Existent encore les ordonnances prises sur habilitation référendaire, lorsque la question posée prévoit l'autorisation pour le Gouvernement d'assurer par ordonnances le règlement de la question posée (ex. : référendum du 8 avril 1962). Enfin, l'article 74-1 prévoit l'adoption d'ordonnances pour adapter aux collectivités territoriales d'outre-mer des dispositions législatives en vigueur en métropole.

La procédure d'élaboration

L'article 38 fixe les modalités du recours aux ordonnances : « *Le Gouvernement peut, pour l'exécution de son programme, demander au Parlement l'autorisation de prendre par ordonnances, pendant un délai limité, des mesures qui sont normalement du délai de la loi. Les ordonnances sont prises en Conseil des ministres après avis du CE. Elles entrent en vigueur dès leur publication mais deviennent caduques si le projet de loi de ratification n'est pas déposé devant le Parlement avant la date fixée par la loi d'habilitation.* » La procédure implique plusieurs phases successives : vote d'une loi d'habilitation, adoption des ordonnances et dépôt d'un projet de loi de ratification.

L'habilitation parlementaire

La procédure concerne les seules lois ordinaires et non les lois organiques, sinon cela permettrait d'écarter le veto du Sénat et le contrôle du Conseil constitutionnel que prévoit cette procédure. C'est le Parlement qui autorise le recours aux ordonnances par une loi d'habilitation (il ne peut exister de proposition parlementaire demandant au Gouvernement de prendre des ordonnances). La loi d'habilitation peut être déférée au Conseil constitutionnel[12], qui a précisé que le programme auquel fait référence l'article 38 « *doit être entendu comme faisant obligation au Gouvernement d'indiquer avec précision au Parlement lors du dépôt d'un projet de loi d'habilitation et pour la justification de la demande présentée par lui, quelle est la finalité des mesures qu'il se propose de prendre* »[13].

Le Conseil a précisé les modalités de recours à cette procédure[14] et son contrôle porte non seulement sur la loi d'habilitation, mais aussi, par avance, sur les ordonnances. Le contrôle porte sur le degré de précision des dispositions autorisant le Gouvernement à intervenir par ordonnances ; la loi d'habilitation ne peut se borner

12. CC, 76-72 DC, 12 janvier 1977, *Loi d'habilitation*.
13. *Ibid.*
14. CC, 86-207 DC, 25 et 26 juin 1986, *Privatisations*.

à énumérer des domaines pour lesquels l'intervention est prévue, mais doit indiquer, au moins de façon sommaire, les objectifs que le Gouvernement entend poursuivre et les réformes qu'il compte entreprendre. Les ordonnances ne peuvent remettre en cause les principes et règles de valeur constitutionnelle, ni les obligations internationales de la France...

La loi d'habilitation doit encore fixer le délai durant lequel le Gouvernement peut adopter les ordonnances. Si la Constitution ne fixe aucune durée, le « délai limité » ne dépasse jamais une année et il est le plus souvent de quelques mois. La loi d'habilitation doit préciser le moment auquel doit intervenir le dépôt du projet de loi de ratification. Ces délais ne sont pas identiques, le premier indique la durée du transfert de pouvoir, le second précise le temps dont dispose le Gouvernement, après l'adoption des ordonnances, pour déposer le projet de loi de ratification.

L'intervention gouvernementale

Dès que l'habilitation parlementaire a eu lieu, il s'opère une extension de la compétence du Gouvernement, habilité à prendre des mesures dans un domaine relevant en principe du législateur (la seule limite réside dans le fait que ces mesures doivent respecter les précisions figurant dans la loi d'habilitation). Du fait de la délégation de compétences, le Gouvernement peut opposer l'irrecevabilité de l'article 41 à tout amendement ou proposition empiétant sur le champ d'une ordonnance.
Les ordonnances sont prises en Conseil des ministres, après avis du Conseil d'Etat, et doivent être signées par le président ; elles entrent en vigueur dès leur publication. A l'expiration du délai fixé par la loi d'habilitation, les ordonnances restent en vigueur mais ne peuvent plus être modifiées que par une loi ; simplement elles deviennent caduques si le projet de loi de ratification n'est pas déposé dans les délais fixés par la loi d'habilitation. Toutefois, déposer un projet de loi ne signifie pas l'inscrire à l'ordre du jour : *« La plupart des ordonnances prises en application de l'article 38 n'ont jamais été ratifiées par le Parlement tout au moins de façon expresse. Mais si le projet de ratification a bien été déposé en temps voulu, tout est en ordre, et l'ordonnance demeure en application*[15]. »

La phase de ratification

A l'issue de la période impartie, le Gouvernement doit déposer un projet de loi de ratification ; la pratique montre toutefois qu'une majorité des ordonnances n'a jusqu'à présent jamais été expressément ratifiée. En effet, la pratique a validé l'idée d'une ratification implicite des ordonnances, avant que cette technique ne soit expressément interdite à l'occasion de la révision constitutionnelle de l'été 2008 (art. 38, 2e alinéa nouveau).

15. HAMON F.., TROPER M., *Droit constitutionnel*, 27e éd., LGDJ, 2001, p. 705.

La ratification expresse résulte de l'adoption du projet de loi de ratification, tandis que la ratification implicite résulte d'une manifestation de volonté clairement exprimée par le législateur, malgré l'absence de vote de ratification. L'idée de ratification implicite fut validée par le Conseil constitutionnel qui a admis que la ratification d'une ordonnance « *peut résulter d'une manifestation de volonté implicitement mais clairement exprimée par le Parlement* »[16]. Ceci intervenait lorsqu'une loi votée, sans avoir la ratification pour objet direct, opérait implicitement celle-ci ; une telle situation pouvait notamment intervenir lorsque le Parlement modifiait une disposition d'une ordonnance non encore ratifiée. Ce type de ratification ne devrait plus se produire suite à l'exigence constitutionnelle d'une ratification expresse.

La valeur juridique des ordonnances

La valeur juridique des ordonnances varie selon le moment où l'on veut bien les considérer.

Pendant le délai d'habilitation

Tant que court le délai fixé par la loi d'habilitation, l'ordonnance intervient dans des matières relevant temporairement de la compétence du Gouvernement ; elles possèdent alors un caractère réglementaire et le Gouvernement peut à son gré les modifier. Elles sont considérées comme des actes administratifs, bien que matériellement législatifs, et peuvent faire l'objet d'un recours devant le juge administratif[17].

Après le délai d'habilitation

A l'issue du délai d'habilitation, les ordonnances conservent leur caractère réglementaire mais ne peuvent plus être modifiées par le Gouvernement ; « *on est en présence d'une catégorie d'actes à valeur réglementaire, susceptibles en tant que tels d'annulation par la juridiction administrative, mais dont les dispositions matériellement législatives ne peuvent plus être modifiées que par la loi et non par le règlement* »[18].

Après l'expiration du délai fixé pour le dépôt du projet de loi de ratification, les ordonnances deviennent caduques si cette formalité n'a pas été remplie. Si ce projet a été déposé, plusieurs possibilités :
• si le projet de loi n'est pas inscrit à l'ordre du jour, les ordonnances conservent valeur réglementaire ;
• si le Parlement rejette le projet, les ordonnances sont alors caduques ;

16. CC, 72-73 L, 29 février 1972, *Participation des salariés*. Le Conseil parlera ensuite de ratification impliquée : CC, 86-224 DC, 23 janvier 1987, *Conseil de la concurrence*.
17. CE, 24 novembre 1961, *Fédération nationale des syndicats de police*.
18. Pactet P., *Institutions politiques – Droit constitutionnel*, p. 637.

• si le projet de loi de ratification est adopté, les ordonnances acquièrent force de loi avec effet rétroactif à compter du jour de leur édiction[19], ce qui implique l'interruption de toute instance, le juge devant constater qu'il n'y a plus lieu de statuer, la ratification leur ayant fait acquérir un caractère législatif.

Les ordonnances permettent au Gouvernement de gagner du temps, surtout s'il souhaite éviter l'obstruction de l'opposition au Parlement ; elles peuvent aussi concerner des projets techniques ou complexes.

19. PCC, 66-36 L, 10 mars 1966, *Ordonnance relative au régime économique de l'alcool*, puis CE, 19 décembre 1969, *Dame Piard*.

4. Débat : les raisons du recours aux ordonnances de l'article 38

Assemblée nationale – 19 mars 2003

PROJET DE LOI n° 710, portant habilitation du Gouvernement à prendre par ordonnance des mesures de simplification et de codification du droit.

EXPOSÉ DES MOTIFS (extraits)

« *S'éloignant de ses racines classiques, notre droit est devenu trop complexe : trop de règles, trop de lenteurs, trop d'incompréhension par les usagers. Cette complexité du droit, et plus significativement de la démarche administrative, a été fréquemment dénoncée, notamment par le Conseil d'Etat dans son rapport pour l'année 1992, mais n'a guère été combattue jusqu'à présent.* [...]

Tel est le défi qu'entend aujourd'hui relever le Gouvernement en présentant au Parlement un projet de loi de 29 articles l'habilitant à prendre par ordonnance, en application des dispositions de l'article 38 de la Constitution, un ensemble de mesures concourant à la simplification administrative.

Ce projet constitue un effort vigoureux de simplification coordonné à l'échelon gouvernemental et comporte un programme de codification ambitieux.

Il s'agit en premier lieu d'engager un vaste programme de simplification des procédures administratives. L'idée centrale est de s'interroger de manière systématique sur l'ensemble des procédures, et de supprimer ou d'assouplir toute démarche, tout document qui n'est pas strictement nécessaire pour assurer l'application des lois. Il y a lieu, chaque fois que cela est possible, d'appliquer le principe selon lequel il appartient aux administrations de gérer la complexité des procédures qui sont imposées aux citoyens.

C'est dans cette optique que le Gouvernement a estimé que les mesures à prendre, le plus souvent très techniques et relevant de législations disparates, trouveraient leur meilleure cohérence dans l'utilisation de la procédure des ordonnances de l'article 38 de la Constitution. Cette procédure permet au Parlement de procéder à un débat général sur les orientations de la politique de simplification dans l'ensemble des secteurs de l'activité administrative.

Le Conseil Constitutionnel a jugé que l'article 38 de la Constitution fait obligation au Gouvernement d'indiquer avec précision au Parlement quelle est la finalité des mesures qu'il se propose de prendre et leurs domaines d'intervention. Le projet de loi d'habilitation délimite donc le champ des mesures de simplification et fixe, pour chacune d'entre elles, leur objet.

Il s'agit en second lieu, tout particulièrement dans le souci d'une meilleure intelligibilité de la règle de droit, de poursuivre et d'intensifier le travail déjà engagé en matière de codification du droit. S'il appartient au Parlement d'adopter la partie législative des codes, il est apparu cependant que le programme de travail des assemblées ne permettait pas d'assurer, à échéance suffisamment rapprochée, l'inscription à l'ordre du jour de plusieurs codes dont l'élaboration est déjà achevée ou en cours d'achève-

ment et qui, du fait d'évolutions législatives ultérieures, pourraient rapidement devenir obsolètes.
C'est dans le but d'accélérer le processus de codification de notre droit qu'il est proposé [...] d'habiliter le Gouvernement à prendre, par voie d'ordonnance, les dispositions législatives nécessaires à l'adoption de la partie législative de sept nouveaux codes. [...]
Afin de répondre aux attentes des Français, l'article 28 du projet de loi prévoit que les ordonnances seront prises dans un délai relativement bref : douze mois à compter de la publication de la loi. »Ce projet sera accepté et donnera lieu à la loi n° 2003-591 du 2 juillet 2003 ; loi dont la constitutionnalité a été examinée par le Conseil constitutionnel : CC, 2003-473 DC, 26 juin 2003, loi habilitant le Gouvernement à simplifier le droit. »

FICHE N° 23

LA RESPONSABILITÉ DE L'EXÉCUTIF

1. Références

BADINTER R., « La Responsabilité pénale du président de la République », *RDP*, 2002, pp. 105 et suiv.

BEAUD O., « La Contribution de l'irresponsabilité présidentielle au développement de l'irresponsabilité politique sous la Ve République », *RDP*, 1998, pp. 1541 et suiv.

BEAUD O., BLANQUER J.-M., *La Responsabilité des gouvernants*, Descartes et Cie, 1999.

BIDEGARAY Ch., ÉMERY Cl., *La Responsabilité politique*, Dalloz, 1998.

BIGAUT Ch., *La Responsabilité pénale des hommes politiques*, LGDJ, 1996.

CHAGNOLLAUD D., « La Cour de cassation et la responsabilité pénale du chef de l'Etat », *RDP*, 2001, pp. 1613 et suiv.

DEGOFFE M., « Responsabilité pénale et responsabilité politique du ministre », *RFDC*, 1997, pp. 131 et 611.

GUETTIER Ch., LE DIVELLEC A., *La Responsabilité pénale du Président de la République*, L'Harmattan, 2003.

KAMTO M., « La Responsabilité pénale des ministres sous la Ve République », *RDP*, 1991, pp. 1239 à 1308.

L'HÔTE V., *La Responsabilité pénale des membres des exécutifs*, Thèse, Nancy II, 2001.

SÉGUR Ph., dir., *Gouvernants, Quelle responsabilité ?* L'Harmattan, 2000.

SUEUR J.-J., dir., *Juger les politiques. Nouvelles réflexions sur la responsabilité des dirigeants publics*, L'Harmattan, 2001.

« Statut pénal du chef de l'Etat », Dossier spécial de la *RDP*, 2003, pp. 53 et suiv.

« La responsabilité des gouvernants », *Pouvoirs*, n° 92, 2000.

2. Repères

Définitions

Cour de justice de la République : prévue par les articles 68-1 à 68-3 de la Constitution, cette Cour créée en 1992 est destinée à juger les membres du Gouvernement pour les crimes ou délits commis dans l'exercice de leurs fonctions. Elle est composée de six députés, de six sénateurs et de trois magistrats.

Haute Cour de justice : instituée de 1958 à 2007 par les anciens articles 67 et 68 de la Constitution, la Haute Cour de justice était compétente pour juger le Président au cours de son mandat. Sa mise en œuvre ne pouvait que résulter d'une mise en accusation du Président par un vote à la majorité absolue dans chacune des deux chambres ; elle était constituée de douze députés et de douze sénateurs. Elle n'a jamais été saisie.

Haute Cour : instituée par l'article 68 de la Constitution issu de la révision constitutionnelle du 23 février 2007, la Haute Cour est la dénomination que prend le Parlement lorsqu'il se prononce quant à la destitution du Chef de l'Etat. La proposition de réunion de la Haute Cour doit être adoptée par chacune des chambres dans un délai de quinze jours et elle doit alors statuer dans un délai d'un mois. Les votes de chacune des deux étapes sont acquis à la majorité des 2/3 des inscrits.

Irresponsabilité présidentielle : principe en vertu duquel le chef de l'Etat ne peut être mis en cause, de manière politique ou pénale (sauf de manière exceptionnelle : haute trahison) pour les actes accomplis dans ses fonctions.

Responsabilité politique : cette formule exprime l'idée que tout titulaire d'un mandat public doit rendre des comptes quant à l'usage qu'il en a eu.

Chronologie

• 5 octobre 1962 : adoption de l'unique motion de censure qu'ait connue la Ve République.
• 27 juillet 1993 : création de la Cour de justice de la République pour juger les actes commis par des ministres à l'occasion de l'exercice de leurs fonctions.
• 22 janvier 1999 : CC, 98-408 DC ; le président de la République bénéficie d'un privilège de juridiction devant la Haute Cour de justice pour tous ses actes et durant la durée des fonctions.
• 9 mars 1999 : premier jugement rendu par la CJR (affaire du sang contaminé) ; relaxe de deux ministres (dont un ancien Premier ministre) et blâme (sans peine prononcée) du troisième.

• 10 octobre 2001 : arrêt de la Cour de cassation ; durant le mandat du président, suspension des poursuites (immunité de fonction) ; la Haute Cour ne peut juger que des actes accomplis comme chef de l'Etat.
• 12 décembre 2002 : rapport de la Commission de réflexion sur le statut pénal du président de la République (présidée par le Pr. P. Avril).
• 7 juillet 2004 : première condamnation d'un ancien ministre par la Cour de justice de la République.
• 23 février 2007 : modification du Titre IX de la Constitution, suppression de la Haute Cour de justice et création de la Haute Cour.

Schéma explicatif : les poursuites contre un ministre

Toute personne physique ou morale s'estimant victime de crimes ou délits réalisés par un ministre dans l'exercice de ses fonctions peut porter plainte devant la commission des requêtes

Voir schéma page suivante.

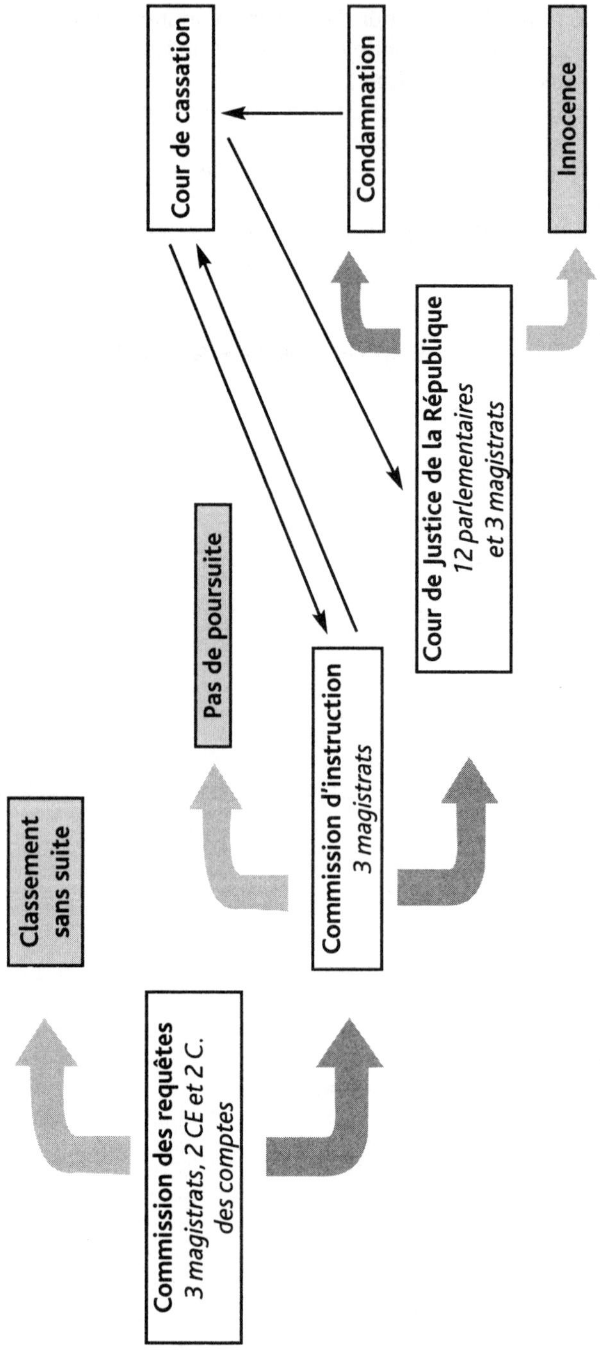
Commission des requêtes
3 magistrats, 2 CE et 2 C. des comptes
Classement sans suite
Commission d'instruction
3 magistrats
Pas de poursuite
Cour de Justice de la République
12 parlementaires et 3 magistrats
Cour de cassation
Condamnation
Innocence

3. Explications : la mise en cause de l'exécutif

Le principe même de la démocratie suppose que tout titulaire d'une charge publique, exerçant un pouvoir au nom de la communauté politique, rende des comptes quant à sa gestion. Au-delà du suffrage universel qui n'est que l'un des modes de désignation (voire de rejet) des Gouvernants ou de la délibération, la responsabilité est la raison d'être de notre système politique. En République, tout gouvernant est responsable. Notre Constitution, conformément à ce principe, organise la mise en cause de l'exécutif qui peut voir sa responsabilité mise en cause ; en dehors des questions politiques, au sens noble du terme, le gouvernant ayant failli peut voir sa responsabilité pénale engagée.

Les modalités de la responsabilité politique

« *Il n'y a pas d'autorité qui ne soit, à un moment ou à un autre, mise en demeure de renouveler le pacte grâce auquel elle s'exerce*[1]. » Cette vérité éternelle connaît toutefois une mise en œuvre distincte selon que l'on envisage le chef de l'Etat et celui du Gouvernement.

L'impossible mise en cause du président

Comme tout régime parlementaire, la Ve République prévoit un régime d'irresponsabilité politique du président (art. 67 et 68) ; si la pratique devait y substituer une responsabilité devant le peuple, celle-ci est désormais désuète et l'on ne peut que constater l'absence de toute autre procédure efficace.

La désuétude de la responsabilité devant le peuple

La Constitution ne connaît qu'une responsabilité du Gouvernement devant le Parlement ; nulle procédure n'étant envisagée en 1958 pour un chef de l'Etat, qui s'il est doté de pouvoirs importants n'en reste pas moins le chef de l'Etat d'un régime possédant tous les traits d'un régime parlementaire, c'est-à-dire d'un système dans lequel l'ensemble des pouvoirs de gouvernement relève du Premier ministre.
A l'encontre de cette grille de lecture juridique, la pratique de la Ve République devait imposer la prééminence du chef de l'Etat, prééminence bientôt renforcée par son élection populaire. Appliquée à un président attirant à lui l'ensemble des pouvoirs constitutionnels, l'irresponsabilité donnerait au régime un aspect dictatorial ; tel n'est pas le cas du fait de la mise en avant par le président de sa responsabilité devant le peuple ; ayant reçu mandat du peuple, le chef de l'Etat quittait la prési-

1. BIDEGARAY Ch., ÉMERI Cl., *La Responsabilité politique*, p. 4.

dence en cas de désaveu populaire. Cette lecture ne devait toutefois pas survivre au fondateur du gaullisme, et désormais le président reste en fonction quelle que soit l'ampleur du désaveu populaire, ne renonçant pas à exercer les compétences dont il ne disposait pourtant qu'en raison de la confiance des Français (v. **Fiche n° 20**).

L'absence de procédure de substitution

Dès lors que le président refuse de se soumettre à la sanction populaire, la Constitution n'offre que fort peu de moyens de le contraindre. Seules deux dispositions de la Constitution peuvent servir de fondement à sa mise en cause, et encore de manière très fragile. Le premier moyen de contraindre le président résiderait dans son « empêchement » ; en effet, le Conseil constitutionnel, saisi par le Gouvernement, pourrait constater l'empêchement du président, ce qui rendrait nécessaire l'élection d'un nouveau président (art. 7). Toutefois, évoquer une telle idée revient immédiatement à la rejeter tant elle apparaît relever de la pure spéculation théorique[2].

L'article 68 de la Constitution qui énonçait jusqu'en 2007 que « *Le Président de la République n'est responsable des actes accomplis dans l'exercice de ses fonctions qu'en cas de haute trahison* », aurait pu être un moyen de contraindre le Président. En effet, la haute trahison n'étant pas définie et la Haute Cour de justice étant libre de déterminer la sanction qu'elle imposerait ; il aurait été possible de considérer que le Président restant en place après une défaite politique trahissait l'esprit de la Constitution et qu'il aurait pu en être justiciable. Au regard des conditions de réunion de la Haute Cour de justice, il semblait impossible d'imaginer y recourir pour contraindre le Président à la démission. La création en 2007 de la Haute Cour destinée à remplacer la Haute Cour de justice ne devrait pas modifier cette situation (v. *infra*).
Ceci témoigne de l'absence de procédure susceptible de se substituer à la disparition de la responsabilité politique du président devant le peuple, la seule responsabilité désormais encourue par le président résidant dans sa non-réélection ; si d'aventure il se représente aux suffrages des Français.

L'improbable mise en cause du Gouvernement

La Constitution permet la mise en cause de la responsabilité du Gouvernement ; toutefois, ici encore, le fonctionnement politique de la Ve République rend celle-ci improbable, voire illusoire.

La responsabilité devant le chef de l'Etat

Elu au suffrage universel par la nation tout entière, le président attire à lui l'ensemble des pouvoirs constitutionnels. Soutenu par une majorité parlementaire qui

2. De fait, l'empêchement ne fait l'objet d'aucune définition autre que doctrinale.

n'existe que par lui, le chef de l'Etat est le chef suprême de nos institutions. Les propos de Charles de Gaulle sont explicites et ne laissent aucun doute à ce sujet : « *Le peuple souverain, en élisant le président, l'investit de sa confiance* », dès lors, « *il doit être évidemment entendu que l'autorité indivisible de l'Etat est confiée tout entière au président par le peuple qui l'a élu, qu'il n'en existe aucune autre, ni ministérielle, ni civile, ni militaire, ni judiciaire, qui ne soit conférée et maintenue par lui* »[3].

Confronté à une telle situation et quelles que soient les dispositions inscrites dans la Constitution, le Premier ministre n'a d'autre solution que celle de se soumettre à la prééminence du chef de l'Etat ; nul risque qu'une dyarchie n'apparaisse à la tête de l'Etat. La Constitution politique de la Ve République fait du Premier ministre le premier des ministres du chef de l'Etat, lequel peut à sa guise en changer ou le maintenir en place. Si cette forme de responsabilité tombe en cas de cohabitation, retrouve-t-on alors un fonctionnement conforme à celui d'un régime parlementaire ?

Les conditions restrictives de l'article 49

C'est alors que les conditions très strictes mises en place en 1958 relatives à la mise en cause de la responsabilité du Gouvernement trouvent tout leur sens. En effet, ces conditions sont si restrictives et les parlementaires aujourd'hui si domestiqués, que toute mise en cause de l'existence du Gouvernement paraît très improbable (**v. Fiche n° 28**). Le renvoi du Gouvernement ne peut résulter que d'une censure votée à la majorité absolue des inscrits, ce qui la rend illusoire ; l'opposition étant, par définition, minoritaire. Seule la rupture d'une majorité pourrait permettre le vote d'une censure, ce qui ne s'est jamais produit depuis 1958. Si une motion de censure fut un jour voté, cela ne fut possible que parce qu'il n'existait pas alors de majorité absolue au Palais-Bourbon ; de même si une motion de censure faillit renverser Pierre Bérégovoy le 1er juin 1992, c'est bien car il n'existait pas non plus durant cette législature de majorité absolue pour quiconque à la chambre.
Citoyens dotés d'un statut spécifique, les gouvernants n'en restent pas moins des citoyens pour autant. La spécificité de leur fonction justifie que leur responsabilité pénale obéisse à des spécificités procédurales.

Les modalités de la responsabilité pénale

Les membres du Gouvernement relèvent de la Cour de justice de la République ; les modalités de mise en cause du chef de l'Etat ont fait l'objet d'une évolution en 2007, la Haute Cour de Justice laissant place à la Haute Cour.

3. De Gaulle Ch., conférence de presse du 31 janvier 1964.

La Cour de justice de la République

Jusqu'en 1993, les ministres ne pouvaient être poursuivis que devant la Haute Cour de justice, à l'instar du chef de l'Etat ; ils relèvent désormais de la Cour de justice de la République.

Origine

Telle que rédigée en 1958, la Constitution ne permettait pas de poursuites contre les ministres en dehors de la Haute Cour ; or les modalités de mise en œuvre des poursuites devant celle-ci rendaient le personnel politique libre d'apprécier si un crime ou un délit justifiait la mise en accusation. Les parlementaires n'ont de ce fait que très rarement déclenché des poursuites : s'ils l'avaient fait, « *ils étaient soupçonnés d'assouvir un instinct partisan ; s'ils s'abstenaient, ils étaient perçus comme complices. S'ils condamnaient, ils paraissaient partiaux ; s'ils acquittaient complaisants* »[4]. Et de fait, aucune procédure n'avait pu aboutir à la condamnation d'un ministre.

L'affaire du sang contaminé devait provoquer une évolution. Trois anciens ministres étaient en cause dans cette affaire, qui ne réussissait pas à trouver de solution pénale en raison des arrière-pensées politiques des uns et des autres ; or quand l'affaire put enfin être examinée, la commission d'instruction de la Haute Cour ne put que constater la prescription des faits en cause (5 février 1993). Cette décision causa une grande émotion, dont le résultat fut la révision constitutionnelle donnant naissance à la Cour de justice de la République, le 27 juillet 1993.

Fonctionnement

Instituée par les articles 68-1 à 68-3 de la Constitution, la Cour de justice de la République a un aspect nettement plus judiciaire que sa devancière. Relèvent de sa compétence les crimes ou délits commis par des ministres dans l'exercice de leurs fonctions[5].

Les plaintes sont d'abord examinées par une commission des requêtes (composée de trois magistrats, deux membres du Conseil d'Etat et deux de la Cour des comptes), qui examine leur recevabilité, puis la suite à leur donner ; elle peut classer les plaintes ou les transmettre à la commission d'instruction, après avoir qualifié pénalement les faits en cause. Ses décisions ne sont susceptibles d'aucun recours.
La commission d'instruction (composée de trois magistrats du siège élus au sein de la Cour de cassation) procède alors à l'instruction du dossier en suivant les règles communes de procédure pénale (sous réserve de quelques aménagements) puis

4. BIGAUT Ch., *La Responsabilité pénale des hommes politiques*, p. 60.
5. Des faits concernant leur vie privée ou des mandats électifs locaux ne relèvent pas de la compétence de la Cour de justice de la République, Ccass, crim, 27 juin 1995, *Carignon*.

ordonne le renvoi devant la Cour de justice de la République ou dit qu'il n'y a pas lieu à suivre. Les arrêts que rend la commission peuvent faire l'objet d'un pourvoi en cassation.
La Cour de justice de la République procède alors au procès. Elle est composée de 12 parlementaires (6 députés et 6 sénateurs) et de 3 magistrats (l'un d'eux est le président de la Cour). La Cour statue d'abord sur la culpabilité, puis, le cas échéant, sur la peine. Les arrêts rendus peuvent aussi être déférés à la Cour de cassation. La Cour de justice a rendu un premier arrêt en 1999, innocentant deux ministres et déclarant coupable l'ancien ministre de la Santé, Edmond Hervé, tout en le dispensant de peine[6]. Un autre ministre fut encore innocenté du chef de diffamation sous lequel il était poursuivi[7]. Le 7 juillet 2004, l'ancien ministre socialiste Michel Gillibert a été condamné par la Cour pour escroquerie à trois ans de prison avec sursis et 20 000 euros d'amende. C'est le premier ministre à être condamné sous la Ve République[8].

De la Haute Cour de justice à la Haute Cour

En ce qui concerne le chef de l'Etat, la Constitution se borna longtemps à n'évoquer qu'une irresponsabilité de principe, l'article 68 disposant que « *le Président de la République n'est responsable des actes accomplis dans l'exercice de ses fonctions qu'en cas de haute trahison* » et prévoyant qu'il soit jugé par la Haute Cour de justice[9], sans que l'on soit certain du caractère strictement politique ou également pénal de la compétence de ladite Cour... Une controverse devait se produire quant à la justiciabilité éventuelle du président pour des actes extérieurs à sa fonction.

Le Président devait-il relever des juridictions ordinaires pour des infractions réalisées en dehors de ses fonctions ou antérieurement à son élection ou relevait-il au contraire de la Haute Cour de justice ? La question ne souleva longtemps qu'un intérêt purement théorique, mais c'est à la fin des années 1990 que la question fut soulevée, avec d'autant plus d'intensité qu'était en cause Jacques Chirac, alors chef de l'Etat. Si la réponse fut d'abord jurisprudentiellement formulée, les lacunes de l'ancien article 68 conduisirent à la révision constitutionnelle du 23 février 2007, mettant fin à la Haute Cour de justice pour permettre au parlement de se constituer en Haute Cour.

La Haute Cour de justice et l'ancien art. 68

Les deux chambres du Parlement devaient adopter conjointement une résolution portant mise en accusation du Président (à la majorité absolue) ; une commission de cinq magistrats de la Cour de cassation devait alors instruire les faits incriminés

6. CJR, 9 mars 1999, *M. L. Fabius, Mme G. Dufoix et M. E. Hervé.*
7. CJR, 16 mai 2000, *Mme S. Royal.*
8. CJR, 7 juillet 2004, *M. M. Gillibert.*
9. Il est à noter que la notion de haute trahison ne bénéficie pas d'une définition stricte.

et décider du renvoi de l'affaire devant la Haute Cour de justice. Celle-ci est constituée de vingt-quatre juges (élus par moitié dans chacune des chambres), tandis qu'une commission d'instruction (de cinq magistrats) assurait la préparation du dossier. Les débats devant avoir lieu suivent les règles de procédure pénale en matière criminelle, les juges statuant sur la culpabilité, puis sur la peine, l'arrêt rendu n'étant susceptible ni d'appel, ni de cassation. La Haute Cour de justice n'a jamais eu à juger le chef de l'Etat.
Le Conseil constitutionnel ayant jugé que la compétence de la Haute Cour de justice s'attachait à toute infraction visant le chef de l'Etat, à quelque moment qu'elle ait été commise[10] et cette solution s'étant vue peu ou prou validée par la Cour de cassation[11], il a paru nécessaire de faire évoluer les dispositions de l'article 68.

La création de la Haute Cour

C'est à l'initiative de Jacques Chirac que fut réunie, sous la présidence du Pr. Pierre Avril, une Commission de réflexion sur le statut pénal du Président de la République et que fut ainsi proposée une nouvelle rédaction du titre IX de la Constitution. Ce rapport du 12 décembre 2002 donna lieu à une lente maturation parlementaire dont découlèrent la révision constitutionnelle du 23 février 2007 et la nouvelle rédaction des articles 67 et 68.
L'article 67 évoque la question de la responsabilité pénale du chef de l'Etat et n'appelle guère de commentaires, semblant la droite conséquence de la décision rendue par le Conseil constitutionnel le 22 janvier 1999, en ce qu'elle fut confirmée par la Cour de cassation, le 10 octobre 2001. Le Président dispose d'une immunité de fonctions attachée à sa qualité de chef d'Etat ; toute poursuite diligentée contre lui se trouve donc suspendue (ainsi que la prescription) et ne pourra être reprise qu'à l'issue du mandat, devant les juridictions compétentes, tout délai de prescription ou de forclusion étant suspendu. Le Président ne peut ainsi être requis de témoigner, non plus que faire l'objet d'une action, d'un acte d'information, d'instruction durant son mandat. Il semble en outre que cette immunité de fonctions soit appréciée extensivement, puisque la Garde de la Présidence s'est opposée à une perquisition menée par deux juges d'instruction dans les locaux de l'Elysée (le 2 mai 2007) ; cela alors même que la perquisition en question ne visait pas le Président...
L'article 68, quant à lui, envisage une nouvelle forme de responsabilité, de nature essentiellement politique (mais la procédure instituée pourrait également trouver à s'appliquer en matière pénale). En effet, « en cas de manquement à ses devoirs manifestement incompatible avec l'exercice de son mandat », le Président peut être destitué par le Parlement constitué en Haute Cour. Dans une telle hypothèse, la proposition de réunion de la Haute Cour doit être adoptée conjointement par chacune des chambres dans un délai de quinze jours (à la majorité des deux tiers) ; la Haute Cour se réunit alors et statue dans un délai d'un mois sur la destitution du chef de l'Etat (également à la majorité des deux tiers des inscrits).

10. CC, 98-408 DC, 22 janvier 1999, *Cour pénale internationale*.
11. Ccass, 10 octobre 2001, *Breisacher*.

4. Débat : la destitution du président est-elle réellement envisageable ?

A la suite du rapport de la Commission de réflexion sur le statut pénal du Président de la République, présidée par le Pr. Avril (rapport du 12 décembre 2002), la Constitution a été révisée le 23 février 2007. La nouvelle rédaction du titre IX de la Constitution met fin à la Haute Cour de justice et la remplace par une nouvelle Haute Cour, rendue compétente pour opérer la destitution du chef de l'Etat.

Titre IX - La Haute Cour

Article 67 : *Le Président de la République n'est pas responsable des actes accomplis en cette qualité, sous réserve des dispositions des articles 53-2 et 68.*
Il ne peut, durant son mandat et devant aucune juridiction ou autorité administrative française, être requis de témoigner non plus que faire l'objet d'une action, d'un acte d'information, d'instruction ou de poursuite. Tout délai de prescription ou de forclusion est suspendu.
Les instances et procédures auxquelles il est ainsi fait obstacle peuvent être reprises ou engagées contre lui à l'expiration d'un délai d'un mois suivant la cessation des fonctions.
Article 68 : *Le Président de la République ne peut être destitué qu'en cas de manquement à ses devoirs manifestement incompatible avec l'exercice de son mandat. La destitution est prononcée par le Parlement constitué en Haute Cour.*
La proposition de réunion de la Haute Cour adoptée par une des assemblées du Parlement est aussitôt transmise à l'autre qui se prononce dans les quinze jours.
La Haute Cour est présidée par le président de l'Assemblée nationale. Elle statue dans un délai d'un mois, à bulletins secrets, sur la destitution. Sa décision est d'effet immédiat.
Les décisions prises en application du présent article le sont à la majorité des deux tiers des membres composant l'assemblée concernée ou la Haute Cour. Toute délégation de vote est interdite. Seuls sont recensés les votes favorables à la proposition de réunion de la Haute Cour ou à la destitution.
Une loi organique fixe les conditions d'application du présent article.

La rédaction proposée, s'inspire des conclusions du rapport du 12 décembre 2002, mais s'en éloigne pour partie ; le nouveau titre IX reprend d'une part les conséquences de la jurisprudence et propose, d'autre part, une procédure de destitution du Président.
L'article 67 n'appelle guère de commentaires, reprenant les dispositions procédurales résultant de la jurisprudence du Conseil constitutionnel, telle que confirmée par la Cour de cassation.
L'article 68, novateur, appelle quelques remarques essentielles.
Tout d'abord, l'idée de haute trahison disparaît, pour laisser place à un « *manquement grave à ses devoirs manifestement incompatibles avec l'exercice de son*

mandat ». Si la haute trahison s'était vu reprocher son absence de définition juridique, comment ne pas craindre que cette nouvelle incrimination soit également sujette à de multiples interprétations opposées ? D'ailleurs, pour reprendre des événements s'étant produits en France, ne pourrait-il pas être considéré que le refus du Président de signer un document en dehors des cas où il dispose d'un pouvoir propre (art. 19) constitue un « *manquement grave à ses devoirs* » ? Et de fait, celui qui doit veiller au respect de la Constitution n'a-t-il pas comme premier devoir de la respecter ?
Ensuite et au-delà de cette hypothèse peu probable, c'est peut-être en matière pénale que la destitution pourrait éventuellement intervenir. En effet, si d'aventure le Président se voyait mêlé à une sordide affaire pénale (l'hypothèse ne semble pas totalement farfelue : André Le Troquer, ancien ministre et président de l'Assemblée nationale fut bien impliqué dans une affaire de « ballets roses », en 1959...), la destitution pourrait alors être le moyen de contraindre le chef de l'Etat à se présenter devant la Justice...
En dehors de cette hypothèse, espérons-le peu probable, c'est la prise en compte de la règle politique de fonctionnement de nos institutions qui permet de nourrir quelques doutes quant à l'efficacité de cette procédure de destitution. Il paraît en effet difficile d'imaginer que les chambres parviennent à destituer l'élu de la nation, spécialement à la majorité réclamée des deux tiers (une majorité qualifiée encore plus stricte que celle nécessaire pour réviser la Constitution)... Mais il est vrai, comme le note le Pr. Pactet, « *que la matière est très difficile et qu'il s'agit d'un texte dont la mise en œuvre est assez improbable* »[12] ; heureusement, pourrait-on ajouter.

12. Pactet P., *Droit constitutionnel*, p. 442.

FICHE N° 24

L'ORGANISATION ET LE FONCTIONNEMENT DU PARLEMENT

1. Références

AVRIL P., GICQUEL J., *Droit parlementaire*, 3e éd., Montchrestien, 2004.

BERGOUGNOUS G., « Le Statut de parlementaire », *RDP*, 2002, pp. 340 et suiv.

CAMBY J.-P., SERVENT P., *Le Travail parlementaire sous la Ve République*, 3e éd., Montchrestien, 1997.

CONSTANTY H., NOUZILLE V., *Députés sous influences*, Fayard, 2006.

COSTA O., KERROUCHE E., *Qui sont les députés français ?*, Presses de Sciences Po, 2007.

DUPRAT T., *L'Evolution des conditions du travail parlementaire en France*, LPA, 29 janv. 1996.

FOYER J., *Le Président de commission parlementaire*, Mélanges Avril, LGDJ, 2001, pp. 435 et suiv.

GARRIGUES J., dir., *Histoire du Parlement*, A. Colin, 2007.

JAN P., *Le Parlement de la Ve République*, Ellipses, 1999.

LAPORTE J., TULARD M.-J., *Le Droit parlementaire*, PUF, coll. « Que sais-je ? », n° 2285, 1986.

MARTIN A., *Le Président des assemblées parlementaires sous la Ve République*, LGDJ, 1996.

TAILLEFAIT A. « La Déchéance du parlementaire », *RDP*, 2001, pp. 157 et suiv.

TÜRK P., *Les Commissions permanentes et le renouveau du Parlement sous la Ve République*, Dalloz, 2005.

TÜRK P., « Le statut des commissions permanentes : une évolution sans révolution », *LPA*, 19 déc. 2008, n° 154, pp. 71 à 73.

« L'Assemblée », *Pouvoirs*, n° 34, 1985.

« Le Sénat », *Pouvoirs*, n° 44, 1988.

« Le Parlement », *Pouvoirs*, n° 64, 1993.

2. Repères

Définitions

Bureau : il s'agit d'une autorité collégiale existant dans chaque assemblée et chargée d'organiser le déroulement des travaux parlementaires ainsi que de l'administration de la chambre.

Commission : la commission est la structure dans laquelle s'effectue l'essentiel du travail législatif. Les commissions regroupent les parlementaires et procèdent à l'examen des textes projetés : tout texte de loi doit être examiné en commission. La Constitution limite à 8 par chambre le nombre de commissions permanentes.

Conférence des présidents : la conférence est l'organisme parlementaire qui assiste le président d'une chambre dans la préparation de la discussion des travaux législatifs ; elle est constituée, outre du président et de ses vice-présidents, par les présidents des commissions et des groupes parlementaires.

Groupes parlementaires : ce sont des groupes constitués au sein des chambres par des élus professant des opinions identiques ou proches ; leur constitution est soumise à effectif minimal de 20 députés ou de 15 sénateurs. Les groupes ne correspondent pas forcément exactement avec des partis politiques.

Incompatibilité : l'incompatibilité est l'interdiction faite à une personne de cumuler la fonction à laquelle elle a été élue avec d'autres activités ou fonctions. Un élu en situation d'incompatibilité doit alors choisir entre son mandat et la fonction avec laquelle celui-ci est incompatible.

Inviolabilité : c'est une disposition de procédure qui permet qu'un parlementaire échappe à des poursuites diligentées contre lui, pour des actes étrangers à son mandat. L'inviolabilité permet de protéger le parlementaire de poursuites abusives.

Législature : il s'agit de la période de temps séparant deux renouvellements généraux de l'Assemblée nationale ; nous sommes depuis 2007 dans la 13e législature depuis 1958.

Non-inscrit : on appelle non-inscrit un parlementaire refusant de s'inscrire à l'un des groupes parlementaires de son assemblée.

Session : on appelle session la période durant laquelle se réunissent les Assemblées.

Biographies

Bernard Accoyer

Né en 1945, docteur en médecine, il entre dans la vie politique en 1989 et devient maire d'Annecy-le-Vieux en Haute-Savoie ; commune qu'il dirige encore. Il est élu député en 1993 et constamment réélu depuis. Président du groupe UMP à l'Assemblée nationale de 2004 à 2007, il est élu président de la chambre le 26 juin 2007.

Gérard Larcher

Né en 1949 et vétérinaire de formation, il est élu maire de Rambouillet en 1983, puis sénateur des Yvelines en 1986 (il est alors, à 37 ans, le benjamin de la Haute Assemblée). Il quitte ses fonctions sénatoriales pour devenir ministre en 2004 (jusqu'à 2007). Au Sénat, il a exercé les fonctions de secrétaire puis vice-président, président de la Commission des Affaires économiques et du plan ; il fut également vice-président du Sénat de 1997 à 2001. Il est élu président le 1er octobre 2008.

3. Explications : le statut et l'organisation du Parlement

Le titre consacré par la Constitution au Parlement n'intervient qu'en quatrième position dans l'énumération des institutions, après l'évocation de la souveraineté (titre I), du président (titre II) et du Gouvernement (titre III) ; position qui reflète symboliquement le recul imposé au Parlement à partir de 1958. Avant que d'envisager les modalités de cet abaissement du pouvoir délibératif, il s'agit de présenter l'organisation du Parlement et ses modalités de fonctionnement.

L'organisation du Parlement

L'aborder suppose d'étudier sa composition et son élection, puis le statut de ses membres.

Composition et élection du Parlement

La Constitution rappelle que le Parlement est composé de l'Assemblée nationale et du Sénat (art. 24), et reconnaît ainsi l'enracinement du bicaméralisme en France.

L'Assemblée nationale

L'Assemblée nationale comprend 577 députés[1], élus dans 555 circonscriptions de métropole et 22 pour les DOM-TOM[2]. Leur mandat est de cinq ans, à la suite desquels ont lieu de nouvelles élections (dans les 60 jours qui précèdent la fin de la législature). Pour être député, il faut être français, avoir 23 ans, avoir satisfait aux obligations du Code du service national et ne pas être inéligible. Outre l'inéligibilité pour faute (qui résulte d'une décision judiciaire), il existe des inéligibilités liées à l'exercice de fonctions particulières, afin d'éviter d'éventuelles pressions ou abus d'autorité : certains fonctionnaires sont inéligibles dans les circonscriptions du ressort territorial de leur fonction (préfets, magistrats, recteurs, commissaires de police...).

Les députés sont élus depuis 1958 au scrutin majoritaire uninominal à deux tours (sauf en 1986). Pour être élu au premier tour, un candidat doit réunir la moitié des suffrages exprimés, correspondant au 1/4 des inscrits ; le cas échéant, un second tour a lieu et la majorité relative suffit pour y être élu. Seuls les candidats ayant

1. Cela depuis la loi organique du 10 juillet 1985 ; ils n'étaient auparavant que 491.
2. A compter de 2012, il n'y aura plus que 541 circonscriptions en métropole, 25 pour les DOM-TOM et 11 députés représentants les Français de l'étranger.

obtenu 12,5 % des inscrits au premier tour ou arrivés en seconde place peuvent s'y présenter (**v. Fiche n° 7**). Le Conseil constitutionnel est juge du contentieux électoral des élections parlementaires.

Le Sénat

Le Sénat, qui existe depuis 1875, « *est élu au suffrage universel indirect. Il assure la représentation des collectivités territoriales de la République* (art. 24). Cette seconde chambre a connu une histoire mouvementée et a failli disparaître à deux reprises du paysage institutionnel (en 1946 et en 1969), et il est à noter qu'en ces deux occasions, c'est le suffrage du peuple qui est venu sauver son existence.
En 1946, le premier projet de Constitution, strictement monocaméral, fut rejeté. En 1969, le projet de révision niait la spécificité du Sénat en faisant de celui-ci une assemblée dont les fonctions auraient incorporé celles du Conseil économique et social ; le projet fut rejeté par référendum (27 avril 1969). Le Sénat est composé de 321 sénateurs élus pour neuf ans, mais suite à la réforme électorale de l'été 2003, leur nombre sera porté à 345 et leur mandat réduit à six ans, la réforme devant être terminée en 2010. Les règles relatives aux candidatures et aux inéligibilités sont semblables à celles qui jouent pour l'Assemblée nationale, hormis l'âge (il faut 30 ans pour s'y présenter). Leur statut est semblable à celui des députés (**v. Fiche n° 25**).

Le statut des parlementaires

Leur fonction est purement représentative et tout mandat impératif proscrit (art. 24), afin de favoriser l'indépendance du parlementaire, à l'égard de ses électeurs, mais aussi de son parti. Etre parlementaire implique obligations et devoirs en échange desquels l'élu bénéficie de droits et de privilèges.

Les incompatibilités

L'incompatibilité est une interdiction faite au parlementaire de cumuler certaines activités avec son mandat ; elle ne doit pas être confondue avec l'inéligibilité. L'incompatibilité n'empêche pas une personne d'être élue, mais implique qu'alors elle choisisse entre l'une des fonctions. Les incompatibilités visent à protéger le Parlement d'influences extérieures susceptibles d'intervenir par le biais d'élus exerçant certaines professions ou activités.
Il y a incompatibilité entre l'exercice d'un métier de la fonction publique (fonctionnaire ou agent public) et l'exercice d'un mandat parlementaire ; l'indépendance de l'élu ne pouvant se concilier à une subordination envers le Gouvernement[3]. Cette incompatibilité existe depuis 1848 et connaît trois exceptions : les professeurs

3. Si un agent public est élu au Parlement, il dispose de huit jours pour renoncer à son mandat ou demander à être mis en détachement (ce qui lui permet de réintégrer ensuite la fonction publique en bénéficiant de son ancienneté) ; régime qui favorise la fonctionnarisation de la représentation nationale.

d'Université dont le statut garantit l'indépendance[4], les ministres du culte d'Alsace-Moselle (concordat de 1801) et les missions confiées pour moins de six mois à un parlementaire par le Gouvernement. L'exercice de fonctions rétribuées par un Etat étranger ou une organisation internationale est par nature incompatible avec l'exercice de la fonction de parlementaire.

Il existe un régime d'incompatibilité lié à l'interdiction du cumul de mandats. Jusqu'en 1985, le seul cumul interdit était celui des fonctions de sénateur et de député (ou du Conseil constitutionnel). Il ne peut aujourd'hui y avoir cumul de plus de deux des fonctions suivantes : membre du Parlement, conseiller régional, général ou de Paris, maire d'une ville de plus de 3 500 habitants[5] ou adjoint d'une ville de plus de 100 000. De même, un membre du Parlement ne peut être élu au Parlement européen. Il reste possible de cumuler une fonction de direction d'un exécutif local (conseil régional ou général) avec celle de membre du Parlement, et celle de maire d'une commune de moins de 3 500 habitants. Il existe enfin une incompatibilité entre l'exercice des fonctions de membre du Parlement et du Gouvernement (art. 23).

Si un parlementaire peut exercer une fonction privée, il ne peut être dirigeant d'entreprises vivant de commandes publiques ou faisant appel public à l'épargne. Le Conseil constitutionnel examine l'existence des conditions engendrant l'incompatibilité des fonctions et l'élu en situation d'incompatibilité dispose de quinze jours pour choisir. Enfin, les activités publicitaires sont interdites aux parlementaires.
Depuis 1995, tout élu est tenu de faire une déclaration de sa situation patrimoniale dans les deux mois de son entrée en fonction et une nouvelle à l'issue du mandat (l'absence de déclaration peut entraîner une inéligibilité) ; les déclarations sont confidentielles. Les parlementaires ont une obligation d'assiduité, sous peine de retenues pécuniaires, et doivent se comporter civilement lors des séances (pas de provocations, d'injures, de menaces ou de troubles lors des séances...), sous peine de sanctions[6].

Les droits et immunités des membres du Parlement

Par ces immunités, les parlementaires sont protégés des poursuites judiciaires intentées.

---

4. Cette indépendance constitue un principe fondamental reconnu par les lois de la République ; CC, 83-165 DC, 20 janvier 1984, *Libertés universitaires*.
5. Entre 1993 à 1997, 523 députés exerçaient un second mandat, soit 91 % d'entre eux contre 63 % en 1958. Au 1er janvier 1999, seuls 10 % des députés et 15 % des sénateurs n'exerçaient aucun autre mandat électif.
6. Celles-ci sont très rares : une seule procédure de censure simple de députés fut enregistrée depuis 1958, envers des députés ayant mis en cause l'attitude de F. Mitterrand pendant la guerre, en février 1984.

L'irresponsabilité parlementaire

Cette notion figure à l'article 26 de la Constitution : « *Aucun membre du Parlement ne peut être poursuivi, recherché, détenu ou jugé à l'occasion des opinions ou votes émis par lui dans l'exercice de ses fonctions.* » Le parlementaire est à l'abri de toute poursuite pour les actes liés à l'exercice de sa fonction ; les propos tenus en dehors du Parlement pouvant donner lieu à poursuites. Cette irresponsabilité est perpétuelle et concerne aussi bien des poursuites civiles que pénales.

L'inviolabilité parlementaire

Elle vise à éviter qu'un élu soit empêché d'exercer son mandat. Pour cela, les poursuites ou arrestations pour des actes étrangers à l'exercice des fonctions sont limitées ou interdites. Il s'agit d'éviter que des pressions ne soient exercées sur un parlementaire. Limitée à la durée des sessions sous la IIIe République, l'inviolabilité devint permanente sous la IVe, aboutissant à une quasi-impunité. La mise en examen peut avoir lieu[7], mais les arrestations et mesures de contrôle judiciaire (hors flagrance ou condamnation définitive) ne peuvent être exécutées qu'avec l'accord du bureau de l'assemblée concernée (art. 26, al. 2). Enfin, les assemblées peuvent décider de suspendre les poursuites, la détention ou toute mesure restrictive de liberté mise en œuvre contre l'un de leurs membres (art. 26, al. 3).

Le fonctionnement du Parlement

Il s'agit d'aborder la coordination du travail, puis l'organisation interne du Parlement.

La coordination du travail parlementaire

Cette coordination est importante en raison de la taille de la structure (près de 900 élus, auxquels s'ajoutent les personnels) et de l'ampleur de la tâche exercée.

Le régime des sessions

Le travail parlementaire est organisé en législatures, divisées en sessions.

Sessions ordinaires

En 1958, le travail parlementaire fut sévèrement encadré, le Parlement ne se réunissant qu'en deux sessions, la première d'une durée de 80 jours (à partir de début octobre), la seconde de 90 jours (à compter de début avril) ; ce qui était insuffisant.

7. Il fallait avant un vote de l'Assemblée (ou du bureau en dehors des sessions) pour que soient engagées des poursuites.

La révision du 4 août 1995 a assoupli ce régime en transformant les deux sessions en une session unique qui commence début octobre pour s'achever fin juin (art. 28) ; le nombre de jours de séance ne pouvant dépasser 120. La réforme de 1995 n'apporte pas de bouleversement majeur quant au travail des élus, mais favorise son déroulement pratique ; les séances ont lieu les mardis, mercredi et jeudi, des séances supplémentaires pouvant être tenues en cas de besoin, à la demande du Premier ministre ou de la majorité des membres de chaque chambre (art. 28, al. 3). Il convient encore de noter que les commissions peuvent continuer à travailler en dehors des sessions.

Sessions extraordinaires

Des sessions extraordinaires peuvent être convoquées, à la demande du Premier ministre ou de la majorité des membres de l'Assemblée nationale (art. 29)[8] ; intervenant à la demande des députés, de telles sessions ne peuvent durer plus de 12 jours et ne peuvent concerner que les dispositions inscrites à leur ordre du jour spécifique.

Sessions exceptionnelles

Ces sessions peuvent intervenir en diverses occasions. Après une dissolution de l'Assemblée nationale : la nouvelle chambre se réunit de plein droit le 2e jeudi après son élection, pour 15 jours. En cas d'application de l'article 16, le Parlement se réunit de plein droit (sans débat législatif, ni mise en jeu de la responsabilité du Gouvernement), le Parlement se réunit enfin pour entendre un message ou une déclaration du président de la République (art. 18).

Organisation et coordination du travail

La présidence des assemblées

Chacune des assemblées élit son président à bulletin secret (majorité absolue aux deux premiers tours et relative au 3e) qui conserve sa fonction durant la législature (au Sénat, il y a vote après chaque renouvellement partiel). Sa fonction essentielle est de diriger les débats avec impartialité (en principe, il ne participe pas aux votes ni aux débats). Il peut réquisitionner la force armée et dispose de la police de son assemblée (il existe une garde militaire au sein de chaque chambre). Chacun des présidents dispose de fonctions constitutionnelles : nomination des membres du Conseil constitutionnel (art. 56) et de diverses institutions (CSM, CNIL ou CSA...), saisine du Conseil (art. 41, 54 et 61) ; ils donnent leur avis en cas de dissolution (art. 12) ou de recours à l'article 16. Le président du Sénat assure l'intérim de la

8. Le président peut refuser de convoquer une telle session (de Gaulle en 1960, ou Mitterrand, notamment en 1993).

présidence de la République et celui de l'Assemblée nationale est président du Congrès lorsque celui-ci est réuni. Les présidents, assistés de vice-présidents, ont un rôle important de direction des débats : fixation du tour de parole et de l'ordre d'intervention, droit de clôturer une discussion, demander à un intervenant de conclure. Bien que s'efforçant d'être neutres, ils ne le sont pas autant que le speaker britannique et restent des personnalités politiques de premier ordre.

Le bureau

C'est une autorité collégiale, dans chaque assemblée, qui organise le déroulement des travaux parlementaires et l'administration de la chambre. Le bureau est composé de 22 députés à l'Assemblée et de 16 membres au Sénat. Le président y est assisté de vice-présidents, de questeurs (chargés des locaux, du matériel et de l'administration du personnel) et de secrétaires (ils assistent le président dans la préparation des opérations de vote, vérifient les délégations de vote et surveillent la rédaction des procès verbaux des débats). Le bureau doit s'efforcer de représenter fidèlement la configuration politique de l'Assemblée (la désignation se fait le plus souvent par accord entre les présidents de groupe). Le bureau préside aux délibérations de l'assemblée dont il organise et dirige les services (il est compétent en matière d'incompatibilité, d'immunités parlementaires et de recevabilité des propositions de lois).

La conférence des présidents

Elle est composée du président de l'Assemblée, des vice-présidents, des présidents de commission permanente, des présidents des groupes politiques, du président de la délégation pour l'UE, du rapporteur général de la commission des finances, ainsi que d'un membre du Gouvernement (un secrétaire d'Etat ou le ministre chargé des relations avec le Parlement). Elle se réunit chaque semaine et détermine l'ordre du jour des assemblées, ce qui est important pour l'ordre du jour complémentaire, et surtout pour la séance mensuelle réservée à l'ordre du jour fixé par l'Assemblée (art. 48).

L'organisation interne du Parlement

Celle-ci est d'abord politique, mais fonctionne par des structures de travail.

Les groupes parlementaires

Ces groupes se forment librement au sein des assemblées, par la réunion d'élus professant les mêmes opinions ; ils sont une sorte d'émanation des partis au sein du Parlement. Leur constitution est soumise à la réunion d'un nombre suffisant d'élus ; en 1988 le nombre de députés pour constituer un groupe a été abaissé de 30 à 20, au Sénat, il faut 15 sénateurs. Des parlementaires peuvent être administrativement rattachés à un groupe sans en faire partie afin de bénéficier de sa structure (appa-

rentement) ; les élus peuvent encore refuser de s'inscrire dans un groupe et siègent alors avec les non-inscrits. Ce rattachement à un groupe est important car c'est en leur sein que sont désignés, à la proportionnelle, les membres des commissions. La révision intervenue le 23 juillet 2008 renforce le poids des groupes parlementaires en les dotant d'une reconnaissance constitutionnelle explicite (art. 51-1 C) ; mouvement qui s'inscrit dans le cadre de la création annoncée d'un véritable « statut de l'opposition ».
La création de groupes est proscrite dès lors qu'elle viserait à représenter des intérêts strictement particuliers. En effet, il existait sous la IIIe République des organismes organisant au sein des chambres, tels des lobbies, la protection de tel ou tel domaine (viticulture, sidérurgie...). Cependant, des groupes existent qui se consacrent à l'étude d'une question particulière : chasse, tauromachie...

Les structures de travail

Les commissions permanentes

Leur rôle est d'effectuer le travail législatif en étudiant les projets et propositions de loi, ainsi que les amendements, avant leur examen en séance plénière ; ces commissions existent depuis le début du siècle[9]. La Constitution de 1958 est venue limiter leur nombre en le fixant à six par assemblée ; en 2008, ce nombre a été porté à huit (art. 43). Leurs effectifs varient d'une cinquantaine à plus de 120 membres à l'Assemblée et d'environ 60 au Sénat ; un parlementaire ne siége que dans une seule commission. En outre, l'article 88-4 de la Constitution issu de la révision du 23 juillet 2008 institue dans chaque chambre une commission spécialement chargée des affaires européennes.

Chaque commission est composée à la proportionnelle des groupes et leur renouvellement a lieu chaque année (tous les trois ans au Sénat). Le nouveau Président de la République, Nicolas Sarkozy, dans une perspective de revalorisation de la fonction parlementaire, a fait part de son désir que la présidence de la commission des finances de l'Assemblée nationale revienne à un parlementaire de l'opposition. En absence de toute modification du règlement de l'Assemblée, une telle élection ne pourrait résulter que de la bonne volonté de la majorité parlementaire.
Chaque commission dispose d'un bureau élu et permanent, de locaux qui lui sont propres ; leurs discussions donnent lieu à un procès verbal seulement accessible aux membres de l'Assemblée. Les séances peuvent être publiques si des auditions ont lieu (cela est interdit pour les séances de délibérations législatives) ; ces auditions permettent d'entendre des personnes extérieures au Parlement et sont souvent utilisées ; les ministres peuvent accéder à ces séances sans être tenus de répondre à une convocation, ils peuvent en revanche interdire à des fonctionnaires de leur administration de s'y rendre.

9. Leur nombre et leur rôle se sont sans cesse accrus ; il en existait 19 sous la IVe, chacune surveillant un ministère donné.

Les commissions spéciales

Celles-ci sont réunies en cas de besoin, soit pour l'examen d'un texte de loi particulier (art. 43 al. 1er ; not. si deux commissions semblent compétentes pour cette étude), soit à la demande du Gouvernement ou de l'Assemblée. Ces commissions suivent les mêmes règles de composition que les permanentes ; leur existence est temporaire, prenant fin avec l'adoption du texte). Le recours à ces commissions est assez rare (une soixantaine à l'Assemblée depuis 1958 et environ 40 au Sénat...).

Les commissions ad hoc

Elles sont spécialement instituées pour connaître des cas particuliers et individuels ; il s'agit par exemple de la commission chargée d'examiner les propositions de résolution portant mise en accusation du président de la République devant la Haute Cour de justice. On peut encore ranger dans cette catégorie la commission statuant en matière d'immunités parlementaires.

Les offices et délégations parlementaires

La Constitution limitant le nombre de commissions permanentes, le Parlement a créé des offices ou des délégations afin d'instaurer des structures permanentes supplémentaires, chaque fois que le besoin s'en fit sentir. Leur création « *correspond à la volonté des parlementaires de suivre un problème particulier dans un cadre plus restreint et plus spécialisé que celui des commissions* »[10]. Ces structures sont le plus souvent créées par des lois, ce qui leur donne statut et légitimité, tout en échappant au contrôle du Conseil constitutionnel (la saisine étant facultative) ; cependant, rien n'interdit au législateur de créer de tels offices, qui visent à donner au Parlement un surcroît d'informations, puisque leurs avis ne possèdent jamais force obligatoire, nota le Conseil[11].

Il existe un office parlementaire d'évaluation des choix scientifiques et technologiques, un office d'évaluation de la législation et un autre des politiques publiques ; leur mission est plus d'ordre technique que politique.

10. Favoreu L. et al., *Droit constitutionnel*, 6e éd., Dalloz, 2003, n° 1057, p. 642.
11. CC, 82-142 DC, 2 juillet 1982, *Réforme de la planification*.

4. Débat : les parlementaires perçoivent-ils trop d'avantages ?

Le principe de l'indemnité est rappelé par la Constitution (art. 25). Il y a une indemnité principale (fixée par référence au traitement des plus hauts fonctionnaires, elle est de 5 170 euros, soit env. 34 000 francs) et une indemnité de fonction (1/4 de la précédente, soit env. 8 500 francs) qui peut être supprimée en cas de non-assiduité[12] ; le cumul des indemnités et autres mandats électoraux ne peut dépasser une fois et demie l'indemnité principale (env. 50 000 francs). A cette indemnité s'ajoutent certains avantages matériels : ils peuvent engager collaborateurs et secrétaires (à la hauteur de 7 569 euros, env. 50 000 francs), bénéficient d'une franchise téléphonique et postale absolue, d'un bureau personnel et d'un ordinateur portable. Les trajets ferroviaires entre leur circonscription et Paris sont gratuits (les autres donnent lieu à réduction) et ils disposent d'une quarantaine de voyages aériens pour ce trajet ; ils bénéficient de prêts à taux privilégiés et « *sont affiliés à un fonds autonome de Sécurité sociale, pour les risques de maladie, maternité et décès* »[13]. Ils cotisent enfin à une caisse de retraite qui leur verse une pension lorsqu'ils n'exercent plus leur mandat.

Si ces avantages peuvent paraître importants – et ils le sont – ils doivent être envisagés en tenant compte de différents facteurs. Il faut d'abord noter que parlementaire est aujourd'hui un travail à plein temps et qu'il est quasi impossible de concilier une vie professionnelle avec la fonction de membre du Parlement. La hauteur de l'indemnité doit de plus être comparée aux rémunérations versées pour des fonctions équivalentes dans le secteur privé ou la fonction publique. La valeur de l'indemnité n'est alors plus si élevée qu'elle ne semble à première vue et il paraît normal d'indemniser convenablement les élus ; à moins que l'on ne souhaite réserver cette fonction aux rentiers ou se passer du concours de personnes exerçant des fonctions de valeur (et dès lors hautement rémunérées). Les indemniser convenablement doit encore permettre d'éviter leur corruption. Des remarques identiques peuvent être développées à propos des différents avantages matériels qui leur sont accordés ; l'octroi d'un ordinateur portable ne paraît pas constituer au début du XXIe siècle, un privilège exorbitant ! Il est également normal qu'ils disposent de la gratuité des transports, toute entreprise remboursant les frais de transport de ses salariés...
Quelques points soulèvent plus d'interrogations. On peut se demander ce qui justifie réellement l'existence de prêts à taux privilégiés ? Il en est de même pour ce qui concerne les taux de remboursements de Sécurité sociale. Et s'il est normal que les parlementaires cotisent à une caisse de retraite, pourquoi cette caisse ne dépend-elle pas du régime général ?[14]

12. Le Pr. CHANTEBOUT de noter que « *cette disposition n'est pratiquement jamais appliquée* » ; in *Droit constitutionnel*, 20e éd., A. Colin, 2003, p. 497.
13. AMELLER M., *L'Assemblée nationale*, PUF, coll. « Que sais-je ? », n° 2897, 1994, p. 28.
14. Sur ce point voir aussi : Contribuables associés, *Indemnités, facilités, avantages... Ce que gagnent vraiment nos élus*, Paris, décembre 2008, www.contribuables.org

FICHE N° 25

LA SECONDE CHAMBRE

1. Références

BAGUENARD J., *Le Sénat*, PUF, coll Que sais-je ? », n° 2529, 2e éd., 1997.

BAROLI M., *Du Conseil de la République au Sénat : 1946-1958*, PUF, 2002.

BOYER V., *La Gauche et la seconde chambre de 1945 à nos jours*, Thèse, Toulouse I, 2006.

FIORENTINO K., *La Seconde Chambre en France dans l'histoire des institutions et des idées politiques (1789-1940)*, Dalloz, 2008.

FRAYSSINET J., *Le Conseil économique et social*, 2e éd., La Documentation française, 1996.

HÉRIN J.-L., *Le Sénat en devenir*, Montchrestien, 2001.

LAFAILLE F., *Le Président du Sénat*, L'Harmattan, 2004.

MARICHY J.-P., *La Deuxième Chambre dans la vie politique française depuis 1875*, LGDJ, 1969.

MATTÉOLI J., « Entretien avec le président du Conseil économique et social », *RDP*, 1998, pp. 1321 et suiv.

PONCELET Ch., « La Ve République aujourd'hui : un régime qui manque de contre-pouvoirs », *RDP*, 2002, pp. 99 et suiv.

RENOUX T. S., « Quelle place pour le Conseil économique, social et environnemental ? », *LPA*, 19 déc. 2008, pp. 114 à 119.

REYDELLET M., « Le bicamérisme a-t-il un avenir en France ? », *RDP*, 2001, pp. 1179 et suiv.

ROBBE F., *La Représentation des collectivités territoriales par le Sénat*, LGDJ, 2001.

« Le Sénat », *Pouvoirs*, n° 44, 1988.

2. Repères

Définitions

Conseil de la République : la IVe République donnera ce nom à la seconde chambre, la dépouillant de son titre traditionnel de Sénat. Chambre ne disposant que d'un rôle limité, celui-ci sera accentué par la révision constitutionnelle du 7 décembre 1954.

Conseil économique, social et environnemental : institué par l'article 69 de la Constitution, ce Conseil assure la représentation des intérêts socioprofessionnels. La révision constitutionnelle de 2008 lui a ajouté la mention « environnemental » ; il est consulté de manière facultative sur tout projet de texte et de manière obligatoire sur un projet de loi à caractère économique, social et environnemental. Ses avis restent consultatifs. Il peut être saisi par voie de pétition.

Sénat : seconde chambre du Parlement, le Sénat a pour fonction particulière d'assurer la représentation des collectivités territoriales (art. 24).

Chronologie

- 22 août 1795 : la France est pour la première fois dotée d'une seconde Chambre.
- 15 décembre 1799 : il est pour la première fois fait mention du Sénat dans une Constitution.
- 24 février 1875 : loi constitutionnelle de la IIIe République, création du Sénat.
- 5 mai 1946 : rejet par référendum du projet de Constitution (il prévoyait une chambre unique).
- 27 avril 1969 : rejet du référendum visant à la réforme du Sénat.

Schéma explicatif : la désignation des délégués sénatoriaux

<table>
<tr><th>Communes</th><th>Conseil municipal</th><th>Nb de délégués élus</th><th>Mode d'élection</th></tr>
<tr><td rowspan="5">Moins de 9 000 hab.</td><td>De 9 à 11 membres</td><td>1</td><td rowspan="2">Moins de 3 500 hab. Scrutin maj. à 2 tours</td></tr>
<tr><td>15 membres</td><td>3</td></tr>
<tr><td>19 membres</td><td>5</td><td rowspan="3">Plus de 3 500 hab. Scrutin proportionnel</td></tr>
<tr><td>23 membres</td><td>7</td></tr>
<tr><td>27 et 29 membres</td><td>15</td></tr>
<tr><td>Moins de 30 000 hab.</td><td></td><td>Tous les membres du Conseil</td><td>Plus de 3 500 hab. Scrutin proportionnel</td></tr>
<tr><td>Plus de 30 000 hab.</td><td></td><td>Tous les membres du Conseil et 1 délégué pour 1 000 habitants au-dessus de 30 000</td><td>Scrutin proportionnel</td></tr>
</table>

3. Explications : le Sénat

C'est la Constitution du 5 fructidor an III (22 août 1795) qui, la première, introduisit une seconde chambre au sein du Parlement. Seconde chambre pratiquement toujours maintenue depuis et que constitue le Sénat sous la Vᵉ République.

L'existence d'une seconde chambre

La mise en place du Sénat

Son installation dans la vie politique française est progressive, apparaissant avec Bonaparte. Il ne sera consolidé qu'avec la IIIᵉ République.

Le Sénat impérial

Depuis 1795, l'institution d'une seconde chambre ne sera quasiment jamais remise en cause dans nos Constitutions : seule la IIᵉ République renouant avec l'Assemblée unique. A côté de la seconde chambre, la Constitution de 1799 mentionne l'existence du Sénat auquel est confié un rôle de gardien de la Constitution ; mais il n'excellera alors guère dans cette mission, se réfugiant dans un silence convenu et n'utilisant jamais la faculté d'annulation des actes contraires à la Constitution dont il était doté. Les chartes conserveront une seconde chambre et abandonneront ce « Sénat » dont l'appellation rappelle trop son origine bonapartiste. La seconde Chambre apparaît comme un élément de stabilité et de sagesse apportant au Parlement la pondération qui manque parfois à une assemblée unique. La Constitution bonapartiste de 1852 nommera pour la première fois la seconde chambre Sénat.

La IIIᵉ République

C'est avec la consolidation du régime républicain qu'apparaît le Sénat tel que nous sommes habitués à le connaître ; la loi du 24 février 1875 consacre l'existence de la seconde chambre. Le Sénat est alors explicitement conçu comme une chambre à vocation conservatrice. Et de fait, conservateur, le Sénat l'est : par son mode d'élection (au scrutin indirect, avec une surreprésentation des communes rurales) et par l'âge de ses membres (40 ans minimum), certains sénateurs étant de plus nommés à vie et inamovibles. C'est d'ailleurs cette dimension conservatrice qui justifia aux yeux des constituants (en majorité royalistes) que son autorisation soit nécessaire pour que le président puisse dissoudre la Chambre des députés ; et c'est lorsque le Sénat deviendra à majorité républicaine que le maréchal de Mac Mahon se résoudra à démissionner (30 janvier 1879).
La révision de la Constitution, le 14 août 1884, supprimera les sénateurs inamovibles et le Sénat deviendra la seconde chambre que nous connaissons, partageant

avec la première le vote des lois et disposant des mêmes pouvoirs. Enfin, pouvoir rarissime pour une seconde chambre, le Sénat dispose du droit de faire chuter le Gouvernement[1].

Le maintien contesté du Sénat

A l'époque contemporaine, le Sénat connaît un certain nombre de contestations, lesquelles n'ont pu empêcher qu'il se maintienne durablement au sein de nos institutions. L'idée d'une seconde chambre s'est d'abord vue contestée au nom de la revendication monocamérale. C'est ensuite la composition de cette chambre qui fut remise en cause, au nom d'une meilleure représentation des intérêts de la nation.

La revendication monocamérale

C'est avec les discussions relatives à l'établissement de la IVe République que faillit être emporté le Sénat. Le premier projet de Constitution présenté au suffrage des Français ne prévoyait en effet qu'un Parlement monocaméral, sans que nulle seconde chambre ne contrebalance celle-ci. C'est donc le rejet de ce projet de Constitution, par référendum qui sauva le Sénat.
Ou plus exactement le Conseil de la République, puisque la seconde chambre finalement admise par les constituants portait ce nom. La Constitution d'octobre 1946, en plus du changement de nom, entérine l'existence d'une seconde chambre amoindrie, puisqu'elle ne dispose que d'un rôle initialement consultatif. Si la 2e chambre retrouve en 1958 son nom de Sénat, son mode d'élection qui n'a que peu varié depuis la IIIe République et qui favorise, selon la formule du Pr. Duverger, « *les élus du seigle et de la châtaigne* », soulève des critiques toujours résurgentes. La plus récente fut le fait de Lionel Jospin, alors Premier ministre, qui dénonça l'existence même d'une telle assemblée : « *Une Chambre comme le Sénat avec autant de pouvoirs, où l'alternance n'est jamais possible, qui n'est pas élue au suffrage universel direct et qui n'a même pas la caractéristique d'être une chambre fédérale c'est une anomalie parmi les démocraties. Je la perçois comme une survivance des Chambres hautes aristocratiques*[2]. »

La représentation des intérêts de la nation

Cette nécessité d'établir des assemblées socioprofessionnelles fut évoquée dès l'entre-deux guerres et fut clairement évoquée par Charles de Gaulle lors du discours de Bayeux. Il déclarait alors : « *Tout nous conduit à instaurer une deuxième Chambre* [...] *Cette Chambre complétera la première en l'amenant, s'il y a lieu, soit à réviser ses propres projets, soit à en examiner d'autres, et en faisant valoir dans la*

1. L'art. 6 de la loi du 24 février 1875 dispose : « *Les ministres sont solidairement responsables devant les chambres.* »
2. *Le Monde*, 21 avril 1998, p. 6.

confection des lois ce facteur d'ordre administratif qu'un collège purement politique a forcement tendance à négliger. Il sera normal d'y introduire d'autre part, des représentants des organisations économiques, familiales, intellectuelles pour que se fasse entendre, au dedans même de l'Etats, la voix des grandes activités du pays. »
Si la création du Conseil économique et social reprend en partie la volonté du Général, celui-ci ne parviendra pas à imposer une telle composition au Sénat en 1958. Rapidement, ce Sénat deviendra la Chambre de l'opposition à de Gaulle et celui-ci s'efforcera de la réduire au silence en lui imposant de force sa réforme et l'existence en son sein de représentants des activités économiques, sociales et culturelles. La réforme ne put toutefois être menée à bien, le référendum du 27 avril 1969 ayant rejeté ce projet.
Il est amusant de remarquer que lorsque le Sénat fut menacé, et cela à deux reprises (1946 et 1969), ce fut le suffrage populaire qui, par référendum, obtint le maintien de cette seconde chambre, souvent présentée comme anachronique et... peu démocratique...

Le Sénat de la Ve République

Le Sénat dispose d'un rôle spécifique, ce qui explique l'originalité de sa désignation.

Le rôle du Sénat

Son rôle complète celui de l'Assemblée nationale ; il en résulte quelques spécificités.

Un rôle complémentaire

Ce rôle résulte des dispositions de l'article 24 de la Constitution. Le Sénat doit assurer *« la représentation des collectivités territoriales de la République »*, étant en outre précisé que *« les Français établis hors de France sont représentés au Sénat »*. Pour satisfaire à ce rôle, le Sénat sera élu au suffrage indirect, selon un mode de scrutin qui privilégie l'expression des collectivités locales ; par ailleurs 12 des sénateurs viennent assurer la représentation des Français établis hors de France.

Les spécificités de la seconde chambre

La grande caractéristique de notre seconde chambre réside dans le fait qu'elle ne dispose pas, en matière législative, d'un pouvoir de veto, le Gouvernement pouvant décider de laisser l'Assemblée voter seule la loi (**v. Fiche n° 26**). Le Sénat est en revanche incontournable en matière de révision constitutionnelle selon l'article 89, en matière de lois organiques le concernant (art. 46), ou de mise en accusation du président de la République (art. 68). De même, si le Sénat participe du contrôle de l'activité gouvernementale, il possède comme spécificité de ne pouvoir obtenir, à la différence de l'Assemblée, la démission du Gouvernement (art. 49-4). De plus, lors-

qu'il est décidé de procéder à la dissolution, celle-ci ne touche que la chambre basse, le Sénat ne pouvant être touché.
Le président du Sénat participe au fonctionnement des pouvoirs publics en nommant trois des membres du Conseil constitutionnel et en étant l'une des quatre autorités habilitées à le saisir (en 1958). Il est de même officiellement consulté lorsque le président décide de dissoudre la chambre basse (art. 12) ou de recourir à l'article 16. Enfin, en cas de vacance de la présidence, c'est le président du Sénat qui assure l'intérim (art. 7) ; cela s'est produit en 1969 suite à la démission de Charles de Gaulle et en 1974 après le décès de Georges Pompidou.
Elu au suffrage indirect, chambre à part entière mais sans pouvoir du dernier mot, le Sénat apparaît comme une chambre d'équilibre, une chambre dans laquelle la politisation des élus est souvent moins marquée qu'au Palais-Bourbon ; ce qu'explique en grande partie son mode de désignation.

La désignation du Sénat

L'organisation de l'élection des sénateurs connaît une multitude de spécificités, les principaux tenants à la composition du collège électoral chargé d'élire les membres du Sénat et au mode de scrutin, qui varie selon les circonscriptions électorales considérées.

Le collège électoral

Les sénateurs sont élus au sein des départements par un collège électoral surtout formé d'élus locaux et qui assure à ces derniers une large prédominance sur l'élection. Les électeurs sénatoriaux sont les députés, les conseillers régionaux, généraux, ainsi que les délégués des conseils municipaux. Ce sont ces délégués, dont l'article L. 284 du code électoral fixe les modalités de désignation, qui assurent la très forte influence des élus locaux sur cette élection.
Dans les communes de moins de 9 000 habitants, un délégué sera élu par les conseils municipaux comprenant entre 9 et 11 membres, 3 délégués le seront par les conseils comprenant 15 membres, 5 pour ceux ayant 19 membres, 7 délégués pour les conseils comprenant 23 membres et enfin 15 pour les communes disposant de 27 et 29 membres parmi leur conseil municipal. Dans les communes comportant de 9 000 à 30 000 habitants, tous les membres du conseil municipal sont délégués de droit. Enfin, dans les communes de plus de 30 000 habitants, tous les conseillers sont délégués de plein droit, mais il est en outre procédé à l'élection de délégués supplémentaires, dans la proportion de 1 pour 1 000 habitants en sus de 30 000.
Tous les délégués sont élus au sein des conseils municipaux, au scrutin majoritaire à deux tours pour les communes de moins de 3 500 habitants et à la représentation proportionnelle à la plus forte moyenne dans les communes ayant plus de 3 500 habitants. Ce mode de désignation des délégués favorise une surreprésentation des petites communes, puisque 95 % du collège électoral est constitué par ces délégués, et qu'en outre les 33 000 communes de 2 500 habitants (qui comportent moins de 30 % de la population française) désignent environ 45 % des délégués.

Le mode d'élection

Les sénateurs, longtemps au nombre de 321, seront à l'avenir 345 avec l'adoption de la réforme électorale de juillet 2003. Le mandat des sénateurs, longtemps le plus long qui ait jamais existé en France puisque d'une durée de neuf ans, sera à l'avenir plus en conformité avec la durée des autres mandats, la réforme de juillet 2003 ramenant peu à peu cette durée à 6 ans. Les sénateurs qui étaient jusqu'à 2003 renouvelés par tiers, tous les trois ans, le seront désormais par moitié, tous les trois ans également. La réforme sera menée à son terme à l'horizon 2010. Enfin, l'âge d'éligibilité des sénateurs, longtemps fixé à 35 ans, a été abaissé à 30 ans ; pour le reste, les conditions d'électorat et d'éligibilité sont celles du droit commun.
L'organisation du scrutin connaît lui aussi quelques particularités : il est d'abord à noter que la participation au vote est obligatoire, l'abstention d'un délégué pouvant être sanctionnée pécuniairement par le tribunal de grande instance (d'une amende de 4,50 euros seulement, il est vrai...) ; surtout, deux modes de scrutin coexistent. Si une circonscription électorale sert d'assise à l'élection d'un à trois sénateurs, l'élection se produit au scrutin majoritaire à deux tours. Le candidat est élu au premier tour s'il réunit la majorité absolue des suffrages exprimés représentant au moins le 1/4 des inscrits ; si un second tour a lieu, la majorité relative suffit alors pour l'emporter.
Dans les départements qui permettent l'élection de quatre sénateurs ou plus, le scrutin a lieu à la représentation proportionnelle à la plus forte moyenne (avec liste bloquée), les listes de candidats devant être composées alternativement de femmes et d'hommes (l'écart entre candidats de l'un et l'autre sexe ne peut dépasser 1). De 2000 à 2003, l'élection à la proportionnelle avait concerné les départements comptant trois sénateurs, mais la modification de juillet 2003 a rétabli le seuil à quatre sénateurs.

4. Débat : le Conseil économique et social et la représentation des intérêts socioprofessionnels

Dès 1925 fut créée par le Cartel des Gauches une structure de représentation socioprofessionnelle avec le *Conseil national économique* ; Conseil dont la mission fur élargie en 1936. Vichy reprit cette idée dans son projet de Constitution, puisque 30 des 300 membres de son Sénat devaient être désignés parmi les membres élus des institutions professionnelles et corporatives. De même, la Constitution de 1946 crée un *Conseil économique* (art. 25) susceptible de donner son avis sur les projets en discussion (sa consultation est parfois obligatoire). Enfin, dans la ligne des idées exprimées par de Gaulle en 1946, la Ve République crée un *Conseil économique et social* (art. 69 à 71).
Ce Conseil est aujourd'hui composé de 231 membres désignés pour 163 d'entre eux par les organisations socioprofessionnelles et 68 par le Gouvernement[3], pour une durée de cinq ans ; il possède un rôle essentiellement consultatif. S'il peut être saisi par le Gouvernement d'une demande d'avis sur tout projet de texte, il peut encore, de sa propre initiative, présenter des observations relatives aux actions à caractère économique ou social et suggérer au Gouvernement des réformes qui lui paraissent opportunes. Si le fonctionnement du Conseil économique et social donne globalement satisfaction, force est de constater qu'il est plus utile sur le plan du dialogue informel qu'il permet entre ses membres que du point de vue des avis qu'il formule et qui peuvent être jugés comme manquant « *de fermeté et souvent d'intérêt* »[4].

Quelles que soient les limites actuelles du Conseil économique et social, force est de constater l'intérêt de telles structures de représentation socioprofessionnelle. Elles permettent que « les forces vives de la nation » soient représentées, et celles-ci paraissent à même de faire triompher des positions de bon sens à rebours des partis pris idéologiques. La grande difficulté d'une telle représentation réside d'abord dans les modalités de désignation des membres, qui ne respectent pas le critère démocratique contemporain un homme-une voix qui prévaut pour les consultations politiques. Or il semble aujourd'hui difficile d'admettre qu'une chambre désignée dans de telles conditions – et ce quelles que soient ses qualités

3. 69 membres sont désignés par les organisations syndicales représentatives des salariés du secteur public et du secteur privé ; 65 par les organisations professionnelles représentant les entreprises privées, industrielles, commerciales, artisanales et agricoles et les professions libérales ; 19 par les organismes de la coopération et de la mutualité ; 10 par les associations familiales. Les 68 conseillers nommés par le Gouvernement sont 17 sur proposition des organismes consultatifs compétents pour les représentants des entreprises publiques, de la vie associative et des Français établis hors de France ; 9 des DOM-TOM ; 2 au titre de l'épargne et du logement et 40 directement choisis à raison de leur compétence. De tels conseils existent également dans les régions. GOHIN O., « Les Comités économiques et sociaux régionaux », *RDP*, 1988, p. 499.
4. CHANTEBOUT B., *Droit constitutionnel*, 20e éd., A. Colin, 2003, p. 252.

éventuelles – participe, de la même manière que la chambre élue par le peuple, au vote de la loi. Cela explique ainsi leur rôle essentiellement consultatif et leur présence en dehors du Parlement.

FICHE N° 26

LA PROCÉDURE LÉGISLATIVE

1. Références

BAUFUME B., *Le Droit d'amendement et la Constitution sous la Vᵉ République*, LGDJ, 1993.

CAMBY J.-P., *Le Droit parlementaire, droit de la minorité*, Mélanges Avril, LGDJ, 2001.

CAMBY J.-P., « Le Droit d'amendement : un droit jurisprudentiel ? », *RDP*, 2001, pp. 4 et suiv.

CAMBY J.-P., « La fixation de l'ordre du jour des assemblées parlementaires », *RDP*, 2004, pp. 295 et suiv.

FAVOREUR L., PHILIP L., *Les Grandes Décisions du Conseil constitutionnel*, 14ᵉ éd., Dalloz, 2007, spéc. n° 5, 18 et 32.

FRAISSEX P., « La "fenêtre parlementaire" de l'art. 48 al. 3 de la Constitution », *RFDC*, 1998, pp. 3 et suiv.

JAN P., « La Rénovation du travail parlementaire à l'Assemblée nationale »,*RDP*, 1995, pp. 989 et suiv.

MATHIEU B., VERPEAUX M., dir., *La Réforme du travail législatif*, Dalloz, 2006.

PIERRE M., *L'Article 45 de la Constitution du 4 octobre 1958*, LGDJ, 1981.

ROQUES X., « Les Irrecevabilités financières », *RFDC*, 1993, pp. 741 et suiv.

ROUVILLOIS F., « Heurs et malheurs d'un principe : le vote personnel des députés », *RDP*, 1998, pp. 781 et suiv.

TERNEYRE Ph., « La Procédure législative ordinaire dans la jurisprudence du Conseil constitutionnel », *RDP*, 1985, pp. 691 et suiv.

2. Repères

Définitions

Amendement : il s'agit d'une modification proposée à un texte de loi au cours de la discussion de celui-ci. L'amendement peut être d'origine gouvernementale ou parlementaire.

Commission mixte paritaire (art. 45) : composée de 7 députés, de 7 sénateurs et de leurs suppléants, la CMP est réunie à l'initiative du Gouvernement ou des deux présidents de chambre (pour les seules propositions),afin de proposer un texte commun aux chambres sur des dispositions restant en discussion.

Exception d'irrecevabilité : c'est une motion de procédure par laquelle on s'efforce de faire reconnaître par l'Assemblée que le texte présenté est contraire à la Constitution et qu'il doit donc être écarté.

Irrecevabilité financière (art. 40) : cette irrecevabilité permet d'écarter de la discussion parlementaire toute proposition de loi ayant des incidences budgétaires.

Loi organique (art. 46) : il s'agit d'une loi adoptée en vertu des dispositions de l'article 46 de la Constitution ; elle fait obligatoirement l'objet d'un contrôle par le Conseil constitutionnel (v. p. 385).

Ordre du jour (art. 48) : il détermine l'ordre dans lequel les questions seront traitées par les chambres ; il est prioritairement consacré aux projets du Gouvernement et dans l'ordre qu'il fixe.

Promulgation (art. 10) : il s'agit de l'acte donnant valeur officielle à la loi. La promulgation doit avoir lieu dans les 15 jours qui suivent la transmission au Gouvernement de la loi définitivement adoptée.

Vote bloqué (art. 44, al. 3) : cette technique permet au Gouvernement d'imposer aux parlementaires de se prononcer sur l'ensemble d'un texte en discussion, par un seul vote.

Schéma explicatif : la réunion de la commission mixte paritaire

Après deux lectures successives (une seule si le Gouvernement a déclaré l'urgence – à moins d'une opposition conjointe des deux Conférences des présidents), si les chambres n'ont pas adopté de texte commun, le Gouvernement ou les deux présidents de chambre (pour les seules propositions) peut réunir une Commission mixte paritaire.

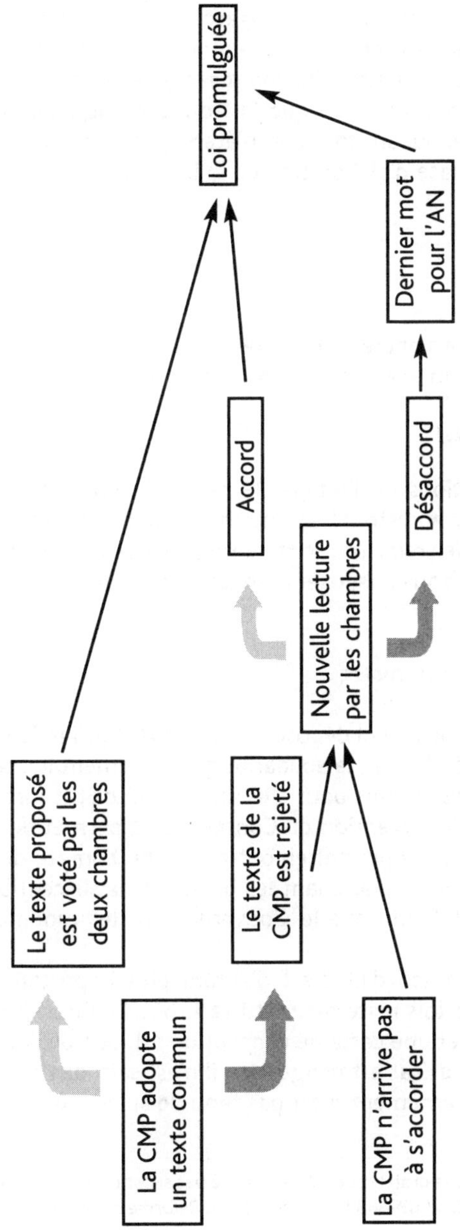

3. Explications : l'élaboration et le vote de la loi

Cette procédure doit être envisagée en gardant quelques éléments en mémoire. D'abord, si en vertu de l'article 24 la loi est votée par le Parlement, les deux assemblées ne sont pas placées sur un pied d'égalité, le dernier mot pouvant être donné à l'Assemblée (hormis les lois organiques relatives au statut et au fonctionnement du Sénat, art. 46). De plus, si la Constitution réserve certaines matières à l'intervention de la loi, il ressort de la pratique que la frontière entre loi et règlement n'est ni intangible ni étanche, aucun domaine n'étant par principe interdit au législateur (v. **Fiche n° 27**). La phase d'élaboration de la loi précède son adoption.

L'élaboration

La préparation de la loi s'opère en deux temps : il y a d'abord l'initiative, puis le texte proposé fait l'objet d'un examen en commission.

L'initiative de la loi

En vertu des dispositions de l'article 39 de la Constitution, « *L'initiative des lois appartient* au Premier ministre et aux membres du Parlement » ; les projets de lois, à l'initiative du Premier ministre, sont distingués des propositions de lois émanant des parlementaires (tous disposent encore du droit d'amendements, **v. *infra*, « Débat »**).

L'initiative du Premier ministre

Si le Premier ministre peut seul déposer un projet de loi, il le fait au nom du Gouvernement tout entier, du fait de la solidarité gouvernementale. Le projet est préparé par les ministères, puis soumis pour avis au Conseil d'Etat (art. 39-2). Cet examen est important, car si l'intervention du Conseil d'Etat permet de vérifier la régularité des mesures projetées, elle permet en outre de tenir compte de la jurisprudence du Conseil constitutionnel en examinant les dispositions susceptibles de soulever l'ire du juge constitutionnel, afin que le Gouvernement les modifie avant le dépôt du texte.
Cet examen par le Conseil d'Etat est d'autant plus important que le contrôle de constitutionnalité des lois reste facultatif (art. 61). Le Conseil défend la cohérence du système normatif et une certaine conception éthique de l'administration ; si l'intervention du Conseil d'Etat est obligatoire, il n'est saisi que pour avis et par voie de conséquence, le Gouvernement n'est pas tenu de suivre cet avis[1].

1. A condition toutefois que le projet modifié ne modifie pas substantiellement le projet pour lequel l'avis du CE avait été sollicité, CC, 2003-468 DC, 3 avril 2003, *Réforme du mode de scrutin*.

Le Gouvernement peut aussi demander l'avis du Conseil économique et social (art. 69). Le texte est alors délibéré en Conseil des ministres. Le projet peut être librement déposé devant le bureau de l'une ou l'autre chambre (sauf les projets de lois de finance qui sont obligatoirement déposés à l'Assemblée nationale, art. 39-2) ; le choix de la chambre dépend aussi de l'opportunité (selon l'encombrement des chambres) ou de la volonté de l'honorer (les projets relatifs aux collectivités locales sont déposés devant le Sénat, « *Grand conseil des communes de France* » selon la formule de Gambetta) ; ce qui était une tradition est devenu une obligation constitutionnelle depuis l'été 2008 (art. 39, al. 2 C).
La révision constitutionnelle de juillet 2008 apporte certaines modifications aux conditions de mise en œuvre de l'initiative gouvernementale. Désormais et en vertu du nouvel article 39 de la Constitution, les projets de lois doivent répondre aux conditions fixées par la loi organique du 15 avril 2009. En particulier, les projets de lois doivent être accompagnés d'une étude d'impact définissant les objectifs poursuivis par le projet de loi, recensant les options possibles en dehors de l'intervention de règles de droit nouvelles et exposant les motifs du recours à une nouvelle législation[2]. De plus, ces projets de loi ne peuvent être inscrits à l'ordre du jour si la Conférence des présidents de l'Assemblée saisie constate que les règles fixées par la loi organique sont méconnues. Alors, en cas de désaccord entre la Conférence des présidents et le Gouvernement, le président de l'assemblée intéressée ou le Premier ministre peuvent saisir le Conseil constitutionnel, lequel statue alors dans un délai de huit jours (art. 39, al. 4 C).

L'initiative parlementaire

Tout parlementaire peut déposer des propositions de loi, individuelles ou cosignées. On doit noter que les propositions ne rentrent que pour une faible part dans la production de lois (plus de 80 % sont d'origine gouvernementale). Cela s'explique par le fait que le Gouvernement dispose de plus grandes facilités qu'un simple parlementaire pour élaborer un texte, ayant à sa disposition les administrations ; une seconde explication réside dans les limitations qu'apporte la Constitution à l'initiative parlementaire.
En effet, les propositions de loi font l'objet d'un examen de recevabilité par le bureau de l'assemblée devant laquelle ils sont déposés avant d'être envoyées en commission. Cet examen permet la mise en œuvre de diverses limitations, d'abord les irrecevabilités de l'article 41 (**v. Fiche n° 22**), puis surtout les irrecevabilités financières de l'article 40, car « *les propositions et amendements formulés par les membres du Parlement ne sont pas recevables lorsque leur adoption aurait pour conséquence soit une diminution des ressources publiques, soit la création ou l'aggravation d'une charge publique* ». Cette restriction traditionnelle du régime parlementaire n'est présente en France que depuis 1946 et a pour objectif d'empêcher l'adoption de propositions démagogiques ou catégorielles.

2. V. LO n° 2009-403 du 15 avril 2009 relative à l'application des articles 34-1, 39 et 44 de la Constitution ; spéc. art 8.

Cependant, appliqué trop strictement, cet article empêcherait toute proposition de loi puisqu'il est impossible qu'une proposition de loi n'ait aucune incidence financière. Le contrôle de la recevabilité financière des propositions est effectué sur le fondement du règlement de chaque assemblée et se produit lors du dépôt de la proposition (l'irrecevabilité peut être invoquée à tout moment de la procédure) et en cas de contestation, le bureau de la commission des finances tranche. En cas de désaccord sur l'irrecevabilité opposée à une proposition, le Conseil constitutionnel ne sera saisi qu'une fois la loi votée (art. 61). En outre, la révision constitutionnelle de 2008 ouvre la possibilité au président d'une assemblée de soumettre pour avis au Conseil d'Etat, avant son examen en commission, une proposition de loi déposée par l'un des membres de cette assemblée, à moins que le parlementaire auteur de la proposition ne s'y oppose (art. 39, al. 5 C).

L'examen en commission

Le projet ou la proposition de loi sont envoyés pour examen devant l'une des commissions permanentes de l'assemblée saisie ou devant une commission spécialement réunie pour son examen. Se produit alors l'essentiel du travail législatif, les commissions constituant un véritable « *laboratoire législatif* », selon la formule de Joseph-Barthélémy. Les commissions étudient les textes et leurs amendements avant la discussion en séance ; un rapporteur dirige les travaux, organise les auditions éventuelles, fait appel aux services de législation comparée pour que soit présentée la situation dans d'autres pays... La commission adopte ou rejette le texte présenté ; les rapports parlementaires sont publiés, ils sont une source importante d'informations sur le sens, l'enjeu et la portée du texte examiné.
De 1958 à 2008, la commission ne possédait, en présence des textes gouvernementaux, qu'un pouvoir de proposition, pouvait examiner les amendements présentés et en suggérer d'autres, sans qu'elle ne puisse modifier les projets, disposant en revanche de toute latitude pour modifier les propositions de loi, l'examen en séance intervenant ensuite sur la proposition modifiée. La révision de juillet 2008 met fin à cette distinction du pouvoir de la commission selon qu'elle soit confrontée à un projet ou une proposition. Désormais, elle peut modifier à sa guise le texte qui lui est soumis et la discussion en séance portera sur le texte adopté par la commission saisie[3] (art. 42, al 1 C). Une fois le rapport définitivement adopté, le projet peut être inscrit à l'ordre du jour d'une chambre et débute la phase d'adoption de la loi.

3. Sous réserve de la discussion des projets de révision constitutionnelle, des projets de loi de finances et des projets de loi de financement de la sécurité sociale qui continuent de porter sur le texte présenté par le Gouvernement (art. 42, al. 2 C).

L'adoption

Ici encore, le Gouvernement peut influer considérablement sur le processus parlementaire, preuve de sa prééminence sur le Parlement. Ceci se vérifie au cours de toute la procédure : de la fixation de l'ordre du jour des assemblées jusqu'à l'adoption dans les mêmes termes par les deux chambres, en passant par les modalités pratiques de discussion et de vote des textes présentés.

L'ordre du jour et la discussion du texte

Les textes ne peuvent être débattus par les chambres que s'ils sont inscrits à leur ordre du jour, lequel fixe le programme en vertu duquel se déroulent les débats.

La fixation de l'ordre du jour

L'ordre du jour fixe le nombre de séances consacrées à l'étude de chaque texte, ainsi que l'ordre de discussions de ceux-ci ; il canalise donc l'action du Parlement. La question de la fixation de l'ordre du jour est sans doute l'une de celles qui illustre le plus la rationalisation du parlementarisme sous la Ve République et le strict encadrement de la compétence du Parlement ; l'étude de son évolution révèle encore la recherche contemporaine d'un plus grand rôle de cette institution dans la vie publique française.

En 1958, la Constitution introduit une rupture au regard des régimes précédents, car l'ordre du jour est alors fixé par le seul Gouvernement (art. 48), ce qui lui permet d'écarter une proposition à laquelle il n'agréerait pas (not. si une proposition issue de sa majorité, lui paraît inopportune). L'article 48, dans sa rédaction de 1958, donnait au Gouvernement un monopole concret des textes dont discute le Parlement. Cet ordre du jour dit prioritaire n'avait pas à être approuvé par le Parlement, restant à la discrétion du Gouvernement (lequel peut alors le modifier à sa guise, y compris au cours d'une séance). Il existait en outre un ordre du jour complémentaire adopté par la conférence des Présidents **(v. Fiche 24)** ; organe dont la composition permet au Gouvernement de s'opposer à ce qu'un texte soit mis en discussion (spécialement s'il émane de l'opposition). Cette situation a évolué après la révision du 4 août 1995 ajoutant à l'article 48 un alinéa en vertu duquel « *une séance par mois est réservée par priorité à l'ordre du jour fixé par chaque assemblée* ». Cette réforme permet au Parlement de discuter d'une proposition dont le Gouvernement aurait souhaité qu'elle ne parvienne pas en séance, l'exécutif ne pouvant juridiquement s'y opposer (il reste possible d'user de pressions politiques). Le bilan de cette pratique depuis 1995 témoigne d'une augmentation sensible du nombre de propositions discutées par le Parlement.

Poursuivant dans cette voie, la révision constitutionnelle du 23 juillet 2008 s'efforce de renforcer encore la compétence du Parlement sur son ordre du jour. Désormais, seules deux semaines de séance sur quatre sont réservées par priorité et dans l'ordre fixé par le Gouvernement, à l'examen des textes et aux débats dont il a demandé l'inscription à l'ordre du jour (art. 48, al. 2 C[4]). En outre une semaine de séance sur quatre est réservée par priorité et dans l'ordre fixé par chaque assemblée au contrôle de l'action du Gouvernement et à l'évaluation des politiques publiques (art. 48, al. 4) ; enfin, cadeau symbolique offert à l'opposition, un jour de séance par mois est réservé à un ordre du jour arrêté par chaque assemblée à l'initiative des groupes d'opposition de l'assemblée intéressée ainsi qu'à celle des groupes minoritaires (art. 48, al. 5 C). Compte tenu de la permanence des règles politiques affectant le fonctionnement de la Ve République, la portée pratique de ces réformes ne doit toutefois pas être surestimée.

La discussion en séance

La révision de juillet 2008 a instauré un délai minimal d'étude du texte, avant que celui-ci ne puisse être discuté en séance publique. Il résulte donc du troisième alinéa de l'article 42 que la discussion en séance, en première lecture, d'un projet ou d'une proposition de loi ne peut intervenir, devant la première assemblée saisie, qu'à l'expiration d'un délai de six semaines après son dépôt. De même cette discussion ne peut commencer devant la seconde chambre qu'à l'expiration d'un délai de quatre semaines à compter de sa transmission[5].
Le débat se déroule selon les questions inscrites et dans leur ordre ; mais, si le Gouvernement (et sa majorité) dispose de l'ordre des débats, l'opposition en maîtrise le temps et la durée (au moins en partie). Le débat se divise entre discussion générale et par article ; la discussion générale est politique, le rapporteur présente le texte, puis parlementaires et Gouvernement font connaître leurs positions respectives. En principe, seuls les orateurs inscrits par leurs groupes participent à ce débat, et si aucune limite de temps n'est fixée, les présidents de chambre disposent d'une grande liberté pour fixer l'ordre des interventions et inviter l'orateur à conclure son discours. Cette discussion ne donne lieu à aucun vote et la discussion par article peut avoir lieu à moins qu'un incident de procédure n'ajourne le débat. Différents moyens peuvent ici retarder la procédure. Une exception d'irrecevabilité peut être votée[6]. Une question préalable peut être adoptée : cette technique vise à faire reconnaître que le texte n'est pas en état d'être débattu et permet d'exprimer

4. Cette disposition n'affecte pas la discussion des projets de loi de finances, des projets de loi de financement de la Sécurité sociale, des textes transmis par l'autre assemblée depuis six semaines au moins, des projets relatifs aux états de crise et des demandes d'autorisation visées à l'article 35 qui restent inscrits à l'ordre du jour par priorité (art. 34, al. 3 C). La discussion de ces textes n'entre donc pas dans le cadre des deux semaines réservées au Gouvernement, mais vient amputer la semaine « libre » réservée à l'initiative parlementaire... Comme le relève le pr. Lascombes, « *la réforme n'est en fait pas aussi profonde qu'il y paraît* », in « Les nouvelles règles relatives à la fixation de l'ordre du jour sous la Ve République », *LPA*, 19 déc. 2008, n° 254, p. 86.
5. Cette disposition ne s'applique pas si la procédure accélérée a été engagée dans les conditions prévues à l'article 45 ; elle ne s'applique pas non plus aux projets de loi de finances, aux projets de loi de financement de la Sécurité sociale et aux projets relatifs aux états de crise (art. 42, al. 4 C).
6. Souvent déposées, elles sont très rarement adoptées (deux fois depuis 1958 devant l'Assemblée nationale, la dernière remontant au 9 octobre 1998, à propos du texte sur le Pacs).

un désaveu politique au Gouvernement (25 questions furent ainsi adoptées par le Sénat au cours de la session ordinaire de 1981-1982). Enfin, un vote des parlementaires peut décider le renvoi du texte en Commission, au motif qu'il serait insusceptible d'être débattu en l'état et qu'il doit à nouveau être examiné en Commission.

La discussion par article débute alors et porte sur le texte tel qu'il a été adopté en commission (sous réserve des dispositions de l'art. 42, al. 2 C) ou par l'autre chambre.

Le vote du texte

Il s'agit ici des modalités pratiques du vote, puis des moyens dont dispose le Gouvernement pour accélérer la procédure et la réunion de la Commission mixte paritaire.

Les modalités de vote

Les séances du Parlement sont en principe publiques (art. 33), le secret pouvant être demandé par 1/10e de l'Assemblée ou par le Premier ministre (cela ne s'est jamais produit). Après la discussion générale ont lieu les séances publiques, « *point d'orgue du travail parlementaire* »[7]. Les votes ont en principe lieu sur chaque amendement, le cas échéant après explication de vote (5 minutes par groupe ou orateur inscrit). Si le vote a lieu dans l'ordre du texte, il peut être décidé de réserver le vote d'un article à un moment ultérieur. Le vote n'a lieu que si la majorité absolue des élus est présente ; mais le quorum n'est vérifié qu'à la demande d'un président de groupe. Les parlementaires sont comptés et si le chiffre requis n'est pas atteint, la séance est levée pour une heure, celle-ci pouvant alors reprendre quel que soit le nombre des présents.

Les votes ont habituellement lieu à main levée ou par la procédure dite des assis et levés. En cas de doute ou s'il s'agit du vote final d'une loi, il y a vote public ordinaire par les boîtiers de vote ou parfois avec des bulletins. Certains scrutins particuliers (lois organiques, procédure de révision constitutionnelle, mise en cause de la responsabilité du cabinet) donnent lieu à scrutin public à la tribune, chaque parlementaire vote dans l'ordre alphabétique (la lettre est tirée au sort) et dépose un bulletin bleu s'il est contre, blanc s'il est pour et rouge s'il s'abstient. Les votes secrets sont rares et n'interviennent que pour les votes relatifs aux personnes (élection du président de l'Assemblée, composition de la Haute Cour de justice et de la Cour de justice de la République...). Les votes sont publiés au *JO*, avec les noms des parlementaires et l'indication de leur vote.
Le vote est en principe personnel (art. 27) et les délégations de vote très réglementées (il ne peut y avoir délégation que d'un mandat par personne et pour des raisons

7. FAVOREU L. et al., *Droit constitutionnel*, 6e éd., Dalloz, 2003, n° 1069, p. 647.

importantes : maladie ou événement grave, mission temporaire confiée par le Gouvernement, force majeure), afin d'éviter l'absentéisme des parlementaires. La pratique a permis de s'éloigner de cette sévérité et il est fréquent que la clé du boîtier de vote électronique soit confiée à des collègues présents, pratique que le Conseil constitutionnel ne devait pas déclarer contraire à la Constitution. Depuis 1993, le vote personnel est respecté pour les scrutins importants.

L'accélération de la procédure

Le vote bloqué

Le Gouvernement dispose de nombreux moyens pour accélérer la procédure. En vertu de l'article 44-3, il peut demander à chacune des chambres du Parlement de se prononcer par un seul vote portant sur l'ensemble du texte. Chaque disposition est alors débattue, mais seul le tout fait l'objet d'un vote. Très souple l'article 44-3 peut être mis en œuvre à tout moment, de plus seuls les amendements proposés ou acceptés par le Gouvernement sont conservés. Le vote bloqué permet de contraindre une majorité indocile à adopter un texte comportant des dispositions contestées, la chambre concernée ne pouvant qu'accepter ou rejeter en bloc le texte. De plus l'article 44 alinéa 2 permet de s'opposer à l'examen au cours du débat de tout nouvel amendement n'ayant pas été examiné en commission.

L'adoption sans vote

Elle figure à l'article 49-3 et est le symbole de la mise sous tutelle du Parlement. Cet article met le Parlement en demeure d'accepter qu'un texte acquière valeur de loi sans être voté, ou de rejeter le Gouvernement. Cette procédure s'applique à tout texte, projet comme proposition. Lorsque le Gouvernement engage sa responsabilité, le texte est considéré comme adopté à moins que dans les 24 heures une motion de censure soit déposée et adoptée. Cette procédure permet de discipliner une majorité indocile en considérant que le silence vaut l'acceptation tacite de la loi (le 49-3 fut souvent utilisé par Raymond Barre de 1977 à 1981 ou par Michel Rocard de 1988 à 1991). La révision de juillet 2008 vient encadrer la mise en œuvre de cet article en réservant désormais son utilisation aux seuls projets de loi de finances ou de financement de la Sécurité sociale ; par exception il sera encore possible au Premier ministre de recourir à cette procédure pour un autre projet ou une proposition de loi par session parlementaire.

La réunion de la Commission mixte paritaire

Chaque assemblée délibère sur le texte voté par l'autre ; la transmission des textes dépend du Gouvernement pour les projets de lois (les propositions sont transmises directement). Les discussions ont lieu jusqu'au vote d'un texte identique, seules les dispositions litigieuses restant en discussion. Aucune limite n'est fixée par la Constitution et la navette se reproduit tant qu'aucun accord n'est intervenu.

L'article 45 de la Constitution prévoit ce désaccord et offre la possibilité de rechercher un accord en décidant de la réunion d'une Commission mixte paritaire. Le Gouvernement peut décider d'y recourir après deux lectures infructueuses par chacune des chambres, ou une seule lecture si la procédure accélérée a été décidée (sous réserve d'une opposition conjointe des deux Conférences des présidents, art. 45, al. 2 C). De la même manière, mais pour les seules propositions de loi, les présidents des deux assemblées agissant conjointement, ont la faculté de provoquer la réunion d'une commission mixte paritaire (art. 45, al. 2). Si la CMP adopte un texte, celui-ci peut être soumis par le Gouvernement (**peut et non pas doit**) aux chambres qui doivent le voter en l'état. Si la CMP n'adopte aucun texte ou si son texte n'est pas voté, le Gouvernement **peut**, après une nouvelle lecture par chaque chambre, demander à l'Assemblée nationale de statuer définitivement, malgré l'opposition du Sénat. Il est important de noter que ce pouvoir du dernier mot dépend du Gouvernement et non de l'Assemblée.
Une fois adoptée, la loi doit être promulguée par le président de la République dans les quinze jours (art. 10)[8]. Avant l'expiration de ce délai, la loi peut être déferrée au Conseil constitutionnel (art. 61). Le chef de l'Etat peut demander une nouvelle délibération de la loi (art. 10). La promulgation ne veut pas forcément dire que la loi soit immédiatement applicable, car cela dépend souvent de l'adoption de décrets d'application, or aucun délai ne lie le Gouvernement quant à l'adoption de ces décrets[9].

L'examen de la procédure législative témoigne de la prééminence de l'exécutif depuis 1958, car il appartient au Gouvernement et à lui seul d'orienter et d'accélérer les discussions, de l'initiative de la loi à son adoption définitive. L'élaboration et le vote de la loi, fonction essentielle du Parlement relèvent en fait de la volonté gouvernementale.

8. Exceptionnelle, cette procédure n'a été mise en œuvre que deux fois depuis 1958.
9. Le Gouvernement peut toutefois être condamné s'il tarde à adopter ces mesures d'application dans un délai raisonnable, CE, 28 juillet 2000, *Ass. France Nature Environnement*.

4. Débat : l'encadrement du droit d'amendement

CC, 86-225 DC, 23 janvier 1987
Loi portant diverses mesures d'ordre social.

« *11. Considérant qu'il résulte de ce qui précède qu'à raison tant de leur ampleur que de leur importance, les dispositions qui sont à l'origine de l'article 39 excèdent les limites inhérentes à l'exercice du droit d'amendement ; que, dès lors, elles ne pouvaient être introduites dans le projet de loi portant diverses mesures d'ordre social, par voie d'amendement, sans que soit méconnue la distinction établie entre les projets et propositions de loi visés à l'article 39 de la Constitution et les amendements dont ces derniers peuvent faire l'objet en vertu de l'article 44, alinéa 1 ; qu'il y a lieu, en conséquence, pour le Conseil constitutionnel de décider que l'article 39 de la loi déférée a été adopté selon une procédure irrégulière ;* »

Ce considérant fit couler beaucoup d'encre. Politiquement d'abord puisqu'il censurait un amendement de Ph. Séguin, ayant introduit dans la loi l'intégralité des dispositions figurant dans l'ordonnance que le Président avait refusé de signer. Juridiquement aussi, puisqu'il limitait le droit d'amendement ; droit consacré par l'article 44 et appartenant aux parlementaires et au Gouvernement. Dans une large majorité d'origine parlementaire, les amendements ne possèdent de chances d'être retenus qu'émanant de la majorité ou avec son soutien ; ils sont la principale participation du Parlement à l'élaboration de la loi. Si les diverses irrecevabilités (art. 40 et 41) peuvent leur être opposées, il n'existe au départ pas de règles particulières qui leur soient relatives ; le Conseil constitutionnel vint préciser leur portée.
Il a d'abord été jugé que l'amendement adopté ne doit pas être dépourvu de tout lien avec le texte en cours de discussion (CC, 85-191 DC, 10 juillet 1985), puis le Conseil admit qu'un amendement ne devait pas dépasser une certaine dimension (CC, 86-221 DC, 29 décembre 1986, Loi de finances pour 1987). Il fut encore jugé que les amendements ne pouvaient être ajoutés à un texte après que la Commission mixte paritaire se soit réunie, à moins qu'ils ne soient en relation directe avec une disposition du texte en discussion ou nécessaires à une coordination législative (CC, 2000-430-DC, 29 juin 2000, Amendement après CMP). C'est enfin à l'occasion d'une dernière décision de janvier 2006 que le Conseil a été amené à préciser sa jurisprudence (CC, 2005-532 DC, 19 janvier 2006, Loi relative à la lutte contre le terrorisme). Le Conseil relève donc que si le droit d'amendement doit pouvoir s'exercer pleinement au cours de la première lecture, à partir de la seconde lecture ne pourront être adoptés que des amendements en relation directe avec une disposition restant en discussion ; dès lors, des dispositions adoptées dans les mêmes termes par les deux assemblées ne peuvent plus être remises en cause dans la suite de la discussion parlementaire. Toutefois c'est la formulation reprise dans le considérant envisagé et relative aux « limites inhérentes » au droit d'amendement qui soulève quelques difficultés.

Cette jurisprudence fut ainsi critiquée et il est vrai que si « l'amendement Séguin » avait tous les traits d'un détournement de procédure, le Conseil, à cette occasion avait été plus loin qu'aucune autre juridiction étrangère dans son contrôle du Parlement. On ne peut en outre s'empêcher de constater que l'appréciation visant à savoir si un amendement dépasse ou non « les limites inhérentes » aux modalités de son exercice possède une part non négligeable de subjectivité.
Dès lors et certainement en raison des nombreuses critiques, le Conseil abandonna cette référence aux « *limites inhérentes* », fort critiquée, et se borne à observer « *les adjonctions ou modifications ainsi apportées au texte en cours de discussion, ne sauraient, sans méconnaître les exigences qui découlent des premiers alinéas des articles 39 et 44 de la Constitution, être dépourvus de tout lien avec l'objet du projet ou de la proposition soumis au vote du Parlement* » (CC, 2001-445 DC, 19 juin 2001, LO relative au statut des magistrats et au CSM).
Il semble désormais que, sous ces seules réserves, le droit d'amendement ne soit plus limité. Cette absence de limitation n'a pas été sans conduire à certains excès. En effet, puisque la logique majoritaire de l'institution parlementaire rend la défaite de l'opposition inéluctable au moment du vote, cette opposition ne possède alors comme seule perspective que celle de retarder le moment d'adoption de la loi discutée... L'utilisation abusive du droit d'amendement constitue alors un moyen particulièrement efficace pour cela et cette arme se révèle prisée par toutes les oppositions, qu'elles soient de droite ou de gauche, aboutissant nécessairement à bloquer tout débat. En effet, on a pu constater une hausse sans limite du nombre d'amendements déposés : en 1984, la droite déposait plus de 2 000 amendements lors de la discussion du projet de loi sur l'école, tandis qu'en 2006 le record était atteint avec les 137 000 amendements déposés par la gauche sur le projet de loi relatif à la fusion Suez-GDF... Chaque amendement pouvant être présenté pendant cinq minutes par son auteur, on voit bien qu'il était impossible de rester sans réagir[10]...
C'est pour cela que la révision constitutionnelle du 23 juillet 2008 a introduit dans la Constitution une modification au premier alinéa de l'article 44, celui-ci disposant désormais que le droit d'amendement « *selon les conditions fixées par les règlements des assemblées, dans le cadre déterminé par une loi organique* ». La loi organique prévue a été adoptée au printemps 2009[11].

10. En effet près de 250 000 amendements ont été déposés sous la XIIe législature (2002-2007) ; or si chacun d'eux avait été défendu par son auteur pendant 5 minutes, comme le prévoit le règlement de l'Assemblée nationale, ce sont 20 années de séances qui auraient été nécessaires, à raison de 120 jours de séance par an, pour simplement écouter la présentation de ces amendements... Quand autant d'amendements sont déposés, il ne s'agit plus de participer à l'amélioration du texte en cause, mais bel et bien d'une volonté un tant soit peu ridicule à ce niveau-là, de retarder l'adoption d'un texte ; adoption que l'on sait inéluctable...
11. LO n° 2009-403 du 15 avril 2009 relative à l'application des articles 34-1, 39 et 44 de la Constitution (*JO* du 16 avril 2009). La loi a fait l'objet d'une déclaration de conformité partielle à la Constitution : CConst., décision n° 2009-579 DC du 9 avril 2009, Loi organique relative à l'application des articles 34-1, 39 et 44 de la Constitution.

Amendements déposés devant les chambres (2000-2008)

	2000-2001	2001-2002	2002-2003	2003-2004	2004-2005	2005-2006	2006-2007	2007-2008
Assemblée nationale	8 479	5 545	35 393	27 073	26 471	147 861	7 867	13 778
Sénat	5 109	4 443	7 558	10 398	7 686	8 652	5 672	5 988

Exercice : consultation

Jeune diplômé en droit public, vous venez d'être recruté comme attaché parlementaire par un sénateur, M. Promesse. Celui-ci, inexpérimenté, vous fait parvenir cette note sommaire décrivant ses intentions pour les semaines à venir et vous demandant de corriger les erreurs qu'il aurait pu commettre et de lui préciser, le cas échéant, les possibilités exactes s'offrant à lui.

Monsieur,

1. J'ai en tout premier lieu l'intention de faire discuter devant le Sénat ma proposition de loi visant à faire supprimer toute taxe sur la vente de riesling, afin d'encourager nos producteurs, victimes d'une surconsommation de sodas divers.

2. En outre, je viens de me rendre compte que venait d'être votée une loi ne se limitant pas à déterminer les principes fondamentaux du régime de la propriété, mais fixant les moindres détails de la vente des propriétés agricoles, ne laissant plus aucune marge d'action au Gouvernement et violant la lettre de l'article 34 ; je souhaite saisir le Conseil constitutionnel de ce procédé scandaleux.

3. Nous voyons maintenant arriver la fin de la session parlementaire, alors même que le texte relatif au développement de l'enseignement du dialecte n'a pu être discuté. Fort heureusement, nous avons décidé de nous réunir pour une session extraordinaire, qui commencera le lundi 5 juillet prochain et nous permettra d'adopter ce texte important.

4. L'assemblée souhaite adopter une loi interdisant le port en public des coiffes traditionnelles alsaciennes et, au nom de l'identité locale, nous avons persuadé la majorité de nos collègues sénateurs de s'y opposer. Cette loi ne sera donc pas adoptée ; annoncez vivement cette nouvelle, en mon nom, à l'ensemble des journaux et médias d'Alsace.
Bon travail.
J. Promesse
Sénateur

Monsieur le Sénateur,

Suite à votre courrier, je me permets de vous indiquer les précisions suivantes.

1. Proposition de loi, irrecevabilités financières, inscription à l'ordre du jour

Vous m'avez fait part de votre désir de faire discuter une proposition de loi relative aux taxes sur le vin.
Si, vous disposez bien de l'initiative des lois et du droit d'amendement (art. 39 C), la possibilité de les faire concrètement examiner par votre chambre suppose de franchir un certain nombre d'étapes qui constituent autant de filtres à la recevabilité des propositions de lois émanant des parlementaires. Filtres nombreux qui expliquent (outre le fait que le Gouvernement, ayant à sa disposition les administrations, dispose de plus grandes facilités qu'un simple parlementaire pour élaborer un texte) que plus de 80 % des lois adoptées sont d'origine gouvernementale.
Votre proposition de loi fera l'objet d'un examen de recevabilité par le bureau du Sénat avant d'être envoyée en commission. Cet examen permet que soient soulevées les irrecevabilités matérielles (art. 41 C., respect du domaine du règlement par les propositions de loi) et financières (art. 40 C.). En vertu de cet article, les propositions de loi ne sont pas recevables si leur adoption devait avoir pour effet une diminution des ressources de l'Etat (ou l'augmentation d'une charge). Cette restriction a pour objectif d'empêcher l'adoption de propositions démagogiques ; le contrôle de la recevabilité financière des propositions est effectué lors du dépôt de la proposition (l'irrecevabilité peut en outre être invoquée à tout moment de la procédure) et en cas de contestation, le bureau de la commission des finances tranche. En cas de désaccord sur l'irrecevabilité, le Conseil constitutionnel n'en sera saisi qu'une fois la loi votée.
Il me semble donc que votre proposition qui a pour objectif de « *faire supprimer toute taxe sur la vente de riesling* » risque d'être déclarée irrecevable eu égard aux dispositions de l'article 40.
Si vous deviez franchir ce filtre, cela ne signifierait pas pour autant la discussion immédiate de votre proposition ; en effet, avant que la proposition ne soit envoyée pour examen devant une commission, le président de l'assemblée peut la soumettre pour avis au Conseil d'Etat ; vous gardez toutefois la possibilité de vous y opposer (art. 39, al. 5). Ensuite, votre proposition sera envoyée pour examen en commission, puis, mais alors seulement, elle pourrait faire l'objet d'une discussion en séance. Toutefois, cette possibilité reste tributaire d'un nouveau filtre : l'ordre du jour de la chambre, qui fixe l'ordre dans lequel seront discutés les textes, est essentiellement fixé par le Gouvernement (art. 48 C.), ce qui lui permet d'écarter une proposition à laquelle il n'agréerait pas (not. si celle-ci lui semble inopportune). Ceci donne au Gouvernement un quasi-monopole concret des textes dont discute le Parlement. A côté de cet ordre du jour dit prioritaire existe un ordre du jour complémentaire adopté par la conférence des Présidents (dont la composition politique permet toutefois au Gouvernement de s'opposer à ce qu'un texte dont il ne veut pas soit mis en discussion). Cette situation a évolué depuis la révision constitutionnelle du

4 août 1995, réservant une séance mensuelle à l'ordre du jour fixé par chaque assemblée (une semaine aujourd'hui) ; poursuivant dans cette voie, la révision de 2008 a en outre offert à l'opposition (ainsi qu'aux groupes minoritaires) un jour de séance par mois obéissant à un ordre du jour arrêté par elle (art. 48, al. 5 C).
Pour faire discuter au plus tôt votre proposition, il faudrait qu'après l'examen en commission, vous convainquiez vos collègues sénateurs de faire inscrire au plus vite votre texte à l'ordre du jour réservé.

2. Domaine de la loi et du règlement, saisine du Conseil constitutionnel

Votre observation s'appuie sur une lecture attentive des dispositions des articles 34 et 37 C., lesquelles doivent cependant être nuancées par la pratique des Chambres. En effet, comme vous l'avez remarqué, l'article 34 effectue une longue énumération des matières réservées à l'intervention de la loi, distinguant les matières pour lesquelles le législateur fixe les règles, de celles dont il ne doit que déterminer les principes fondamentaux ; laissant pour le reste le Gouvernement œuvrer. Toutefois, cette distinction n'interdit pas à une loi d'intervenir dans le champ de compétence réglementaire. En effet, la distinction du domaine de la loi et du règlement n'a pas eu une grande portée effective et doit être appréciée au regard du jeu combiné des dispositions des articles 37 al. 2 et 41. Or, confronté à la question de savoir s'il était interdit à une loi d'entrer dans le champ du règlement, le Conseil trancha en faveur du non (CC, 82-143 DC, 30 juil. 1982, Blocage des prix et des revenus).
Cette solution s'appuie sur l'analyse suivante. Il est d'abord acquis que le Gouvernement peut s'opposer à ce qu'une proposition entre dans le champ réglementaire (art. 41 C.) ; de plus le second alinéa de l'art. 37 offre au Gouvernement la possibilité d'obtenir du Conseil constitutionnel le déclassement d'une disposition législative intervenue en matière réglementaire. Cette dernière possibilité suppose nécessairement qu'une disposition de forme législative soit entrée dans le domaine réglementaire ; or une telle situation n'a été rendue possible que parce que le Gouvernement l'a acceptée (au moins de manière implicite en ne s'y opposant pas), ce qui signifie qu'il accepte que le Parlement adopte une telle mesure ; laquelle ne saurait par conséquent être déclarée contraire à la Constitution.
Enfin, en ce qui concerne votre désir de saisir le Conseil constitutionnel en application des dispositions de l'art. 61 C., je dois vous rappeler que si la révision de 1974 a élargi aux parlementaires la faculté de saisir le juge de la constitutionnalité d'une loi ordinaire avant sa promulgation, cette faculté n'est pas laissée à chaque parlementaire individuellement, mais à un groupe de soixante d'entre eux.
Si vous désiriez tout de même saisir le Conseil, vous devrez donc vous assurer du soutien de cinquante-neuf autres sénateurs. Vous devez toutefois noter que votre saisine, compte tenu de la jurisprudence actuelle du Conseil, n'a guère de probabilité d'aboutir à une décision favorable. Dans la mesure où la révision de juillet 2008 introduit dans la Constitution une exception d'inconstitutionnalité, vous pourriez envisager dans le cadre d'une instance dirigée contre une mesure d'application de cette loi de soulever la contrariété à la Constitution de celle-ci. Toutefois, l'art. 61-1 C réserve explicitement ce recours aux cas d'atteinte aux seuls droits et

libertés que la Constitution garantit ; ce qui n'est pas le cas ici. Votre requête n'aurait donc aucun moyen d'être accueillie...

3. Réunion d'une session extraordinaire

Vous évoquez encore la possibilité de vous réunir pour une session extraordinaire.
Le Parlement se réunit, depuis 1995, au cours d'une session unique qui commence début octobre pour s'achever fin juin (art. 28 C.) ; le nombre de jours de séance ne pouvant dépasser 120. Si des textes importants n'avaient pu être discutés, il existe effectivement la possibilité de réunir le Parlement en session extraordinaire ; toutefois, une telle session ne peut être convoquée qu'à la demande du Premier ministre ou de la majorité des membres de l'Assemblée nationale (art. 29 C.).
Ceci signifie que vous et vos collègues sénateurs ne pourrez décider seuls, de vous réunir le lundi 5 juillet en session extraordinaire. Vous devrez convaincre les membres du Palais-Bourbon de voter une résolution demandant la réunion d'une telle session extraordinaire. Vous devrez en outre noter qu'intervenant à la demande des parlementaires, de telles sessions ne peuvent durer plus de 12 jours et ne peuvent concerner que les seules dispositions inscrites à leur ordre du jour. Ainsi, votre texte relatif à l'enseignement du dialecte doit être inscrit à cet ordre du jour spécifique afin d'y être discuté.
Vous devez en outre noter que cette session extraordinaire doit être convoquée par un décret du Président de la République ; or celui-ci s'est donné le pouvoir – non contesté – de refuser de convoquer le Parlement en session extraordinaire, ce que firent de Gaulle en 1960 ou Mitterrand en 1993.

4. Vote de la loi, réunion de la commission mixte paritaire

Vous évoquez enfin la possibilité dont dispose le Sénat de s'opposer à l'adoption d'une loi dont voudrait l'Assemblée nationale.
Sous la IIIe République, la loi devait être votée en termes identiques par les deux chambres pour pouvoir être adoptée ; si la Ve République a conservé ce principe, elle l'a toutefois tempéré par la faculté laissée par la Constitution de permettre l'adoption d'une loi par la seule Assemblée nationale.
En effet, chaque assemblée délibère sur le texte voté par l'autre et les discussions se poursuivent jusqu'au vote d'un texte identique (seules les dispositions litigieuses restant en discussion à chaque nouvelle lecture) ; aucune limite n'est fixée par la Constitution et la navette se reproduit tant qu'aucun accord n'est intervenu. Toutefois, l'art. 45 C. prévoit ce désaccord et offre au Premier ministre la possibilité de rechercher un accord en réunissant une Commission mixte paritaire. Depuis la révision de juillet 2008, à cette possibilité s'ajoute, sur demande conjointe des présidents des deux chambres, le fait de soumettre une proposition de loi à une CMP (art. 45, al. 2 C).
Il peut y recourir après deux lectures infructueuses par chacune des chambres ou une seule lecture si la procédure accélérée a été décidée (sous réserve alors d'une opposition conjointe des deux Conférences des présidents, art. 45, al. 2 C). Si la CMP

adopte un texte, celui-ci peut être soumis par le Gouvernement aux chambres qui doivent le voter en l'état. Si la CMP n'adopte aucun texte ou si son texte n'est pas voté, le Premier ministre peut, après une nouvelle lecture par chaque chambre, demander aux députés de statuer seuls en dépit de l'opposition du Sénat.
Il importe de noter que si l'Assemblée ne peut seule passer outre votre opposition, le Premier ministre a la faculté de lui permettre de surmonter votre opposition de voir cette loi votée. Dès lors et bien que vous ayez persuadé vos collègues sénateurs de s'opposer à cette loi souhaitée par les députés, il n'est pas certain que vous réussissiez à empêcher l'adoption du texte interdisant les coiffes traditionnelles. Il convient peut-être de garder pour l'heure une plus grande prudence et de ne pas annoncer aux médias votre réussite d'une manière trop précoce.

Voici, Monsieur le Sénateur les éléments qui me paraissent devoir être portés à votre attention. Vous remerciant de votre confiance, je reste à votre disposition pour toute étude complémentaire que vous souhaiteriez me faire effectuer.

Respectueusement.

X.
Attaché parlementaire.

FICHE N° 27

LA COMPÉTENCE LÉGISLATIVE DU PARLEMENT

1. Références

CAMBY J.-P., « 34/37 : Des frontières perméables », *RDP*, 2002, pp. 280 et suiv.

CAMBY J.-P., « La loi et la norme », *RDP*, 2005, pp. 849 et suiv.

CAR J.-C., *Les Lois organiques de l'article 46 de la Constitution du 4 octobre 1958*, Economica, 1984.

DRAGO G., « La confection de la loi sous la Ve République : pouvoir législatif ou fonction partagée ? », *Droits*, 2006 n° 43, pp. 61 à 71.

FAVOREU L., dir., *Le Domaine de la loi et du règlement sous la Ve République*, Economica, 1981.

FAVOREU L., PHILIP L., *Les Grandes Décisions du Conseil constitutionnel*, 14e éd., Dalloz, 2007, spéc. n° 5, 18 et 32.

MATHIEU B., *Les Validations législatives*, Economica, 1987.

MATHIEU B., *La Loi*, Dalloz, 1996.

MATHIEU B., « La qualité du travail parlementaire : une exigence constitutionnelle », *Mélanges Gicquel*, Montchrestien 2008, pp. 355 à 364.

PÉZANT J.-L., *Contribution à l'étude du pouvoir législatif selon la Constitution de 1958*, Mélanges Burdeau, LGDJ, 1977, pp. 455 et suiv.

SCHMITTER G., *L'Incompétence négative du législateur*, AIJC-V, 1989, pp. 137 et suiv.

TRÉMEAU J., *La Réserve de loi*, Economica, 1997.

Dossier « Le désordre normatif », *RDP*, 2006, pp. 43 et suiv. (nombreux articles).

2. Repères

Définitions

Déclassement (art. 37, 2e al.) : il s'agit de la procédure par laquelle le Conseil constitutionnel constate qu'une disposition de forme législative relève du domaine réglementaire et qu'elle peut être modifiée par le Gouvernement. Le Conseil d'Etat effectue cette opération pour les lois antérieures à 1958.

Incompétence négative : la formule désigne le fait pour le législateur de ne pas exercer sa compétence en laissant le Gouvernement prendre des mesures à sa place.

Loi organique (art. 46) : ces lois sont soumises à une procédure spécifique : elles ne sont délibérées que quinze jours après leur dépôt ; si la procédure de l'article 45 (CMP) est mise en œuvre, elles doivent alors être votées à la majorité absolue des membres composant l'Assemblée nationale ; elles ne peuvent être promulguées qu'après que le Conseil constitutionnel les ait déclarées conformes à la Constitution. Enfin, celles qui sont relatives au Sénat ne peuvent être adoptées qu'avec l'accord de celui-ci.

Neutrons législatifs : cette formule, née de la plume de l'ancien garde des Sceaux Jean Foyer, désigne soit des lois, soit le plus souvent certaines des dispositions inscrites dans une loi, ne possédant aucun contenu normatif obligatoire. Ces dispositions révèlent donc – au mieux – de simples déclarations d'intention et n'auront donc aucun effet pratique. Révélateurs d'une forme de « crise » de la loi, ces neutrons législatifs sont largement critiqués ; le président du Conseil constitutionnel, Pierre Mazeaud a annoncé en 2005 que le Conseil constitutionnel s'apprêtait à censurer de tels neutrons (ce qui fut fait quelques semaines plus tard : CC, 2005-512 DC, *Loi d'orientation et de programme pour l'avenir de l'école*).

Réserve de loi : cette expression désigne des matières qui seraient réservées à l'intervention du législateur, lequel ne saurait, sans encourir la censure du juge constitutionnel, méconnaître sa compétence en laissant au Gouvernement le soin de fixer des règles qu'il aurait dû adopter lui-même.

Schéma explicatif : la modification d'une disposition législative entrant dans le domaine du règlement

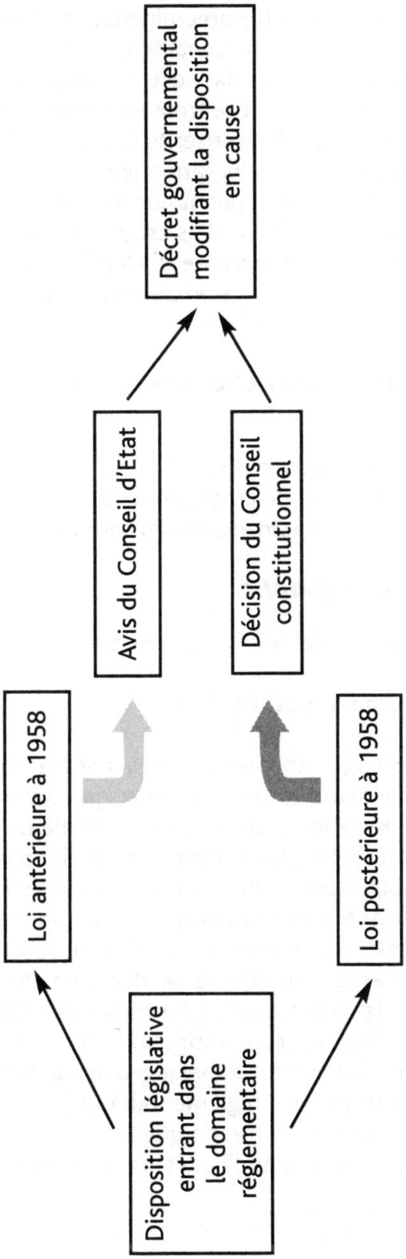

3. Explications : le domaine de la loi

Avant 1958, le domaine de la loi ne connaissait aucune limitation ; était loi tout texte adopté par les Chambres. Cette prééminence se trouvait accentuée par l'absence de tout contrôle de la constitutionnalité de ces lois ; le Parlement exprimait la volonté de la nation souveraine, laquelle ne souffrait aucune limitation. La compétence de principe du Parlement se trouvait toutefois fréquemment remise en cause par la pratique confirmée d'autoriser le Gouvernement à prendre des actes ayant force de loi, en vertu d'une habilitation législative. La Constitution de 1958 semble modifier cet état de fait en donnant une définition matérielle à la loi, distinguant ces matières de celles pour lesquelles est prévue l'intervention du Gouvernement. Toutefois, près de cinquante ans après l'adoption de la Constitution, force est de constater l'atténuation de la distinction posée en 1958.

La délimitation du domaine de la loi

Les dispositions combinées des articles 34 et 37 de la Constitution limitent le domaine matériel d'intervention de la loi ; au-delà, ce sont les velléités d'intrusion du législatif dans le domaine réglementaire qui sont encadrées.

La portée du domaine législatif

La compétence législative est délimitée, au contraire du domaine réglementaire.

La délimitation de la compétence législative

L'article 34 effectue une longue énumération des matières réservées à l'intervention de la loi. De manière schématique, on peut noter que tout ce qui touche au statut des personnes et à l'organisation économique et sociale du pays relève de la fonction législatrice ; les matières les plus importantes (ou les plus nobles) restant réservées au Parlement. La nouveauté réelle réside ainsi dans le fait que pour la première fois dans l'histoire constitutionnelle française, le champ d'action du législateur se trouve expressément limité par le texte de la Constitution.
L'article énumère de manière limitative le domaine de la loi, distinguant les matières pour lesquelles le législateur fixe les règles de celles dont il doit déterminer les principes fondamentaux ; cette distinction n'a finalement pas eu une grande portée. Dès 1959, le Conseil constitutionnel jugea que quelle que fut la formulation en cause, il était loisible au pouvoir réglementaire de préciser des éléments secondaires de la loi[1] ; ce qui suppose *a contrario* que la distinction principes/règles ne lie pas le législateur. Ce qui prime aujourd'hui est la distinction mise en cause/mise en

1. CC, 59-1 L, 27 novembre 1959, *RATP*.

œuvre : « *Les dispositions qui mettent en cause les règles et les principes sont du domaine de la loi. Celles qui mettent en œuvre les règles ou les principes (d'une matière donnée) sont du domaine du règlement*[2]. »

Le domaine réglementaire

C'est l'article 37 qui fixe celui-ci, énonçant de manière très claire, « *les matières autres que celles qui sont du domaine de la loi ont un caractère réglementaire* ». Il s'agissait, aux dires de Michel Debré, de tenir compte de la confusion et de l'engorgement du système juridique, le domaine de la loi se trouvant en quelque sorte « pollué » par quantité de dispositions réglementaires, voire individuelles, n'ayant rien à y faire. Réserver les matières les plus nobles au Parlement honore celui-ci, tandis que la compétence gouvernementale de principe sur les autres matières favorise une action plus efficace de celui-ci, qui peut gouverner réellement en prenant les mesures nécessaires à l'application de sa politique, sans avoir à se soucier perpétuellement d'en obtenir la possibilité de la part du législateur.

Le contrôle de l'intrusion législative dans le domaine réglementaire

La délimitation matérielle de la loi donne au Gouvernement une compétence normative de principe. Cette prééminence se trouve accrue par les moyens que lui donne la Constitution pour veiller à la protection de domaine contre les velléités d'intrusion dont feraient montre les parlementaires (sur cette question qui n'est pas détaillée ici, v. **Fiche n° 22**).

L'irrecevabilité de l'intrusion

Les dispositions de l'article 41 permettent au Gouvernement de s'opposer, au cours de la procédure législative, à l'examen de toute proposition parlementaire qui s'écarterait du domaine fixé à la loi par l'article 34 et ne respecterait pas le domaine de compétence de l'exécutif. Ce moyen d'éviter tout empiétement du législatif ne peut être contesté que par le président de l'assemblée en cause ; en cas de désaccord, le Gouvernement et le président de la chambre peuvent saisir le Conseil constitutionnel qui doit alors se prononcer dans un délai de huit jours.

Le déclassement de l'intrusion

En vertu du second alinéa de l'article 37, le Gouvernement dispose de la possibilité de contourner le vote par la majorité parlementaire de dispositions entrant dans le champ du domaine réglementaire. Cette disposition permet en effet au Gouvernement d'obtenir le déclassement de la disposition en cause ; que cette disposition figure dans une loi adoptée avant l'entrée en vigueur de la Constitution de 1958 ou après celle-ci.

2. FAVOREU L. *ET AL.*, *Droit constitutionnel*, 6e éd., Dalloz, 2003, n° 1150, p. 702.

Fort bien armé pour protéger son domaine, le Gouvernement n'est toutefois pas tenu de le faire et l'examen de la pratique constitutionnelle témoigne de ce que la distinction entre le domaine de compétence réservé au législateur et celui relevant de l'exécutif doit être nuancée.

L'atténuation de la délimitation

La distinction entre domaine de la loi et règlement doit être tempérée. Il existe en effet, à l'encontre du strict champ délimité par l'article 34, une véritable extension du domaine offert à l'intervention de la loi ; au-delà, c'est l'idée même d'une définition matérielle de la loi qui peut être contestée.

L'extension du champ de la loi

Cette extension résulte d'abord de la Constitution, puis du juge constitutionnel.

Les précisions constitutionnelles

L'article 37 se termine par un dernier alinéa en vertu duquel « *les dispositions du présent article pourront être précisées et complétées par une loi organique* » ; c'est ainsi que la révision constitutionnelle du 22 février 1996 a ajouté à l'article 34 les lois de financement de la Sécurité sociale.
De plus, d'autres articles de la Constitution conduisent à une extension pratique du domaine de la loi. En effet, certains articles prévoient que l'on recoure à une loi hors du champ de l'article 34 ; c'est l'article 53 qui prévoit que la ratification d'un texte international soit le fait d'une loi, dès lors qu'il « *modifie des dispositions de nature législative relati*[ves] *à l'état des personnes, ceux qui comportent cession, échange ou adjonction de territoire* ». L'article 66 prévoit également l'intervention du législateur, pour tout ce qui a trait à la détention des personnes. Le titre XII de la Constitution prévoit l'adoption de lois pour de nombreuses dispositions touchant aux collectivités territoriales (art. 72 à 74). De nombreux autres articles de la Constitution font entrer d'autres domaines dans le champ législatif : l'article 3 renvoie à une loi le soin de fixer les conditions permettant aux citoyens d'être électeurs et de favoriser l'égal accès des femmes et des hommes aux mandats électoraux et fonctions électives.

L'intervention du juge constitutionnel

L'extension du domaine de la loi résulte aussi de l'intervention du Conseil constitutionnel. Celui-ci a tout d'abord jugé que la remise en cause d'un principe général du droit ne peut résulter que de la loi[3], avant d'observer que la compétence législative

3. CC, 69-55 L, 26 juin 1969, *Protection des sites.*

pouvait découler du préambule de la Constitution et de la Déclaration des droits de l'homme et du citoyen[4]. Le Conseil a aussi censuré la méconnaissance par le législateur de sa propre compétence ; ce mécanisme, appelé aussi incompétence négative, exprime l'idée que le législateur ne saurait se défaire de sa compétence en laissant le pouvoir réglementaire adopter des dispositions relevant du domaine de la loi[5]. De cette jurisprudence résulte la notion de « réserve de loi », certaines matières étant expressément réservées à la compétence du législateur.

Ces éléments témoignent de ce que la limitation matérielle de la loi fondée sur l'énumération présente à l'article 34 de la Constitution n'est pas définitive ; elle est même inexistante.

Reconnaissance et dépassement de la compétence parlementaire

La distinction du domaine de la loi et du règlement interdisait-elle à une loi d'intervenir dans le champ de compétence réglementaire ? Le Conseil trancha en faveur du non, mettant fin dans le même temps à la définition matérielle de la loi ; le Parlement retrouvait sa plénitude de compétence au moment même où sa prééminence normative s'obscurcissait.

La remise en cause de la définition matérielle de la loi

Le Conseil constitutionnel, en se fondant sur le jeu combiné des articles 34, 37 alinéa 2 et 41, jugea que la loi pouvait statuer dans le domaine du règlement sans être entachée d'inconstitutionnalité[6]. Cette décision du Conseil constitutionnel vient combler une imprécision juridique, dans un sens en faveur duquel la doctrine s'était nettement prononcée en considérant que la distinction posée par la Constitution ne venait pas empêcher toute immixtion de l'un dans l'autre, mais offrait simplement au Gouvernement la possibilité de contrôler tout débordement du législatif.

Dans le même temps, cette décision met fin à la thèse de la définition matérielle de la loi sous l'empire de la Constitution de 1958 ; aujourd'hui comme hier, est loi tout acte voté par le Parlement selon certaines formes, cela sans que soit prise en considération la matière sur laquelle porte l'acte en question. Toutefois cette reconnaissance de la prééminence de la forme sur la matière intervient au moment même ou c'est la prééminence du Parlement sur la loi qui se trouve elle-même remise en cause.

4. CC, 73-80 L, 28 novembre 1973, *Mesures privatives de liberté.*
5. CC, 67-31 DC, 26 janvier 1967, *Indépendance des magistrats.* L'incompétence négative est l'un des motifs de contrariété à la Constitution que sanctionne le plus souvent le Conseil constitutionnel.
6. CC, 82-143 DC, 30 juillet 1982, *Blocage des prix et des revenus.*

La remise en cause de la prééminence du Parlement

Cette remise en cause résulte du jeu combiné de différentes tendances : l'extension du rôle des autorités administratives indépendantes, l'essor du pouvoir normatif des collectivités locales et surtout l'incidence du droit communautaire.

La compétence des AAI

Le recours à de telles autorités (CNIL, CSA...) se développe depuis le début des années 1970. Le législateur leur confie le soin de fixer des normes impératives de manière indépendante. Le Conseil constitutionnel leur a reconnu la détention d'un pouvoir réglementaire autonome, notant que si le pouvoir réglementaire est dévolu au Premier ministre (art. 21), cela ne fait pas obstacle « *à ce que le législateur confie à une autorité autre que le Premier ministre le soin de fixer, dans un domaine déterminé et dans le cadre défini par les lois et règlements, des normes permettant de mettre en œuvre cette loi* »[7]. Si cette compétence dépend d'une décision initiale du Parlement, force est de constater que ce n'est plus celui-ci qui apparaît comme l'auteur de la norme.

Le pouvoir normatif des collectivités locales

Un constat semblable peut ici être porté, puisque les collectivités territoriales « *s'administrent librement par des conseils élus et disposent d'un pouvoir réglementaire pour l'exercice de leurs compétences* » (art. 72) ; elles disposent même de la possibilité de déroger « *à titre expérimental et pour un objet et une durée limités, aux dispositions législatives* » pour des questions d'intérêt local (art. 72). Si ce pouvoir reste contrôlé, il en résulte, là encore, une diminution de la prééminence du Parlement.

L'incidence du droit communautaire

Sans évoquer celui-ci en détail ici (v. **Fiche n° 28**), force est de constater que la superposition de l'ordre juridique communautaire au système juridique français entraîne une diminution de la compétence du législateur français, y compris dans le domaine de la loi. La primauté du droit communautaire couplée à la précision des textes adoptés par l'Union tend à faire de la transposition de ces textes en droit français une véritable compétence liée du Parlement, celui-ci ne disposant plus du choix de sa décision législative.
A l'heure où la compétence législative du Parlement ne souffre plus aucune contestation de la part de l'exécutif, contrairement à ce qui avait pu être imaginé en 1958, cette compétence tend à être contestée tant par la dimension supranationale que par le développement des compétences infranationales.

---

7. CC, 86-217 DC, 18 septembre 1986, *CNCL*.

4. Débat : l'intervention de la loi dans le domaine du règlement

CC, 82-143 DC, 30 juillet 1982

Blocage des prix et des revenus

« 11. *Considérant, sur le second point, que, si les articles 34 et 37, alinéa 1er, de la Constitution établissent une séparation entre le domaine de la loi et celui du règlement, la portée de ces dispositions doit être appréciée en tenant compte de celles des articles 37, alinéa 2, et 41 ; que la procédure de l'article 41 permet au Gouvernement de s'opposer au cours de la procédure parlementaire et par la voie d'une irrecevabilité à l'insertion d'une disposition réglementaire dans une loi, tandis que celle de l'article 37, alinéa 2, a pour effet, après la promulgation de la loi et par la voie d'un déclassement, de restituer l'exercice de son pouvoir réglementaire au Gouvernement et de donner à celui-ci le droit de modifier une telle disposition par décret ; que l'une et l'autre de ces procédures ont un caractère facultatif ; qu'il apparaît ainsi que, par les articles 34 et 37, alinéa 1er, la Constitution n'a pas entendu frapper d'inconstitutionnalité une disposition de nature réglementaire contenue dans une loi, mais a voulu, à côté du domaine réservé à la loi, reconnaître à l'autorité réglementaire un domaine propre et conférer au Gouvernement, par la mise en œuvre des procédures spécifiques des articles 37, alinéa 2, et 41, le pouvoir d'en assurer la protection contre d'éventuels empiétements de la loi ; que, dans ces conditions, les députés auteurs de la saisine ne sauraient se prévaloir de ce que le législateur est intervenu dans le domaine réglementaire pour soutenir que la disposition critiquée serait contraire à la Constitution.* »

Le Conseil constitutionnel, en se fondant sur le jeu combiné des articles 34, 37 alinéa 2 et 41, juge que la loi pouvait statuer dans le domaine du règlement sans être entachée d'inconstitutionnalité. Il opère un raisonnement en trois temps :
• le Gouvernement peut s'opposer à l'intrusion d'une disposition législative dans le champ réglementaire (irrecevabilité de l'art. 41) ;
• le Gouvernement peut obtenir le déclassement d'une disposition législative intervenue en matière réglementaire (2e al. de l'art. 37 ; y compris pour une loi adoptée après 1958) ;
• si l'intervention du Conseil constitutionnel est prévue pour opérer cette délégalisation, cela suppose *a contrario* qu'il a été possible à la loi d'entrer dans le domaine réglementaire.
Dès lors, si une disposition législative est entrée dans le domaine réglementaire, cela n'a été possible que parce que le Gouvernement l'a accepté (au moins de manière implicite, en ne s'y opposant pas), ce qui signifie qu'il accepte que le Parlement adopte une telle mesure ; laquelle ne saurait par conséquent être déclarée contraire à la Constitution.
Dès 1967, René Capitant observait : « *Le constituant n'a pas adressé au législateur une interdiction absolue de pénétrer dans le domaine réglementaire. Il a seulement*

donné au Gouvernement le moyen de paralyser cette intervention en opposant l'irrecevabilité [...]. *A défaut pour le Gouvernement d'avoir opposé l'irrecevabilité, la loi votée en matière réglementaire est valable. La Constitution précise seulement à son égard qu'elle n'est législative que par sa forme* »[8] et non plus par la matière. Le dernier mot revient à Michel Debré : « *Le Gouvernement peut faire des incursions dans le domaine du Parlement si celui-ci l'accepte – c'est l'article 38 et les ordonnances. Le Parlement peut faire des incursions dans le domaine du Gouvernement si celui-ci l'accepte et à plus forte raison si celui-ci l'y invite. Telle est la logique de notre Constitution et de nos institutions.* » Cette analyse doit toutefois être nuancée, tant il est vrai que le parallélisme théorique entre les deux procédures s'accommode mal de la réalité de la pratique institutionnelle de la Ve République, toute gouvernée par la logique majoritaire et que l'on imagine mal qu'une majorité parlementaire, même indocile, refuse l'habilitation à prendre des ordonnances qui serait demandée par le Gouvernement.

Exercice : plan détaillé de dissertation

La compétence législative du Parlement sous la Ve République

Introduction

Voter la loi constitue sans nul doute l'une des fonctions primordiales du Parlement ; à tel point que l'on parle fréquemment du « *pouvoir législatif* », alors même que l'expression chère à Hauriou de « *pouvoir délibératif* » serait sans doute plus pertinente.
Et pourtant l'examen des modalités de mise en œuvre de cette compétence législative du Parlement sous la Ve République conduit à constater la réalité d'un encadrement extrêmement fort de cette compétence ; en outre, non contente d'être encadrée, cette compétence se voit également nettement concurrencée.

I. Une compétence encadrée

A. Une compétence partagée

Le partage de la compétence normative (domaine de la loi : art. 34/37).
L'élaboration gouvernementale de la loi : législation déléguée (ord. de l'article 38).

8. Cit. in Favoreu L., Philip L., *GDCC*, n° 33, § 6, pp. 537-538.

B. Une compétence rationalisée

Les irrecevabilités (art. 40 et 41), la fixation de l'ordre du jour (art. 48), le vote bloqué (art. 44-3), la réunion CMP (art. 45).
L'idée de consentement implicite (art. 49 al. 3) et l'absence d'investiture (art. 49 al. 1).

Transition : encadrée, la compétence législative du parlement est également concurrencée.

II. Une compétence concurrencée

A. Une compétence limitée

L'intervention du Conseil constitutionnel : « *arme contre la déviation du régime parlementaire* », Debré).
Le contrôle du Conseil constitutionnel (censure de l'incompétence négative, possibilité de réaliser le déclassement de textes de loi, réserves d'interprétation, contrôle des amendements).

B. Une compétence dépassée

L'émergence de nouveaux acteurs nationaux (AAI), l'essor des acteurs locaux (révision constitutionnelle de 2003 : art. 37-1 : expérimentation et dérogation législative).
Le développement de la construction communautaire (l'impossible participation à l'élaboration de la norme : art. 88-4).

FICHE N° 28

LA MISSION D'INFORMATION ET DE CONTRÔLE

1. Références

BENETTI J., *Droit parlementaire et fait majoritaire à l'Assemblée nationale sous la Vᵉ République*, Thèse, Paris I, 2004.

CHRESTIA P., « La Rénovation du Parlement, une œuvre inachevée », *RFDC*, 1997, pp. 293 et suiv.

FUCHS-CESSOT A., *Le Parlement à l'épreuve de l'Europe et de la Vᵉ République*, LGDJ, 2004.

HERTZOG R., « Les Pouvoirs financiers du Parlement », *RDP*, 2002, pp. 298 et suiv.

LAFAILLE F., « La Mission d'information parlementaire et le contrôle de l'activité gouvernementale », *Droit et Défense*, 1998/2, pp. 34 et suiv.

LATOUR X., « Des rapports entre le Parlement et le Gouvernement sous la XIᵉ lég. », *RDP*, 2000, pp. 1161 et suiv.

LE GUERN M. et al., *Le Contrôle parlementaire du budget de l'Etat*, RFFP, 1988-22, pp. 195 et suiv.

LEMAIRE F., *Les Missions d'information : une inutilité parlementaire ?,* RRJ, 2000, pp. 1515 et suiv.

NUTTENS J.-D, *Le Parlement français et l'Europe*, LGDJ, 2001.

ROUSSILLON H., dir., *L'article 88-4 de la Constitution*, PU de Toulouse, 1995.

VIDELIN J.-C., « La Mission d'information parlementaire », *RFDC*, 1999, pp. 699 et suiv.

2. Repères

Définitions

Commission d'enquête : chacune des chambres dispose de la possibilité d'établir une telle commission qui vise à obtenir l'information la plus complète possible sur le sujet ayant justifié sa réunion.

Déclaration (art. 50-1) : cette procédure a été instaurée par la révision de juillet 2008 ; elle permet au Gouvernement de sa propre initiative ou à la demande d'un groupe parlementaire d'effectuer sur un sujet déterminé, une déclaration qui donne lieu à débat et peut, s'il le décide, faire l'objet d'un vote sans engager sa responsabilité. La déclaration peut intervenir devant l'une ou l'autre des assemblées.

Engagement de responsabilité (art. 49-1) : par cette procédure, le Gouvernement sollicite la confiance des membres de l'Assemblée nationale ; ce vote est acquis à la majorité simple.

Questions au Gouvernement : ces questions permettent aux parlementaires d'interroger le Gouvernement de manière écrite ou orale sur toute question les intéressant et d'obtenir une réponse.

Motion de censure spontanée (art. 49-2) : ce vote permet aux députés d'exprimer leur défiance à l'encontre du Gouvernement ; la motion doit être votée par la majorité absolue (289) des députés.

Motion de censure provoquée (art. 49-3) : si le Gouvernement, au cours de la procédure législative, engage sa responsabilité sur le vote d'un texte, ce texte est considéré comme adopté, à moins qu'une motion de censure soit alors votée par les députés. Cette motion est dite « provoquée » car il s'agit d'une réponse de l'Assemblée nationale à l'initiative du Gouvernement.

Résolution (art. 34-1) : on appelle résolution un texte adopté par une assemblée en dehors de la procédure législative et qui exprime son avis sur une question particulière. Le recours aux résolutions a été interdit sous le Ve République, car pouvant avoir pour effet de mettre en cause la responsabilité du Gouvernement hors des procédures de l'article 49. Ces résolutions sont désormais autorisées par la Constitution, mais strictement encadrées, à la suite de la révision de juillet 2008 : en particulier, elles ne peuvent être inscrites à l'ordre du jour si le Gouvernement estime que leur adoption ou leur rejet serait de nature à mettre en cause sa responsabilité ou qu'elles contiendraient des injonctions à son égard.

Résolution (art. 88-4) : introduites par la révision constitutionnelle consécutive à la signature du traité de Maastricht, ces résolutions peuvent être votées par chacune des chambres sur les propositions d'actes émanant des institutions de l'Union européenne.

Chronologie

• 5 octobre 1962 : adoption de l'unique motion de censure qu'ait connue la Ve République.
• 10 octobre 1962 : dissolution de l'Assemblée nationale.
• 10 juin 1975 : première approbation par le Sénat d'une déclaration de politique générale (art. 49-4 C.)
• 20 novembre 1989 : première approbation par le Sénat d'une déclaration de politique générale sollicitée par un cabinet de gauche (M. Rocard).

Schéma explicatif : les étapes du fonctionnement d'une commission d'enquête

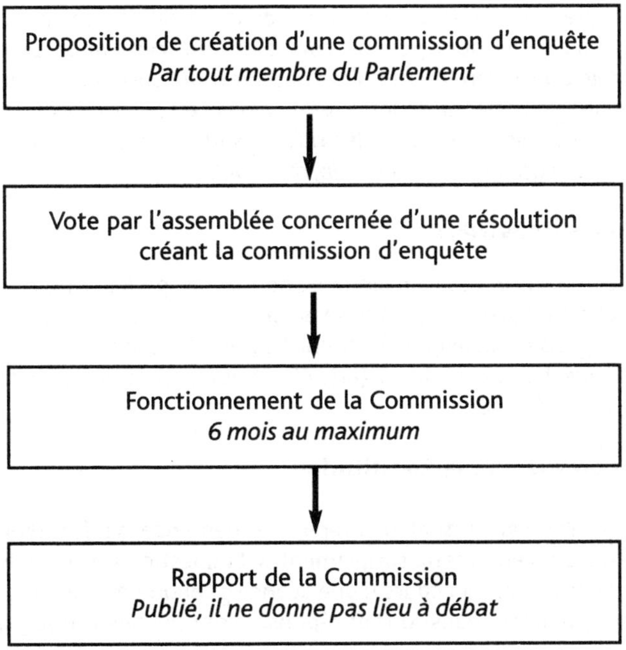

3. Explications : les modalités d'exercice du contrôle parlementaire

Information et contrôle sont les deux faces de la raison d'être du Parlement : celui-ci représente la nation et agit au nom des gouvernés. A ce titre, il est chargé de vérifier l'usage qui est fait par les gouvernants du pouvoir donné par les citoyens ; cette mission de contrôle est désormais expressément reconnue et inscrite à l'article 24 de la Constitution depuis la révision du 23 juillet 2008. La vérification de l'usage fait du pouvoir constitue une seule mission qui comporte deux aspects : le premier s'exprime par la mise en jeu de la responsabilité politique du Gouvernement, le second précède en quelque sorte le premier, mais se situe dans la même perspective, il s'agit de la mission d'information qu'exerce le Parlement. L'une des raisons d'être du Parlement est sa mission d'information de la nation, car par les connaissances qu'il acquiert de la politique du Gouvernement ou de l'évolution du pays (voire de la situation internationale), le Parlement peut mieux exercer son contrôle.

L'information de la nation

Cette mission fait intégralement partie du contrôle du Gouvernement, simplement on peut noter que le contrôle qui intervient dans ces différentes procédures est de type informatif. En effet, pour pouvoir contrôler efficacement le Gouvernement, il est indispensable que le Parlement puisse obtenir toute sorte d'information et différentes techniques permettent de les obtenir. Nous verrons successivement l'utilisation des questions, puis la pratique des missions et commissions d'enquête (sur le contrôle des actes communautaires, v. ***infra*****, « Débat »**).

Le recours aux questions

La pratique des questions est ancienne et permet au parlementaire d'obtenir une réponse officielle à la question qu'il pose au Gouvernement (il s'agit le plus souvent d'obtenir une réponse officielle de l'administration). La Constitution ne connaissant que les seules questions « orales » (art. 48, 2ᵉ al.), la pratique parlementaire a dû développer d'autres formes.

Les questions prévues par la Constitution

Les questions orales permettent d'obtenir une demande d'information de la part d'un membre du Gouvernement, simplement, si la question est formulée par écrit la réponse intervient à l'oral, au cours d'une séance publique de l'assemblée, ce qui lui donne plus de résonance (questions et réponses sont publiées au *JO*). Les questions ont toujours eu une grande importance au Parlement[1] et un élu peut poser un nombre de questions illimité ; un filtrage sévère s'opère au niveau de la conférence des présidents.

En vertu de l'article 48 alinéa 6 de la Constitution, une séance au moins par semaine est réservée à ces questions (dans la pratique il y en a souvent plus ; 2 à 3 par semaine), y compris durant les sessions extraordinaires.

Les questions orales sans débat

Ces questions permettent au parlementaire de poser sa question, puis au représentant du Gouvernement d'y répondre ; l'auteur de la question peut éventuellement apporter ses commentaires à la réponse, mais le débat est alors clos et l'on passe à la question suivante.

Les questions orales avec débat

Ces questions obéissent à la même procédure mais permettent qu'un débat s'ouvre avec des représentants de chacun des groupes parlementaires ; le ministre pouvant alors donner des précisions supplémentaires. Cette procédure, connue sous les IIIe et IVe Républiques sous le nom « d'interpellation », permettait alors de mettre en cause la responsabilité politique du Gouvernement. Le Conseil constitutionnel censura en 1959 les dispositions des règlements des assemblées qui prévoyaient de telles interpellations[2]. Il est interdit de faire suivre une question orale avec débat d'un vote sur cette question. La pratique de ces questions est peu à peu tombée en désuétude[3].

Les formules nées de la pratique

Questions écrites

Ces questions sont d'un usage ancien et remontent au début du XXe siècle. Leur usage s'est maintenu et elles figurent dans le règlement de chacune des assemblées. Elles permettent au parlementaire d'interroger un ministre sur une question portant sur l'administration qu'il dirige ; questions et réponses sont publiées au *JO*. Le ministre dispose en principe d'un délai d'un mois pour répondre à la question et peut refuser de répondre (en invoquant le secret défense). Les parlementaires peuvent poser autant de questions qu'ils le souhaitent (env. 16 000 questions par an sont posées). Outre des interrogations sur la politique menée, ces questions

1. Au Royaume-Uni, 50 minutes au début de chacune des séances des Communes sont consacrées à ces questions.
2. CC, 59-2 DC, 17, 18 et 24 juin 1959, *Règlement de l'Assemblée nationale*.
3. Le Pr. CHANTEBOUT note qu'en 2000, il y en eu onze au Palais-Bourbon et huit au Sénat, in *Droit constitutionnel*, 20 éd., A. Colin, 2003, p. 526.

peuvent permettre d'obtenir des renseignements administratifs à l'intention d'un électeur ou d'un groupe d'électeurs. Ces questions sont des sources d'information fort utiles car elles amènent l'administration à préciser sa position sur tel ou tel point précis.

Les questions au Gouvernement

Pour pallier la désuétude des questions orales, furent instaurées les questions au Gouvernement à partir de 1974 à l'Assemblée nationale (au Sénat en 1982). Les questions sont vraiment d'actualité, publiées une heure à l'avance, permettant à l'opposition de s'exprimer et au Gouvernement de répondre, en temps réel. Il y a deux séances par semaine à l'Assemblée et deux par mois au Sénat ; les questions sont distribuées aux groupes en fonction de leur poids politique respectif. Ces questions sont d'autant plus prisées que la séance de l'Assemblée du mercredi après-midi est télédiffusée en direct.
De plus, il est fréquent que des débats soient organisés après des déclarations effectuées par le Gouvernement et qui permettent aux différents groupes parlementaires de faire valoir leurs points de vue respectifs ; ces débats ne sont toutefois pas suivis de vote (à moins que le Gouvernement n'ait engagé sa responsabilité sur cette déclaration, et devant l'Assemblée nationale exclusivement). Enfin, les parlementaires peuvent encore exercer leur mission de contrôle, au moyen de missions ou commissions d'enquête.

Les missions et commissions d'enquête

Ces commissions trouvent initialement leur source dans l'article 6 de l'ordonnance du 17 novembre 1958 relative au fonctionnement des assemblées et leur statut fut précisé par la loi organique du 20 juillet 1991 : elles bénéficient désormais d'une inscription constitutionnelle (art. 51-2) depuis la révision constitutionnelle du 23 juillet 2008. Une commission d'enquête est créée par l'une des chambres, « *en vue de recueillir des éléments d'information soit sur des faits déterminés, soit sur la gestion des services publics ou des entreprises nationales* »[4]. En dehors des commissions d'enquête s'est développé le recours à des « missions parlementaires ».

Les commissions d'enquête

Tout parlementaire peut demander la création d'une commission, mais celle-ci n'est réunie qu'après le vote d'une résolution, à la majorité simple, par l'assemblée concernée. Les commissions comportent de 12 à 30 membres, désignés à la proportionnelle, enquêtant 6 mois au maximum (une commission ne peut être réunie sur le même thème avant l'expiration d'un délai d'un an) ; il leur est interdit d'intervenir sur des faits ayant donné lieu à des poursuites judiciaires aussi longtemps que

4. Art. 6 de l'ord. 58-1100 mod. relative au fonctionnement des assemblées parlementaires.

celles-ci sont en cours[5]. La complexité des dossiers étudiés est telle que la durée maximale est parfois insuffisante.

Il y a eu une centaine de commissions depuis 1958, sur des sujets divers et souvent liés à l'actualité (vache folle, réduction du temps de travail, écoutes téléphoniques...). Les commissions disposent de pouvoirs d'investigation importants, les rapporteurs exerçant leur mission « sur pièces » (ils peuvent obtenir de l'ensemble des administrations et entreprises publiques tout document nécessaire, sous réserve du secret d'Etat, de la défense ou des affaires étrangères) et disposant du droit d'aller enquêter sur place.
Les commissions peuvent tenir des auditions et convoquer des témoins (ceux-ci sont tenus de comparaître et prêtent serment) ; s'ils refusent de venir, ils peuvent être contraints par corps ou condamnés (à des amendes, voire à un emprisonnement). Les auditions sont publiques (le secret peut être décidé) et parfois télévisées. Une fois achevée, l'enquête donne lieu à un rapport rendu public mais qui ne donne pas lieu à débat parlementaire.

Les missions parlementaires

Ces missions sont constituées par les chambres afin d'effectuer une étude circonstanciée d'une question donnée. Composées d'un nombre relativement réduit de parlementaires, elles visent à fournir à l'assemblée qui les crée des informations sur leur thème de recherche. Echappant au formalisme afférant aux commissions d'enquête, ces missions sont créées par le bureau de l'Assemblée. De telles missions ont pu être réunies sur les sujets les plus divers, mais souvent commandés par l'actualité : laïcité, décentralisation... Afin de donner la plus grande audience possible à ces missions, leurs membres peuvent décider que leurs auditions seront ouvertes à la presse, voire télédiffusées.
La raison d'être de ces structures est de permettre que les représentants de la nation, pleinement informés de l'action du Gouvernement et des évolutions économiques, politiques, sociales ou internationales, puissent contrôler efficacement l'action des gouvernants.

Le contrôle du Gouvernement

Si chacune des assemblées contrôle le Gouvernement, la Constitution n'a prévu la mise en cause de sa responsabilité politique que devant la seule Assemblée nationale. Elément clé du régime parlementaire, ce mécanisme est réorganisé dans un sens très favorable au Gouvernement.

5. Si la commission a déjà été créée et qu'une telle situation se présente, sa mission prend fin à l'ouverture de l'information judiciaire. L'ouverture d'une information pouvant intervenir à la diligence du Gouvernement, celui-ci dispose d'un moyen de contrer toute initiative parlementaire...

La mise en jeu de la responsabilité

Les procédures de mise en jeu de la responsabilité figurent à l'article 49 de la Constitution, qui en distingue quatre. Les trois premières peuvent conduire à la démission du cabinet, à la différence de la quatrième ; les unes sont des votes de confiance initiés par le Gouvernement, les autres des votes de défiance.

Les votes de confiance

Le Gouvernement peut solliciter la confiance de chacune des chambres.

L'engagement de responsabilité (art. 49-1 C.)

Cette procédure est souvent appelée « question de confiance » ; il s'agit là d'une expression impropre utilisée par les régimes précédents et que la Ve République a refusé de reprendre. Le Premier ministre engage la responsabilité du Gouvernement devant l'Assemblée nationale, après délibération du Conseil des ministres ; un débat a lieu, puis l'on procède au vote, la confiance étant ou non accordée au Gouvernement (à la majorité des exprimés).
Le Gouvernement peut engager sa responsabilité à tout moment, mais le plus symbolique se produit lors de son entrée en fonction. Un nouveau Gouvernement est-il tenu d'engager sa responsabilité ? A l'encontre de la logique du régime parlementaire, la réponse est négative : la Constitution n'impose pas ce passage et la prééminence présidentielle dans le choix du Gouvernement justifie l'absence d'obligation. Premier ministre, Pompidou observa : « *La lettre et l'esprit de la Constitution veulent que le Gouvernement soit entièrement libre de demander ou non un vote de confiance*[6]. » A peine la moitié des Gouvernements de la Ve République ont engagé leur responsabilité lors de leur entrée en fonction. A ce jour, aucun scrutin intervenu sur le fondement de l'article 49-1 n'a donné lieu à un vote négatif.

L'approbation par le Sénat d'une déclaration de politique générale (art. 49-4 C.)

Le Gouvernement dispose toujours de la possibilité de faire approuver par le Sénat une déclaration de politique générale. Le Gouvernement, pour être approuvé, doit obtenir la majorité des suffrages exprimés, mais n'est pas tenu à la démission s'il ne l'obtient pas. Cette procédure fut utilisée pour la première fois le 10 juin 1975. Michel Rocard fut le premier chef de Gouvernement de gauche à utiliser cette procédure devant le Sénat.

Les motions de censure

La Constitution distingue deux situations permettant de déposer une motion de censure.

6. Le 13 avril 1966, après la formation de son 3e Gouvernement.

La motion de censure spontanée (art. 49-2 C.)

La motion de censure intervient à l'initiative des députés. C'est un texte par lequel les signataires indiquent les raisons pour lesquelles ils souhaitent la démission du Gouvernement. Pour être déposée, la motion doit être signée par 1/10e des députés (soit 58), chacun ne pouvant signer que trois motions au cours d'une session. Une fois la motion déposée, le vote intervient à l'expiration d'un délai de 48 heures, ce qui doit permettre un vote dépassionné, à tête reposée. Lors du vote, seuls sont comptés les suffrages favorables à la motion : ils doivent atteindre 289 (majorité absolue des députés) pour que la motion soit adoptée et le Gouvernement renversé. Au cours de ce scrutin, les abstentions, les votes blancs ou nuls sont ainsi réputés favorables au Gouvernement.
Une quarantaine de motions de censure ont été déposées depuis 1959 et une seule a abouti (le 5 octobre 1962), le cabinet de Pierre Bérégovoy échappant de peu à une telle censure (le 1er juin 1992, il ne manqua que trois voix à son adoption) ; toutefois aucune majorité absolue n'existait au cours de cette législature, ce qui explique ce vote. Lorsque l'on dépose une telle motion de censure, il s'agit plus de provoquer un débat politique que d'obtenir la démission du Gouvernement.

La motion de censure provoquée (art. 49-3 C.)

Cette technique est la plus représentative du parlementarisme rationalisé : elle combine, pour le plus grand profit de l'exécutif, les logiques de la question de confiance et de la motion de censure. On parle de motion de censure provoquée car elle répond à l'initiative du Gouvernement qui, considérant qu'il bénéficie de la confiance du Parlement, pousse ce dernier à apporter la preuve de sa défiance. L'article 49-3 intervient au cours de la procédure législative et permet au Premier ministre (après délibération du Conseil des ministres) d'engager la responsabilité du Gouvernement devant l'Assemblée, sur le vote d'un texte de loi. Trois hypothèses se présentent alors :

- si aucune motion de censure n'est déposée dans les 24 heures, le texte est réputé adopté (sans être discuté, ni voté) ;
- si une motion de censure est déposée (cette motion n'est pas décomptée des trois que peut signer un député), elle doit recueillir la majorité absolue des suffrages pour être adoptée. En cas d'adoption, le texte est rejeté et le Gouvernement doit présenter sa démission ;
- si la motion de censure n'est pas adoptée, le texte est lui considéré comme adopté.

Avec l'article 49-3, « *pour les députés l'alternative est donc simple : soit accepter le texte (même tacitement), soit renverser le Gouvernement (avec pertes et fracas)* »[7]. Cette procédure constitue une arme précieuse pour les gouvernants, qui l'ont utilisé à de nombreuses reprises ; elle permet en particulier de pallier l'absence de majo-

7. Favoreu L. et al., *Droit constitutionnel*, 6e éd., Dalloz, 2003, n° 1096, p. 659.

rité absolue soutenant le Gouvernement (de 1988 à 1993, 19 lois furent adoptées par le 49-3) ou de réduire au silence une majorité turbulente (de 1976 à 1981) ; aucune motion de censure provoquée n'a encore été adoptée à ce jour.

Les limites de ce type de contrôle du Gouvernement

Il est légitime de s'interroger quant à la possibilité de mettre en cause la responsabilité politique du Gouvernement ; l'article 49 permet-il d'exercer un contrôle parlementaire du cabinet ?

Le précédent de 1962

Les circonstances et les événements ayant accompagné la seule motion de censure jamais adoptée depuis 1958 n'ont pas incité les parlementaires à réitérer un tel vote. Les conséquences politiques de ce vote furent lourdes pour ses initiateurs, Charles de Gaulle procédant aussitôt à la dissolution de la chambre basse (art. 12). Cette dissolution fut catastrophique pour les parlementaires ayant voté la censure, qui connurent une lourde défaite au cours des élections qui suivirent. Le vote donna alors une majorité absolue en faveur des gaullistes, lesquels ne manifestèrent guère d'indépendance à l'égard de leur parti. Les législatures ultérieures ont toutes confirmé cette évolution, les coalitions politiques ne se brisant jamais de l'intérieur au cours de leur mandat législatif.

La prééminence des alliances partisanes

Depuis 1962, le jeu politique accorde de plus en plus de place aux partis, lesquels désormais tout-puissants sont à même, professionnalisation de la classe politique aidant, de sanctionner le député récalcitrant ayant décidé de suivre sa conviction jusqu'à voter contre son camp. S'il venait à un député l'idée de voter une motion présentée par le camp adverse, cela équivaudrait pour lui à une sorte de suicide politique, tant il peut être certain qu'il ne bénéficiera plus de l'investiture de son parti aux élections suivantes et aura probablement un candidat présenté contre lui.
Ainsi, en raison du cumul de procédures entre le vote de la censure et la dissolution de l'Assemblée, ce mécanisme de l'article 49 va au-delà de son objectif initial, rendant sa mise en œuvre quasi impossible. Se pose dès lors la question de l'éventuelle fiction de cette forme de contrôle ; la « *responsabilité devant le Parlement apparaît donc en un sens comme plus théorique que réelle et en tout cas (sauf en période de cohabitation) comme moins effective que sa responsabilité devant le chef de l'Etat* »[8]. Trop puissante, cette arme n'est que rarement mise en œuvre, ce qui favorise la dénonciation de l'inutilité d'un Parlement dont la fonction de contrôle est réduite à une pure hypothèse d'école. Afin de remédier à cette limite et cherchant à refaire du Parlement un réel lieu de débat et de contrôle de l'activité de

8. Hamon F., Troper M., *Droit constitutionnel*, 27e éd., LGDJ, 2001, p. 652.

l'exécutif, la révision de juillet 2008 a ouvert deux nouvelles possibilités de débat devant le Parlement. Tout d'abord, lorsque le président effectue une déclaration devant le Parlement, celle-ci peut être suivie d'un débat (art. 18 C) ; ensuite, lorsque le Gouvernement, éventuellement à la demande d'un groupe parlementaire, effectue une déclaration devant une chambre du Parlement (art. 50-1 C), celle-ci donne alors lieu à débat, lequel peut même (certes à la discrétion du Gouvernement) faire l'objet d'un vote sans engager sa responsabilité. Si ces nouvelles procédures ne devraient certes pas révolutionner la pratique parlementaire, elles témoignent cependant de la prise de conscience d'une nécessité de revaloriser la fonction parlementaire.

4. Débat : le contrôle des actes communautaires est-il satisfaisant ?

La superposition de l'ordre juridique communautaire (qui prend essentiellement la forme de directives et de règlements) au système juridique français soulève un certain nombre de difficultés quant au contrôle parlementaire des actes émanant des institutions européennes. Si le Gouvernement est largement associé à l'adoption de ces actes, qui émanent principalement du Conseil des ministres de l'Union, tel n'est pas le cas du Parlement, le doyen Vedel pouvant constater : « *L'extension des compétences de la communauté va de pair avec une perte du pouvoir juridique et du pouvoir de fait des Parlements nationaux*[9]. » Le droit communautaire pose le principe de sa primauté sur le droit des Etats membres[10] ; les règlements ayant vocation à s'appliquer directement en droit français, les directives devant au contraire être transposées dans l'ordre interne.

Si le contenu d'une directive porte sur une matière attribuée par la Constitution à la loi, c'est le Parlement qui doit effectuer cette transposition dans le droit français (les dispositions de nature réglementaire relèvent du Gouvernement). Parfaitement logique, ce mécanisme se heurte, lors de sa mise en œuvre, au fait que la marge de manœuvre du Parlement tend à être de plus en plus limitée. En effet, la Cour de justice des Communautés, mettant en avant la prééminence de l'ordre communautaire, contraint les ordres nationaux à s'aligner sur les règles européennes sous peine de sanction juridictionnelle, cela alors même que les directives sont devenues si détaillées que le Parlement ne dispose guère du choix de sa décision législative. La difficulté pour le Parlement à intervenir en aval de la décision européenne l'a poussé à développer son intervention en amont de celui-ci.

Il existe d'abord, depuis 1979, dans chacune des chambres, une délégation parlementaire pour l'Union qui examine les projets de directives et de règlements, ainsi que d'autres actes communautaires, avant leur adoption par le Conseil des ministres. Il existe également à l'Assemblée nationale depuis 1994 une séance mensuelle de questions d'ordre européen (le Sénat avait créé cette structure en 1990).

Il existe surtout un contrôle étendu sur ces projets d'acte depuis la révision de la Constitution résultant de l'adoption du traité de Maastricht (1992). Cette révision a introduit dans la Constitution un nouvel article 88-4 (modifié en 1999, suite au traité d'Amsterdam), en vertu duquel « *le Gouvernement soumet à l'Assemblée nationale et au Sénat, dès leur transmission au Conseil des communautés, les projets ou propositions d'actes comportant des dispositions de nature législative* ». De plus, les chambres peuvent adopter des résolutions relatives à ces projets d'actes. Cet article constitue un progrès utile dans l'association du Parlement au développement

9. Cela, dès 1972 ; cité par J. Boudant, « La Crise identitaire du Parlement français », *RDP*, 1992, p. 1332.
10. CJCE, 15 juillet 1964, *Costa contre Enel*.

européen, bien que l'on puisse regretter que ses effets restent encore trop limités. Tout parlementaire peut déposer une proposition de résolution, qui fait l'objet d'un examen en commission permanente ; celle-ci adopte un rapport qui conclut au rejet ou à l'adoption de la résolution. La proposition de résolution peut alors être inscrite à l'ordre du jour de l'Assemblée et doit y faire l'objet d'un vote explicite pour être adoptée. Si, en droit, ces résolutions ne possèdent qu'une stricte valeur consultative et n'engagent que l'assemblée concernée[11], elles ont une dimension politique non négligeable, le Gouvernement ne pouvant ignorer les sollicitations de sa majorité.

On ne peut ainsi que constater que, si « *l'abaissement du Parlement résultant de la construction européenne est difficilement contestable, le renforcement qu'entraîne à son profit l'article 88-4 paraît surtout virtuel – et en tout cas incapable de compenser les pertes subies par ailleurs* »[12].

Ce rôle insuffisant du Parlement en amont paraît d'autant plus regrettable, qu'en aval, l'intervention du Conseil constitutionnel se révèle par trop lacunaire. En effet, celui-ci, saisi d'une contrariété entre une disposition législative transposant une directive de la Constitution, ne censure pas cette disposition, considérant que « *la transposition en droit interne d'une directive communautaire résulte d'une exigence constitutionnelle à laquelle il ne pourrait être fait obstacle qu'en raison d'une disposition expresse contraire de la Constitution ; qu'en l'absence d'une telle disposition, il n'appartient qu'au juge communautaire, saisi le cas échéant à titre préjudiciel, de contrôler le respect par une directive communautaire tant des compétences définies par les traités que des droits fondamentaux garantis par l'article 6 du Traité sur l'Union européenne* »[13].
Conscients de la réalité de cette critique et des limites de leurs pouvoirs vis-à-vis des actes communautaires, les parlementaires se sont efforcés de permettre une extension de leur rôle dans le processus normatif de l'Union européenne. A l'occasion de la révision constitutionnelle rendue nécessaire par la déclaration de non-conformité à la Constitution du traité de Lisbonne, le Parlement a inscrit dans la Constitution certaines dispositions nouvelles (qui n'entreront toutefois en vigueur qu'à l'issue de la ratification dudit traité). C'est tout d'abord une commission permanente des affaires européennes qui est créée dans chaque chambre (et qui se substitue à la délégation pour l'UE, art. 88-4 C) et de plus, par une motion adoptée en termes identiques par les deux chambres, le Parlement peut s'opposer à une

11. Elles ne peuvent en particulier conduire à la mise en cause de la responsabilité du Gouvernement, a décidé le Conseil constitutionnel, CC, 92-314 DC, 17 décembre 1992, *Règlement de l'Assemblée nationale*.
12. ROUVILLOIS F., *Droit constitutionnel – La Vᵉ République*, Flammarion, 2001, p. 329.
13. CC, 2004-496 DC, 10 juin 2004, *Loi pour la confiance dans l'économie numérique*. Cette jurisprudence a été complétée en 2006 dans une nouvelle décision de juillet 2006 dans laquelle le Conseil précisait que : « *la transposition d'une directive ne saurait aller à l'encontre d'une règle ou d'un principe inhérent à l'identité constitutionnelle de la France, sauf à ce que le constituant y ait consenti* », CC, 2006-540 DC, 27 juillet 2006, Loi DADVSI. Le changement de formulation n'entraîne pas de changement de fond quant au problème de fond pointé par cette décision…

modification des règles d'adoption d'actes de l'Union européenne (art. 88-7 C). Enfin et surtout, les chambres peuvent émettre un avis motivé sur la conformité d'un projet d'acte législatif européen au principe de subsidiarité ; avis transmis aux présidents du Parlement européen, du Conseil et de la Commission européenne (le Gouvernement français étant « *informé* » de cette transmission, art. 88-6 C). La dernière modification inscrite dans la Constitution en faveur du Parlement permet à chaque assemblée de former un recours devant la Cour de justice de l'Union européenne contre un acte législatif européen pour violation du principe de subsidiarité. Ce recours est transmis à la Cour de justice de l'Union européenne par le Gouvernement. Le recours est de droit, à la demande de soixante députés ou de soixante sénateurs (art. 88-6 C) ; preuve ultime de la dépossession de toute souveraineté nationale...

FICHE N° 29

LA RÉVISION DE LA CONSTITUTION

1. Références

Association française des constitutionnalistes, *La Révision de la Constitution*, Economica-PUAM, 1993.

BADINTER R., *Le Conseil constitutionnel et le pouvoir constituant*, Mélanges Robert, Montchrestien, 1995, pp. 217 et suiv.

BERLIA G., « Le Mode d'élection du président de la République et la procédure de l'article 11 », *RDP*, 1962, pp. 931 et suiv.

BRANCHET B., *La Révision de la Constitution de la Ve République*, LGDJ, 1994.

FATIN-ROUGE R., *Le Contrôle du référendum par la justice constitutionnelle*, PU Aix-Marseille & Economica, 2004.

FAVOREU L., PHILIP L., *Les Grandes Décisions du Conseil constitutionnel*, 14e éd., Dalloz, 2007, spéc. n° 14 et 53.

FRAISSEX P., « La Constitution du 4 octobre 1958 et ses révisions », *RDP*, 2002, pp. 458 et suiv.

GRABARCZYK K., « La notion de constitution à l'épreuve des révisions constitutionnelles », *RRJ*, 2007, pp. 1331 à 1355.

LAMPUE P., « Le Problème de la constitutionnalité du référendum du 28 octobre 1962 », *RDP*, 1962, pp. 936 et suiv.

MATHIEU B., *La Supra-Constitutionnalité existe-t-elle ?...*, LPA, 29 mars 1995, n° 29.

MODERNE F., *« Réviser » la Constitution*, Dalloz, 2006.

WALINE J., *Les Révisions de la Constitution de 1958*, Mélanges Ardant, LGDJ, 1999, p. 235.

Révision de la Constitution et justice constitutionnelle, AIJC-X, 1994, pp. 31 et suiv.

2. Repères

Définitions

Supraconstitutionnalité : ce terme exprime l'idée selon laquelle il existerait des normes juridiques insusceptibles de faire l'objet de révision constitutionnelle justifiée en vertu des théories du droit naturel, cette théorie ne trouve pas sa place dans un système de droit positif ; le Conseil constitutionnel a refusé de reconnaître l'existence de normes supraconstitutionnelles.

Congrès : la réunion des deux chambres du Parlement afin de procéder à la révision de la Constitution s'appelle le Congrès. Sous les deux Républiques précédentes, la réunion des deux chambres était appelée Assemblée nationale.

Chronologie

Au 1er septembre 2009, la Constitution de la Ve République a été révisée vingt-quatre fois (v. *infra* **partie « débat »**).

• 28 octobre 1962 : révision au moyen de l'article 11 (élection directe du président).
• 27 avril 1969 : rejet du second référendum de révision organisé selon l'article 11 (réforme du Sénat).
• 24 septembre 2000 : premier référendum constitutionnel selon l'article 89 (quinquennat).
• 26 mars 2003 : décision 2003-469 DC, le Conseil constitutionnel se déclare incompétent pour examiner la constitutionnalité d'une loi de révision de la Constitution.

Schéma explicatif : les étapes de la révision selon l'article 89

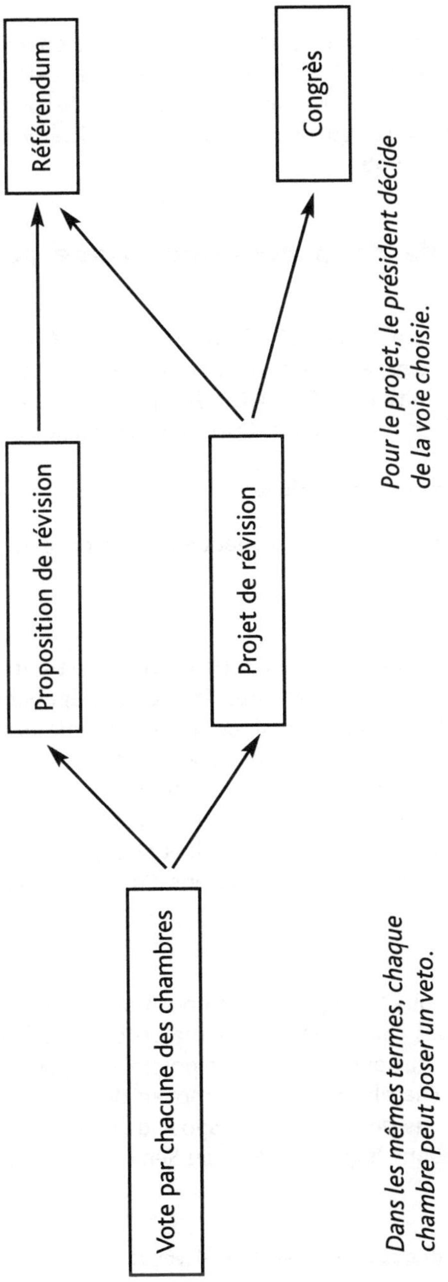

3. Explications : les modalités de révision de la Constitution

La Constitution de 1958 doit, en principe, être révisée en vertu des dispositions de l'article 89, article unique du titre XVI intitulé « *De la révision* » ; la pratique institutionnelle a toutefois validé l'utilisation concurrente de l'article 11. Les deux procédures qui doivent être distinguées ont permis de réaliser vingt-quatre révisions de la Constitution depuis 1958.

La procédure de droit commun posée par l'article 89

L'article 89 consacré aux modalités de révision de la Constitution est un article assez long, comptant cinq alinéas détaillant l'ensemble des modalités pratiques de la révision. Il définit l'initiative (89-1), le déroulement de la procédure (89-2 et 89-3), et en fixe les limites, temporelles (89-4) ou matérielles (89-5).

Le déroulement de la procédure

Elle débute par l'initiative de révision, à laquelle succède la révision proprement dite.

L'initiative

L'initiative de la révision de la Constitution appartient concurremment aux membres du Parlement, ainsi qu'au président de la République sur proposition du Premier ministre. La formulation implique que le pouvoir du chef de l'Etat dépende de l'accord du Premier ministre, sans que le premier soit tenu d'accéder à la demande du second ; partagée entre les deux hommes, l'initiative de révision suppose leur accord[1]. L'initiative parlementaire est limitée dans les faits par l'inscription à l'ordre du jour des assemblées, lequel dépend largement du Gouvernement. Toutes les révisions ayant abouti furent d'origine présidentielle.

Le vote

La procédure suppose que le projet ou la proposition soient adoptés dans les mêmes termes par chacune des chambres. Aucune majorité particulière n'est exigée, mais il ressort du texte constitutionnel qu'il est impossible de passer outre l'opposition du Sénat (ou de l'autre chambre), fut-ce au moyen de la réunion d'une Commission mixte paritaire ; chacune des chambres dispose d'un pouvoir de veto sur tout texte de révision constitutionnelle (l'opposition du Sénat fit échouer en 1984 le projet de

1. Il ne s'agit pas non plus d'un pouvoir propre du président, car il ne figure pas dans la liste de l'art. 19.

révision visant à élargir le champ de l'article 11). Une fois le texte adopté par les deux chambres, il peut être procédé à la révision proprement dite, laquelle doit intervenir par référendum, l'article 89-2 indiquant que « *la révision est définitive après avoir été approuvée par référendum* ».

Si cette formulation pose le principe d'une approbation référendaire de la révision, l'alinéa suivant prévoit la possibilité d'y déroger. En cas de révision initiée par un parlementaire, le recours au référendum est obligatoire, le Parlement ne pouvant modifier la norme suprême sans le concours du peuple. Au contraire, s'il s'agit d'un projet de révision, le président de la République dispose d'un choix : soit il procède à un référendum, soit il convoque le Parlement en Congrès afin que les deux chambres réunies adoptent ensembles le texte proposé ; dans cette hypothèse, le projet de révision doit être approuvé par une majorité qualifiée correspondant aux 3/5e des suffrages exprimés. Lorsque le Parlement est réuni en Congrès, la procédure est extrêmement stricte et aucune modification du texte proposé ne peut être admise, le projet devant être voté en l'état.

Le principe de la révision par référendum semble tout à la fois conforme à l'esprit des institutions et aux principes de fonctionnement du pouvoir constituant. En vertu de la règle du parallélisme des formes, le peuple et lui seul devrait être habilité à modifier son œuvre ; cela permet en outre de favoriser la responsabilité du peuple. Le fait qu'une proposition de révision suppose nécessairement le vote du peuple vise à éviter que les parlementaires ne modifient seuls la Constitution. De plus, si cette proposition a été imposée au Gouvernement, c'est le peuple qui est ainsi rendu juge du différend.

Les limites

Ces limites figurent aux 4e et 5e alinéas de l'article 89 et furent précisées par le Conseil constitutionnel. Les unes sont temporelles, les autres matérielles.

Limites temporelles

Ces limites ne soulèvent pas de difficulté d'interprétation. La Constitution rappelle qu'il est impossible de procéder à une révision au cours d'une période de vacance de la présidence (art. 7) ou lorsqu'il est porté atteinte à l'intégrité du territoire (art. 89-4), formule censée éviter que ne se renouvelle une révision semblable à celle de 1940. Le Conseil constitutionnel a par ailleurs considéré qu'une révision était impossible pendant la mise en œuvre de l'article 16[2].

2. CC, 92-312 DC, 2 septembre 1992, *Maastricht II*. L'interdiction de réviser pendant cette période ne figure pas *stricto sensu* dans la Constitution, mais l'esprit de l'art. 16 peut justifier de rendre impossible une telle révision.

Limites matérielles

La limite la plus importante réside dans l'interdiction de porter atteinte, par le biais d'une révision, à la forme républicaine du Gouvernement, disposition inscrite dans nos Constitutions depuis la IIIe République (et la révision du 14 août 1884). La portée de cette limite dépend toutefois du sens donné à ces termes. Si on l'interprète de manière restrictive, cette forme républicaine ne s'oppose guère qu'à la forme royale et la limite paraît alors d'une portée essentiellement morale (surtout si l'on veut bien considérer la diversité des régimes s'étant autoqualifiés de Républiques). En revanche, si cette disposition est interprétée de manière extensive, il est possible de considérer comme contraire à la Constitution toute volonté de révision portant atteinte aux valeurs fondamentales de la République. La mise en œuvre de cette limitation apparaît difficile à mettre en œuvre, le Conseil constitutionnel ne se reconnaissant pas la compétence de contrôler la conformité à la Constitution des textes de révision.
A cette procédure régulière de révision de la Constitution s'ajoute une procédure concurrente permettant de contourner la procédure de l'article 89 : la procédure de l'article 11.

La procédure d'exception autorisée par l'article 11

C'est en 1962 que l'article 11 fut utilisé pour réviser la Constitution, en évitant l'obstruction du Sénat. Il s'agit d'envisager le recours à cette procédure et les difficultés juridiques qu'il soulève.

Le recours à l'article 11

Désirant réviser la Constitution et confronté à l'hostilité d'une large partie de la classe politique, de Gaulle passera outre l'opposition et profitera de l'imprécision de la Constitution pour réviser celle-ci au moyen de l'article 11. De nombreuses raisons expliquent ce choix, renouvelé en 1969.

Les raisons du recours à cette procédure

De Gaulle ne considère pas sa mission limitée au règlement de la crise algérienne mais pense que son œuvre de réorganisation nationale doit aller au-delà. Au plus haut de sa popularité après la ratification des accords d'Evian (8 avril 1962), il cherche le moyen de pérenniser sa présence à la tête de l'Etat et d'achever sa réforme de l'Etat. Le moyen qu'il trouvera pour se maintenir au pouvoir et édifier un régime correspondant à ses vœux réside en une simple modification de la Constitution : il s'agit que l'élection du président ait lieu au suffrage universel direct et que les citoyens choisissent eux-mêmes le chef de l'Etat.

La procédure de révision prévue par l'article 89 implique un vote conforme des deux chambres du Parlement. Or le chef de l'Etat connaît l'hostilité à son endroit du Sénat, ses principaux opposants y ayant trouvé refuge, et il sait qu'il ne dispose pas d'une majorité absolue au Palais-Bourbon. Ceci rend impossible la révision souhaitée, sachant que l'hostilité des parlementaires sera exacerbée par une réforme allant à l'encontre de la tradition républicaine et des mœurs parlementaires. En outre, le Parlement voit d'un mauvais œil que l'exécutif puisse se réclamer d'une légitimité populaire. L'utilisation de l'article 11 ne prévoyant pas un vote par les chambres, cette procédure permet d'échapper au veto parlementaire en sollicitant directement le peuple ; peuple que de Gaulle sait favorable à la réforme envisagée.

Les différentes utilisations

Octobre 1962

De Gaulle profite de l'émotion suscitée par l'attentat du Petit-Clamart (22 août 1962) pour annoncer qu'il estime nécessaire de modifier la Constitution afin de permettre au chef de l'Etat d'être élu au suffrage universel direct et qu'un référendum organisé sur le fondement de l'article 11 de la Constitution permettra au peuple de procéder lui-même à cette révision. Confrontée à ce coup de force, l'Assemblée nationale adopte une motion de censure à l'encontre du Gouvernement (5 octobre 1962), lequel présente sa démission ; de Gaulle refuse la démission, prie le Gouvernement de continuer à exercer ses fonctions et procède à la dissolution de l'Assemblée (art. 12), rendant le peuple juge du différend.
Le référendum a lieu le 28 octobre 1962 et 62,5 % des Français votent en faveur de la révision constitutionnelle (le projet étant assez populaire, l'opposition avait fait porter ses critiques plus sur la forme de la réforme que sur son fond). Saisi par le président du Sénat de la contrariété à la Constitution de la procédure suivie, le Conseil constitutionnel se déclare incompétent pour juger de la constitutionnalité d'une loi adoptée par référendum[3]. Dans la foulée, les élections législatives font un triomphe aux gaullistes, qui obtiennent la majorité absolue des députés.

Avril 1969

Après la révision de 1962, le Sénat devient le lieu d'une opposition irréductible à de Gaulle, lequel s'efforcera donc de limiter son influence (il interdira à ses ministres de se présenter au Sénat et n'y enverra que des secrétaires d'Etat). Ceci expliquera encore que de Gaulle s'efforce de procéder à une révision du statut du Sénat, contre la volonté de celui-ci, en 1969, afin d'en faire une chambre socio-économique représentant tout à la fois les régions et les intérêts économiques de la nation. Organisé le 27 avril 1969, ce référendum donne un résultat négatif, 53 % des Français rejetant le projet de révision ; le président démissionnera le lendemain. Depuis, l'article n'a plus été utilisé pour réviser la Constitution.

3. CC, 62-20 DC, 6 novembre 1962, *Loi référendaire*.

L'état de la question

Quasi unanimement dénoncée en 1962, la possibilité de recourir à l'article 11 pour réviser la Constitution semble faire aujourd'hui l'objet d'un consensus, Mitterrand ayant observé que « *l'usage établi et approuvé par le peuple peut désormais être considéré comme l'une des voies de la révision, concurremment avec l'article 89* », tout en reconnaissant que cette procédure rendait possible un risque de dérive : « *L'article 11 doit être utilisé avec précaution, à propos de textes peu nombreux et simples dans leur rédaction. Sinon, il serait préférable que la consultation des Français fut éclairée par un large débat parlementaire*[4]. » Les principaux éléments de la controverse juridique peuvent être rappelés et certaines perspectives esquissées.

La controverse sur la constitutionnalité du recours à l'article 11

Arguments hostiles à la constitutionnalité

L'argument le plus sérieux repose sur le fait qu'il existe dans la Constitution un titre intitulé « De la révision » et que ce titre ne contient qu'un article, sans évoquer l'existence d'une procédure concurrente ou dérogatoire. De même, l'article 11 ne se présente pas comme instituant une procédure dérogatoire à celle de l'article 89 ; ceci se vérifie à la lecture de l'article 85 (concernant la communauté, il fut abrogé en 1995) qui commençait par ces termes : « *Par dérogation à la procédure prévue à l'article 89.* » Si l'article 11 avait été considéré comme une voie de révision, l'article 85 aurait indiqué par dérogation aux dispositions de l'article 89 et de l'article 11... Enfin l'article 11 permet de faire ratifier un traité par référendum, si ce traité n'est pas contraire à la Constitution (l'art. 54 disposant qu'un traité contraire à la Constitution ne peut être ratifié qu'après modification de la Constitution). Cette situation signifie bien, par analogie, que s'il n'est pas possible d'approuver au moyen de l'article 11 un traité contraire à la Constitution, il n'est pas non plus possible de faire voter une loi également contraire à la Constitution.

Arguments favorables à la constitutionnalité

L'argumentation la plus solide fut le fait du Pr. Lampué. Notant que les termes de l'article 11 visent « *tout projet de loi* », il constate que cette formulation vise les projets de lois ordinaires, mais aussi organiques ou constitutionnelles. Or si l'on considère que la formulation de l'article 89 exclut que les projets de lois constitutionnelles soient visés par l'article 11, on constate que ni l'article 34 (loi ordinaire) ni l'article 46 (loi organique) n'évoquent en leur sein une exception au principe qu'ils instituent. Une telle lecture supposerait alors l'article 11 ouvert à tout projet de loi qui ne serait ni ordinaire, ni organique, ni constitutionnelle... ce qui lui enlève tout effet. Il convient donc d'admettre que l'article 11 s'adresse bien à tout projet de loi, y compris constitutionnel.

4. Entretien avec F. DUHAMEL, in *Pouvoirs*, n° 45, 1988, p. 138.

Quant à l'analyse effectuée à partir de la ratification des traités, le Pr. Lampué considère qu'il faut raisonner non par analogie mais a contrario, c'est-à-dire que s'il est interdit de ratifier par recours à l'article 11 un traité contraire à la Constitution, cela signifie a contrario que la même opération serait possible en ce qui concerne une loi contraire à la Constitution (donc la modifiant).
Des arguments d'ordre politique furent aussi évoqués, Pompidou notant que si le Parlement pouvait réaliser une révision sans consulter le Gouvernement, il devait être admis en symétrie que l'exécutif dispose de la possibilité de consulter le peuple et de réviser la Constitution en dehors de la volonté du Parlement. Ingénieuse, cette argumentation ne repose sur aucun élément de texte. De manière tout autant politique figure l'idée selon laquelle que si la procédure d'adoption de la réforme avait été initialement viciée par une inconstitutionnalité, la faute initiale se serait trouvée en quelque sorte effacée par la réponse positive donnée au cours du référendum par le détenteur du pouvoir constituant originaire : le peuple souverain. Georges Vedel considéra pour sa part qu'une coutume constitutionnelle s'était ainsi créée.

Les perspectives

La possibilité laissée à une des deux assemblées de bloquer seule le processus de révision constitutionnelle de l'article 89 fut assez critiquée et a incité à réfléchir sur une évolution de la formulation de cet article. C'est ainsi que la Commission Vedel, en 1993, se prononça en faveur d'une possible évolution de l'article 89, proposant que si un projet de révision se trouvait bloqué par une des deux chambres, le président de la République puisse rendre la nation arbitre de la querelle en lui demandant de procéder à la révision de la Constitution par référendum (dès lors que la chambre ayant adopté le texte l'ait fait à une majorité des 3/5ᵉ). Une telle réforme devrait avoir pour objectif, d'après ses initiateurs, de permettre un rééquilibrage des compétences réparties entre le chef de l'Etat, les deux chambres et la nation, tout en évitant le blocage institutionnel ayant justifié en 1962 le recours à l'article 11 ; il n'a pas été donné suite à cette proposition de la Commission Vedel, l'usage consacré de l'article 11 semblant finalement satisfaisant.
En 2007, le comité Balladur pour la modernisation de la Vᵉ République reprenait cette même idée et proposait à son tour une réforme de l'article 89 permettant de passer outre l'opposition d'une des chambres – si l'autre avait adopté le texte à la majorité des trois cinquièmes – en soumettant alors le texte au jugement du peuple souverain (Proposition n° 68). Pas plus que la proposition du Comité Vedel, celle-ci ne fut reprise à l'occasion de la révision constitutionnelle du 23 juillet 2008.

4. Débat : peut-on contrôler les lois de révision constitutionnelle ?

CC, 2003-469 DC, 26 mars 2003

Loi const. relative à l'organisation décentralisée de la République.

« 3. *Considérant qu'il résulte de ce qui précède que le Conseil constitutionnel n'a pas compétence pour statuer sur la demande susvisée, par laquelle les sénateurs requérants lui défèrent, aux fins d'appréciation de sa conformité à la Constitution, la révision de la Constitution relative à l'organisation décentralisée de la République approuvée par le Congrès le 17 mars 2003.* »

La décision rendue à propos de la révision constitutionnelle relative à la décentralisation est venue clore, au moins pour un temps, la controverse relative à la notion de supraconstitutionnalité et à la portée des dispositions du dernier alinéa de l'article 89.
L'argumentation des requérants visait à faire constater la contrariété à la Constitution de la révision constitutionnelle, arguant que la révision remettait en cause la forme républicaine de nos institutions. Cette position semblait de plus s'inscrire dans la perspective esquissée par le Conseil constitutionnel lui-même, lorsqu'il évoqua la souveraineté « *sous réserve* » du pouvoir constituant[5] ; réserves tenant aux périodes durant lesquelles la révision se trouvait interdite, ainsi qu'à la forme républicaine du Gouvernement... La décision rendue le 3 mars 2003 clôt cette perspective, puisque le Conseil, rappelant qu'il ne dispose que d'une compétence d'attribution, refuse de se prononcer dans un cas non expressément prévu par un texte.

La décision rendue semble à la fois sage et logique.
Logique d'abord car l'on ne peut que difficilement concevoir qu'il existe en démocratie, dans un régime de souveraineté de la nation, des règles qui ne puissent faire l'objet d'une remise en cause par le constituant lui-même ; et de fait, il est de longue date observé qu'un peuple « *a toujours le droit de revoir, de réformer et de changer sa Constitution. Une génération ne peut assujettir à ses lois les générations futures* »[6]. Or, comment avoir raison contre le peuple, dans un système reposant sur celui-ci ?

Sage surtout, car si l'examen de la constitutionnalité des lois de révision devait être envisagé, il soulèverait des difficultés importantes. La première difficulté tiendrait à la légitimité de l'organe qui viendrait limiter la portée des révisions de la Constitution, et s'estimerait ainsi, *de facto*, plus apte que la représentation nationale à juger du bien fondé d'une révision. La seconde difficulté, bien plus grande à notre sens,

5. CC, 92-312 DC, 2 septembre 1992, *Maastricht II*, cons. 19.
6. Art. 28 de la Constitution du 24 juin 1793.

porterait sur la nature et les modalités du contrôle alors exercé. Le débat sur la « forme républicaine du Gouvernement » oscille en effet entre deux écueils difficilement évitables : si cette disposition ne vise qu'une définition formelle, elle n'aura qu'une utilité très relative, tandis que s'il lui est donné une définition extensive c'est la souveraineté même du constituant qui disparaît.
Refusant de s'engager sur une telle voie, le Conseil constitutionnel conclut donc à son incompétence quant à contrôler la constitutionnalité des lois de révision.

Le contrôle du Conseil aurait pu, peut-être, se voir justifié, au nom de la distinction entre le pouvoir constituant originaire et le pouvoir constituant institué. Dans un tel cas de figure[7], il semble possible d'envisager que le constituant originaire reste souverain, tandis que le pouvoir institué pourrait faire l'objet d'un contrôle ; une telle situation permettrait de ne pas donner un pouvoir du dernier mot au juge constitutionnel, tout en rappelant à la représentation nationale qu'elle se doit de suivre les règles et les limitations posées par la Constitution ; y compris matérielles...

Les différentes révisions de la Constitution de 1958

Loi constitutionnelle	Articles modifiés	Objet de la révision
n° 60-525 du 4 juin 1960	Articles 85 et 86	Etats de la Communauté
n° 62-1292 du 6 novembre 1962	Articles 6 et 7	Election du président au suffrage universel direct
n° 63-1327 du 30 déc. 1963	Article 28	Sessions parlementaires
n° 74-904 du 29 oct. 1974	Article 61	Saisine du Conseil constitutionnel
n° 76-527 du 18 juin 1976	Article 7	Intérim de la Présidence de la République
n° 92-554 du 25 juin 1992	Article 88-1 et autres	Union Européenne
n° 93-952 du 27 juillet 1993	Articles 65 et 68...	Cour de Justice de la Rép. et autres
n° 93-1256 des 25 nov. 1993	Article 53-1	Droit d'asile et accords de Schengen
n° 95-880 du 4 août 1995	not. articles 11, 28, 26 et titres XIII et XVII	Référendum, session unique, inviolabilité parlementaire, Communauté et dispositions transitoires

7. Qui s'inscrirait dans la logique de l'incontestabilité du référendum, CC, 62-20 DC, 6 novembre 1962, *Loi référendaire*.

Loi constitutionnelle	Articles modifiés	Objet de la révision
n° 96-138 du 22 février 1996	Articles 34, 39 et 47-1	Loi de financement de la sécurité sociale
n° 98-610 du 20 juillet 1998	Articles 76 et 77	Nouvelle-Calédonie
n° 99-49 du 25 janvier 1999	Articles 88-2 et 88-4	Traité d'Amsterdam
n° 99-568 du 8 juillet 1999	Article 53-2	Cour pénale internationale
n° 99-569 du 8 juillet 1999	Articles 3 et 4	Parité homme-femme
n° 2000-964 du 2 oct. 2000	Article 6	Quinquennat présidentiel (par référendum)
n° 2003-267 du 25 mars 2003	Article 88-2	Mandat d'arrêt européen
n° 2003-276 du 28 mars 2003	not. articles 72 et suiv.	Organisation décentralisée de la République
n° 2005-204 du 1er mars 2005	Titre XV	Traité établissant une Constitution pour l'Europe
n° 2005-205 du 1er mars 2005	Préambule et Déclaration	Charte de l'environnement de 2004
n° 2007-237 du 23 février 2007	Article 77	Corps électoral de Nouvelle-Calédonie
n° 2007-238 du 23 février 2007	Titre IX (art. 67 et 68)	Haute Cour : resp. pénale du chef de l'Etat
n° 2007-239 du 23 février 2007	Article 66-1	Interdiction de la peine de mort
n° 2008-103 du 4 février 2008	Articles 88-1 à 88-7	Traité de Lisbonne
n° 2008-724 du 23 juillet 2008	Très nombreux articles	Modernisation de la Constitution

FICHE N° 30

LE CONSEIL CONSTITUTIONNEL

1. Références

CAMBY J.-P., *Le Conseil constitutionnel, juge électoral*, Dalloz, 2001.

DRAGO G. et al., *La Légitimité de la jurisprudence du Conseil constitutionnel*, 1999.

FAVOREU P., PHILIP P., *Les Grandes Décisions du Conseil constitutionnel,* 14e éd., Dalloz, 2007.

JAN P., *Le Procès constitutionnel*, LGDJ, 2001.

LUCHAIRE F., *Le Conseil constitutionnel*, 4 tomes, 2e éd., Economica, 1997-2002.

MATHIEU B., VERPEAUX M., *Contentieux constitutionnel des droits fondamentaux*, LGDJ, 2002.

PFERSMANN O., « Le renvoi préjudiciel sur exception d'inconstitutionnalité : la nouvelle procédure de contrôle concret a posteriori », *LPA*, 19 déc. 2008, n° 254, pp. 103 à 110.

ROUVILLOIS F., « Michel Debré et le contrôle de constitutionnalité », *RFDC*, 2001, pp. 227 et suiv.

SCHOETTL J.-E., « Jusqu'où formaliser la procédure suivie devant le Conseil constitutionnel ? », *Mélanges Gicquel*, Montchrestien 2008, pp. 537 à 543.

TAVERNIER P., *Le Conseil constitutionnel français peut-il échapper au contrôle de la CEDH ?* Mélanges Conac, Economica, 2001, pp. 255 et suiv.

VERPEAUX M., BONNARD M., *Le Conseil constitutionnel*, La Documentation française, 2007.

« Le Conseil constitutionnel », *Pouvoirs*, n° 13, 1980, et n° 105, 2003.

2. Repères

Définitions

Bloc de constitutionnalité : l'expression désigne les textes au regard desquels le Conseil contrôle la constitutionnalité des lois adoptées par le Parlement. Ce bloc est constitué de la Déclaration des droits de l'homme et du citoyen du 26 août 1789, du préambule de la Constitution du 27 octobre 1946, la Constitution du 4 octobre 1958 et les principes fondamentaux reconnus par les lois de la République.

Constitutionnalité : lorsque le Conseil effectue un tel contrôle, il vérifie la conformité à la Constitution (et au bloc de constitutionnalité) des textes qui lui sont déférés.

Conventionnalité : cette formule évoque le contrôle de la compatibilité des textes aux conventions internationales. Le Conseil constitutionnel refuse de contrôler la conformité des lois aux traités internationaux lorsqu'il effectue son contrôle de constitutionnalité (CC, 74-54 DC, *IVG*, 15 janvier 1975). Ce contrôle de conventionnalité est effectué depuis par le juge ordinaire (Ccass, 24 mai 1975, *Société Jacques Vabre*, et CE, 20 octobre 1989, *Nicolo*).

Principe fondamental reconnu par les lois de la République : l'expression vise des principes généraux qui sans être inscrits en tant que tels dans des textes de valeur constitutionnelle ont été reconnus par le Conseil constitutionnel comme s'imposant au législateur. C'est le préambule de la Constitution de 1946 qui utilise la formule pour la première fois. Un tel principe doit résulter d'une loi républicaine adoptée avant 1946 et à laquelle il n'a jamais été dérogé.

Réserves d'interprétation : cette formule désigne une technique utilisée par le Conseil qui lui permet de subordonner la constitutionnalité d'une disposition législative à son application conforme à l'interprétation délivrée.

Chronologie

• 6 novembre 1962 : décision 62-20 DC ; le Conseil se déclare incompétent pour examiner la constitutionnalité d'une loi adoptée par référendum.
• 16 juillet 1971 : décision 71-44 DC ; le contrôle est effectué au regard du bloc de constitutionnalité.
• 29 octobre 1974 : élargissement du droit de saisine à 60 députés ou 60 sénateurs.
• 15 janvier 1975 : décision 74-54 DC ; le Conseil refuse d'effectuer un contrôle de conventionnalité.

• 25 novembre 1993 : le Congrès du Parlement révise la Constitution pour y inscrire une disposition préalablement censurée par le Conseil constitutionnel (art. 53-1 relatif au droit d'asile).
• 26 mars 2003 : décision 2003-469 DC ; le Conseil se déclare incompétent pour examiner la constitutionnalité d'une loi de révision de la Constitution.
• 10 juin 2004 : décision n° 2004-496 DC ; tout en se déclarant incompétent pour contrôler la conformité à la Constitution d'une loi transposant une directive communautaire, le Conseil constitutionnel se réserve la possibilité d'intervenir en présence d'une disposition expresse contraire de la Constitution.
• 27 juillet 2006 : décision n° 2006-540 DC ; précisant sa jurisprudence du 10 juin 2004, le Conseil établit que la transposition d'une directive ne saurait aller à l'encontre d'une règle ou d'un principe inhérent à l'identité constitutionnelle de la France.
• 23 juillet 2008 : la révision constitutionnelle instaure l'exception d'inconstitutionnalité, sur renvoi de chacune des deux Cours suprêmes.

Biographie : Jean-Louis Debré

Fils de Michel Debré, il est né en 1944 ; magistrat et docteur en droit, il est député depuis 1986, avec une interruption durant laquelle il fut membre du Gouvernement (1995-1997). Président de l'Assemblée nationale de 2002 à 2007, le président Chirac l'a nommé à la présidence du Conseil constitutionnel en février 2007.

Les membres actuels du Conseil
(figure entre parenthèses leur date de nomination)

Mmes Jacqueline de Guillenschmidt (2004), Dominique Schnapper (2001), Guy Canivet (2007), Jacques Chirac (membre de droit), MM. Jean-Louis Debré (2007), Renaud Denoix de Saint Marc (2007), Olivier Dutheillet de Lamothe (2001), Valéry Giscard d'Estaing (membre de droit), Pierre Joxe (2001), Jean-Louis Pezant (2004), Pierre Steinmetz (2004).

Schéma explicatif : les différentes saisines du juge constitutionnel

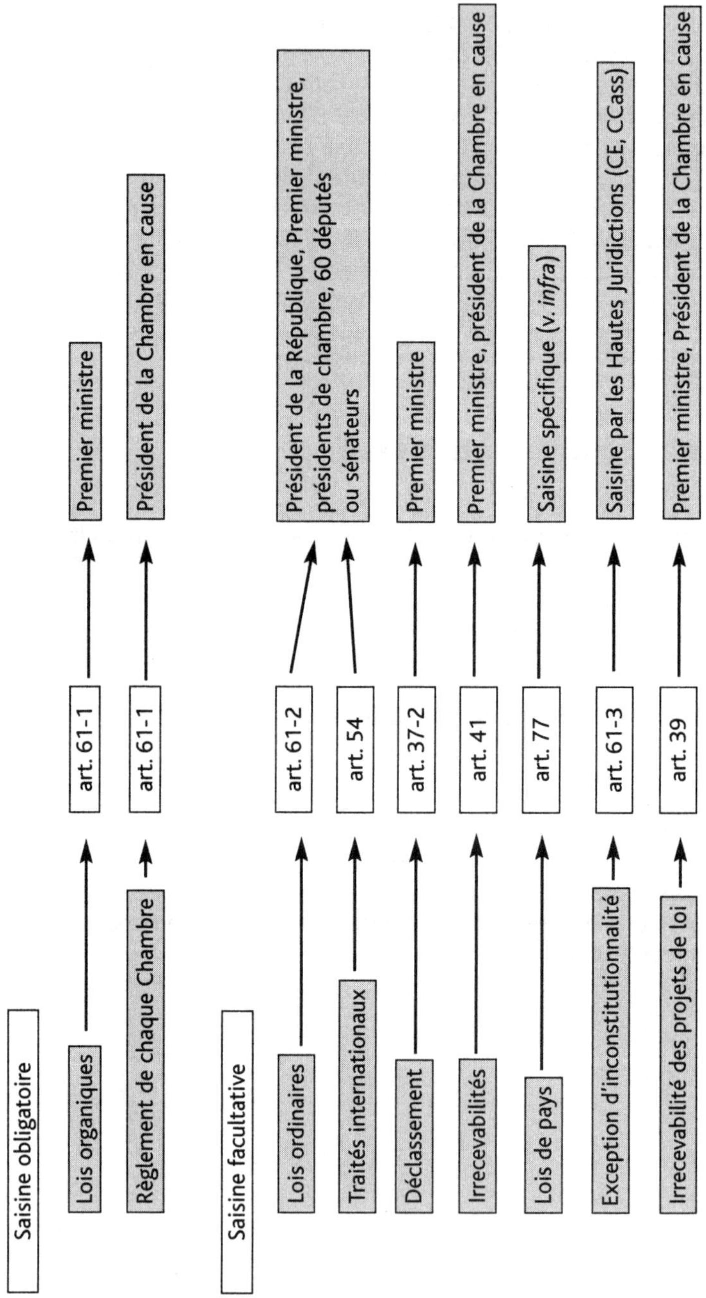

3. Explications : les fonctions du Conseil constitutionnel

Avant 1958, il n'existe pas en France de contrôle de constitutionnalité en tant que tel ; les choses changent avec l'adoption de la Constitution. Celle-ci s'inscrit de ce point de vue dans le mouvement de création de Cours constitutionnelles postérieur à la seconde guerre mondiale. La Constitution consacre des développements substantiels au Conseil (titre VII, art. 56 à 63) ; celui-ci, composé de neuf membres désignés pour neuf ans (par tiers tous les trois ans, par le président de la République et les présidents de chaque chambre) et des anciens présidents de la République[1], voit son président nommé par le chef de l'Etat. S'il possède de nombreuses fonctions, sa création est alors spécialement justifiée par « *la volonté de subordonner la loi* [...] *à la règle supérieure édictée par la Constitution.* [...] *La Constitution crée ainsi une arme contre la déviation du régime parlementaire* »[2]. Loin de cette perspective initiale, le Conseil ne s'est pas borné à remplir ses fonctions premières mais s'est peu à peu donné la stature d'un juge des libertés, au moyen d'un contrôle extensif de la loi.

Les différentes fonctions

Le Conseil constitutionnel possède d'abord des fonctions de juge et de conseil. Parmi les différentes fonctions, il doit enfin envisager la constitutionnalité des normes.

La fonction de juge et de conseil

Divers contentieux sont donnés à la juridiction du Conseil, lequel se voit en outre attribuer par la Constitution une fonction constitutionnelle.

Juge du contentieux de certaines élections

Le Conseil constitutionnel est d'abord juge du contentieux électoral des élections présidentielles, parlementaires, et des consultations référendaires. Il est considéré que ces élections ayant permis à la nation française de s'exprimer doivent relever de la compétence du Conseil constitutionnel, les autres élections pouvant être contestées devant le juge administratif. Avant 1958, seul le Parlement se trouvait compétent pour examiner les contestations relatives à l'élection de ses propres membres ; mais ainsi juge et partie, le Parlement avait commis certains abus dans cette fonction (not. l'invalidation de nombreux députés poujadistes en 1956), ce qui amena le

1. Au printemps 2004, l'ancien président Giscard d'Estaing a décidé de rejoindre le Conseil pour y siéger. Il est le premier président de la Ve République à le faire.
2. DEBRÉ M., discours devant le Conseil d'Etat, 27 août 1958.

constituant à lui retirer cette mission pour le confier au nouveau Conseil constitutionnel (art. 58, 59 et 60).
Lorsqu'il intervient en tant que juge du contentieux électoral, le Conseil exerce sa mission de manière semblable au Conseil d'Etat placé dans la même situation.

Autorité constitutionnelle

Cette mission se vérifie en ce que lorsque le président décide de recourir aux dispositions de l'article 16, il doit préalablement recueillir l'avis du Conseil constitutionnel. Si le président reste en tout état de cause libre de son choix, l'avis du Conseil, motivé, fait l'objet d'une publication. De plus, la mission du Conseil ne s'arrête pas là, puisque par la suite, il se trouve obligatoirement consulté par le président à propos des mesures que celui-ci souhaite prendre.
L'article 7 de la Constitution confère encore une importante mission au Conseil constitutionnel : c'est lui qui se trouve chargé, saisi par le Gouvernement, de se prononcer sur l'empêchement du président ; il s'est également reconnu compétent pour constater la vacance de la présidence[3]. Au-delà de ses attributions en matière d'organisation de l'élection présidentielle (examen de la recevabilité des candidatures, proclamation des résultats...), la Constitution lui attribue le pouvoir de reporter ou de recommencer les opérations électorales en cas de décès d'un candidat (art. 7 ; ce cas ne s'est encore jamais produit). Il est encore compétent en matière d'organisation des référendums.

Le contrôle de la constitutionnalité des normes

Cette fonction est de loin la plus connue, mais elle ne concerne pas uniquement l'examen de la constitutionnalité des lois ; d'autres normes peuvent être en cause. Ce contrôle est tantôt facultatif, tantôt obligatoire, les décisions du Conseil s'imposant en tout état de cause « *aux pouvoirs publics et à toutes les autorités administratives et juridictionnelles* », elles ne sont susceptibles d'aucun recours (art. 62).

Le contrôle obligatoire

Sont ici visés les règlements des Assemblées ainsi que les lois organiques (art. 61). En ce qui concerne les règlements des Assemblées, c'est la première fois que ceux-ci se trouvent contrôlés par une autorité extérieure aux Chambres et le Conseil s'est montré particulièrement exigeant, jugeant contraire à la Constitution toute disposition de ces règlements susceptible d'être interprétée dans un sens favorable au Parlement[4]. Pour ce qui est des lois organiques, le Conseil constitutionnel effectue un contrôle approfondi de celles-ci, s'attachant à examiner la constitutionnalité de l'ensemble de leurs dispositions ; il envisage également si les conditions de procédure fixées par l'article 46 de la Constitution ont été respectées.

3. CC, *Déclaration de vacance*, 3 avril 1974.
4. CC, 59-2 DC, 17, 18 et 24 juin 1959, *Règlement de l'Assemblée nationale*.

Le contrôle facultatif

La Constitution prévoit enfin de nombreux cas où le contrôle est facultatif. Les autorités susceptibles d'effectuer la saisine sont différentes selon les actes en cause.

Engagements internationaux

En vertu de l'article 54, le Conseil peut examiner la conformité à la Constitution de tout engagement international. Si celui-ci est jugé contraire à la Constitution, l'autorisation de le ratifier ou de l'approuver ne peut intervenir qu'après la révision de la Constitution. La saisine peut être effectuée par les quatre autorités prévues en 1958 (président de la République, Premier ministre et chaque président de Chambre), ainsi que par 60 députés ou sénateurs (depuis 1992).

Lois ordinaires

Le contrôle de la conformité à la Constitution des lois peut également être initié par ces quatre autorités et par 60 députés ou sénateurs (depuis 1974), en application des dispositions du 2e alinéa de l'article 61 ; le contrôle doit être effectué dans un délai d'un mois (si le Gouvernement a demandé l'urgence, ce délai est ramené à 8 jours).

Irrecevabilités

Lorsque le Gouvernement a opposé l'irrecevabilité de l'article 41 à un amendement ou à une proposition de loi ne respectant pas la distinction entre domaine de la loi et du règlement des dispositions des articles 34 et 37 et si le président de l'assemblée concernée s'y est opposé, le Conseil constitutionnel, à la demande du Premier ministre ou du président de chambre en cause, constate le caractère législatif ou réglementaire de la disposition en cause.

Déclassement

A la demande du Premier ministre, le Conseil constitutionnel constate, s'il y a lieu, le caractère réglementaire d'une disposition de forme législative (art. 37, 2e al.).

Lois de Pays

Depuis 1999 et en application de l'article 77, le Conseil peut être saisi de la conformité à la Constitution, des « Lois de Pays » adoptées en Nouvelle-Calédonie[5].

5. Le haut-commissaire, le gouvernement, le président du Congrès de Nouvelle-Calédonie, 18 membres du Congrès ou le président d'une assemblée de province peuvent effectuer la saisine ; v. pour la première application, CC, 2000-1 LP, 27 janvier 2000, *Loi du Pays* I, in GDCCo 51, pp. 916 et suiv.

Exception d'inconstitutionnalité

Avec la révision constitutionnelle du 23 juillet 2008 s'ouvre une nouvelle page pour le Conseil constitutionnel dans son contrôle de la constitutionnalité des lois. La réforme ouvre la possibilité d'un contrôle *a posteriori* de la loi, par voie d'exception soulevée au cours d'un procès. L'exception pourra être soulevée à l'occasion de toute instance relevant du Conseil d'Etat ou de la Cour de cassation, dès lors que le requérant allègue d'une violation des droits et libertés constitutionnellement garantis (et non d'une simple violation de la Constitution) ; alors, la juridiction saisie de cette question effectue un premier examen avant de renvoyer à la juridiction suprême dont elle relève, si la question semble soulever une réelle interrogation quant à la constitutionnalité de la loi en cause. Chacune des deux plus hautes juridictions saisira le Conseil constitutionnel de la question de constitutionnalité si la disposition contestée soulève une question nouvelle ou présente une difficulté sérieuse. Le Conseil constitutionnel devrait alors disposer de trois mois pour statuer. Le projet de loi organique permettant l'application de l'article 61-1 de la Constitution a été déposé auprès de l'Assemblée nationale le 8 avril 2009.

Le juge des libertés

C'est à partir des années 1970 qu'a peu à peu émergé cette nouvelle fonction que devait conforter le contrôle extensif opéré par le Conseil constitutionnel.

L'apparition d'une nouvelle fonction

Cette fonction doit d'abord aux circonstances, puis aux modalités du contrôle exercé.

Les prémices

Ce rôle, le Conseil a pu se l'attribuer du fait de la concomitance de deux événements qui, séparés, n'auraient pas eu autant d'influence. Le premier d'entre eux réside dans la jurisprudence du Conseil lui-même, qui à l'occasion de sa décision du 16 juillet 1971[6], s'est donné la possibilité de vérifier de la constitutionnalité d'une loi non plus seulement à la Constitution elle-même, mais au regard du bloc de constitutionnalité (lequel se trouve constitué de la Constitution de 1958 et de son préambule, lequel fait référence au préambule de la Constitution de 1946 et à la Déclaration des Droits de l'homme et du citoyen de 1789, ainsi qu'aux principes fondamentaux reconnus par les lois de la République, principes généraux du droit non rattachés à un texte et objectifs de valeur constitutionnelle).

6. CC, 71-44 DC, 16 juillet 1971, *Liberté d'association*.

Le second des événements fut l'extension du droit de saisine en 1974. Jusqu'alors, seules quatre institutions pouvaient le saisir : le président de la République, les présidents de chacune des deux chambres et le Premier ministre, ce qui rendait la saisine assez rare ; le président Giscard d'Estaing décida d'offrir à 60 parlementaires (députés ou sénateurs) la faculté de saisir le Conseil constitutionnel de la conformité à la Constitution d'un texte de loi adopté par le Parlement. Cette possibilité sera largement utilisée, l'opposition cherchant toujours à obtenir du Conseil une victoire politique qu'elle ne peut obtenir au Parlement, étant minoritaire. La conjonction de ces deux événements favorisa l'émergence de cette nouvelle image du Conseil ; image que le contrôle exercé devait accentuer.

Un contrôle spécifique

Le Conseil constitutionnel a développé par sa jurisprudence un contrôle de plus en plus extensif de la loi, ce qui a contribué à lui donner l'allure d'un défenseur des citoyens. D'abord, alors qu'il ne fondait initialement son contrôle que sur les dispositions contestées par les requérants et se limitait à l'examen des seuls moyens soulevés par les auteurs de la saisine, le Conseil décida de censurer d'autres dispositions, même non contestées par les requérants, les jugeant indissociables de dispositions annulées[7]. Au-delà, il décida de ne plus se limiter aux moyens invoqués par les requérants, mais souleva de sa propre initiative des griefs d'inconstitutionnalité qui n'avaient pas été évoqués[8]. En soulevant ainsi d'office de nouveaux moyens, le Conseil marquait la spécificité d'un contrôle bientôt extensif.

Un contrôle extensif

Extensif, le contrôle du Conseil l'est sans aucun doute ; abusif, il le serait si c'était un pouvoir du dernier mot, ce qui n'est pas le cas.

La participation à l'édiction de la norme

Le Conseil constitutionnel a marqué une étape supplémentaire de son contrôle en formulant un certain nombre d'indications sur la manière dont la loi qu'il contrôle devra se voir ultérieurement appliquée. Pour cela, le Conseil impose par avance l'interprétation future de la loi : la loi n'est alors conforme à la Constitution que sous réserve du respect de l'interprétation qui en a été faite. Le recours à ces réserves d'interprétation permet d'imposer que les règlements d'application de la loi que le Gouvernement sera amené à prendre respectent l'analyse et le sens donné par le Conseil constitutionnel ; clairement exprimée en 1981[9], cette technique de la conformité sous réserve est fréquemment utilisée[10].

7. CC, 73-51 DC, 27 décembre 1973, *Taxation d'office*.
8. CC, 80-127 DC, 19-20 janvier 1981, *Sécurité et Liberté*.
9. *Ibid.*
10. V. spéc. CC, 99-419 DC, 9 novembre 1999, *PACS* ; *GDCC*, n° 30, § 17, p. 447.

De manière symbolique, le Conseil n'a pas hésité à se faire le censeur du législatif en ayant recours à la notion d'erreur manifeste d'appréciation. Evoquée pour la première fois en 1982 cette notion sera utilisée ensuite pour déclarer certaines dispositions législatives contraires à la Constitution[11]. Sa mise en avant donne au Conseil la possibilité d'exercer dans les faits un contrôle minimum sur les actes régulièrement adoptés par le pouvoir législatif. Le recours à la notion d'erreur manifeste (aujourd'hui le Conseil parle plus souvent de « *disproportion manifeste* ») permet *de facto* un quasi-contrôle de l'opportunité de la loi.

Le pouvoir de l'avant-dernier mot

L'extension du contrôle opéré par le Conseil n'a pas été sans soulever la critique. Sans chercher à en faire une liste exhaustive, on notera qu'en étendant son contrôle de la loi au « bloc de constitutionnalité », le Conseil ne juge plus au regard de normes juridiques mais en fonction de dispositions philosophiques qu'il est parfois difficile de traduire en droit sans contestation[12]. C'est ainsi que le Premier ministre Edouard Balladur observera, en 1993, devant le Parlement réuni en Congrès : « *Depuis que le Conseil constitutionnel a décidé d'étendre son contrôle au respect du préambule de la Constitution, cette institution est conduite à contrôler la conformité de la loi au regard de principes généraux parfois plus philosophiques et politiques que juridiques, quelquefois contradictoires et conçus à des époques bien différentes de la nôtre. Certains pensent même qu'il lui est arrivé de les créer lui-même.* »

Cette polémique, née de la décision du Conseil de censurer diverses dispositions législatives adoptées par le Parlement, fut également l'occasion de montrer que le Conseil constitutionnel n'abuse pas de son pouvoir, puisqu'il est toujours possible de surmonter son opposition. En l'espèce, le Parlement modifia la Constitution en y intégrant une disposition relative au droit d'asile et aux accords de Schengen, laquelle avait préalablement été censurée par le Conseil, sous sa forme législative.
Le Conseil constitutionnel ne dispose que d'un pouvoir d'avant-dernier mot, car il s'incline toujours devant la prééminence du pouvoir constituant. Dès lors, si les gouvernants considèrent une décision comme abusive, il leur est toujours loisible de faire appel au pouvoir constituant pour décider d'une révision de la Constitution, par la voie du Congrès ou par référendum ; la nation est souveraine, à la différence des pouvoirs institués... Plutôt que de critiquer le Conseil, pourquoi ne pas consulter le peuple ?

11. CC, 85-196 DC, 8 août 1985, *Evolution de la Nouvelle-Calédonie*.
12. Ainsi de l'art. 1er de la Déclaration de 1789, « *Les hommes naissent libres et égaux en droits. Les distinctions sociales ne peuvent être fondées que sur l'utilité commune* », *quid* de cette utilité commune, où et quand commence-t-elle ?

4. Débat : la procédure devant le Conseil est-elle satisfaisante ?

En vertu de l'article 63 de la Constitution, « *une loi organique détermine les règles d'organisation et de fonctionnement du Conseil constitutionnel, la procédure qui est suivie devant lui et notamment les délais ouverts pour le saisir de contestations* ». C'est une ordonnance n° 58-1067 du 7 novembre 1958 qui en tient lieu ; si certaines règles de procédure y figurent, elles ont été précisées par un règlement intérieur au Conseil datant de 1959 (et de nombreuses fois modifié) et on ne peut que constater que « *les sources formelles en matière de procédure sont donc très réduites* »[13]. Si la jurisprudence du Conseil ainsi que sa pratique sont venues préciser nombre d'éléments de procédure et que celle-ci semble satisfaisante, spécialement en matière de contentieux électoral, on n'en remarquera pas moins quelques lacunes regrettables en ce qui touche à l'examen de la constitutionnalité des lois ordinaires.

Deux lacunes principales semblent pouvoir être évoquées.
La première tient au délai de saisine. La Constitution n'en fixe aucun, l'article 61.2 observant qu'elle doit avoir lieu avant la promulgation ; promulgation qui doit être effectuée par le président de la République dans un délai de quinze jours après la transmission de la loi adoptée au Gouvernement (art. 10). C'est donc un délai de quinze jours maximum que fixe la Constitution.
La difficulté tient ici au fait qu'il n'existe pas de délai minimum avant que n'intervienne la promulgation. Il paraît dès lors envisageable que pour contrer une éventuelle saisine parlementaire, le président assure la promulgation de la loi en voie d'être contestée, avant que la saisine n'ait pu être effectuée.
Une telle hypothèse n'est pas uniquement d'école, car cette situation s'est produite au moins une fois. La loi supprimant le service national fut en effet votée le 21 octobre 1997 et promulguée dès le 28 ; or c'est le 29, avant la publication de la loi au *JO*, que 60 sénateurs saisirent le Conseil de l'examen de la conformité à la Constitution de ladite loi... Le Conseil ne put alors que constater que la loi ayant été promulguée, il était incompétent pour en connaître[14].

La seconde porte sur le point de savoir si le Conseil peut être saisi à deux reprises à propos d'une seule loi. La situation s'est présentée lorsqu'en 2001, le Conseil une première fois saisi de la conformité d'une loi à la Constitution le 7 juin, l'a été une seconde fois, le 29 juin, alors qu'une décision avait été rendue le 27. Le Conseil refusa de prendre en compte la nouvelle demande[15] ; cette position semble pouvoir faire l'objet de réserves.

13. Mathieu B., Verpeaux M., *Contentieux constitutionnel des droits fondamentaux*, p. 179.
14. CC, 97-392 DC, 7 novembre 1997, *Loi portant réforme du service national*.
15. CC, 2001-449 DC, 4 juillet 2001, *IVG III*.

Il est d'abord possible de noter que disposant d'un mois pour rendre sa décision, le Conseil avait jusqu'au 7 juillet pour se prononcer et que tant que la décision n'avait pas été rendue, de nouveaux arguments pouvaient être développés devant le Conseil. De plus, se pose ici une difficulté de connaissance officielle de la première décision. En effet, la décision du Conseil du 27 juin a été publiée au *JO* en même temps que la loi, c'est-à-dire le 5 juillet 2001 ; il est dès lors possible de considérer que le 29 juin, les députés auteurs de la saisine n'avaient pas de connaissance officielle de la décision rendue le 27.
Enfin, il paraît regrettable que le Conseil ait refusé de contrôler les nouveaux moyens soulevés relatifs à des articles n'ayant pas fait l'objet d'un examen spécifique à l'occasion de la première décision. Il est cependant certain que la solution inverse à celle choisie par le Conseil pourrait avoir pour effet de provoquer des saisines dilatoires...

Ces deux exemples témoignent de ce que si la procédure peut être considérée comme satisfaisante, elle n'en connaît pas moins certaines lacunes. La principale cause de leur origine réside sans doute dans l'élargissement du droit de saisine en 1974. Dès lors que 60 parlementaires peuvent saisir le Conseil, c'est l'opposition qui cherche à obtenir un désaveu de la loi dont elle n'a pu empêcher l'adoption ; il résulta de la réforme de 1974 une extension phénoménale des saisines (moins de 50 en 12 ans, plus de 400 en 33 ans, si l'on se place en 1971). Tant que seules quatre autorités pouvaient saisir le Conseil, l'imprécision de la procédure pouvait paraître négligeable, tel n'est plus le cas désormais ; l'importance qu'a aujourd'hui acquis l'intervention du Conseil constitutionnel justifierait une clarification des points évoqués.

ANNEXES

1. Déclaration des Droits de l'homme et du citoyen du 26 août 1789

« Les Représentants du Peuple Français, constitués en Assemblée nationale, considérant que l'ignorance, l'oubli ou le mépris des droits de l'Homme sont les seules causes des malheurs publics et de la corruption des Gouvernements, ont résolu d'exposer, dans une Déclaration solennelle, les droits naturels, inaliénables et sacrés de l'Homme, afin que cette Déclaration, constamment présente à tous les Membres du corps social, leur rappelle sans cesse leurs droits et leurs devoirs ; afin que leurs actes du pouvoir législatif, et ceux du pouvoir exécutif, pouvant être à chaque instant comparés avec le but de toute institution politique, en soient plus respectés ; afin que les réclamations des citoyens, fondées désormais sur des principes simples et incontestables, tournent toujours au maintien de la Constitution et au bonheur de tous.
En conséquence, l'Assemblée nationale reconnaît et déclare, en présence et sous les auspices de l'Etre suprême, les droits suivants de l'Homme et du Citoyen.

Art. 1er – *Les hommes naissent et demeurent libres et égaux en droits. Les distinctions sociales ne peuvent être fondées que sur l'utilité commune.*

Art. 2 – *Le but de toute association politique est la conservation des droits naturels et imprescriptibles de l'Homme. Ces droits sont la liberté, la propriété, la sûreté, et la résistance à l'oppression.*

Art. 3 – *Le principe de toute Souveraineté réside essentiellement dans la Nation. Nul corps, nul individu ne peut exercer d'autorité qui n'en émane expressément.*

Art. 4 – *La liberté consiste à pouvoir faire tout ce qui ne nuit pas à autrui : ainsi, l'exercice des droits naturels de chaque homme n'a de bornes que celles qui assurent aux autres membres de la société la jouissance de ces mêmes droits. Ces bornes ne peuvent être déterminées que par la Loi.*

Art. 5 – *La Loi n'a le droit de défendre que les actions nuisibles à la Société. Tout ce qui n'est pas défendu par la Loi ne peut être empêché, et nul ne peut être contraint à faire ce qu'elle n'ordonne pas.*

Art. 6 – *La Loi est l'expression de la volonté générale. Tous les Citoyens ont droit de concourir personnellement, ou par leurs Représentants, à sa formation. Elle doit être la même pour tous, soit qu'elle protège, soit qu'elle punisse. Tous les Citoyens étant égaux à ses yeux sont également admissibles à toutes dignités, places et emplois publics, selon leur capacité, et sans autre distinction que celle de leurs vertus et de leurs talents.*

Art. 7 – *Nul homme ne peut être accusé, arrêté ni détenu que dans les cas déterminés par la Loi, et selon les formes qu'elle a prescrites. Ceux qui sollicitent, expédient,* *exécutent ou font exécuter des ordres arbitraires, doivent être punis ; mais tout citoyen appelé ou saisi en vertu de la Loi doit obéir à l'instant : il se rend coupable par la résistance.*

Art. 8 – *La Loi ne doit établir que des peines strictement et évidemment nécessaires, et nul ne peut être puni qu'en vertu d'une Loi établie et promulguée antérieurement au délit, et légalement appliquée.*

Art. 9 – *Tout homme étant présumé innocent jusqu'à ce qu'il ait été déclaré coupable, s'il est jugé indispensable de l'arrêter, toute rigueur qui ne serait pas nécessaire pour s'assurer de sa personne doit être sévèrement réprimée par la loi.*

Art. 10 – *Nul ne doit être inquiété pour ses opinions, même religieuses, pourvu que leur manifestation ne trouble pas l'ordre public établi par la Loi.*

Art. 11 – *La libre communication des pensées et des opinions est un des droits les plus précieux de l'Homme : tout Citoyen peut donc parler, écrire, imprimer librement, sauf à répondre à l'abus de cette liberté dans les cas déterminés par la Loi.*

Art. 12 – *La garantie des droits de l'Homme et du Citoyen nécessite une force publique : cette force est donc instituée pour l'avantage de tous, et non pour l'utilité particulière de ceux auxquels elle est confiée.*

Art. 13 – *Pour l'entretien de la force publique, et pour les dépenses d'administration, une contribution commune est indispensable : elle doit être également répartie entre tous les citoyens, en raison de leurs facultés.*

Art. 14 – *Tous les Citoyens ont le droit de constater, par eux-mêmes ou par leurs représentants, la nécessité de la contribution publique, de la consentir librement, d'en suivre l'emploi, et d'en déterminer la quotité, l'assiette, le recouvrement et la durée.*

Art. 15 – *La Société a le droit de demander compte à tout Agent public de son administration.*

Art. 16 – *Toute Société dans laquelle la garantie des Droits n'est pas assurée, ni la séparation des pouvoirs déterminée, n'a point de Constitution.*

Art. 17 – *La propriété étant un droit inviolable et sacré, nul ne peut en être privé, si ce n'est lorsque la nécessité publique, légalement constatée, l'exige évidemment, et sous la condition d'une juste et préalable indemnité.*

2. Préambule de la Constitution du 27 octobre 1946

« **1** – *Au lendemain de la victoire remportée par les peuples libres sur les régimes qui ont tenté d'asservir et de dégrader la personne humaine, le peuple français proclame à nouveau que tout être humain, sans distinction de race, de religion ni de croyance, possède des droits inaliénables et sacrés. Il réaffirme solennellement les droits et libertés de l'homme et du citoyen consacrés par la Déclaration des droits de 1789 et les principes fondamentaux reconnus par les lois de la République.*

2 – *Il proclame, en outre, comme particulièrement nécessaires à notre temps, les principes politiques, économiques et sociaux ci-après :*

3 – *La loi garantit à la femme, dans tous les domaines, des droits égaux à ceux de l'homme.*

4 – *Tout homme persécuté en raison de son action en faveur de la liberté a droit d'asile sur les territoires de la République.*

5 – *Chacun a le devoir de travailler et le droit d'obtenir un emploi. Nul ne peut être lésé, dans son travail ou son emploi, en raison de ses origines, de ses opinions ou de ses croyances.*

6 – *Tout homme peut défendre ses droits et ses intérêts par l'action syndicale et adhérer au syndicat de son choix.*

7 – *Le droit de grève s'exerce dans le cadre des lois qui le réglementent.*

8 – *Tout travailleur participe, par l'intermédiaire de ses délégués, à la détermination collective des conditions de travail ainsi qu'à la gestion des entreprises.*

9 – *Tout bien, toute entreprise, dont l'exploitation a ou acquiert les caractères d'un service public national ou d'un monopole de fait, doit devenir la propriété de la collectivité.*

10 – *La Nation assure à l'individu et à la famille les conditions nécessaires à leur développement.*

11 – *Elle garantit à tous, notamment à l'enfant, à la mère et aux vieux travailleurs, la protection de la santé, la sécurité matérielle, le repos et les loisirs. Tout être humain qui, en raison de son âge, de son état physique ou mental, de la situation économique, se trouve dans l'incapacité de travailler a le droit d'obtenir de la collectivité des moyens convenables d'existence.*

12 – La Nation proclame la solidarité et l'égalité de tous les Français devant les charges qui résultent des calamités nationales.

13 – La Nation garantit l'égal accès de l'enfant et de l'adulte à l'instruction, à la formation professionnelle et à la culture. L'organisation de l'enseignement public gratuit et laïque à tous les degrés est un devoir de l'Etat.

14 – La République française, fidèle à ses traditions, se conforme aux règles du droit public international. Elle n'entreprendra aucune guerre dans des vues de conquête et n'emploiera jamais ses forces contre la liberté d'aucun peuple.

15 – Sous réserve de réciprocité, la France consent aux limitations de souveraineté nécessaires à l'organisation et à la défense de la paix.

16 – La France forme avec les peuples d'outre-mer une Union fondée sur l'égalité des droits et des devoirs, sans distinction de race ni de religion.

17 – L'Union française est composée de nations et de peuples qui mettent en commun ou coordonnent leurs ressources et leurs efforts pour développer leurs civilisations respectives, accroître leur bien-être et assurer leur sécurité.

18 – Fidèle à sa mission traditionnelle, la France entend conduire les peuples dont elle a pris la charge à la liberté de s'administrer eux-mêmes et de gérer démocratiquement leurs propres affaires ; écartant tout système de colonisation fondé sur l'arbitraire, elle garantit à tous l'égal accès aux fonctions publiques et l'exercice individuel ou collectif des droits et libertés proclamés ou confirmés ci-dessus. »

3. Constitution du 4 octobre 1958

Préambule

Le peuple français proclame solennellement son attachement aux Droits de l'homme et aux principes de la souveraineté nationale tels qu'ils ont été définis par la Déclaration de 1789, confirmée et complétée par le préambule de la Constitution de 1946, ainsi qu'aux droits et devoirs définis dans la Charte de l'environnement de 2004.
En vertu de ces principes et de celui de la libre détermination des peuples, la République offre aux territoires d'Outre-Mer qui manifestent la volonté d'y adhérer des institutions nouvelles fondées sur l'idéal commun de liberté, d'égalité et de fraternité et conçues en vue de leur évolution démocratique.

Article 1er
La France est une République indivisible, laïque, démocratique et sociale. Elle assure l'égalité devant la loi de tous les citoyens sans distinction d'origine, de race ou de religion. Elle respecte toutes les croyances. Son organisation est décentralisée.
La loi favorise l'égal accès des femmes et des hommes aux mandats électoraux et fonctions électives, ainsi qu'aux responsabilités professionnelles et sociales.

Titre I – De la Souveraineté

Article 2
La langue de la République est le français
L'emblème national est le drapeau tricolore, bleu, blanc, rouge.
L'hymne national est la Marseillaise.
La devise de la République est Liberté, Egalité, Fraternité.
Son principe est : gouvernement du peuple, par le peuple et pour le peuple.

Article 3
La souveraineté nationale appartient au peuple qui l'exerce par ses représentants et par la voie du référendum.
Aucune section du peuple ni aucun individu ne peut s'en attribuer l'exercice.
Le suffrage peut être direct ou indirect dans les conditions prévues par la Constitution. Il est toujours universel, égal et secret.
Sont électeurs, dans les conditions déterminées par la loi, tous les nationaux français majeurs des deux sexes, jouissant de leurs droits civils et politiques.

Article 4
Les partis et groupements politiques concourent à l'expression du suffrage. Ils se forment et exercent leur activité librement. Ils doivent respecter les principes de la souveraineté nationale et de la démocratie. Ils contribuent à la mise en œuvre du principe énoncé au second alinéa de l'article 1er dans les conditions déterminées par la loi.
La loi garantit les expressions pluralistes des opinions et la participation équitable des partis et groupements politiques à la vie démocratique de la Nation.

Titre II – Le Président de la République

Article 5

Le Président de la République veille au respect de la Constitution. Il assure, par son arbitrage, le fonctionnement régulier des pouvoirs publics ainsi que la continuité de l'Etat.

Il est le garant de l'indépendance nationale, de l'intégrité du territoire et du respect des traités.

Article 6

Le Président de la République est élu pour cinq ans au suffrage universel direct.

Nul ne peut exercer plus de deux mandats consécutifs.

Les modalités d'application du présent article sont fixées par une loi organique.

Article 7

Le Président de la République est élu à la majorité absolue des suffrages exprimés. Si celle-ci n'est pas obtenue au premier tour de scrutin, il est procédé, le quatorzième jour suivant, à un second tour. Seuls peuvent s'y présenter les deux candidats qui, le cas échéant après retrait de candidats plus favorisés, se trouvent avoir recueilli le plus grand nombre de suffrages au premier tour.

Le scrutin est ouvert sur convocation du Gouvernement.

L'élection du nouveau Président a lieu vingt jours au moins et trente-cinq jours au plus avant l'expiration des pouvoirs du président en exercice.

En cas de vacance de la Présidence de la République pour quelque cause que ce soit, ou d'empêchement constaté par le Conseil constitutionnel saisi par le Gouvernement et statuant à la majorité absolue de ses membres, les fonctions du Président de la République, à l'exception de celles prévues aux articles 11 et 12 ci-dessous, sont provisoirement exercées par le président du Sénat et, si celui-ci est à son tour empêché d'exercer ces fonctions, par le Gouvernement.

En cas de vacance ou lorsque l'empêchement est déclaré définitif par le Conseil constitutionnel, le scrutin pour l'élection du nouveau Président a lieu, sauf cas de force majeure constaté par le Conseil constitutionnel, vingt jours au moins et trente-cinq jours au plus après l'ouverture de la vacance ou la déclaration du caractère définitif de l'empêchement.

Si, dans les sept jours précédant la date limite du dépôt des présentations de candidatures, une des personnes ayant, moins de trente jours avant cette date, annoncé publiquement sa décision d'être candidate décède ou se trouve empêchée, le Conseil constitutionnel peut décider de reporter l'élection.

Si, avant le premier tour, un des candidats décède ou se trouve empêché, le Conseil constitutionnel prononce le report de l'élection.

En cas de décès ou d'empêchement de l'un des deux candidats les plus favorisés au premier tour avant les retraits éventuels, le Conseil constitutionnel déclare qu'il doit être procédé de nouveau à l'ensemble des opérations électorales ; il en est de même en cas de décès ou d'empêchement de l'un des deux candidats restés en présence en vue du second tour.

Dans tous les cas, le Conseil constitutionnel est saisi dans les conditions fixées au deuxième alinéa de l'article 61 ci-dessous ou dans celles déterminées pour la présentation d'un candidat par la loi organique prévue à l'article 6 ci-dessus.
Le Conseil constitutionnel peut proroger les délais prévus aux troisième et cinquième alinéas sans que le scrutin puisse avoir lieu plus de trente-cinq jours après la date de la décision du Conseil constitutionnel. Si l'application des dispositions du présent alinéa a eu pour effet de reporter l'élection à une date postérieure à l'expiration des pouvoirs du Président en exercice, celui-ci demeure en fonction jusqu'à la proclamation de son successeur.
Il ne peut être fait application ni des articles 49 et 50 ni de l'article 89 de la Constitution durant la vacance de la Présidence de la République ou durant la période qui s'écoule entre la déclaration du caractère définitif de l'empêchement du Président de la République et l'élection de son successeur.

Article 8
Le Président de la République nomme le Premier Ministre. Il met fin à ses fonctions sur la présentation par celui-ci de la démission du Gouvernement.
Sur la proposition du Premier Ministre, il nomme les autres membres du Gouvernement et met fin à leurs fonctions.

Article 9
Le Président de la République préside le Conseil des Ministres.

Article 10
Le Président de la République promulgue les lois dans les quinze jours qui suivent la transmission au Gouvernement de la loi définitivement adoptée.
Il peut, avant l'expiration de ce délai, demander au Parlement une nouvelle délibération de la loi ou de certains de ses articles. Cette nouvelle délibération ne peut être refusée.

Article 11
[dispositions en vigueur] Le Président de la République, sur proposition du Gouvernement pendant la durée des sessions ou sur proposition conjointe des deux Assemblées, publiées au Journal Officiel, peut soumettre au référendum tout projet de loi portant sur l'organisation des pouvoirs publics, sur des réformes relatives à la politique économique ou sociale de la nation et aux services publics qui y concourent, ou tendant à autoriser la ratification d'un traité qui, sans être contraire à la Constitution, aurait des incidences sur le fonctionnement des institutions.
Lorsque le référendum est organisé sur proposition du Gouvernement, celui-ci fait, devant chaque assemblée, une déclaration qui est suivie d'un débat.
Lorsque le référendum a conclu à l'adoption du projet de loi, le Président de la République promulgue la loi dans les quinze jours qui suivent la proclamation des résultats de la consultation.

Article 11

[Entrée en vigueur dans les conditions fixées par les lois et lois organiques nécessaires à leur application (article 46-I de la loi constitutionnelle n° 2008-724 du 23 juillet 2008)] Le Président de la République, sur proposition du Gouvernement pendant la durée des sessions ou sur proposition conjointe des deux Assemblées, publiées au Journal Officiel, peut soumettre au référendum tout projet de loi portant sur l'organisation des pouvoirs publics, sur des réformes relatives à la politique économique, sociale ou environnementale de la nation et aux services publics qui y concourent, ou tendant à autoriser la ratification d'un traité qui, sans être contraire à la Constitution, aurait des incidences sur le fonctionnement des institutions.

Lorsque le référendum est organisé sur proposition du Gouvernement, celui-ci fait, devant chaque assemblée, une déclaration qui est suivie d'un débat.

Un référendum portant sur un objet mentionné au premier alinéa peut être organisé à l'initiative d'un cinquième des membres du Parlement, soutenue par un dixième des électeurs inscrits sur les listes électorales. Cette initiative prend la forme d'une proposition de loi et ne peut avoir pour objet l'abrogation d'une disposition législative promulguée depuis moins d'un an.

Les conditions de sa présentation et celles dans lesquelles le Conseil constitutionnel contrôle le respect des dispositions de l'alinéa précédent sont déterminées par une loi organique.

Si la proposition de loi n'a pas été examinée par les deux assemblées dans un délai fixé par la loi organique, le Président de la République la soumet au référendum.

Lorsque la proposition de loi n'est pas adoptée par le peuple français, aucune nouvelle proposition de référendum portant sur le même sujet ne peut être présentée avant l'expiration d'un délai de deux ans suivant la date du scrutin.

Lorsque le référendum a conclu à l'adoption du projet ou de la proposition de loi, le Président de la République promulgue la loi dans les quinze jours qui suivent la proclamation des résultats de la consultation.

Article 12

Le Président de la République peut, après consultation du Premier ministre et des présidents des assemblées, prononcer la dissolution de l'Assemblée nationale.

Les élections générales ont lieu vingt jours au moins et quarante jours au plus après la dissolution.

L'Assemblée nationale se réunit de plein droit le deuxième jeudi qui suit son élection. Si cette réunion a lieu en dehors de la période prévue pour la session ordinaire, une session est ouverte de droit pour une durée de quinze jours.

Il ne peut être procédé à une nouvelle dissolution dans l'année qui suit ces élections.

Article 13

Le Président de la République signe les ordonnances et les décrets délibérés en conseil des ministres.

Il nomme aux emplois civils et militaires de l'Etat.

Les conseillers d'Etat, le grand chancelier de la Légion d'honneur, les ambassadeurs et envoyés extraordinaires, les conseillers maîtres à la Cour des comptes, les préfets, les

représentants de l'Etat dans les collectivités d'outre-mer régies par l'article 74 et en Nouvelle-Calédonie, les officiers généraux, les recteurs des académies, les directeurs des administrations centrales sont nommés en conseil des ministres.
Une loi organique détermine les autres emplois auxquels il est pourvu en conseil des ministres ainsi que les conditions dans lesquelles le pouvoir de nomination du Président de la République peut être par lui délégué pour être exercé en son nom.
Une loi organique détermine les emplois ou fonctions, autres que ceux mentionnés au troisième alinéa, pour lesquels, en raison de leur importance pour la garantie des droits et libertés ou la vie économique et sociale de la Nation, le pouvoir de nomination du Président de la République s'exerce après avis public de la commission permanente compétente de chaque assemblée. Le Président de la République ne peut procéder à une nomination lorsque l'addition des votes négatifs dans chaque commission représente au moins trois cinquièmes des suffrages exprimés au sein des deux commissions. La loi détermine les commissions permanentes compétentes selon les emplois ou fonctions concernés.

Article 14
Le Président de la République accrédite les ambassadeurs et les envoyés extraordinaires auprès des puissances étrangères ; les ambassadeurs et les envoyés extraordinaires étrangers sont accrédités auprès de lui.

Article 15
Le Président de la République est le chef des armées. Il préside les conseils et les comités supérieurs de la Défense Nationale.

Article 16
Lorsque les institutions de la République, l'indépendance de la nation, l'intégrité de son territoire ou l'exécution de ses engagements internationaux sont menacées d'une manière grave et immédiate et que le fonctionnement régulier des pouvoirs publics constitutionnels est interrompu, le Président de la République prend les mesures exigées par ces circonstances, après consultation officielle du Premier ministre, des présidents des assemblées ainsi que du Conseil constitutionnel.
Il en informe la nation par un message.
Ces mesures doivent être inspirées par la volonté d'assurer aux pouvoirs publics constitutionnels, dans les moindres délais, les moyens d'accomplir leur mission. Le Conseil constitutionnel est consulté à leur sujet.
Le Parlement se réunit de plein droit.
L'Assemblée nationale ne peut être dissoute pendant l'exercice des pouvoirs exceptionnels.
Après trente jours d'exercice des pouvoirs exceptionnels, le Conseil constitutionnel peut être saisi par le Président de l'Assemblée nationale, le Président du Sénat, soixante députés ou soixante sénateurs, aux fins d'examiner si les conditions énoncées au premier alinéa demeurent réunies. Il se prononce dans les délais les plus brefs par un avis public. Il procède de plein droit à cet examen et se prononce dans les mêmes conditions au terme de soixante jours d'exercice des pouvoirs exceptionnels et à tout moment au-delà de cette durée.

Article 17
Le Président de la République a le droit de faire grâce à titre individuel.

Article 18
Le Président de la République communique avec les deux assemblées du Parlement par des messages qu'il fait lire et qui ne donnent lieu à aucun débat.
Il peut prendre la parole devant le Parlement réuni à cet effet en Congrès. Sa déclaration peut donner lieu, hors sa présence, à un débat qui ne fait l'objet d'aucun vote.
Hors session, les assemblées parlementaires sont réunies spécialement à cet effet.

Article 19
Les actes du Président de la République autres que ceux prévus aux articles 8 (1er alinéa), 11, 12, 16, 18, 54, 56 et 61 sont contresignés par le Premier ministre et, le cas échéant, par les ministres responsables.

Titre III – Le Gouvernement

Article 20
Le Gouvernement détermine et conduit la politique de la nation.
Il dispose de l'administration et de la force armée.
Il est responsable devant le Parlement dans les conditions et suivant les procédures prévues aux articles 49 et 50.

Article 21
Le Premier ministre dirige l'action du Gouvernement. Il est responsable de la défense nationale. Il assure l'exécution des lois. Sous réserve des dispositions de l'article 13, il exerce le pouvoir réglementaire et nomme aux emplois civils et militaires.
Il peut déléguer certains de ses pouvoirs aux ministres.
Il supplée, le cas échéant, le Président de la République dans la présidence des conseils et comités prévus à l'article 15.
Il peut, à titre exceptionnel, le suppléer pour la présidence d'un conseil des ministres en vertu d'une délégation expresse et pour un ordre du jour déterminé.

Article 22
Les actes du Premier ministre sont contresignés, le cas échéant, par les ministres chargés de leur exécution.

Article 23
Les fonctions de membre du Gouvernement sont incompatibles avec l'exercice de tout mandat parlementaire, de toute fonction de représentation professionnelle à caractère national et de tout emploi public ou de toute activité professionnelle.
Une loi organique fixe les conditions dans lesquelles il est pourvu au remplacement des titulaires de tels mandats, fonctions ou emplois.
Le remplacement des membres du Parlement a lieu conformément aux dispositions de l'article 25.

Titre IV – Le Parlement

Article 24

Le Parlement vote la loi. Il contrôle l'action du Gouvernement. Il évalue les politiques publiques.
Il comprend l'Assemblée nationale et le Sénat.
Les députés à l'Assemblée nationale, dont le nombre ne peut excéder cinq cent soixante-dix-sept, sont élus au suffrage direct.
Le Sénat, dont le nombre de membres ne peut excéder trois cent quarante-huit, est élu au suffrage indirect. Il assure la représentation des collectivités territoriales de la République.
Les Français établis hors de France sont représentés à l'Assemblée nationale et au Sénat.

Article 25

Une loi organique fixe la durée des pouvoirs de chaque assemblée, le nombre de ses membres, leur indemnité, les conditions d'éligibilité, le régime des inéligibilités et des incompatibilités.
Elle fixe également les conditions dans lesquelles sont élues les personnes appelées à assurer, en cas de vacance du siège, le remplacement des députés ou des sénateurs jusqu'au renouvellement général ou partiel de l'assemblée à laquelle ils appartenaient ou leur remplacement temporaire en cas d'acceptation par eux de fonctions gouvernementales.
Une commission indépendante, dont la loi fixe la composition et les règles d'organisation et de fonctionnement, se prononce par un avis public sur les projets de texte et propositions de loi délimitant les circonscriptions pour l'élection des députés ou modifiant la répartition des sièges de députés ou de sénateurs.

Article 26

Aucun membre du Parlement ne peut être poursuivi, recherché, arrêté, détenu ou jugé à l'occasion des opinions ou votes émis par lui dans l'exercice de ses fonctions.
Aucun membre du Parlement ne peut faire l'objet, en matière criminelle ou correctionnelle, d'une arrestation ou de toute autre mesure privative ou restrictive de liberté qu'avec l'autorisation du bureau de l'assemblée dont il fait partie. Cette autorisation n'est pas requise en cas de crime ou délit flagrant ou de condamnation définitive.
La détention, les mesures privatives ou restrictives de liberté ou la poursuite d'un membre du Parlement sont suspendues pour la durée de la session si l'assemblée dont il fait partie le requiert.
L'assemblée intéressée est réunie de plein droit pour des séances supplémentaires pour permettre, le cas échéant, l'application de l'alinéa ci-dessus.

Article 27

Tout mandat impératif est nul.
Le droit de vote des membres du Parlement est personnel.
La loi organique peut autoriser exceptionnellement la délégation de vote. Dans ce cas, nul ne peut recevoir délégation de plus d'un mandat.

Article 28
Le Parlement se réunit de plein droit en une session ordinaire qui commence le premier jour ouvrable d'octobre et prend fin le dernier jour ouvrable de juin.
Le nombre de jours de séance que chaque assemblée peut tenir au cours de la session ordinaire ne peut excéder cent vingt. Les semaines de séance sont fixées par chaque assemblée.
Le Premier ministre, après consultation du président de l'assemblée concernée, ou la majorité des membres de chaque assemblée peut décider la tenue de jours supplémentaires de séance.
Les jours et les horaires des séances sont déterminés par le règlement de chaque assemblée.

Article 29
Le Parlement est réuni en session extraordinaire à la demande du Premier ministre ou de la majorité des membres composant l'Assemblée nationale, sur un ordre du jour déterminé.
Lorsque la session extraordinaire est tenue à la demande des membres de l'Assemblée nationale, le décret de clôture intervient dès que le Parlement a épuisé l'ordre du jour pour lequel il a été convoqué et au plus tard douze jours à compter de sa réunion.
Le Premier ministre peut seul demander une nouvelle session avant l'expiration du mois qui suit le décret de clôture.

Article 30
Hors les cas dans lesquels le Parlement se réunit de plein droit, les sessions extraordinaires sont ouvertes et closes par décret du Président de la République.

Article 31
Les membres du Gouvernement ont accès aux deux assemblées. Ils sont entendus quand ils le demandent.
Ils peuvent se faire assister par des commissaires du Gouvernement.

Article 32
Le président de l'Assemblée nationale est élu pour la durée de la législature. Le Président du Sénat est élu après chaque renouvellement partiel.

Article 33
Les séances des deux assemblées sont publiques. Le compte rendu intégral des débats est publié au Journal officiel.
Chaque assemblée peut siéger en comité secret à la demande du Premier ministre ou d'un dixième de ses membres.

Titre V – Des rapports entre le Parlement et le Gouvernement

Article 34
La loi fixe les règles concernant :
- les droits civiques et les garanties fondamentales accordées aux citoyens pour l'exercice

des libertés publiques ; la liberté, le pluralisme et l'indépendance des médias ; les sujétions imposées par la défense nationale aux citoyens en leur personne et en leurs biens ;
- la nationalité, l'état et la capacité des personnes, les régimes matrimoniaux, les successions et libéralités ;
- la détermination des crimes et délits ainsi que les peines qui leur sont applicables ; la procédure pénale ; l'amnistie ; la création de nouveaux ordres de juridiction et le statut des magistrats ;
- l'assiette, le taux et les modalités de recouvrement des impositions de toutes natures ; le régime d'émission de la monnaie.
La loi fixe également les règles concernant :
- le régime électoral des assemblées parlementaires, des assemblées locales et des instances représentatives des Français établis hors de France ainsi que les conditions d'exercice des mandats électoraux et des fonctions électives des membres des assemblées délibérantes des collectivités territoriales ;
- la création de catégories d'établissements publics ;
- les garanties fondamentales accordées aux fonctionnaires civils et militaires de l'Etat ;
- les nationalisations d'entreprises et les transferts de propriété d'entreprises du secteur public au secteur privé.
La loi détermine les principes fondamentaux :
- de l'organisation générale de la défense nationale ;
- de la libre administration des collectivités territoriales, de leurs compétences et de leurs ressources ;
- de l'enseignement ;
- de la préservation de l'environnement ;
- du régime de la propriété, des droits réels et des obligations civiles et commerciales ;
- du droit du travail, du droit syndical et de la sécurité sociale.
Les lois de finances déterminent les ressources et les charges de l'Etat dans les conditions et sous les réserves prévues par une loi organique.
Les lois de financement de la sécurité sociale déterminent les conditions générales de son équilibre financier et, compte tenu de leurs prévisions de recettes, fixent ses objectifs de dépenses, dans les conditions et sous les réserves prévues par une loi organique.
Des lois de programmation déterminent les objectifs de l'action de l'Etat.
Les orientations pluriannuelles des finances publiques sont définies par des lois de programmation. Elles s'inscrivent dans l'objectif d'équilibre des comptes des administrations publiques.
Les dispositions du présent article pourront être précisées et complétées par une loi organique.

Article 34-1
Les assemblées peuvent voter des résolutions dans les conditions fixées par la loi organique.
Sont irrecevables et ne peuvent être inscrites à l'ordre du jour les propositions de résolution dont le Gouvernement estime que leur adoption ou leur rejet serait de nature à mettre en cause sa responsabilité ou qu'elles contiennent des injonctions à son égard.

Article 35

La déclaration de guerre est autorisée par le Parlement.

Le Gouvernement informe le Parlement de sa décision de faire intervenir les forces armées à l'étranger, au plus tard trois jours après le début de l'intervention. Il précise les objectifs poursuivis. Cette information peut donner lieu à un débat qui n'est suivi d'aucun vote.

Lorsque la durée de l'intervention excède quatre mois, le Gouvernement soumet sa prolongation à l'autorisation du Parlement. Il peut demander à l'Assemblée nationale de décider en dernier ressort.

Si le Parlement n'est pas en session à l'expiration du délai de quatre mois, il se prononce à l'ouverture de la session suivante.

Article 36

L'état de siège est décrété en Conseil des ministres.

Sa prorogation au-delà de douze jours ne peut être autorisée que par le Parlement.

Article 37

Les matières autres que celles qui sont du domaine de la loi ont un caractère réglementaire.

Les textes de forme législative intervenus en ces matières peuvent être modifiés par décrets pris après avis du Conseil d'Etat. Ceux de ces textes qui interviendraient après l'entrée en vigueur de la présente Constitution ne pourront être modifiés par décret que si le Conseil constitutionnel a déclaré qu'ils ont un caractère réglementaire en vertu de l'alinéa précédent.

Article 37-1

La loi et le règlement peuvent comporter, pour un objet et une durée limités, des dispositions à caractère expérimental.

Article 38

Le Gouvernement peut, pour l'exécution de son programme, demander au Parlement l'autorisation de prendre par ordonnances, pendant un délai limité, des mesures qui sont normalement du domaine de la loi.

Les ordonnances sont prises en conseil des ministres après avis du Conseil d'Etat. Elles entrent en vigueur dès leur publication mais deviennent caduques si le projet de loi de ratification n'est pas déposé devant le Parlement avant la date fixée par la loi d'habilitation. Elles ne peuvent être ratifiées que de manière expresse.

A l'expiration du délai mentionné au premier alinéa du présent article, les ordonnances ne peuvent plus être modifiées que par la loi dans les matières qui sont du domaine législatif.

Article 39

L'initiative des lois appartient concurremment au Premier ministre et aux membres du Parlement.

Les projets de loi sont délibérés en conseil des ministres après avis du Conseil d'Etat et déposés sur le bureau de l'une des deux assemblées. Les projets de loi de finances et de loi de financement de la sécurité sociale sont soumis en premier lieu à l'Assemblée nationale. Sans préjudice du premier alinéa de l'article 44, les projets de loi ayant pour principal objet l'organisation des collectivités territoriales sont soumis en premier lieu au Sénat.
La présentation des projets de loi déposés devant l'Assemblée nationale ou le Sénat répond aux conditions fixées par une loi organique.
Les projets de loi ne peuvent être inscrits à l'ordre du jour si la Conférence des présidents de la première assemblée saisie constate que les règles fixées par la loi organique sont méconnues. En cas de désaccord entre la Conférence des présidents et le Gouvernement, le président de l'assemblée intéressée ou le Premier ministre peut saisir le Conseil constitutionnel qui statue dans un délai de huit jours.
Dans les conditions prévues par la loi, le président d'une assemblée peut soumettre pour avis au Conseil d'Etat, avant son examen en commission, une proposition de loi déposée par l'un des membres de cette assemblée, sauf si ce dernier s'y oppose.

Article 40
Les propositions et amendements formulés par les membres du Parlement ne sont pas recevables lorsque leur adoption aurait pour conséquence soit une diminution des ressources publiques, soit la création ou l'aggravation d'une charge publique.

Article 41
S'il apparaît au cours de la procédure législative qu'une proposition ou un amendement n'est pas du domaine de la loi ou est contraire à une délégation accordée en vertu de l'article 38, le Gouvernement ou le président de l'assemblée saisie peut opposer l'irrecevabilité.
En cas de désaccord entre le Gouvernement et le président de l'assemblée intéressée, le Conseil constitutionnel, à la demande de l'un ou de l'autre, statue dans un délai de huit jours.

Article 42
La discussion des projets et des propositions de loi porte, en séance, sur le texte adopté par la commission saisie en application de l'article 43 ou, à défaut, sur le texte dont l'assemblée a été saisie.
Toutefois, la discussion en séance des projets de révision constitutionnelle, des projets de loi de finances et des projets de loi de financement de la sécurité sociale porte, en première lecture devant la première assemblée saisie, sur le texte présenté par le Gouvernement et, pour les autres lectures, sur le texte transmis par l'autre assemblée.
La discussion en séance, en première lecture, d'un projet ou d'une proposition de loi ne peut intervenir, devant la première assemblée saisie, qu'à l'expiration d'un délai de six semaines après son dépôt. Elle ne peut intervenir, devant la seconde assemblée saisie, qu'à l'expiration d'un délai de quatre semaines à compter de sa transmission.

L'alinéa précédent ne s'applique pas si la procédure accélérée a été engagée dans les conditions prévues à l'article 45. Il ne s'applique pas non plus aux projets de loi de finances, aux projets de loi de financement de la sécurité sociale et aux projets relatifs aux états de crise.

Article 43

Les projets et propositions de loi sont envoyés pour examen à l'une des commissions permanentes dont le nombre est limité à huit dans chaque assemblée.
A la demande du Gouvernement ou de l'assemblée qui en est saisie, les projets ou propositions de loi sont envoyés pour examen à une commission spécialement désignée à cet effet.

Article 44

Les membres du Parlement et le Gouvernement ont le droit d'amendement. Ce droit s'exerce en séance ou en commission selon les conditions fixées par les règlements des assemblées, dans le cadre déterminé par une loi organique.
Après l'ouverture du débat, le Gouvernement peut s'opposer à l'examen de tout amendement qui n'a pas été antérieurement soumis à la commission
Si le Gouvernement le demande, l'assemblée saisie se prononce par un seul vote sur tout ou partie du texte en discussion en ne retenant que les amendements proposés ou acceptés par le Gouvernement.

Article 45

Tout projet ou proposition de loi est examiné successivement dans les deux assemblées du Parlement en vue de l'adoption d'un texte identique. Sans préjudice de l'application des articles 40 et 41, tout amendement est recevable en première lecture dès lors qu'il présente un lien, même indirect, avec le texte déposé ou transmis.
Lorsque, par suite d'un désaccord entre les deux assemblées, un projet ou une proposition de loi n'a pu être adopté après deux lectures par chaque assemblée ou, si le Gouvernement a décidé d'engager la procédure accélérée sans que les Conférences des présidents s'y soient conjointement opposées, après une seule lecture par chacune d'entre elles, le Premier ministre ou, pour une proposition de loi, les présidents des deux assemblées agissant conjointement, ont la faculté de provoquer la réunion d'une commission mixte paritaire chargée de proposer un texte sur les dispositions restant en discussion.
Le texte élaboré par la commission mixte peut être soumis par le Gouvernement pour approbation aux deux assemblées. Aucun amendement n'est recevable sauf accord du Gouvernement.
Si la commission mixte ne parvient pas à l'adoption d'un texte commun ou si ce texte n'est pas adopté dans les conditions prévues à l'alinéa précédent, le Gouvernement peut, après une nouvelle lecture par l'Assemblée nationale et par le Sénat, demander à l'Assemblée nationale de statuer définitivement. En ce cas, l'Assemblée nationale peut reprendre soit le texte élaboré par la commission mixte, soit le dernier texte voté par elle, modifié le cas échéant par un ou plusieurs des amendements adoptés par le Sénat.

Article 46

Les lois auxquelles la Constitution confère le caractère de lois organiques sont votées et modifiées dans les conditions suivantes.

Le projet ou la proposition ne peut, en première lecture, être soumis à la délibération et au vote des assemblées qu'à l'expiration des délais fixés au troisième alinéa de l'article 42. Toutefois, si la procédure accélérée a été engagée dans les conditions prévues à l'article 45, le projet ou la proposition ne peut être soumis à la délibération de la première assemblée saisie avant l'expiration d'un délai de quinze jours après son dépôt.

La procédure de l'article 45 est applicable. Toutefois, faute d'accord entre les deux assemblées, le texte ne peut être adopté par l'Assemblée nationale en dernière lecture qu'à la majorité absolue de ses membres.

Les lois organiques relatives au Sénat doivent être votées dans les mêmes termes par les deux assemblées.

Les lois organiques ne peuvent être promulguées qu'après la déclaration par le Conseil constitutionnel de leur conformité à la Constitution.

Article 47

Le Parlement vote les projets de loi de finances dans les conditions prévues par une loi organique.

Si l'Assemblée nationale ne s'est pas prononcée en première lecture dans le délai de quarante jours après le dépôt d'un projet, le Gouvernement saisit le Sénat qui doit statuer dans un délai de quinze jours. Il est ensuite procédé dans les conditions prévues à l'article 45.

Si le Parlement ne s'est pas prononcé dans un délai de soixante-dix jours, les dispositions du projet peuvent être mises en vigueur par ordonnance.

Si la loi de finances fixant les ressources et les charges d'un exercice n'a pas été déposée en temps utile pour être promulguée avant le début de cet exercice, le Gouvernement demande d'urgence au Parlement l'autorisation de percevoir les impôts et ouvre par décret les crédits se rapportant aux services votés.

Les délais prévus au présent article sont suspendus lorsque le Parlement n'est pas en session.

Article 47-1

Le Parlement vote les projets de loi de financement de la sécurité sociale dans les conditions prévues par une loi organique.

Si l'Assemblée nationale ne s'est pas prononcée en première lecture dans le délai de vingt jours après le dépôt d'un projet, le Gouvernement saisit le Sénat qui doit statuer dans un délai de quinze jours. Il est ensuite procédé dans les conditions prévues à l'article 45.

Si le Parlement ne s'est pas prononcé dans un délai de cinquante jours, les dispositions du projet peuvent être mises en oeuvre par ordonnance.

Les délais prévus au présent article sont suspendus lorsque le Parlement n'est pas en session et, pour chaque assemblée, au cours des semaines où elle a décidé de ne pas tenir séance, conformément au deuxième alinéa de l'article 28.

Article 47-2

La Cour des comptes assiste le Parlement dans le contrôle de l'action du Gouvernement. Elle assiste le Parlement et le Gouvernement dans le contrôle de l'exécution des lois de finances et de l'application des lois de financement de la sécurité sociale ainsi que dans l'évaluation des politiques publiques. Par ses rapports publics, elle contribue à l'information des citoyens.

Les comptes des administrations publiques sont réguliers et sincères. Ils donnent une image fidèle du résultat de leur gestion, de leur patrimoine et de leur situation financière.

Article 48

Sans préjudice de l'application des trois derniers alinéas de l'article 28, l'ordre du jour est fixé par chaque assemblée.

Deux semaines de séance sur quatre sont réservées par priorité, et dans l'ordre que le Gouvernement a fixé, à l'examen des textes et aux débats dont il demande l'inscription à l'ordre du jour.

En outre, l'examen des projets de loi de finances, des projets de loi de financement de la sécurité sociale et, sous réserve des dispositions de l'alinéa suivant, des textes transmis par l'autre assemblée depuis six semaines au moins, des projets relatifs aux états de crise et des demandes d'autorisation visées à l'article 35 est, à la demande du Gouvernement, inscrit à l'ordre du jour par priorité.

Une semaine de séance sur quatre est réservée par priorité et dans l'ordre fixé par chaque assemblée au contrôle de l'action du Gouvernement et à l'évaluation des politiques publiques.

Un jour de séance par mois est réservé à un ordre du jour arrêté par chaque assemblée à l'initiative des groupes d'opposition de l'assemblée intéressée ainsi qu'à celle des groupes minoritaires.

Une séance par semaine au moins, y compris pendant les sessions extraordinaires prévues à l'article 29, est réservée par priorité aux questions des membres du Parlement et aux réponses du Gouvernement.

Article 49

Le Premier ministre, après délibération du conseil des ministres, engage devant l'Assemblée nationale la responsabilité du Gouvernement sur son programme ou éventuellement sur une déclaration de politique générale.

L'Assemblée nationale met en cause la responsabilité du Gouvernement par le vote d'une motion de censure. Une telle motion n'est recevable que si elle est signée par un dixième au moins des membres de l'Assemblée nationale. Le vote ne peut avoir lieu que quarante-huit heures après son dépôt. Seuls sont recensés les votes favorables à la motion de censure qui ne peut être adoptée qu'à la majorité des membres composant l'Assemblée. Sauf dans le cas prévu à l'alinéa ci-dessous, un député ne peut être signataire de plus de trois motions de censure au cours d'une même session ordinaire et de plus d'une au cours d'une même session extraordinaire.

Le Premier ministre peut, après délibération du conseil des ministres, engager la responsabilité du Gouvernement devant l'Assemblée nationale sur le vote d'un projet

de loi de finances ou de financement de la sécurité sociale. Dans ce cas, ce projet est considéré comme adopté, sauf si une motion de censure, déposée dans les vingt-quatre heures qui suivent, est votée dans les conditions prévues à l'alinéa précédent. Le Premier ministre peut, en outre, recourir à cette procédure pour un autre projet ou une proposition de loi par session.
Le Premier ministre a la faculté de demander au Sénat l'approbation d'une déclaration de politique générale.

Article 50
Lorsque l'Assemblée nationale adopte une motion de censure ou lorsqu'elle désapprouve le programme ou une déclaration de politique générale du Gouvernement, le Premier ministre doit remettre au Président de la République la démission du Gouvernement.

Article 50-1
Devant l'une ou l'autre des assemblées, le Gouvernement peut, de sa propre initiative ou à la demande d'un groupe parlementaire au sens de l'article 51-1, faire, sur un sujet déterminé, une déclaration qui donne lieu à débat et peut, s'il le décide, faire l'objet d'un vote sans engager sa responsabilité.

Article 51
La clôture de la session ordinaire ou des sessions extraordinaires est de droit retardée pour permettre, le cas échéant, l'application de l'article 49. A cette même fin, des séances supplémentaires sont de droit.

Article 51-1
Le règlement de chaque assemblée détermine les droits des groupes parlementaires constitués en son sein. Il reconnaît des droits spécifiques aux groupes d'opposition de l'assemblée intéressée ainsi qu'aux groupes minoritaires.

Article 51-2
Pour l'exercice des missions de contrôle et d'évaluation définies au premier alinéa de l'article 24, des commissions d'enquête peuvent être créées au sein de chaque assemblée pour recueillir, dans les conditions prévues par la loi, des éléments d'information.
La loi détermine leurs règles d'organisation et de fonctionnement. Leurs conditions de création sont fixées par le règlement de chaque assemblée.

Titre VI – Des traités et accords internationaux

Article 52
Le Président de la République négocie et ratifie les traités.
Il est informé de toute négociation tendant à la conclusion d'un accord international non soumis à ratification.

Article 53

Les traités de paix, les traités de commerce, les traités ou accords relatifs à l'organisation internationale, ceux qui engagent les finances de l'Etat, ceux qui modifient des dispositions de nature législative, ceux qui sont relatifs à l'état des personnes, ceux qui comportent cession, échange ou adjonction de territoire, ne peuvent être ratifiés ou approuvés qu'en vertu d'une loi.
Ils ne prennent effet qu'après avoir été ratifiés ou approuvés.
Nulle cession, nul échange, nulle adjonction de territoire n'est valable sans le consentement des populations intéressées.

Article 53-1

La République peut conclure avec les Etats européens qui sont liés par des engagements identiques aux siens en matière d'asile et de protection des Droits de l'homme et des libertés fondamentales, des accords déterminant leurs compétences respectives pour l'examen des demandes d'asile qui leur sont présentées.
Toutefois, même si la demande n'entre pas dans leur compétence en vertu de ces accords, les autorités de la République ont toujours le droit de donner asile à tout étranger persécuté en raison de son action en faveur de la liberté ou qui sollicite la protection de la France pour un autre motif.

Article 53-2

La République peut reconnaître la juridiction de la Cour pénale internationale dans les conditions prévues par le traité signé le 18 juillet 1998.

Article 54

Si le Conseil constitutionnel, saisi par le Président de la République, par le Premier ministre, par le président de l'une ou l'autre assemblée ou par soixante députés ou soixante sénateurs, a déclaré qu'un engagement international comporte une clause contraire à la Constitution, l'autorisation de ratifier ou d'approuver l'engagement international en cause ne peut intervenir qu'après révision de la Constitution.

Article 55

Les traités ou accords régulièrement ratifiés ou approuvés ont, dès leur publication, une autorité supérieure à celle des lois, sous réserve, pour chaque accord ou traité, de son application par l'autre partie.

Titre VII – Le Conseil constitutionnel

Article 56

[dispositions en vigueur] Le Conseil constitutionnel comprend neuf membres, dont le mandat dure neuf ans et n'est pas renouvelable. Le Conseil constitutionnel se renouvelle par tiers tous les trois ans. Trois des membres sont nommés par le Président de la République, trois par le président de l'Assemblée nationale, trois par le président du Sénat.
En sus des neuf membres prévus ci-dessus, font de droit partie à vie du Conseil constitutionnel les anciens Présidents de la République.

Le président est nommé par le Président de la République. Il a voix prépondérante en cas de partage.

Article 56

[Entrée en vigueur dans les conditions fixées par les lois et lois organiques nécessaires à leur application (article 46-I de la loi constitutionnelle n° 2008-724 du 23 juillet 2008)]

Le Conseil constitutionnel comprend neuf membres, dont le mandat dure neuf ans et n'est pas renouvelable. Le Conseil constitutionnel se renouvelle par tiers tous les trois ans. Trois des membres sont nommés par le Président de la République, trois par le président de l'Assemblée nationale, trois par le président du Sénat. La procédure prévue au dernier alinéa de l'article 13 est applicable à ces nominations. Les nominations effectuées par le président de chaque assemblée sont soumises au seul avis de la commission permanente compétente de l'assemblée concernée.

En sus des neuf membres prévus ci-dessus, font de droit partie à vie du Conseil constitutionnel les anciens Présidents de la République.

Le président est nommé par le Président de la République. Il a voix prépondérante en cas de partage.

Article 57

Les fonctions de membre du Conseil constitutionnel sont incompatibles avec celles de ministre ou de membre du Parlement. Les autres incompatibilités sont fixées par une loi organique.

Article 58

Le Conseil constitutionnel veille à la régularité de l'élection du Président de la République.

Il examine les réclamations et proclame les résultats du scrutin.

Article 59

Le Conseil constitutionnel statue, en cas de contestation, sur la régularité de l'élection des députés et des sénateurs.

Article 60

Le Conseil constitutionnel veille à la régularité des opérations de référendum prévues aux articles 11 et 89 et au titre XV. Il en proclame les résultats.

Article 61

Les lois organiques, avant leur promulgation, les propositions de loi mentionnées à l'article 11 avant qu'elles ne soient soumises au référendum, et les règlements des assemblées parlementaires, avant leur mise en application, doivent être soumis au Conseil constitutionnel qui se prononce sur leur conformité à la Constitution.

Aux mêmes fins, les lois peuvent être déférées au Conseil constitutionnel, avant leur promulgation, par le Président de la République, le Premier ministre, le président de l'Assemblée nationale, le président du Sénat ou soixante députés ou soixante sénateurs.

Dans les cas prévus aux deux alinéas précédents, le Conseil constitutionnel doit statuer dans le délai d'un mois. Toutefois, à la demande du Gouvernement, s'il y a urgence, ce délai est ramené à huit jours.
Dans ces mêmes cas, la saisine du Conseil constitutionnel suspend le délai de promulgation.

Article 61-1
[Entrée en vigueur dans les conditions fixées par les lois et lois organiques nécessaires à leur application (article 46-I de la loi constitutionnelle n° 2008-724 du 23 juillet 2008)]
Lorsque, à l'occasion d'une instance en cours devant une juridiction, il est soutenu qu'une disposition législative porte atteinte aux droits et libertés que la Constitution garantit, le Conseil constitutionnel peut être saisi de cette question sur renvoi du Conseil d'Etat ou de la Cour de cassation qui se prononce dans un délai déterminé.
Une loi organique détermine les conditions d'application du présent article.

Article 62
Une disposition déclarée inconstitutionnelle sur le fondement de l'article 61 ne peut être promulguée ni mise en application.
Une disposition déclarée inconstitutionnelle sur le fondement de l'article 61-1 est abrogée à compter de la publication de la décision du Conseil constitutionnel ou d'une date ultérieure fixée par cette décision. Le Conseil constitutionnel détermine les conditions et limites dans lesquelles les effets que la disposition a produits sont susceptibles d'être remis en cause.
Les décisions du Conseil constitutionnel ne sont susceptibles d'aucun recours. Elles s'imposent aux pouvoirs publics et à toutes les autorités administratives et juridictionnelles.

Article 63
Une loi organique détermine les règles d'organisation et de fonctionnement du Conseil constitutionnel, la procédure qui est suivie devant lui et notamment les délais ouverts pour le saisir de contestations.

Titre VIII – De l'autorité judiciaire

Article 64
Le Président de la République est garant de l'indépendance de l'autorité judiciaire.
Il est assisté par le Conseil supérieur de la magistrature.
Une loi organique porte statut des magistrats.
Les magistrats du siège sont inamovibles.

Article 65
[dispositions en vigueur] Le Conseil supérieur de la magistrature est présidé par le Président de la République. Le ministre de la justice en est le vice-président de droit. Il peut suppléer le Président de la République.
Le Conseil supérieur de la magistrature comprend deux formations, l'une compétente à l'égard des magistrats du siège, l'autre à l'égard des magistrats du parquet.

La formation compétente à l'égard des magistrats du siège comprend, outre le Président de la République et le garde des Sceaux, cinq magistrats du siège et un magistrat du parquet, un conseiller d'Etat, désigné par le Conseil d'Etat, et trois personnalités n'appartenant ni au Parlement ni à l'ordre judiciaire, désignées respectivement par le Président de la République, le président de l'Assemblée nationale et le président du Sénat.
La formation compétente à l'égard des magistrats du parquet comprend, outre le Président de la République et le garde des sceaux, cinq magistrats du parquet et un magistrat du siège, le conseiller d'Etat et les trois personnalités mentionnées à l'alinéa précédent.
La formation du Conseil supérieur de la magistrature compétente à l'égard des magistrats du siège fait des propositions pour les nominations des magistrats du siège à la Cour de cassation et pour celles de premier président de cour d'appel et pour celles de président de tribunal de grande instance. Les autres magistrats du siège sont nommés sur son avis conforme.
Elle statue comme conseil de discipline des magistrats du siège. Elle est alors présidée par le premier président de la Cour de cassation.
La formation du Conseil supérieur de la magistrature compétente à l'égard des magistrats du parquet donne son avis pour les nominations concernant les magistrats du parquet, à l'exception des emplois auxquels il est pourvu en conseil des ministres.
Elle donne son avis sur les sanctions disciplinaires concernant les magistrats du parquet. Elle est alors présidée par le procureur général près la Cour de cassation.
Une loi organique détermine les conditions d'application du présent article.

Article 65
[Entrée en vigueur dans les conditions fixées par les lois et lois organiques nécessaires à leur application (article 46-I de la loi constitutionnelle n° 2008-724 du 23 juillet 2008)]
Le Conseil supérieur de la magistrature comprend une formation compétente à l'égard des magistrats du siège et une formation compétente à l'égard des magistrats du parquet.
La formation compétente à l'égard des magistrats du siège est présidée par le premier président de la Cour de cassation. Elle comprend, en outre, cinq magistrats du siège et un magistrat du parquet, un conseiller d'Etat désigné par le Conseil d'Etat, un avocat ainsi que six personnalités qualifiées qui n'appartiennent ni au Parlement, ni à l'ordre judiciaire, ni à l'ordre administratif. Le Président de la République, le Président de l'Assemblée nationale et le Président du Sénat désignent chacun deux personnalités qualifiées. La procédure prévue au dernier alinéa de l'article 13 est applicable aux nominations des personnalités qualifiées. Les nominations effectuées par le président de chaque assemblée du Parlement sont soumises au seul avis de la commission permanente compétente de l'assemblée intéressée.
La formation compétente à l'égard des magistrats du parquet est présidée par le procureur général près la Cour de cassation. Elle comprend, en outre, cinq magistrats du parquet et un magistrat du siège, ainsi que le conseiller d'Etat, l'avocat et les six personnalités qualifiées mentionnés au deuxième alinéa.

La formation du Conseil supérieur de la magistrature compétente à l'égard des magistrats du siège fait des propositions pour les nominations des magistrats du siège à la Cour de cassation, pour celles de premier président de cour d'appel et pour celles de président de tribunal de grande instance. Les autres magistrats du siège sont nommés sur son avis conforme.
La formation du Conseil supérieur de la magistrature compétente à l'égard des magistrats du parquet donne son avis sur les nominations qui concernent les magistrats du parquet.
La formation du Conseil supérieur de la magistrature compétente à l'égard des magistrats du siège statue comme conseil de discipline des magistrats du siège. Elle comprend alors, outre les membres visés au deuxième alinéa, le magistrat du siège appartenant à la formation compétente à l'égard des magistrats du parquet.
La formation du Conseil supérieur de la magistrature compétente à l'égard des magistrats du parquet donne son avis sur les sanctions disciplinaires qui les concernent. Elle comprend alors, outre les membres visés au troisième alinéa, le magistrat du parquet appartenant à la formation compétente à l'égard des magistrats du siège.
Le Conseil supérieur de la magistrature se réunit en formation plénière pour répondre aux demandes d'avis formulées par le Président de la République au titre de l'article 64. Il se prononce, dans la même formation, sur les questions relatives à la déontologie des magistrats ainsi que sur toute question relative au fonctionnement de la justice dont le saisit le ministre de la Justice. La formation plénière comprend trois des cinq magistrats du siège mentionnés au deuxième alinéa, trois des cinq magistrats du parquet mentionnés au troisième alinéa, ainsi que le conseiller d'Etat, l'avocat et les six personnalités qualifiées mentionnés au deuxième alinéa. Elle est présidée par le premier président de la Cour de cassation, que peut suppléer le procureur général près cette cour.
Sauf en matière disciplinaire, le ministre de la justice peut participer aux séances des formations du Conseil supérieur de la magistrature.
Le Conseil supérieur de la magistrature peut être saisi par un justiciable dans les conditions fixées par une loi organique.
La loi organique détermine les conditions d'application du présent article.

Article 66
Nul ne peut être arbitrairement détenu.
L'autorité judiciaire, gardienne de la liberté individuelle, assure le respect de ce principe dans les conditions prévues par la loi.

Article 66-1
Nul ne peut être condamné à la peine de mort.

Titre IX – La Haute Cour

Article 67
Le Président de la République n'est pas responsable des actes accomplis en cette qualité, sous réserve des dispositions des articles 53-2 et 68.

Il ne peut, durant son mandat et devant aucune juridiction ou autorité administrative française, être requis de témoigner non plus que faire l'objet d'une action, d'un acte d'information, d'instruction ou de poursuite. Tout délai de prescription ou de forclusion est suspendu.
Les instances et procédures auxquelles il est ainsi fait obstacle peuvent être reprises ou engagées contre lui à l'expiration d'un délai d'un mois suivant la cessation des fonctions.

Article 68
Le Président de la République ne peut être destitué qu'en cas de manquement à ses devoirs manifestement incompatible avec l'exercice de son mandat. La destitution est prononcée par le Parlement constitué en Haute Cour.
La proposition de réunion de la Haute Cour adoptée par une des assemblées du Parlement est aussitôt transmise à l'autre qui se prononce dans les quinze jours.
La Haute Cour est présidée par le président de l'Assemblée nationale. Elle statue dans un délai d'un mois, à bulletins secrets, sur la destitution. Sa décision est d'effet immédiat.
Les décisions prises en application du présent article le sont à la majorité des deux tiers des membres composant l'assemblée concernée ou la Haute Cour. Toute délégation de vote est interdite. Seuls sont recensés les votes favorables à la proposition de réunion de la Haute Cour ou à la destitution.
Une loi organique fixe les conditions d'application du présent article.

Titre X – De la responsabilité pénale des membres du Gouvernement

Article 68-1
Les membres du Gouvernement sont pénalement responsables des actes accomplis dans l'exercice de leurs fonctions et qualifiés crimes ou délits au moment où ils ont été commis.
Ils sont jugés par la Cour de justice de la République.
La Cour de justice de la République est liée par la définition des crimes et délits ainsi que par la détermination des peines telles qu'elles résultent de la loi.

Article 68-2
La Cour de justice de la République comprend quinze juges : douze parlementaires élus, en leur sein et en nombre égal, par l'Assemblée nationale et par le Sénat après chaque renouvellement général ou partiel de ces assemblées et trois magistrats du siège à la Cour de cassation, dont l'un préside la Cour de justice de la République.
Toute personne qui se prétend lésée par un crime ou un délit commis par un membre du Gouvernement dans l'exercice de ses fonctions peut porter plainte auprès d'une commission des requêtes.
Cette commission ordonne soit le classement de la procédure, soit sa transmission au procureur général près la Cour de cassation aux fins de saisine de la Cour de justice de la République.
Le procureur général près la Cour de cassation peut aussi saisir d'office la Cour de justice de la République sur avis conforme de la commission des requêtes.
Une loi organique détermine les conditions d'application du présent article.

Article 68-3
Les dispositions du présent titre sont applicables aux faits commis avant son entrée en vigueur.

Titre XI – Le Conseil économique, social et environnemental

Article 69
[dispositions en vigueur]
Le Conseil économique et social, saisi par le Gouvernement, donne son avis sur les projets de loi, d'ordonnance ou de décret ainsi que sur les propositions de lois qui lui sont soumis.
Un membre du Conseil économique et social peut être désigné par celui-ci pour exposer devant les assemblées parlementaires l'avis du Conseil sur les projets ou propositions qui lui ont été soumis.

Article 69
[Entrée en vigueur dans les conditions fixées par les lois et lois organiques nécessaires à leur application (article 46-I de la loi constitutionnelle n° 2008-724 du 23 juillet 2008)]
Le Conseil économique, social et environnemental, saisi par le Gouvernement, donne son avis sur les projets de loi, d'ordonnance ou de décret ainsi que sur les propositions de lois qui lui sont soumis.
Un membre du Conseil économique, social et environnemental peut être désigné par celui-ci pour exposer devant les assemblées parlementaires l'avis du Conseil sur les projets ou propositions qui lui ont été soumis.
Le Conseil économique, social et environnemental peut être saisi par voie de pétition dans les conditions fixées par une loi organique. Après examen de la pétition, il fait connaître au Gouvernement et au Parlement les suites qu'il propose d'y donner.

Article 70
Le Conseil économique, social et environnemental peut être consulté par le Gouvernement et le Parlement sur tout problème de caractère économique, social ou environnemental. Le Gouvernement peut également le consulter sur les projets de loi de programmation définissant les orientations pluriannuelles des finances publiques. Tout plan ou tout projet de loi de programmation à caractère économique, social ou environnemental lui est soumis pour avis.

Article 71
La composition du Conseil économique, social et environnemental, dont le nombre de membres ne peut excéder deux cent trente-trois, et ses règles de fonctionnement sont fixées par une loi organique.

Titre XI bis – Le Défenseur des droits

Article 71-1
[Entrée en vigueur dans les conditions fixées par les lois et lois organiques nécessaires

à leur application (article 46-I de la loi constitutionnelle n° 2008-724 du 23 juillet 2008)]
Le Défenseur des droits veille au respect des droits et libertés par les administrations de l'Etat, les collectivités territoriales, les établissements publics, ainsi que par tout organisme investi d'une mission de service public, ou à l'égard duquel la loi organique lui attribue des compétences.
Il peut être saisi, dans les conditions prévues par la loi organique, par toute personne s'estimant lésée par le fonctionnement d'un service public ou d'un organisme visé au premier alinéa. Il peut se saisir d'office.
La loi organique définit les attributions et les modalités d'intervention du Défenseur des droits. Elle détermine les conditions dans lesquelles il peut être assisté par un collège pour l'exercice de certaines de ses attributions.
Le Défenseur des droits est nommé par le Président de la République pour un mandat de six ans non renouvelable, après application de la procédure prévue au dernier alinéa de l'article 13. Ses fonctions sont incompatibles avec celles de membre du Gouvernement et de membre du Parlement. Les autres incompatibilités sont fixées par la loi organique.
Le Défenseur des droits rend compte de son activité au Président de la République et au Parlement.

Titre XII – Des collectivités territoriales

Article 72

Les collectivités territoriales de la République sont les communes, les départements, les régions, les collectivités à statut particulier et les collectivités d'outre-mer régies par l'article 74. Toute autre collectivité territoriale est créée par la loi, le cas échéant en lieu et place d'une ou de plusieurs collectivités mentionnées au présent alinéa.
Les collectivités territoriales ont vocation à prendre les décisions pour l'ensemble des compétences qui peuvent le mieux être mises en oeuvre à leur échelon.
Dans les conditions prévues par la loi, ces collectivités s'administrent librement par des conseils élus et disposent d'un pouvoir réglementaire pour l'exercice de leurs compétences.
Dans les conditions prévues par la loi organique, et sauf lorsque sont en cause les conditions essentielles d'exercice d'une liberté publique ou d'un droit constitutionnellement garanti, les collectivités territoriales ou leurs groupements peuvent, lorsque, selon le cas, la loi ou le règlement l'a prévu, déroger, à titre expérimental et pour un objet et une durée limités, aux dispositions législatives ou réglementaires qui régissent l'exercice de leurs compétences.
Aucune collectivité territoriale ne peut exercer une tutelle sur une autre. Cependant, lorsque l'exercice d'une compétence nécessite le concours de plusieurs collectivités territoriales, la loi peut autoriser l'une d'entre elles ou un de leurs groupements à organiser les modalités de leur action commune.
Dans les collectivités territoriales de la République, le représentant de l'Etat, représentant de chacun des membres du Gouvernement, a la charge des intérêts nationaux, du contrôle administratif et du respect des lois.

Article 72-1

La loi fixe les conditions dans lesquelles les électeurs de chaque collectivité territoriale peuvent, par l'exercice du droit de pétition, demander l'inscription à l'ordre du jour de l'assemblée délibérante de cette collectivité d'une question relevant de sa compétence.

Dans les conditions prévues par la loi organique, les projets de délibération ou d'acte relevant de la compétence d'une collectivité territoriale peuvent, à son initiative, être soumis, par la voie du référendum, à la décision des électeurs de cette collectivité.

Lorsqu'il est envisagé de créer une collectivité territoriale dotée d'un statut particulier ou de modifier son organisation, il peut être décidé par la loi de consulter les électeurs inscrits dans les collectivités intéressées. La modification des limites des collectivités territoriales peut également donner lieu à la consultation des électeurs dans les conditions prévues par la loi.

Article 72-2

Les collectivités territoriales bénéficient de ressources dont elles peuvent disposer librement dans les conditions fixées par la loi.

Elles peuvent recevoir tout ou partie du produit des impositions de toutes natures. La loi peut les autoriser à en fixer l'assiette et le taux dans les limites qu'elle détermine.

Les recettes fiscales et les autres ressources propres des collectivités territoriales représentent, pour chaque catégorie de collectivités, une part déterminante de l'ensemble de leurs ressources. La loi organique fixe les conditions dans lesquelles cette règle est mise en oeuvre.

Tout transfert de compétences entre l'Etat et les collectivités territoriales s'accompagne de l'attribution de ressources équivalentes à celles qui étaient consacrées à leur exercice. Toute création ou extension de compétences ayant pour conséquence d'augmenter les dépenses des collectivités territoriales est accompagnée de ressources déterminées par la loi.

La loi prévoit des dispositifs de péréquation destinés à favoriser l'égalité entre les collectivités territoriales.

Article 72-3

La République reconnaît, au sein du peuple français, les populations d'outre-mer, dans un idéal commun de liberté, d'égalité et de fraternité.

La Guadeloupe, la Guyane, la Martinique, La Réunion, Mayotte, Saint-Barthélemy, Saint-Martin, Saint-Pierre-et-Miquelon, les îles Wallis et Futuna et la Polynésie française sont régis par l'article 73 pour les départements et les régions d'outre-mer, et pour les collectivités territoriales créées en application du dernier alinéa de l'article 73, et par l'article 74 pour les autres collectivités.

Le statut de la Nouvelle-Calédonie est régi par le titre XIII.

La loi détermine le régime législatif et l'organisation particulière des Terres australes et antarctiques françaises et de Clipperton.

Article 72-4

Aucun changement, pour tout ou partie de l'une des collectivités mentionnées au

deuxième alinéa de l'article 72-3, de l'un vers l'autre des régimes prévus par les articles 73 et 74, ne peut intervenir sans que le consentement des électeurs de la collectivité ou de la partie de collectivité intéressée ait été préalablement recueilli dans les conditions prévues à l'alinéa suivant. Ce changement de régime est décidé par une loi organique.
Le Président de la République, sur proposition du Gouvernement pendant la durée des sessions ou sur proposition conjointe des deux assemblées, publiées au Journal officiel, peut décider de consulter les électeurs d'une collectivité territoriale située outre-mer sur une question relative à son organisation, à ses compétences ou à son régime législatif. Lorsque la consultation porte sur un changement prévu à l'alinéa précédent et est organisée sur proposition du Gouvernement, celui-ci fait, devant chaque assemblée, une déclaration qui est suivie d'un débat.

Article 73
[dispositions en vigueur]
Dans les départements et les régions d'outre-mer, les lois et règlements sont applicables de plein droit. Ils peuvent faire l'objet d'adaptations tenant aux caractéristiques et contraintes particulières de ces collectivités. Ces adaptations peuvent être décidées par ces collectivités dans les matières où s'exercent leurs compétences et si elles y ont été habilitées par la loi.
Par dérogation au premier alinéa et pour tenir compte de leurs spécificités, les collectivités régies par le présent article peuvent être habilitées par la loi à fixer elles-mêmes les règles applicables sur leur territoire, dans un nombre limité de matières pouvant relever du domaine de la loi.
Ces règles ne peuvent porter sur la nationalité, les droits civiques, les garanties des libertés publiques, l'état et la capacité des personnes, l'organisation de la justice, le droit pénal, la procédure pénale, la politique étrangère, la défense, la sécurité et l'ordre publics, la monnaie, le crédit et les changes, ainsi que le droit électoral. Cette énumération pourra être précisée et complétée par une loi organique.
La disposition prévue aux deux précédents alinéas n'est pas applicable au département et à la région de La Réunion. Les habilitations prévues aux deuxième et troisième alinéas sont décidées, à la demande de la collectivité concernée, dans les conditions et sous les réserves prévues par une loi organique. Elles ne peuvent intervenir lorsque sont en cause les conditions essentielles d'exercice d'une liberté publique ou d'un droit constitutionnellement garanti.
La création par la loi d'une collectivité se substituant à un département et une région d'outre-mer ou l'institution d'une assemblée délibérante unique pour ces deux collectivités ne peut intervenir sans qu'ait été recueilli, selon les formes prévues au second alinéa de l'article 72-4, le consentement des électeurs inscrits dans le ressort de ces collectivités.

Article 73
[Entrée en vigueur dans les conditions fixées par les lois et lois organiques nécessaires à leur application (article 46-I de la loi constitutionnelle n° 2008-724 du 23 juillet 2008)]

Dans les départements et les régions d'outre-mer, les lois et règlements sont applicables de plein droit. Ils peuvent faire l'objet d'adaptations tenant aux caractéristiques et contraintes particulières de ces collectivités.
Ces adaptations peuvent être décidées par ces collectivités dans les matières où s'exercent leurs compétences et si elles y ont été habilitées, selon le cas, par la loi ou par le règlement.
Par dérogation au premier alinéa et pour tenir compte de leurs spécificités, les collectivités régies par le présent article peuvent être habilitées, selon le cas, par la loi ou par le règlement, à fixer elles-mêmes les règles applicables sur leur territoire, dans un nombre limité de matières pouvant relever du domaine de la loi ou du règlement.
Ces règles ne peuvent porter sur la nationalité, les droits civiques, les garanties des libertés publiques, l'état et la capacité des personnes, l'organisation de la justice, le droit pénal, la procédure pénale, la politique étrangère, la défense, la sécurité et l'ordre publics, la monnaie, le crédit et les changes, ainsi que le droit électoral. Cette énumération pourra être précisée et complétée par une loi organique.
La disposition prévue aux deux précédents alinéas n'est pas applicable au département et à la région de La Réunion.
Les habilitations prévues aux deuxième et troisième alinéas sont décidées, à la demande de la collectivité concernée, dans les conditions et sous les réserves prévues par une loi organique. Elles ne peuvent intervenir lorsque sont en cause les conditions essentielles d'exercice d'une liberté publique ou d'un droit constitutionnellement garanti.
La création par la loi d'une collectivité se substituant à un département et une région d'outre-mer ou l'institution d'une assemblée délibérante unique pour ces deux collectivités ne peut intervenir sans qu'ait été recueilli, selon les formes prévues au second alinéa de l'article 72-4, le consentement des électeurs inscrits dans le ressort de ces collectivités.

Article 74
Les collectivités d'outre-mer régies par le présent article ont un statut qui tient compte des intérêts propres de chacune d'elles au sein de la République.
Ce statut est défini par une loi organique, adoptée après avis de l'assemblée délibérante, qui fixe :
- les conditions dans lesquelles les lois et règlements y sont applicables ;
- les compétences de cette collectivité ; sous réserve de celles déjà exercées par elle, le transfert de compétences de l'Etat ne peut porter sur les matières énumérées au quatrième alinéa de l'article 73, précisées et complétées, le cas échéant, par la loi organique ;
- les règles d'organisation et de fonctionnement des institutions de la collectivité et le régime électoral de son assemblée délibérante ;
- les conditions dans lesquelles ses institutions sont consultées sur les projets et propositions de loi et les projets d'ordonnance ou de décret comportant des dispositions particulières à la collectivité, ainsi que sur la ratification ou l'approbation d'engagements internationaux conclus dans les matières relevant de sa compétence.
La loi organique peut également déterminer, pour celles de ces collectivités qui sont dotées de l'autonomie, les conditions dans lesquelles :

- le Conseil d'Etat exerce un contrôle juridictionnel spécifique sur certaines catégories d'actes de l'assemblée délibérante intervenant au titre des compétences qu'elle exerce dans le domaine de la loi ;
- l'assemblée délibérante peut modifier une loi promulguée postérieurement à l'entrée en vigueur du statut de la collectivité, lorsque le Conseil constitutionnel, saisi notamment par les autorités de la collectivité, a constaté que la loi était intervenue dans le domaine de compétence de cette collectivité ;
- des mesures justifiées par les nécessités locales peuvent être prises par la collectivité en faveur de sa population, en matière d'accès à l'emploi, de droit d'établissement pour l'exercice d'une activité professionnelle ou de protection du patrimoine foncier ;
- la collectivité peut participer, sous le contrôle de l'Etat, à l'exercice des compétences qu'il conserve, dans le respect des garanties accordées sur l'ensemble du territoire national pour l'exercice des libertés publiques.
Les autres modalités de l'organisation particulière des collectivités relevant du présent article sont définies et modifiées par la loi après consultation de leur assemblée délibérante.

Article 74-1
Dans les collectivités d'outre-mer visées à l'article 74 et en Nouvelle-Calédonie, le Gouvernement peut, par ordonnances, dans les matières qui demeurent de la compétence de l'Etat, étendre, avec les adaptations nécessaires, les dispositions de nature législative en vigueur en métropole ou adapter les dispositions de nature législative en vigueur à l'organisation particulière de la collectivité concernée, sous réserve que la loi n'ait pas expressément exclu, pour les dispositions en cause, le recours à cette procédure.
Les ordonnances sont prises en conseil des ministres après avis des assemblées délibérantes intéressées et du Conseil d'Etat. Elles entrent en vigueur dès leur publication. Elles deviennent caduques en l'absence de ratification par le Parlement dans le délai de dix-huit mois suivant cette publication.

Article 75
Les citoyens de la République qui n'ont pas le statut civil de droit commun, seul visé à l'article 34, conservent leur statut personnel tant qu'ils n'y ont pas renoncé.

Article 75-1
Les langues régionales appartiennent au patrimoine de la France.

Titre XIII – Dispositions transitoires relatives à la Nouvelle-Calédonie

Article 76
Les populations de la Nouvelle-Calédonie sont appelées à se prononcer avant le 31 décembre 1998 sur les dispositions de l'accord signé à Nouméa le 5 mai 1998 et publié le 27 mai 1998 au Journal officiel de la République française.
Sont admises à participer au scrutin les personnes remplissant les conditions fixées à l'article 2 de la loi n° 88-1028 du 9 novembre 1988.

Les mesures nécessaires à l'organisation du scrutin sont prises par décret en Conseil d'Etat délibéré en conseil des ministres.

Article 77

Après approbation de l'accord lors de la consultation prévue à l'article 76, la loi organique, prise après avis de l'assemblée délibérante de la Nouvelle-Calédonie, détermine, pour assurer l'évolution de la Nouvelle-Calédonie dans le respect des orientations définies par cet accord et selon les modalités nécessaires à sa mise en œuvre :

- les compétences de l'Etat qui seront transférées, de façon définitive, aux institutions de la Nouvelle-Calédonie, l'échelonnement et les modalités de ces transferts, ainsi que la répartition des charges résultant de ceux-ci ;

- les règles d'organisation et de fonctionnement des institutions de la Nouvelle-Calédonie et notamment les conditions dans lesquelles certaines catégories d'actes de l'assemblée délibérante de la Nouvelle-Calédonie pourront être soumises avant publication au contrôle du Conseil constitutionnel ;

- les règles relatives à la citoyenneté, au régime électoral, à l'emploi et au statut civil coutumier ;

- les conditions et les délais dans lesquels les populations intéressées de la Nouvelle-Calédonie seront amenées à se prononcer sur l'accession à la pleine souveraineté.

Les autres mesures nécessaires à la mise en oeuvre de l'accord mentionné à l'article 76 sont définies par la loi.

Pour la définition du corps électoral appelé à élire les membres des assemblées délibérantes de la Nouvelle-Calédonie et des provinces, le tableau auquel se réfèrent l'accord mentionné à l'article 76 et les articles 188 et 189 de la loi organique n° 99-209 du 19 mars 1999 relative à la Nouvelle-Calédonie est le tableau dressé à l'occasion du scrutin prévu audit article 76 et comprenant les personnes non admises à y participer.

Titre XIV – De la francophonie et des accords d'association

Article 87

La République participe au développement de la solidarité et de la coopération entre les Etats et les peuples ayant le français en partage.

Article 88

La République peut conclure des accords avec des Etats qui désirent s'associer à elle pour développer leurs civilisations.

Titre XV – Des Communautés européennes et de l'Union européenne [dispositions en vigueur]

Article 88-1

La République participe aux Communautés européennes et à l'Union européenne, constituées d'Etats qui ont choisi librement, en vertu des traités qui les ont instituées, d'exercer en commun certaines de leurs compétences.

Elle peut participer à l'Union européenne dans les conditions prévues par le traité de Lisbonne modifiant le traité sur l'Union européenne et le traité instituant la Communauté européenne, signé le 13 décembre 2007.

Article 88-2

Sous réserve de réciprocité et selon les modalités prévues par le Traité sur l'Union européenne signé le 7 février 1992, la France consent aux transferts de compétences nécessaires à l'établissement de l'union économique et monétaire européenne.

Sous la même réserve et selon les modalités prévues par le Traité instituant la Communauté européenne, dans sa rédaction résultant du traité signé le 2 octobre 1997, peuvent être consentis les transferts de compétences nécessaires à la détermination des règles relatives à la libre circulation des personnes et aux domaines qui lui sont liés.

La loi fixe les règles relatives au mandat d'arrêt européen en application des actes pris sur le fondement du traité sur l'Union européenne.

Article 88-3

Sous réserve de réciprocité et selon les modalités prévues par le Traité sur l'Union européenne signé le 7 février 1992, le droit de vote et d'éligibilité aux élections municipales peut être accordé aux seuls citoyens de l'Union résidant en France. Ces citoyens ne peuvent exercer les fonctions de maire ou d'adjoint ni participer à la désignation des électeurs sénatoriaux et à l'élection des sénateurs. Une loi organique votée dans les mêmes termes par les deux assemblées détermine les conditions d'application du présent article.

Article 88-4

Le Gouvernement soumet à l'Assemblée nationale et au Sénat, dès leur transmission au Conseil de l'Union européenne, les projets ou propositions d'actes des Communautés européennes et de l'Union européenne.

Selon des modalités fixées par le règlement de chaque assemblée, des résolutions européennes peuvent être adoptées, le cas échéant en dehors des sessions, sur les projets ou propositions mentionnés au premier alinéa, ainsi que sur tout document émanant d'une institution de l'Union européenne.

Au sein de chaque assemblée parlementaire est instituée une commission chargée des affaires européennes.

Article 88-5

Tout projet de loi autorisant la ratification d'un traité relatif à l'adhésion d'un Etat à l'Union européenne et aux Communautés européennes est soumis au référendum par le Président de la République.

Toutefois, par le vote d'une motion adoptée en termes identiques par chaque assemblée à la majorité des trois cinquièmes, le Parlement peut autoriser l'adoption du projet de loi selon la procédure prévue au troisième alinéa de l'article 89.

[cet article n'est pas applicable aux adhésions faisant suite à une conférence intergouvernementale dont la convocation a été décidée par le Conseil européen avant le 1er juillet 2004]

[nouvelle rédaction du Titre XV, se substituant à la rédaction actuelle à compter de l'entrée en vigueur du traité de Lisbonne modifiant le traité sur l'Union européenne et le traité instituant la Communauté européenne, signé le 13 décembre 2007]

Titre XV – De l'Union européenne

Article 88-1

La République participe à l'Union européenne constituée d'Etats qui ont choisi librement d'exercer en commun certaines de leurs compétences en vertu du traité sur l'Union européenne et du traité sur le fonctionnement de l'Union européenne, tels qu'ils résultent du traité signé à Lisbonne le 13 décembre 2007.

Article 88-2

La loi fixe les règles relatives au mandat d'arrêt européen en application des actes pris par les institutions de l'Union européenne.

Article 88-3

Sous réserve de réciprocité et selon les modalités prévues par le Traité sur l'Union européenne signé le 7 février 1992, le droit de vote et d'éligibilité aux élections municipales peut être accordé aux seuls citoyens de l'Union résidant en France. Ces citoyens ne peuvent exercer les fonctions de maire ou d'adjoint ni participer à la désignation des électeurs sénatoriaux et à l'élection des sénateurs. Une loi organique votée dans les mêmes termes par les deux assemblées détermine les conditions d'application du présent article.

Article 88-4

Le Gouvernement soumet à l'Assemblée nationale et au Sénat, dès leur transmission au Conseil de l'Union européenne, les projets d'actes législatifs européens et les autres projets ou propositions d'actes de l'Union européenne.
Selon des modalités fixées par le règlement de chaque assemblée, des résolutions européennes peuvent être adoptées, le cas échéant en dehors des sessions, sur les projets ou propositions mentionnés au premier alinéa, ainsi que sur tout document émanant d'une institution de l'Union européenne.
Au sein de chaque assemblée parlementaire est instituée une commission chargée des affaires européennes.

Article 88-5

Tout projet de loi autorisant la ratification d'un traité relatif à l'adhésion d'un Etat à l'Union européenne est soumis au référendum par le Président de la République.
Toutefois, par le vote d'une motion adoptée en termes identiques par chaque assemblée à la majorité des trois cinquièmes, le Parlement peut autoriser l'adoption du projet de loi selon la procédure prévue au troisième alinéa de l'article 89.
[cet article n'est pas applicable aux adhésions faisant suite à une conférence intergouvernementale dont la convocation a été décidée par le Conseil européen avant le 1er juillet 2004]

Article 88-6

L'Assemblée nationale ou le Sénat peuvent émettre un avis motivé sur la conformité d'un projet d'acte législatif européen au principe de subsidiarité. L'avis est adressé par le président de l'assemblée concernée aux présidents du Parlement européen, du Conseil et de la Commission européenne. Le Gouvernement en est informé.
Chaque assemblée peut former un recours devant la Cour de justice de l'Union européenne contre un acte législatif européen pour violation du principe de subsidiarité. Ce recours est transmis à la Cour de justice de l'Union européenne par le Gouvernement.
A cette fin, des résolutions peuvent être adoptées, le cas échéant en dehors des sessions, selon des modalités d'initiative et de discussion fixées par le règlement de chaque assemblée. A la demande de soixante députés ou de soixante sénateurs, le recours est de droit.

Article 88-7

Par le vote d'une motion adoptée en termes identiques par l'Assemblée nationale et le Sénat, le Parlement peut s'opposer à une modification des règles d'adoption d'actes de l'Union européenne dans les cas prévus, au titre de la révision simplifiée des traités ou de la coopération judiciaire civile, par le traité sur l'Union européenne et le traité sur le fonctionnement de l'Union européenne, tels qu'ils résultent du traité signé à Lisbonne le 13 décembre 2007.

Titre XVI – De la révision

Article 89

L'initiative de la révision de la Constitution appartient concurremment au Président de la République sur proposition du Premier ministre et aux membres du Parlement.
Le projet ou la proposition de révision doit être examiné dans les conditions de délai fixées au troisième alinéa de l'article 42 et voté par les deux assemblées en termes identiques. La révision est définitive après avoir été approuvée par référendum.
Toutefois, le projet de révision n'est pas présenté au référendum lorsque le Président de la République décide de le soumettre au Parlement convoqué en Congrès ; dans ce cas, le projet de révision n'est approuvé que s'il réunit la majorité des trois cinquièmes des suffrages exprimés. Le bureau du Congrès est celui de l'Assemblée nationale.
Aucune procédure de révision ne peut être engagée ou poursuivie lorsqu'il est porté atteinte à l'intégrité du territoire.
La forme républicaine du Gouvernement ne peut faire l'objet d'une révision.

4. Charte de l'environnement de 2004[1]

Le peuple français,
Considérant :
Que les ressources et les équilibres naturels ont conditionné l'émergence de l'humanité ;
Que l'avenir et l'existence même de l'humanité sont indissociables de son milieu naturel ;
Que l'environnement est le patrimoine commun des êtres humains ;
Que l'homme exerce une influence croissante sur les conditions de la vie et sur sa propre évolution ;
Que la diversité biologique, l'épanouissement de la personne et le progrès des sociétés humaines sont affectés par certains modes de consommation ou de production et par l'exploitation excessive des ressources naturelles ;
Que la préservation de l'environnement doit être recherchée au même titre que les autres intérêts fondamentaux de la nation ;
Qu'afin d'assurer un développement durable, les choix destinés à répondre aux besoins du présent ne doivent pas compromettre la capacité des générations futures et des autres peuples à satisfaire leurs propres besoins,

Proclame :

Article 1er – *Chacun a le droit de vivre dans un environnement équilibré et respectueux de la santé.*

Article 2 – *Toute personne a le devoir de prendre part à la préservation et à l'amélioration de l'environnement.*

Article 3 – *Toute personne doit, dans les conditions définies par la loi, prévenir les atteintes qu'elle est susceptible de porter à l'environnement ou, à défaut, en limiter les conséquences.*

Article 4 – *Toute personne doit contribuer à la réparation des dommages qu'elle cause à l'environnement, dans les conditions définies par la loi.*

Article 5 – *Lorsque la réalisation d'un dommage, bien qu'incertaine en l'état des connaissances scientifiques, pourrait affecter de manière grave et irréversible l'environnement, les autorités publiques veillent, par application du principe de précaution et dans leurs domaines d'attributions, à la mise en œuvre de procédures d'évaluation des risques et à l'adoption de mesures provisoires et proportionnées afin de parer à la réalisation du dommage.*

1. Loi constitutionnelle n° 2005-205 du 1er mars 2005.

***Article 6** – Les politiques publiques doivent promouvoir un développement durable. A cet effet, elles concilient la protection et la mise en valeur de l'environnement, le développement économique et le progrès social.*

***Article 7** – Toute personne a le droit, dans les conditions et les limites définies par la loi, d'accéder aux informations relatives à l'environnement détenues par les autorités publiques et de participer à l'élaboration des décisions publiques ayant une incidence sur l'environnement.*

***Article 8** – L'éducation et la formation à l'environnement doivent contribuer à l'exercice des droits et devoirs définis par la présente charte.*

***Article 9** – La recherche et l'innovation doivent apporter leur concours à la préservation et à la mise en valeur de l'environnement.*

***Article 10** – La présente charte inspire l'action européenne et internationale de la France.*

5. Bibliographie générale

Dictionnaires et lexiques

AVRIL P., GICQUEL J., *Lexique de droit constitutionnel*, PUF, coll. « Que sais-je ? », n° 3655, 2003.

DUHAMEL O., MÉNY Y., dir., *Dictionnaire constitutionnel*, PUF, 1992.

DUVERGER M., *Les Constitutions de la France*, PUF, « Que sais-je ? », n° 162, 14e éd., 1998.

DUVERGER M., *Constitutions et documents politiques*, 14e éd., PUF, 1996.

GODECHOT J., *Les Constitutions de la France depuis 1789*, Flammarion, 1979, rééd. 2006.

OBERDORFF H., GREWE C., *Les Constitutions des Etats de l'Union européenne*, La Documentation française, 1999.

PACTET P., *Textes de droit constitutionnel*, 4e éd., LGDJ, 1996.

RIALS S., *Textes constitutionnels français*, PUF, coll. « Que sais-je ? », n° 2022, 19e éd., 2005.

RIALS S., ALLAND D., *Constitution de l'Union européenne*, PUF, coll. « Que sais-je ? », n° 3689, 19e éd., 2005.

RIALS S., BARANGER D., *Textes constitutionnels étrangers*, PUF, coll. « Que sais-je ? », n° 2060, 3e éd., 2002.

RIALS S., MATHIEU B., VERPEAUX M., *Textes constitutionnels de la Ve République*, PUF, coll. « Que sais-je ? » n° 3726, 19e édition, 2005.

RIALS S., RAYNAUD Ph., dir., *Dictionnaire de philosophie politique*, 3e éd., PUF, 2003.

VERPEAUX M., *Textes révolutionnaires français*, PUF, coll. « Que sais-je ? », n° 3256, 1998.

VILLIERS (DE) M., RENOUX Th. S., dir., *Code constitutionnel 2004*, 3e éd., Litec, 2004.

VILLIERS (DE) M., *Dictionnaire du droit constitutionnel*, 6e éd., Sirey, 2007.

Traités et manuels

Ouvrages classiques

BARTHÉLEMY J., DUEZ P., *Traité de droit constitutionnel*, Dalloz, 1933, rééd. Economica, 1985.

BURDEAU G., *Traité de science politique*, 6 vol., 3e éd., LGDJ, 1980-1987.

CARRÉ DE MALBERG R., *Contribution à la théorie générale de l'Etat,* 2 t., Sirey, 1920-1922, rééd. Dalloz, 2003.

DUGUIT L., *Manuel de droit constitutionnel,* 3e éd., Fontemoing, 1911.

DUGUIT L., *Traité de droit constitutionnel*, 5 vol., de Boccard, 3e éd., 1929, rééd. Cujas, 1973.

ESMEIN A., *Eléments de droit constitutionnel*, Sirey, 4e éd., 1906, rééd., éd. Panthéon-Assas, 2001.

FABRE M.-H., *Principes républicains de droit constitutionnel*, 4e éd., LGDJ, 1984.

HAURIOU M., *Précis de droit constitutionnel*, Sirey, 2e éd., 1929, rééd. CNRS, 1965.

LAFERRIÈRE J., Manuel de droit constitutionnel, 2e éd., Domat-Montchrestien, 1947.

VEDEL G., *Manuel élémentaire de droit constitutionnel*, Sirey, 1949, rééd. Dalloz 2002.

Ouvrages contemporains

ARDANT Ph., MATHIEU B., *Institutions politiques et Droit constitutionnel*, 20e éd., LGDJ, 2008.

BIDEGARAY Ch., ÉMERI Cl., *La Constitution en France*, A. Colin, 1997.

CADART J., *Institutions politiques et droit constitutionnel*, 2 t. Economica, 1990-1991.

CADOUX Ch., *Droit constitutionnel et institutions politiques*, 4e éd., Cujas, 1995.

CHAGNOLLAUD D., *Droit constitutionnel contemporain*, 5e éd., A. Colin, 3 t., 2007 et 2008.

CHALVIDAN P.-H., *Droit constitutionnel, institutions et régimes politiques*, 2e éd., Nathan, 1996.

CHANTEBOUT B., *Brève histoire politique et institutionnelle de la Ve République*, A. Colin, 2004.

CHANTEBOUT B., *Droit constitutionnel*, 25e éd., A. Colin, 2008.

COHENDET M.-A., *Droit constitutionnel*, 4e éd., Montchrestien, Focus, 2008.

DEBBASCH Ch. *et al.*, *Droit constitutionnel et institutions politiques*, 4e éd., Economica, 2001.

DEBBASCH R., *Droit constitutionnel*, 6e éd., Litec, 2007.

DUHAMEL O., *Droit constitutionnel 1, Le pouvoir politique en France*, 4e éd, Seuil, 1999.

DUVERGER M., *Institutions politiques et droit constitutionnel*, 18e éd., PUF, t. 1, 1990.

FAVOREU L. *et al.*, *Droit constitutionnel*, 11e éd., Dalloz, 2008.

GICQUEL J., *Droit constitutionnel et institutions politiques*, 19e éd., Montchrestien, 2003.

GREWE C., RUIZ-FABRI H., *Droits constitutionnels européens*, PUF, 1995.

GUCHET Y., CATSIAPIS J., *Droit constitutionnel*, Ellipses, 1996.

HAMON F., TROPER M., *Droit constitutionnel*, 30e éd., LGDJ, 2007.

LASCOMBE M., *Droit constitutionnel de la Ve République*, 9e éd., L'Harmattan, 2006.

LAVROFF D.-G., *Le Droit constitutionnel de la Ve République*, 3e éd., Dalloz, 1999.

LECLERCQ CL., *Droit constitutionnel et institutions politiques*, 10e éd., Litec, 1999.

MATHIEU B., VERPEAUX M., *Droit constitutionnel*, PUF, 2004.

MÉKHANTAR J., *Droit politique et constitutionnel*, 2e éd., Eska, 1998.

PACTET P., MELIN-SOUCRAMANIEN F., *Institutions politiques, droit constitutionnel*, 27e éd., A. Colin, 2008.

PORTELLI H., *Droit constitutionnel*, 7e éd., Dalloz, 2007.

ROUSSEAU D., VIALA A., *Droit constitutionnel*, Litec, 2004.

ROUVILLOIS F., *Droit constitutionnel,* 2e éd., 2 t., Flammarion, 2004.

TURPIN D., *Droit constitutionnel*, PUF, 2003.

VIALA A. et ROUSSEAU D., *Droit constitutionnel*, Montchrestien, 2004.

VERPEAUX M., MATHIEU B., CHALTIEL F., *Droit constitutionnel*, PUF, 2004.

ZOLLER E., *Droit constitutionnel,* 2e éd., PUF, 1999.

ZOLLER E., *Introduction au droit public*, Dalloz, 2006.

Revues

Cahiers du Conseil constitutionnel
Droits
Pouvoirs
Revue du droit public, RDP
Revue française de droit administratif, RFDA
Revue française de droit constitutionnel, RFDC
Tribune du droit public

Sites Internet

Sites officiels

- **Présidence de la République** : www.elysee.fr
- **Premier ministre** : www.premier-ministre.gouv.fr
- **Ministère de la Justice** : www.justice.gouv.fr
- **Ministère de l'Intérieur** : www.interieur.gouv.fr
- **Assemblée nationale** : www.assemblee-nationale.fr
- **Sénat** : www.senat.fr
- **Conseil économique et social** : www.conseil-economique-et-social.fr
- **Conseil constitutionnel** : www.conseil-constitutionnel.fr
- **Conseil d'Etat** : www.conseil-etat.fr
- **Cour de cassation** : www.courdecassation.fr
- **Diffusion officielle du droit (et Journal officiel)** : www.legifrance.gouv.fr
- **Services publics** : www.services-publics.fr
- **Union européenne** : www.europa.eu.int
- **Conseil de l'Europe** : www.coe.int

Sites d'actualités juridiques en droit public

- Site du professeur F. Rolin : www.frederic-rolin.blogspirit.com
- Site de R. Ferretti : www.ferretti.imingo.net
- Site d'O. Camy : www.droitconstitutionnel.net
- Site du professeur P. Jan : www.droitpublic.net
- Site du professeur G. Guglielmi : www.guglielmi.fr
- Site du professeur M. Lascombes : www.michellascombe.blogspirit.com
- Site du professeur D. Ribes : www.bfdc.org
- En direct des facultés de droit : www.facsdedroit.fr

6. Table des sources juridiques

Sources étrangères

Textes français

Jurisprudence

Conseil constitutionnel

Cour de cassation

Conseil d'Etat

Cour de justice des Communautés européennes

Cour de justice de la République

Collection Panorama du droit
STUDYRAMA

	Références
Contentieux administratif	*419*
Droit administratif	*404*
Droit administratif des biens	*406*
Droit de la consommation	*434*
Droit des affaires : sociétés civiles et commerciales	*424*
Droit civil : personnes, famille	*401*
Droit constitutionnel	*403*
Droit public : concours administratifs	*412*
Economie et finances : concours administratifs	*417*
Exercices : droit commercial	*429*
Exercices : droit constitutionnel et institutions politiques	*420*
Exercices : droit des obligations	*421*
Exercices : droit des sociétés	*423*
Exercices : droit pénal des affaires	*422*
Exercices : grand oral des concours de la fonction publique	*427*
Exercices : QRC pour les concours de la fonction publique	*438*
Formulaire d'actes de procédure	*437*
Finances publiques	*410*
Formulaire d'actes de procédure	*437*
Institutions administratives	*413*
Institutions européennes	*407*
Introduction à l'histoire du droit et des institutions	*402*
Introduction générale au droit	*411*
Le processus électoral : permanences et évolutions	*415*
Libertés publiques et droits fondamentaux	*414*
Procédure civile	*409*
Procédure pénale	*426*
Relations internationales	*405*

34/38, rue Camille-Pelletan - 92309 Levallois-Perret cedex
Imprimerie Darantiere - 21801 Quetigny
N° d'impression : 29-1115
Imprimé en France - 3e trimestre 2009

Service éditorial : Elsa Goisnard, Deborah Lopez, Marie Tourat
Conception graphique : Catherine Aubin
Crédit photographique : Fotolia.com : Tom McNenar, Ronald Hudson

Dépôt légal à parution
ISBN 978-2-7590-0741-7